# GOLF VON NEAPEL



Michael Machatschek

**Text und Recherche** **Michael Machatschek**

| | |
|---|---|
| *Lektorat* | Angela Nitsche |
| *Redaktion und Layout* | Stefanie Eber |
| *Fotos* | s. Fotonachweis auf S. 6 |
| *Cover* | Karl Serwotka (unten: *Atrani*, oben: *Wandmalerei in Pompeji*) |
| *Karten* | Susanne Handtmann, Gábor Sztrecska |

Herzlichen Dank für Hilfe und Unterstützung –
Grazie per la gentile e generosa collaborazione a:
*Provincia di Salerno, Ente Provinciale Turismo*
*Azienda Autonoms do Soggiorno Sorrento*

ISBN 3-932410-24-6



Aktuelle Online-Infos unter http://www.michael-mueller-verlag.de

**Originalausgabe 1999**

# Inhalt

## Essen und Trinken ........ 54



## Wissenswertes von A bis Z ........ 64



## Neapel ........ 73



## Westlich von Neapel: Bucht von Pozzuoli und Phlegräische Felder ........ 117



## Östlich von Neapel: Vesuv, Herculaneum, Pompeji, Castellammare di Stabia ........ 129

## Kartenverzeichnis



## Fotonachweis

**Cover**: oben: Michael Machatschek; unten: Fototeca E.P.T. Salerno

Alle **Schwarzweiß- und Coverfotos** von Michael Machatschek außer S. 283, 311, 313, 315 (Fremdenverkehrsamt Salerno) und S. 259 (Carlo Alfaro, Archivio Fotografico della Azienda Autonoma di Soggiorno Sorrento)

Kürzel der Fotografen der **Farbfotos**:

MM = Michael Machatschek

FES = Fototeca E.P.T. Salerno

IFM = Italienisches Fremdenverkehrsamt München

## *Zeichenerklärung für die Karten und Pläne*

| | | |
|---|---|---|
| mehrspurige Straße | Berggipfel | Information |
| Asphaltstraße | Höhle | Parkplatz |
| Wanderweg | Aussichtspunkt | Post |
| Bahnlinie | Kastell | Bushaltestelle |
| Fährlinie | Kirche, Kapelle | Taxistandplatz |
| Gewässer | Kloster | Campingplatz |
| Grünanlage | Leuchtturm | Badestrand |
| | Turm | Metrostation |
| | Sehenswürdigkeit | |

## Was haben Sie entdeckt?

Bitte schreiben Sie uns, wenn Sie Kritik, Verbesserungsvorschläge, Anregungen oder Empfehlungen haben. Was war Ihre Lieblingstrattoria, in welchem Hotel haben Sie sich wohl gefühlt, welchen Campingplatz würden Sie wieder besuchen?

Schreiben Sie an:


*Michael Machatschek*

*Stichwort "Golf von Neapel"*

*c/o Michael Müller Verlag*

*Gerberei 19*

*91054 Erlangen*

*Corricella – ein Fischerdorf aus dem Bilderbuch*

# Die klassische Italienreise

**Der Golf von Neapel war bereits im 18. und 19. Jh. das Sehnsuchtsziel der romantischen Bildungsreisenden, und noch immer zieht er jahraus, jahrein Heerscharen von Touristen aus aller Welt an. Vesuv, Pompeji, Capri samt Blauer Grotte, Ischia, Sorrent, Positano, Amalfi – alles klangvolle Namen, die bei jedem Italienliebhaber sofort ganz bestimmte Vorstellungen wecken: traumhafte Küsten, heiße Thermalquellen, aktiver Vulkanismus, die spürbare Gegenwart der Antike. Und dann natürlich Neapel, die wohl temperamentvollste Metropole im Süden Italiens.**

Die griechischen Siedler, die ganz Unteritalien in der frühen Antike kolonisierten, erlebten die Gestade des Golfs von Neapel als wilde, vulkanische Naturlandschaft, die ihnen anfangs sogar Angst einflößte. Die nachfolgenden Römer waren von der bizarren Golfküste so fasziniert, daß sie dort das begehrteste und nobelste Siedlungsgebiet des gesamten Reichs entstehen ließen, mit *Neapolis* als dem städtischen und kulturellen Mittelpunkt. In diese Zeit fiel auch der katastrophale Ausbruch des *Vesuv*, der die antiken Städte *Pompeji*, *Herculaneum* und *Stabiae* unter einem meterdicken Eruptionsregen begrub und sie somit für die staunende Nachwelt bewahrte. Im 18. Jh. führte die Rückbesinnung auf die Antike zur fieberhaften Suche nach den verschütteten römischen Städten, und mit der langsamen Wiederauferstehung Pompejis erlebte die Epoche des *Klassizismus* einen absoluten Hö-

*Kaiser Tiberius auf Capri*

hepunkt. Im 18. und 19. Jh. zog es Gelehrte und Künstler aus allen Teilen Europas an den Golf von Neapel, wo sie die unmittelbare Begegnung mit der durch Pompeji lebendig gewordenen Antike suchten. Im Zuge ihrer ausgedehnten Bildungsreisen entdeckten die zumeist betuchten Nordländer auch die landschaftlichen und klimatischen Reize der Golfküste. Der Vesuv, Capri, Sorrent und die Amalfitanische Küste übten dabei eine ganz besondere Anziehungskraft auf sie aus. In ihren Heimatländern lösten die schwärmerischen Schilderungen dieser Wegbereiter des Tourismus eine regelrechte Italiensehnsucht aus – die bis heute andauert.

Doch wie so viele stark frequentierte Urlaubsziele in Italien, hat auch der Golf von Neapel seine Unschuld mittlerweile verloren. Konnten die Reisenden des 18. und 19. Jh. noch relativ ungetrübt von der idyllischen Golfküste schwärmen, so muß der heutige Urlauber sich schon ein bißchen bemühen, um die Spreu vom Weizen zu trennen. Gerade deshalb versucht das vorliegende Reisehandbuch, ein ausführlicher und zuverlässiger Führer zu sein. Es zeigt Ihnen den richtigen Weg durch die quirlige Großstadt Neapel, läßt entlang der dichtbesiedelten Golfküste kein sehenswertes Detail außer acht, begleitet Sie hinüber zu den Inseln Ischia, Capri und Procida und erschließt zu guter Letzt die gesamte amalfitanische Steilküste. Kunst- und Kulturgeschichte, schöne Dörfer und Städte, Strände und grandiose Naturphänomene kommen dabei ebensowenig zu kurz wie die zahlreichen praktischen Informationen und Tips, die Ihnen die Orientierung vor Ort erleichtern sollen.

*Herculaneum – das "kleine Pompeji"*

# Golf von Neapel – Highlights

## Kunst- und kulturgeschichtliche Höhepunkte

**Pompeji**: eine Weltsensation. Über 2 Millionen begeisterte Besucher zieht diese absolut größte antike Ruinenstadt alljährlich an. Eine anschauliche und unvergeßliche Zeitreise in die Antike → S. 138.

**Herculaneum**: faszinierende antike Ruinenstadt, längst nicht so groß und populär wie das weltbekannte Pompeji. Und gerade deshalb ermöglicht Herculaneum eine wesentlich besinnlichere Begegnung mit der Antike → S. 135.

**Archäologisches Nationalmuseum** (Neapel): weltweit eines der größten Museen antiker Kunst. Eine unverzichtbare Ergänzung zum Besuch der antiken Freilichtmuseen Pompeji und Herculaneum → S. 106.

**Cumae**: älteste griechische Akropolis am Golf von Neapel. Weitläufiges Ausgrabungsgelände mit spätarchaischen Kultstätten. Hier verkündete die mythische Sibylle vor über 2.500 Jahren ihre Weissagungen → S. 126.

**Pozzuoli**: imposantes, gut erhaltenes Amphitheater aus der flavischen Kaiserzeit. Nach dem Kolosseum das größte im Römerreich → S. 121.

**Paestum**: monumentale Tempelruinen des antiken Griechentums in Unteritalien. Nur einen Katzensprung von der Golfküste entfernt → S. 316.

**Gemäldegalerie von Capodimonte** (Neapel): kunstgeschichtlich bedeutende Gemäldesammlung des 14. bis 18. Jh. Ein Hochgenuß für Kunstliebhaber → S. 110.

*Vesuv – der Vulkan der zwei Gipfel*

**Villa Jovis** (Capri): beeindruckende Überreste des römischen Kaiserpalasts → S. 242.

**San Andrea** und **San Pantaleon** (Amalfi und Ravello): frühe romanische Dombauten mit wertvollen Bronzeportalen → S. 296 u. S. 306.

**Neapel**: faszinierende Kunststadt mit einer erstaunlichen Fülle an Altstadtkirchen und Baudenkmälern aus allen Jahrhunderten → S. 73.

## Landschaftliche Höhepunkte und Naturphänomene

**Vesuv**: der allgegenwärtige Vulkan der Golfküste. Die Gipfelbesteigung führt bis an den Rand des vegetationslosen Kraters → S. 130.

**Costiera Amalfitana**: eine betörend schöne Steilküste, an der sich die abenteuerlichste Küstenstraße Italiens entlangzieht → S. 276.

**Capri**: bizarre und grottenreiche Felsinsel mit einer geradezu alpinen Steilwand, die man übrigens zu Fuß auf dem "Passetiello" überwinden kann → S. 225.

**Ischia**: vegetationsreiche Badeinsel mit einem hohen Inselberg und unerschöpflichen Thermalquellen → S. 171.

**Monti Lattari**: die zerklüftete Bergkette der Halbinsel von Sorrent. Ein Wandergebiet für Alpinisten und Freizeitwanderer → S. 257.

**Grotta Azzurra**: die märchenhafte Blaue Grotte von Capri, die übrigens ein Deutscher am Anfang des 19. Jh. wiederentdeckt hat → S. 253.

**Solfatara-Krater**: aktiver Vulkankrater der Phlegräischen Felder mit aufsteigenden Dämpfen und brodelnden Schlammlöchern an der Oberfläche → S. 121.

*Casamicciola – Keramikwerkstätten*

## Die schönsten Orte

**Positano**: die mondäne Küstenperle der Costiera Amalfitana → S. 282.

**Amalfi**: stolzes und geschichtsträchtiges Küstenstädtchen mit der orientalischsten Kathedrale Italiens → S. 292.

**Atrani**: beschaulicher Küstenort mit der anmutigsten Piazza der Costiera Amalfitana → S. 301.

**Ravello**: romantisches, mittelalterliches Bergstädtchen mit einem exklusiven Hotelangebot → S. 302.

**Sorrent**: traditionsreicher Urlaubsort mit herrschaftlichen Uferpalazzi und lebhafter Altstadt → S. 257.

**Capri-Ort**: Tummelplatz der Reichen und Schönen → S. 235.

**Sant'Angelo**: Ischias feinster Küstenort → S. 220.

**Corricella**: ein Fischerdorf aus dem Bilderbuch → S. 165.

## Die besten Strände und Badestellen

**Maronti-Strand** (Ischia): feiner Vulkanschotter und glasklares Wasser → S. 219.

**Marina del Cantone**: abgeschieden an der Spitze der Halbinsel von Sorrent gelegen → S. 273.

**San-Montano-Bucht** (Ischia): kleiner, heller Sandstrand; in der Hauptsaison gebührenpflichtig → S. 202.

*Baden in der Sorgeto-Bucht*

**Punta Carena** (Capri): die friedlichste Badestelle der Insel; nacktes Felsufer → S. 254.

**Marina di Praia** (Amalfitanische Küste): kleine Badebucht mit Kiesstrand, leicht zugänglich → S. 289.

## Kurioses

**Neapels Altstadt**: ein faszinierendes menschenüberschäumendes Durcheinander → S. 93.

**Neapels Untergrund**: ein unterirdisches Höhlensystem von gigantischem Ausmaß → S. 115.

**Eros in Pompeji**: die Geheimkollektion des Archäologischen Nationalmuseums → S. 109.

# Vulkanismus und Landschaft

## Mythische Landschaft

Bereits in der komplexen Welt der griechischen Mythologie hatten die Gestade des Golfs von Neapel einen festen Platz. Auf ihren frühen Entdekkungsfahrten kreuzten die sagenhaften Helden auch durch die tyrrhenischen Gewässer und beobachteten die unbekannten Gefilde wahrscheinlich mit gespannter Aufmerksamkeit. Die bizarre Kraterlandschaft mit der merkwürdigen Rauchentwicklung muß ihnen dabei besonders aufgefallen sein; aktive vulkanische Oberflächenformationen waren ihnen vermutlich fremd. Die aus der heißen Erde aufsteigenden Dämpfe schienen nichts Gutes zu verheißen. Hatten sie gar die Unterwelt erreicht, das Totenreich des Hades, wo in ihrer mythologischen Phantasie die Schatten der Toten herrschten? Jedenfalls kam den griechischen Heroen diese vulkanisch geprägte Golfküste gespenstisch und unmenschlich vor. Sie gaben ihr den Namen "brennende Erde", Campi flegrei (dt. Phlegräische Felder → S. 22), und machten sie zum Aufenthaltsort der *Titanen*, der finsteren Söhne und Töchter der Erdmutter *Gäa*. Den Eingang zur Unterwelt erkannten sie gar in dem dunklen Kratersee *Lago d'Averno*, den kein Vogel lebend überqueren konnte, weil er vom sagenhaften Fluß der Unterwelt (*Styx*) gespeist wurde und giftige Dämpfe aufsteigen ließ. Nach seinen Irrfahrten durch das Mittelmeer betrat der Troja-Kämpfer *Äneas* hier erstmals italischen Boden, um von der Prophetin *Sibylle* sein Schicksal zu erfahren. Und aus den Homerischen Schriften erfahren wir, daß auch die *Sirenen*, diese unwiderstehlichen Fabelwesen, die nach der geglückten Durchfahrt des *Odysseus* den Tod fanden, an den sagenumwobenen Gestaden des Golfs beheimatet waren. – Aber ein feuerspeiender Vulkan namens *Vesuv* kommt in dieser Schattenwelt der griechischen Mythologie nicht vor – obwohl es ihn schon gegeben haben müßte.

## Der Vesuv

**Um ihn ranken sich zarte Legenden und apokalyptische Visionen. Er war romantisches Etappenziel zahlreicher europäischer Dichter und Denker. 80 nachgewiesene Ausbrüche belegen seine vulkanische Vitalität. Am 24. August 79 n. Chr. begrub er die ahnungslosen römischen Kleinstädte Pompeji, Herculaneum und Stabiae unter meterdicken Eruptionsschichten und konservierte sie für die staunende Nachwelt.**

"La montagna", im neapolitanischen Dialekt "a muntagna", ist der meisterforschte Vulkan der Erde mit einem eigenen vulkanologischen Institut an seiner Westflanke. Nach seinem zweigipfligen Kegel werden alle Doppelvulkane der Erde als Somma-Vesuv-Typ bezeichnet. Falls er wieder einmal

*Beeindruckend – Vesuvkrater*

grollen sollte, sind eine halbe Million Menschen unmittelbar gefährdet. Doch seitdem er 1944, nach seiner letzten Terminaleruption, die über Jahrhunderte vertraute Rauchfahne, den *Pennacchio*, verloren hat, wirkt er von weitem bisweilen so harmlos wie ein Weinberg.

▶ **Geschichten und Geschichte**: Eine Vesuv-Entstehungslegende aus dem 18. Jh. erzählt von einem jungen neapolitanischen Liebespaar, das von den Eltern gewaltsam getrennt worden war. Während das schöne Mädchen Capri sich auf dem Weg zum Verbannungsort ins Meer stürzte und zur gleichnamigen Insel wurde, verwandelte sich ihr Angebeteter namens Vesuvius in den feurigen Vulkan, um ihr nahe zu sein. Eine rührende Geschichte, doch rein geologisch betrachtet sind die Felseninsel Capri und der Vesuv von zu unterschiedlicher Beschaffenheit, um sich nahe sein zu können.

Der Vesuv war, wie entsprechende Gesteinsanalysen belegen, bereits in vor- und frühgeschichtlicher Zeit ein aktiver Vulkan. Man vermutet Ausbrüche im 12. und im 8. Jh. v. Chr. Erst nach diesen Ausbrüchen formte er sich vom eingipfligen Berg mit Kraterebene (Monte Somma) zum **Doppelvulkan** (Somma-Vesuv). Noch bevor der Altkrater (Caldera Somma) vom neuen Vesuv-Krater, der aus seiner Mitte emporwuchs, überragt wurde, gab es eine historische Beschreibung des äußeren Erscheinungsbildes. Der griechische Geograph und Geschichtsschreiber *Strabon* notierte im Jahr 19 n. Chr. folgendes:

"Über diesen Orten [Herculaneum und Pompeji] liegt der Vesvios, in schönsten Feldgütern, rings umwohnt, außer dem Gipfel. Dieser ist zwar großenteils eben, aber gänzlich unfruchtbar, in Ansicht einem Aschenhaufen ähnlich. Er zeigt erdrissige Vertiefungen zwischen rußfarbigem und vom Feuer gleichsam zerfressenen Gestein, sodaß man vermuten darf, diese Stelle habe ehedem gebrannt und Schlundbecher des Feuers gehabt, sei aber erloschen, als der Brennstoff verzehrt war. Vielleicht aber auch ist eben dieses die Ursache von der Fruchtbarkeit der Umgegend." (Zitat aus: Dieter Richter, Der brennende Berg. Eugen Diederichs Verlag, 1986)

Diese noch etwas unwissenschaftliche, aber dafür sehr anschauliche Beschreibung von Strabon sollte die letzte vor dem katastrophalen Ausbruch gewesen sein. Doch die verheerende Eruption von 79 n. Chr. hatte in *Plinius d. J.*, einem römischen Politiker, der gerade bei seinem Onkel und Adoptivvater *Plinius d. Ä.*, einem hohen römischen Marineoffizier, weilte, einen kompetenten Beobachter. Vom jüngeren Plinius ist ein Brief an den römischen Historiker *Tacitus* erhalten – sozusagen eine **antike Katastrophen-Reportage**, die die mutige Rettungsaktion seines Onkels beschreibt:

"Er [Plinius d. Ä.] war in Misenum und befehligte persönlich die Flotte. Am vierundzwanzigsten August, etwa um ein Uhr nachmittags, meldet ihm meine Mutter, es zeige sich eine Wolke von ungewöhnlicher Größe und Gestalt. Er hatte ein Sonnenbad genommen, darauf kalt gebadet, liegend etwas gegessen und war eben in seine Studien vertieft. Er verlangt seine Schuhe, ersteigt eine Anhöhe, von wo er diese Wundererscheinung am besten betrachten konnte. Die Wolke erhob sich – für die von weitem Schauenden war es undeutlich, von welchem Berg; daß es der Vesuv war, wurde erst später bekannt –, der Form nach einem Baum, und zwar am ehesten einer Pinie ähnlich. Denn sie wuchs wie auf einem sehr hohen Stamm empor und breitete gewissermaßen Äste aus; wahrscheinlich, weil sie durch einen frischen Luftzug hochgetragen wurde und dann, wenn dieser nachließ – vielleicht auch durch ihr Eigengewicht –, ihren Auftrieb verlor und sich in die Breite verflüchtigte. Bisweilen war sie weiß, bisweilen schmutzig und fleckig, je nachdem sie Erde oder Asche mit sich geführt hatte.

Dies schien ihm, als einem wissensdurstigen Manne, wichtig und wert, näher betrachtet zu werden. Er befiehlt, einen Schnellsegler seefertig zu machen. Mir stellt er frei, mit ihm zu kommen. Ich gab ihm zur Antwort, ich wolle lieber arbeiten; und zufällig hatte er selbst mir etwas zum Schreiben gegeben. Er verließ das Haus; da bekommt er eine Botschaft von Rectina, der Frau des Cascus, die durch die drohende Gefahr erschreckt war – denn ihr Landhaus lag am Fuße des Berges, und sie konnte nur zu Schiff fliehen; er möge sie aus der bösen Lage befreien, lautete die Bitte. Er ändert seinen Plan, und was er als Gelehrter begonnen, dem geht er nun als Held entgegen. Er läßt Vierruderer ausfahren, steigt selbst an Bord, nicht allein um Rectina, sondern vielen andern – die Küste war nämlich ihrer Lieblichkeit wegen stark besucht – Hilfe zu bringen. Er eilt dorthin, woher die anderen fliehen, und steuert in geradem Kurs auf die Gefahr zu, so ganz frei von Furcht, daß er alle Veränderungen, alle Phasen dieses Unheils, wie er sie wahrnahm, diktierte und aufzeichnen ließ.

Schon fiel Asche auf die Schiffe – je näher sie herankamen, desto heißer und dichter –, schon fielen auch Bimssteine und schwarze, halbverbrannte und von der Hitze geborstene Steine, schon zeigte sich plötzlich eine Untiefe, und durch den Bergsturz wurden die Ufer unzugänglich. Er zögerte einen Augenblick, ob er umkehren solle, dann sagte er dem Steuermann, der zur Umkehr riet: Dem Mutigen hilft Gott! Vorwärts zu Pomponianus! Dieser war in Stabiae, auf der anderen Seite des Golfes – denn ein sanft geschwungenes Gestade umfaßt das Meer in einem Bogen. Obschon dort die Gefahr noch nicht unmittelbar drohte, war sie doch sichtbar, und wenn sie sich steigerte, sehr nahe; Pomponianus hatte deshalb sein Gepäck auf Schiffe verladen lassen, zur Flucht entschlossen, wenn sich der Gegenwind gelegt hätte. Dieser Wind war für die Fahrt meines Onkels sehr günstig; er umarmt den Ängstlichen, tröstet ihn, muntert ihn auf und läßt sich, um dessen Furcht durch seine eigene Sorglosigkeit zu beheben, ins Bad tragen; nach dem Bad liegt er zu Tisch und speist frohgemut oder, was gleich groß ist, tut, als sei er frohgemut.

Unterdessen leuchteten aus dem Vesuv an verschiedenen Orten sehr breite Feuergarben und hohe Feuersäulen auf, deren Glanz und Helligkeit durch das Dunkel der Nacht noch gesteigert wurde. Mein Onkel sagte zur

Beschwichtigung der Angst immer wieder, das seien Herdfeuer, die die Bauern in ihrer Aufregung nicht gelöscht hätten, und verlassene Landhäuser, die jetzt leer dastånden und brennten. Dann begab er sich zur Ruhe und schlief wirklich tief ein. Aber der Hof, durch den man zu seinem Zimmer gelangte, war bereits so hoch mit Asche und Bimssteinen angefüllt, daß ihm bei längerem Verweilen im Schlafgemach der Ausgang verwehrt worden wäre. Man weckt ihn, er steht auf und begibt sich zu Pomponianus und den andern, die wach geblieben waren. Sie beraten gemeinsam, ob sie im Hause bleiben oder sich im Freien aufhalten sollten. Denn infolge häufiger und heftiger Beben begannen die Häuser zu schwanken und schienen, gleichsam aus ihren Fundamenten gehoben, sich bald hierhin, bald dorthin zu bewegen. Unter freiem Himmel andrerseits war das Herabfallen der wenn auch leichten und vom Feuer angefressenen Bimssteine zu fürchten. Sie legen Kissen auf den Kopf und binden sie mit leinenen Tüchern fest. Dies war ihr Schutz gegen die herabfallenden Steine. Schon war es anderswo Tag, hier aber Nacht, schwärzer und dichter als alle Nächte; doch erhellten sie viele Fackeln und verschiedene Lichter. Man beschloß, zum Strand zu gehen und aus der Nähe zu schauen, ob das Meer schon einen Versuch gestatte; es war immer noch stürmisch, und die Wind blies aus der Gegenrichtung. Hier legte sich mein Onkel auf ein ausgebreitetes Leintuch, verlangte mehrmals kaltes Wasser und trank. Dann treiben die Flammen und der Vorbote der Flammen, der Schwefelgeruch, die andern in die Flucht, ihn veranlassen sie zum Aufstehen. Gestützt auf zwei junge Sklaven erhob er sich und brach sogleich wieder zusammen, weil ihm, wie ich vermute, durch die zu dicke Luft das Atmen verunmöglicht und die Luftwege verschlossen wurden, die bei ihm von Natur aus schwach und eng und häufig entzündet waren. Als es wieder Tag wurde – es war nach dem, den er zuletzt erlebt hatte, der dritte –, fand man seine Leiche unversehrt; sein Aussehen glich eher einem Schlafenden als einem Toten." (Zitat aus: Dieter Richter, Der brennende Berg. Eugen Diederichs Verlag, 1986)

Was Plinius hier so dramatisch als persönliches Schicksal seines Onkels beschreibt, war die Hölle für die Bewohner der drei Städte *Pompeji*, *Stabiae* und *Herculaneum* sowie der verstreut an den Vesuvhängen lebenden Landbevölkerung. Allein Pompeji zählte damals ca. 15.000 Einwohner, und geht man davon aus, daß sich infolge des plötzlichen Vulkanausbruchs kaum jemand retten konnte, dürften schätzungsweise 30.000–50.000 Menschen Opfer der Katastrophe geworden sein. – Ungefähr 1.700 Jahre danach entdeckte man die Hohlräume der Leichen in den erhärteten Ascheschichten. Mitte des 19. Jh. hatte ein italienischer Archäologe den genialen Einfall, diese Hohlräume mit flüssigem Gips auszugießen. Die so entstandenen Abdrücke zeigen die schmerzverzerrten Gesichtszüge und gestikulierenden Körper der Vulkanopfer im Augenblick des Todes. Einige dieser Gipsabdrücke sind heute in der Museumsstadt Pompeji als mahnende Skulpturen in Glasvitrinen zu sehen.

*Pompeji – Pflastersteingasse*

▸ **Der Verlauf des Vulkanausbruchs von 79 n. Chr.** läßt sich mit den heutigen Erkenntnissen leicht rekonstruieren: Der Vesuv ist kein einfacher, sondern ein sog. *Stratovulkan* mit umgekehrter Schichtenfolge; d. h. er wirft bei einer Eruption zunächst zähes und dann immer weniger zähflüssiges Magma aus. Im Unterschied zu permanent aktiven Vulkanen, deren Schlote offen sind, war der Somma-Vesuv damals äußerlich völlig inaktiv, und ein fester Pfropfen aus erstarrter Lava verstopfte seine Schlotöffnung hermetisch. Doch darunter stauten sich die aufsteigenden Gase und brodelte der Magmaherd. Am 24. August 79 mittags war es dann soweit, der Vesuv erwachte urplötzlich und ohne Vorwarnung – einmal abgesehen von den leichten Erdstößen, die die Vesuv-Bewohner wahrscheinlich gewohnt waren. Mit einem gewaltigen Knall wurde der Pfropfen in die Luft geschleudert und die schweren Bruchstücke sammelten sich um den Krater. Aus dem jetzt offenen Schlot trat unter hohem Druck mit Gasen angereichertes Magma aus und eine Gassäule stieg mehrere tausend Meter hoch. Als der Auftrieb nachließ, fiel poröser Bimsstein in großen Mengen herab und begrub *Pompeji* und *Stabiae* unter einer zweieinhalb Meter dicken Schicht. Mit dem einsetzenden Eruptionsregen legte sich eine kompakte sandhaltige Ascheschicht darüber, die stellenweise eine Stärke von über einem Meter erreichte. Das nordwestlich gelegene *Herculaneum* wurde währenddessen von heißen Strömen aus Lavaschlamm zugeschüttet, die sich schließlich ins Meer ergossen. Dieser schreckliche Vulkanausbruch ereignete sich innerhalb eines Nachmittags und ging in ein heftiges Erdbeben über, das auch die weitere Umgebung erschütterte. Erst nach drei Tagen herrschte wieder normales Tageslicht. Zurück blieb ein weiträumiges Katastrophengebiet, in dem alles kultivierte Land zerstört war.

▶ **Nach dem Initialausbruch** des Jahres 79 blieb der Vesuv über mehr als ein Jahrtausend hinweg aktiv. Die spärlichen Quellen des Mittelalters berichten von gelegentlichen Lavaströmen, glühenden Auswürfen und sporadischen Ascheregen, aber auch von längeren Ruhephasen, in denen eine landwirtschaftliche Nutzung der Hänge wieder möglich war. Geradezu paradiesische Zustände vermitteln die Vesuvgeschichten der frühen Neuzeit, als der Vegetationsteppich sogar das Innere des Kraters erreichte, wo warme mineralische Quellen friedlich sprudelten. Doch als sich die Menschen gerade mit ihrem Berg ausgesöhnt hatten, kehrte er **1631** sein Inneres wieder nach außen. Dieser erneute Initialausbruch, vergleichbar mit dem von 79 n. Chr., machte ihn wieder zur Metapher des Bösen. Lavaströme zerstörten die Ortschaften *Torre del Greco*, *Torre Annunziata* und *Portici*. Tausende fanden den Tod, und aus Angst vor der Pest schloß die Stadt Neapel ihre Tore vor den Flüchtenden. Nur dem Schutzheiligen *San Gennaro* war es zu verdanken, so sagen die Neapolitaner noch heute, daß ihre Stadt von den Lavamassen weitgehend verschont blieb; denn sie waren mit der Heiligenstatue bis an die Stadtmauer gezogen und hatten sie dem feuerspeienden Vulkan entgegengehalten.

▶ **Im 18. und 19. Jh.** blieb der Vesuv weiterhin aktiv, allerdings nur schwach, aber dafür mit einer anmutigen permanenten Rauchfahne, dem legendären *Pennacchio*. In dieser Zeit vollzog sich ein kompletter Imagewechsel, der Vulkan wandelte sich vom Sinnbild des Bösen zum bestaunten Naturwunder. Wissenschaftler und Entdeckungsreisende kamen aus dem Norden Europas und machten ihre Vesuv-Beobachtungen. Ob wissenschaftlicher Bericht oder kunstsinnige Prosa, ihre Texte avancierten zur beliebten Lektüre ihrer Landsleute und zogen immer mehr Vesuv-Besucher an. Natürlich gehörte auch unser *Johann Wolfgang von Goethe* zu den Vesuv-Pilgern. In dieser Zeit entwickelte sich Italien überhaupt zum Inbegriff nordeuropäischer Sehnsuchtsvorstellungen, und der rauchende Vesuv war ein romantisches Etappenziel auf der damals obligatorischen Italienreise.

▶ **In der ersten Hälfte des 20. Jh.** schien dem Berg der ganze Rummel um ihn zu viel geworden zu sein. Von der Beschaulichkeit des 18. und 19. Jh. war kaum noch etwas übriggeblieben. Schon 1880 hatten findige Unternehmer dem Ausflugsvulkan sogar eine mechanische Bergbahn verpaßt, die *Funicolare*, um mehr am ständig wachsenden Besucherstrom verdienen zu können. Doch drei heftige Terminaleruptionen in den Jahren 1929, 1932 und 1944 ließen die Erinnerung an alte Zeiten wieder lebendig werden. 1944, beim bisher letzten Ausbruch, gingen zehn Tage lang Lava, Bimsstein und Asche auf die Umgebung nieder – insgesamt 50 Millionen Kubikmeter. Das seismographische Frühwarnsystem und natürlich San Gennaro, der neapolitanische Schutzheilige, verhinderten eine Katastrophe. Aber seitdem hat der Pennacchio ausgeraucht, und die unheimliche Ruhe vor dem Sturm ist wieder eingekehrt.

▶ **Der Vesuv heute**: Die verbrannte Erde, die die 80 nachgewiesenen Vulkanausbrüche im Laufe der Jahrhunderte hinterlassen haben, hat sich stets erholt. Auch wenn die einstige Gipfelvegetation verschwunden ist, so war doch die Aufforstung der Hänge und ihre landwirtschaftliche Nutzung immer nur eine Frage der Zeit. Je nach der Struktur der Laven, der Verwitterungsgeschwindigkeit und der Menge des herbeigeschafften Mutterbodens grünten die Flanken bald wieder. Mit Ginster und Akazien konnte man relativ schnell kleine Forstgürtel anlegen, und in den flacheren Lagen hielten sich sogar Olivenbäume. Dort, wo die von Natur aus nährstoffreichen vulkanischen Ablagerungen arbeitsaufwendig untergehackt und gut bewässert wurden, zieren heute längst wieder Obst- und Weinterrassen die Hänge. Fast erweckt die Fruchtbarkeit der schwarzen Vulkanerde den Eindruck von Harmlosigkeit; doch spätestens der Gipfelkrater mit seinen trostlosen Schlackenhalden erinnert deutlich an die Gefährlichkeit des Vulkans. Vor allem die hellen *Fumarolen* (Dampfschwaden) an den oberen Kraterwänden, mit Temperaturen von über 100 °C, signalisieren vulkanische Aktivität.

"Der Berg schläft", sagen die Anwohner, während die Wissenschaftler vom vulkanologischen Institut, dem *Osservatorio vesuviano*, eher von einer dynamischen Ruhe des Vulkans reden. Wie schon vor dem katastrophalen Ausbruch von 79 n. Chr. verstopft seit der letzten Terminaleruption von 1944 wieder verfestigtes Magma die Schlotöffnung wie ein Pfropfen. Und darunter kann sich mit der Zeit ein Gas-Magma-Gemisch zusammenbrauen, das sich irgendwann in einer gewaltigen Explosion entlädt. Wie im Innern so gleicht auch die Außensituation von heute ungefähr derjenigen von vor etwa 1.900 Jahren. Die unteren Hänge des Berges sind kultiviert und dicht besiedelt, jedoch alles um ein Vielfaches intensiver. Die 18 Städte und Dörfer um den Vesuv bilden eine ameisenhafte Megalopolis mit einer halben Million Menschen. Mit dem Computer simulieren die Wissenschaftler immer wieder die mögliche **Katastrophe des Tages X**: Eine gewaltige Gassäule, ein Eruptionsregen, stürzende Lavaströme, und in 15 Minuten wären die Orte *Torre Annunziata*, *Pompei*, *Castellammare a Stabia*, *Ercolano*, *Torre del Greco* etc. in der Finsternis verschwunden. Und Neapel selbst? Neapel hat ja seinen Schutzheiligen San Gennaro, während sich die Vesuv-Dörfer nur mit aufmunternden Gedenktafeln wie "Der Wille des Menschen ist stärker als der Vulkan" beruhigen können. Doch im Zeitalter der Computersimulation gibt es natürlich auch einen klugen und detaillierten Notfallplan, der eine rechtzeitige Evakuierung vorsieht. Wenn die elf seismologischen Stationen in der bedrohten Region durch Magmabewegungen verursachte Erdstöße registrieren, wird sofort Alarm ausgelöst; dann bleibt laut Plan Zeit genug, um die halbe Million Menschen mit ihrer wichtigsten Habe zu evakuieren per Schiff, Bahn, Bus und Privatauto. Doch es gehört nicht viel Phantasie dazu, sich vorzustellen, daß die Evakuierungsstrategie auch im Chaos enden könnte. Schon öfter ist es in Neapel vorgekommen, daß irgendein Scherzbold mit der Behauptung "der Vesuv ist aufgewacht" eine Telefonkette ausgelöst hat, und binnen weniger Stunden strömten Abertausende von Neapolitanern aus ihren Häusern und verursachten ein furchtbares Verkehrschaos, in dem niemand mehr vor oder zurück kam. – Die letzte offizielle Schreckensmeldung fällt jedenfalls ins Jahr 1983, als beim regelmäßigen Fiebermessen eine leicht erhöhte Bergtemperatur festgestellt wurde.

## Die Phlegräischen Felder (Campi flegrei)

**Die Phlegräischen Felder ziehen sich um die Bucht von Pozzuoli und sind ebenso wie der Vesuv vulkanischen Ursprungs. Im 16. Jh. ereignete sich hier der letzte Vulkanausbruch, und 1983 erschütterten wieder einmal leichte Erdstöße das Gebiet westlich von Neapel. Heute erinnern vor allem die heißen Dampfquellen und brodelnden Schlammlöcher des Solfatara-Kraters oberhalb von Pozzuoli an die vulkanische Aktivität der Phlegräischen Felder.**

Man bezeichnet die Campi flegrei auch als ruhende Kraterlandschaft, deren obere Magmaschichten noch längst nicht erstarrt sind. Die Erde ist folglich in ständiger Bewegung, ein Phänomen, das die Wissenschaftler bradyseismische Oszillation (s. u.) nennen.

▸ **Die Entstehung** der Phlegräischen Felder fällt, rein geologisch betrachtet, in die Erdneuzeit, als sich die erkaltete Erdkruste infolge aufsteigender Erdhitze zu falten begann. Ergebnis dieser kontinuierlichen Erdfaltung ist das Gebirge des Apennin einerseits und der Grabenbruch des Tyrrhenischen Meeres andererseits. Ein Vorgang, der seit mehreren Millionen Jahren andauert. Die Phlegräischen Felder stellen in diesem Zusammenhang eine vulkanische Kegelkraterlandschaft dar, die sich durch immer wieder aufsteigende Magmamassen geformt hat. Man nimmt an, daß am Anfang der Entwicklung ein mächtiger Stratovulkan *(Ur-Phlegräus)* mit einem riesigen Krater *(Ur-Caldera)* stand, an dessen Rand sich durch Explosivausbrüche kleinere Kegelkrater (Calderen) geformt haben. Durch dieses ca. 150 qkm große Gebiet verläuft heute die Küstenlinie, da der südliche Bereich unter den Meeresspiegel abgesunken ist. Der bizarr zerklüftete Nordrand der Ur-Caldera, der mit zahlreichen Vulkankegeln, Kraterseen und Klippen gespickt ist, bildet die halbkreisförmige Bucht von Pozzuoli.

▸ **Vulkanische Gesteinsschichten**: An ihnen läßt sich am besten ablesen, wie sich die aktive Vulkanlandschaft der Phlegräischen Felder permanent verändert hat. Aus der ältesten Entwicklungsphase stammen die *grauen kampanischen Tuffe*, die auch mit den Tuffsteinschichten der Steilküste von Sorrent identisch sind. Eine spätere Auswurfphase mit Laven, Schlacken und Aschen ergab die sog. *Piperno-Schicht*, die einst als besonders haltbarer Baustoff abgebaut wurde. Darüber befinden sich die geschichteten *gelben neapolitanischen Tuffe*, die noch heute einen guten Baustein abgeben. Angeblich bestehen alle Häuser Neapels aus diesem gelben Tuff. Die jüngsten vulkanischen Oberflächenschichten bilden unverfestigte Materialien, wie sie z. B. der Solfatara-Krater von Pozzuoli noch heute aufweist. Diesen weichen Boden aus vulkanischen Sanden und Aschen nutzten bereits die Römer für ihre Zwecke. In der Antike waren diese Lockermaterialien als *Pozzolanerde* bekannt. Mit Wasser und Kalk vermischt, ergab diese Erde

*Heiße Dämpfe steigen aus dem Solfatara-Krater*

einen festen und zugleich elastischen Mörtel, ohne den die antiken Großbauten und Thermalanlagen an diesem Küstenstreifen nicht hätten errichtet werden können.

- **Monte Nuovo**: Die Entstehung dieses ca. 300 m hohen, abgestumpften Vulkankegels direkt an der Küstenlinie zwischen Pozzuoli und Baia fällt in das 16. Jh. Durch mehrere Erdbeben kündigte der "Neue Berg" einst seine Geburt an und "wuchs" in sage und schreibe nur zwei Tagen. Nach heftigen Erdstößen hob sich zunächst das Ufer, dann brach der Vulkan mit einem gewaltigen Knall aus, spie Wurfschlacken und hüllte die Umgebung in Finsternis. Als sich der Rauch am nächsten Tag verzogen hatte, präsentierte sich der Monte Nuovo den staunenden Zeitgenossen. Seit seiner plötzlichen Erhebung im Jahr 1538 hat sich dieser jüngste Vulkankegel der Phlegräischen Felder nicht wieder bewegt.

- Die unglaubliche Entstehung des Monte Nuovo sowie der aktive Vulkanismus der Campi flegrei überhaupt steht im Zusammenhang mit einem geophysikalischen Phänomen, das weltweit einzigartig ist. Es handelt sich dabei um die **bradyseismische Oszillation**, die abwechselnde Hebung und Senkung von Teilen der Erdkruste. Voraussetzung dafür sind oberflächennahe Magmamassen, die noch nicht erkaltet, also noch in Bewegung sind. Mit diesen Magmabewegungen hebt und senkt sich auch die Erdoberfläche in unregelmäßigen Abständen, mit einer unregelmäßigen Atmung vergleichbar, mehr oder weniger heftig und schnell. Zunächst hatte man sich diesen Vorgang mit Veränderungen des Meeresspiegels erklärt, aber da sich die Uferlinie immer nur in der Bucht von Pozzuoli veränderte, war bald offensichtlich, daß es sich um begrenzte Bewegungen der Landoberfläche und des Meeresbodens handelt.

Die bradyseismische Bewegung der Phlegräischen Felder läßt sich erstaunlich gut an einer antiken Säule in Pozzuoli ablesen. Diese zum *Serapis-Tempel* (→ S. 119) gehörende Marmorsäule weist Bohrlöcher von Meeresmuscheln auf, die sie zum zuverlässigen Indikator der Bodenbewegungen innerhalb der letzten 2.000 Jahre machen: Die erste Absenkung der relativ kleinen Erdscholle von Pozzuoli um 10 m dauerte bis ins 10. Jh. an; es folgte eine etwa gleich große Hebung bis zum Ausbruch des Monte Nuovo (1538), an die sich wieder eine Senkung um rund 7 m anschloß. Die plötzliche Hebung im Frühjahr 1970 um ca. 1,5 m ließ einen erneuten Vulkanausbruch befürchten, der aber nicht eintrat. Die jüngste sprunghafte Hebungsphase von 1983 um einen knappen Meter war mit meist schwachen Erdbeben verbunden. Aus dem seismischen Krisengebiet mußten Abertausende Menschen evakuiert werden. Seither registrieren die Vulkanologen wieder einen relativen Stillstand der bradyseismischen Oszillation in der Bucht von Pozzuoli.

▶ **In der römischen Antike** konzentrierte sich am Küstenstreifen der Phlegräischen Felder ein unvorstellbarer Reichtum. Von dieser einstigen Pracht sind heute nur noch wenige Reste erhalten (→ S. 117). Die monumentale Architektur wurde größtenteils vom Meer überspült oder durch Erdbeben zerstört. Und was von der Natur verschont blieb, fiel dem Vandalismus der Menschen zum Opfer. Die wenigen Ruinen (Wohn-, Thermal- und Hafenanlagen) und Großbauten (Amphitheater), die sich trotzdem bis in die Jetztzeit gerettet haben, müßten eigentlich viel besser geschützt werden, als es der Fall ist. Die Bucht von Pozzuoli präsentiert sich heute leider als eine dicht be- und zersiedelte industrielle Vorstadt von Neapel, in der kaum Rücksicht auf die ruhmreiche Vergangenheit genommen wird, und wo die Suche nach den antiken Sehenswürdigkeiten und vulkanischen Naturphänomenen, von wenigen Ausnahmen abgesehen, zum zeitaufwendigen Verwirrspiel wird.

> Was sich dennoch lohnt, finden Sie im Reiseteil im Kapitel "Westlich von Neapel " (→ S. 117), denn schon 1876 warnte *Karl Baedekers* Handbuch für Reisende beim Besuch der Phlegräischen Felder nachdrücklich:
> "Die speculative Phantasie ist hier überaus thätig gewesen, um unscheinbare und interesselose Dinge mit volltönenden klassischen Namen zu umkleiden, und in Folge dessen wird der Fremde von Kutschern, Ciceroni, Wirthen, die sämtlich wie Kletten aneinanderhängen und die Trinkgelder theilen, zu einer Menge von sogenannten Sehenswürdigkeiten hingeschleppt, die alle zu sehen weder Zeit noch Geld lohnt".

## Alluvione – Die Angst vor dem großen Regen

Im Mai 1998 ereignete sich im Hinterland des Golfs von Neapel eine verheerende Katastrophe, nachdem es tagelang fast ununterbrochen geregnet hatte. Südwestlich von *Avellino* überfluteten Wasser- und Schlammassen die Ortskerne einiger Bergdörfer. Es gab zahlreiche Tote, und ganze Dörfer

(z. B. Quindici) mußten evakuiert werden. Spektakuläre Bilder aus dem Katastrophengebiet gingen auch in Deutschland durch die Medien – Sie werden sich wahrscheinlich noch daran erinnern.

Ursächlich für diese Schlammkatastrophe *(Alluvione)* waren auch die erosionsgefährdeten Berghänge; denn wenn in riskanten Hanglagen oder friedlich wirkenden, aber unberechenbaren Seitentälern ohne Rücksicht auf hydrologische Aspekte planlos gebaut wird, sind die Folgen absehbar: Bei starken Regenfällen können sich die Hänge in wahre Wasserrutschen verwandeln, die alles mit sich reißen. Neben der rücksichtslosen Bebauung haben auch die häufigen Brandstiftungen im kampanischen Hinterland Auswirkungen auf die Erosion der Hänge. – Nur eine dichte Vegetation kann Bodenerosion verhindern. – Jetzt warnen Experten vor weiteren Überschwemmungen und erklären große Teile der Region Kampanien zum Gefahrengebiet.

Auch an der Amalfitanischen Küste herrscht wieder die Angst vor dem großen Regen; denn die steilen Küsten sind ebenso gefährdet wie die Berghänge des Hinterlands. Vor allem in Amalfi und Atrani heißt es "a rischio", und plötzlich erinnert man sich wieder an den Erdrutsch in *Marina di Conca*, der sich 1996 ereignete, und dessen Spuren immer noch nicht beseitigt worden sind.

# 3.000 Jahre Geschichte

Im folgenden finden Sie eine knappe Historie der Golfregion von der Frühgeschichte bis zum Untergang des Weströmischen Reichs. Die wichtigsten (kunst)geschichtlichen Zeugnisse aus der Zeit, die es heute noch zu bewundern gibt, sind in den Kästen zusammengefaßt. Die Ereignisse der späteren Jahrhunderte werden im Abschnitt "Geschichte" der jeweiligen Insel- und Ortskapitel ausführlich behandelt, vor allem bei Neapel (→ S. 75), das ab dem frühen Mittelalter die uneingeschränkte Führungsrolle in der Region einnahm. Eine Übersicht der wichtigsten Kunst- und Bauwerke von der Romanik bis zur Gegenwart finden Sie im Kapitel "Kunstgeschichte" (→ S. 37).

## Frühe Antike

▸ **Mykener, Minoer und andere griechische Volksstämme**, die den östlichen Mittelmeerraum bevölkerten, hatten am Anfang des ersten vorchristlichen Jahrtausends bereits weite Teile des Mittelmeeres ausnavigiert. Zur Zeit, als die frühen griechischen Mittelmeerpioniere auf ihren Entdekkungsreisen auch den Golf von Neapel inspizierten, lebten hier bereits Menschen, italische Stämme, die sich trotz der unberechenbaren vulkanischen Umgebung häuslich eingerichtet hatten. In den Homerischen Schriften kann man nachlesen, daß die griechischen Seefahrer nicht viel von diesen einheimischen Italikern, Angehörigen der späten Bronzekultur, hielten. Den Griechen erschienen sie wie finstere Urmenschen, rückständig und ungebildet. Was veranlaßte also diese Kulturmenschen, sich im 8. Jh. v. Chr.

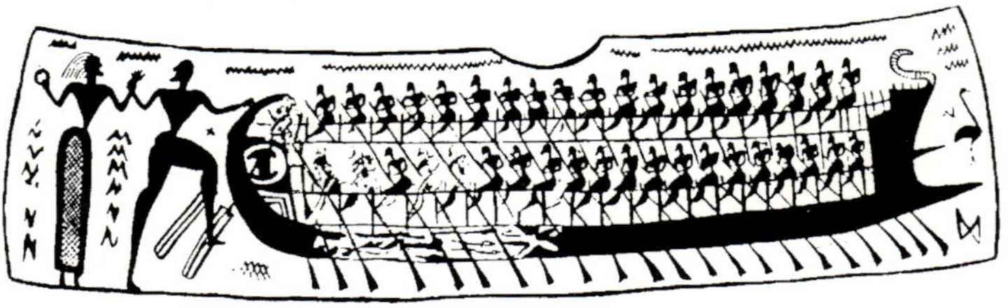

*Griechisches Ruderschiff aus dem 8. Jh. v. Chr.*

erstmals unter diese "Barbaren" zu mischen? Und kamen sie mit kriegerischen oder friedlichen Absichten?

▶ **Magna Graecia (Großgriechenland)**, dieser schillernde Begriff steht für die Hellenisierung Unteritaliens ab dem 8. Jh. v. Chr. Griechen aus Kleinasien und der Inselwelt des östlichen Mittelmeers gründeten entlang der süditalienischen Küste ihre Pflanzstädte und Kolonien. Syrakus (Sizilien), Kroton (Kalabrien) und Tarent (Apulien) waren damals die größten Griechenstädte, während der Golf von Neapel mit seinen Inseln den vorläufigen Endpunkt dieser glorreichen griechischen Expansion bildete.
Die Auswanderungsmotive sind im Lauf der Menschheitsgeschichte offensichtlich bis heute die gleichen geblieben: Arme und durch kriegerische Unruhen aus ihrer Heimat vertriebene *ionische Euböer* waren es, die sich auf der Insel Ischia niederließen und die erste griechische Kolonie am Golf von Neapel gründeten. Die Ankömmlinge hatten offenbar friedliche Absichten, denn sie kamen als Händler und boten sich als Vermittler des griechischen Kulturguts an.

▶ Die ionischen Euböer, diese Griechen der ersten Stunde, siedelten nachweislich auf dem *Monte Vico* bei Lacco Ameno auf Ischia (→ S. 203). Ihre neue Heimat nannten sie **Pithekoussai** (ital. Pitecusa). In der unmittelbaren Nachbarschaft ihrer schnell errichteten Akropolis lebten bereits Einheimische. Vermutlich begegneten sich Ankömmlinge und Einheimische mit Neugierde, Aufgeschlossenheit und Respekt, denn nur unter solchen Voraussetzungen war ein Kulturaustausch denkbar. Die Euböer pflegten ganz im Gegensatz zu den bodenständigen Italikern bereits weitreichende Handelsverbindungen. Als Fernhändler bereisten sie das gesamte östliche Mittelmeer und brachten u. a. Waren aus Ägypten, Phönizien, Rhodos und Kreta nach Ischia. Welch ein Kulturschock muß diese Begegnung mit den feinen Waren des Nahen Osten für die im Vergleich eher rückständigen Einheimischengewesen sein? Aber nicht nur an den neuen Gebrauchsgegenständen aus Keramik, Eisen, Bronze und Edelmetallen konnten sich die Italiker erfreuen, auch bisher unbekannte Landwirtschaftsprodukte wie Olivenöl und Wein führten die Griechen ein, ganz zu schweigen von ihren geistigen Errungenschaften, dem Alphabet und der komplexen Religion.
Man kann davon ausgehen, daß die Euböer in ihrer Heimat Meister der Keramikmanufaktur, Schmiedekunst, Bronzegießerei und Eisenverhüttung

waren, während die ischitanischen Italiker gerade mal einen Hauch der auf dem Festland aufkommenden etruskischen Kultur mitbekommen hatten. Die Griechen wählten mit Ischia also einen idealen Wirtschaftsstandort, würde man heute sagen. Hier und auf dem benachbarten Festland konnten sie ausgiebig Entwicklungshilfe betreiben. An den notwendigen Rohstoffen mangelte es nicht. Die Insel verfügte über große Vorkommen an mergeligen Tonen, aus denen feinste Keramik angefertigt werden konnte, und Erze für die Eisen- und Bronzeherstellung beschaffte man sich u. a. von der etruskischen Insel Elba.

▸ Aus den anfänglichen griechischen Händlern wurden im Lauf des 8. Jh. v. Chr. **Kulturvermittler**, die ihr hohes technisch-handwerkliches Wissen vermarkteten und verbreiteten. Die unter griechischer Anleitung auf Ischia gefertigten Gegenstände besaßen neben ihrem konkreten Gebrauchswert auch die Funktion von Kulturträgern. Die Keramikgefäße waren in Form und Machart nicht nur vielfältiger und feiner als diejenigen aus den Nachbarregionen, sondern obendrein auch noch kunstvoll dekoriert und beschriftet. Wie einst der mythische *Dädalus*, der legendäre Handwerker, Erfinder und Baumeister der minoischen Kultur, vermittelten die Euböer im Einzugsgebiet des Golfs von Neapel die Fertigkeiten ihrer hohen Zivilisation. Man hörte die Glocken des antiken Abendlandes bereits läuten, ein neues Zeitalter war angebrochen. Neues technisches Wissen, Schrift, Religion und Alltagskultur des Griechentums hatten den Golf von Neapel erreicht, Magna Graecia begann, Wurzeln zu schlagen.

▸ **Der Schritt aufs Festland**: Doch was friedlich begann, nahm eine gewaltsame Fortsetzung. Die aus der euböischen Heimat nachrückenden Flüchtlinge sprengten bald die Aufnahmekapazität der griechischen Kolonie Pithekoussai auf Ischia, und schlimmer noch, der Flüchtlingsstrom drängte gewaltsam aufs benachbarte Festland. Mitte des 8. Jh. v. Chr. ließen sich Euböer und Angehörige anderer griechischer Volksstämme vis-à-vis von Ischia in **Kyme** (heutiges Cuma → S. 126) nieder. Die dort lebenden Italiker wurden im Handstreich assimiliert und die schützende Akropolis war im Handumdrehen errichtet. Das fruchtbare Umland von Kyme machte die ersten Festlandgriechen am Golf von Neapel vorwiegend zu Ackerbauern, die vermutlich auch ihre Kulturpflanzen Weinstock und Olivenbaum von hier aus verbreiteten. Zu Ehren der Götter errichteten die griechischen Kymäer auf ihrem Burgberg die spätarchaischen Kultstätten des *Apollo* und des *Zeus*, die von der weissagenden Tempeldienerin *Sibylle* bewacht wurden, womit auch die griechische Götterwelt auf dem italischen Festland Einzug gehalten hatte und wie alles Griechische bald Anklang bei den Latinern finden sollte.

▸ **Im 7. und 6. Jh. v. Chr.** vergrößerte sich der griechische Einfluß, und eine weitere Landnahme rief die ersten Feinde auf den Plan: Die Altertumsforschung weiß mittlerweile, daß nach Kyme zwei weitere griechische Küstensiedlungen am Golf von Neapel gegründet worden waren, und zwar *Dikaiarchia* (heutiges Pozzuoli) und *Parthenope* (heutiges Neapel) Im Norden schälte sich währenddessen das sagenhafte Volk der **Etrusker** langsam aus dem Halbdunkel der Frühantike und errichtete überall in Mittelitalien seine befestigten Städte. Als das Einflußgebiet der Etrusker gegen Ende des 6. Jh. v. Chr. Capua erreichte, schien eine Konfrontation mit Kyme unvermeidbar. Anfang des 5. Jh. v. Chr. ereigneten sich dann die wesentlichen kriegerischen Zusammenstöße zwischen den mächtigsten Kulturen der damaligen Zeit, den Griechen und den Etruskern, wobei – oh Wunder der Geschichte – die **Römer** letztlich die lachenden Dritten waren: Anfangs, als *Tarquinius Superbus*, der letzte etruskische König von Rom (533–509 v. Chr.), noch gute Beziehungen zu den Aristokraten von Kyme unterhielt, schien alles unter diplomatischer Kontrolle zu sein. Doch als Etrurien die fruchtbare kampanische Ebene für sich beanspruchte, eskalierte der Konflikt. Gegen die Kriegsflotte der Etrusker konnten sich die Kymäer nur mit Hilfe ihrer griechischen Alliierten aus Syrakus und Athen erfolgreich wehren. In den anschließenden Kämpfen wurden die Etrusker in ihr Mutterland Etrurien (heutige Toskana/Umbrien) zurückgedrängt. Indirekt war das ein Sieg Roms, denn die Römer waren damit ihre etruskische Besatzungsmacht los und konnten ungestört an ihrem Imperium basteln. Das kriegsgeschwächte Kyme wurde, nach dem Abzug der Schutztruppen aus der Heimat, zur leichten Beute der Samniten (s. u.), die sich zwischenzeitlich im Hinterland zusammengerauft hatten.

▸ **Das sich anbahnende Römische Reich** und die vorläufige Samnitenherrschaft bedeuteten aber keinesfalls das Aus für das Griechentum am Golf von Neapel. Zwar führten die Samniten ihre oskische Sprache in Kyme ein, bedienten sich aber ansonsten des verfügbaren griechischen Kulturguts. Rom hingegen beanspruchte noch keine Territorialgewalt über Kyme, war aber vom strahlenden Kult um den Kultur- und Kolonisationsgott Apollo und der Tempeldienerin Sibylle mit ihren weissagenden Schriften berauscht. 433 v. Chr. erbaute man in Rom einen eigenen Apollotempel und konsultierte bei jeder wichtigen Angelegenheit die in Griechisch verfaßten Wahrsagungen der Sibylle. Auch das immer mächtiger werdende Rom ließ sich von den religiösen und zivilisatorischen Errungenschaften der griechischen Kulturvermittler am Golf von Neapel leiten und brachte das antike Abendland letztlich zur Blüte. – Zu diesem Zeitpunkt hatten die griechischen Kolonien Pithekoussai und Kyme längst ausgedient und ihre Mission erfüllt.

**Villa Arbusto** (Ischia → S. 179): große Sammlung keramischer Gebrauchsgegenstände aus den Nekropolen von **Pithekoussai**, der ersten Griechenstadt am Golf. Die Gefäßsammlung umfaßt insgesamt ca. 10.000 Exponate aus den antiken Produktionsstätten der Insel; darunter auch der berühmte *Becher des Nestor*, der mit Inschriften aus der Homerischen Dichtung verziert ist. Das Sensationelle an diesem Fund ist, daß das Alter der Keramikschale mit der Entstehungszeit der darauf zitierten Homerischen Verse übereinstimmt (ca. 750 v. Chr.).

**Griechische Tempelbauten** (Cuma → S. 126): Auf dem archäologischen Ausgrabungsgelände des frühantiken **Kyme** stehen die Ruinen der spätarchaischen Kultstätten des Zeus (ital. Giove) und des Apollo sowie die Grotte der Tempeldienerin Sibylle mit dem imposanten über 130 m langen Gang.

**Paestum** (südlich von Salerno → S. 316): archäologisches Ausgrabungsgelände der griechischen Kolonie **Poseidonia** aus dem 7. Jh. v. Chr. mit drei bestens erhaltenen dorischen Tempeln und einem sehenswerten Museum mit einzigartigen Funden.

**Museo Archeologico Nazionale** (Neapel → S. 106): weltweit eines der größten Museen der antiken Kunst. Umfangreiche griechische Sammlung mit Gebrauchsgegenständen, Schmuck, Münzen, Reliefs, Skulpturen etc. aus der Golfregion und anderen Ausgrabungsgebieten. Zu den Highlights der griechischen Abteilung gehören die anmutigen Monumentalstatuen der *Venus* und das faszinierende Basrelief *Orpheus und Eurydike* mit der ergreifendsten Abschiedsszene der griechischen Antike.

## Römerzeit

▸ **Samnitisches Intermezzo**: Bevor die Römer den Golf von Neapel beherrschten, dauerte es noch eine ganze Weile, denn in der Übergangszeit vom 5. ins 4. Jh.. v. Chr. dominierten erst einmal die Samniten in der Golfregion und überschatteten das dortige koloniale Griechentum. Die **Samniten (Osker)** waren rauhe Bergbewohner aus den Abruzzen und aus Kalabrien, die auf der Suche nach fruchtbarem Land in die kampanische Ebene herabkamen. Sie huldigten ihrem Stammesgott Mars. Man kann sich leicht vorstellen, daß diese "Barbaren" vom kultivierten Griechentum am Golf mächtig beeindruckt waren, doch das hinderte sie keineswegs an der Unterwerfung von Kyme und Dikaiarchia (Pozzuoli). Die Eroberung verlief brutal und löste eine Fluchtbewegung der griechischen Golfbewohner nach **Parthenope (Neapel)** aus. Dort konnte sich die griechische Aristokratie wundersamerweise gegen eine mehrheitlich oskische Bevölkerung behaupten. In dieses griechisch-samnitische Neapel brach Rom im Zuge der *Samnitenkriege* 328 v. Chr. ein. Erst mit Waffengewalt und dann mit diplomatischem Geschick zerschlugen die Römer die griechisch-samnitische Koexistenz, vertrieben die Samniten und schlossen 326 v. Chr. ein Abkommen mit der griechischen Stadtoligarchie, womit sich Neapel die politisch-kulturelle Selbständigkeit und seine griechische Identität bewahrte. Diese Sonderbehandlung Neapels durch die ansonsten auf Unterwerfung bedachten Römer läßt sich natürlich mit ihrer Faszination für die griechische Zivilisation erklären. Außerdem befand sich das Römerreich zu diesem Zeitpunkt noch auf einem ungewissen Vormarsch und wollte die starken Griechenmetropolen Tarent und Syrakus nicht provozieren.

▸ **Aus Parthenope wird Neapolis**: Im Laufe des 3. Jh. v. Chr. breiteten sich die Römer unaufhaltsam in ganz Italien aus. Längst hatte Rom auch Süditalien im Griff, und die schmerzlichen Niederlagen gegen den epirotischen König Pyrrhus und den karthagischen Feldherrn Hannibal waren vergessen, als die griechische Enklave Neapel immer noch eine geduldete autonome Polis im jungen Römerreich war. Wirtschaftlich zwar unbedeutend, aber politisch und kulturell überlebensfähig. Ganz im Stil der griechischen Stadtplanung besaß Neapel eine *hippodamische Anlage* mit streng rechtwinkligem Straßennetz und zweckmäßiger Einbindung öffentlicher Gebäude und Plätze. Innerhalb der ca. 3 km langen und massiven Stadtmauern

*Detail der Villa Oplontis*

lebten schätzungsweise 10.000–15.000 Menschen mit einem von der Volksversammlung *(Demos)* gewählten Bürgermeister und anderen Würdenträgern. Traditionell griechisch waren nicht nur die Stadtanlage und die Verwaltung, sondern das gesamte Arbeits- und Alltagsleben, einschließlich Sprache, Religion und Philosophie. Mit ein wenig Phantasie läßt es sich leicht ausmalen, mit welcher epikureischen Lebensfreude die griechischen Neapolitaner ihre Spiele, Kulte und geistreichen Versammlungen pflegten. Theater, Odeon und Agora waren dabei die zentralen Stätten des öffentlichen Lebens. Und den mächtigen Römern gefiel diese selbstgenügsame griechische Enklave in ihrem Reich, die sie wie einen Hort der Bildung frequentierten. Das Patriziat der römischen Republik tummelte sich ständig in dieser Hochburg griechischer Traditionen, deren Verbindung zum griechischen Mutterland nie ganz abriß. Neapel erhielt von den Römern sogar den Beinamen „die Gelehrte". Auch im 2. Jh. v. Chr. hielt diese griechisch-römische Koexistenz an. Das griechische Kulturgut prägte die Römer in dieser Zeit zweifellos in vielen Bereichen, und es kam mit der Entfaltung des römischen Weltreichs indirekt zur Blüte.

▸ Während des **römischen Bürgerkriegs** (88–82 v. Chr.) beging Neapolis einen verhängnisvollen Fehler, indem es mit der Verliererseite sympathisierte und dafür von *Sulla* mit dem Entzug der gesamten wirtschaftlichen Grundlagen bestraft wurde. Die Vernichtung der Flotte und die Enteignung des Umlands degradierten das alte Parthenope zur abhängigen römischen Provinzstadt. Doch als griechische Vergnügungsstätte blieb es den Römern noch bis zur Kaiserzeit erhalten. Von *Augustus* bis *Vespasian* dürften alle römischen Kaiser wenigstens einmal in Neapel gewesen sein. Im Katastrophenjahr 79 n. Chr. zerstörte der Vesuv-Ausbruch auch Teile der Stadt und tötete einen Großteil ihrer Bewohner. Nach dem Wiederaufbau mit römischer Hilfe siedelten sich v. a. lateinische Volksgruppen in der Stadt an, im Lauf des 2. und 3. Jh. verschwand das neapolitanische Griechentum schließlich völlig. – Aber natürlich ließ sich der hellenische Ursprung Neapels niemals ganz auslöschen, noch heute ist er ein wichtiger Schlüssel zum Verständnis des Wesens der Neapolitaner.

*Villa Oplontis – römischer Luxus vor trister Kulisse*

▸ **Römischer Luxus an der Golfküste**: So wie sich die Römer am Griechentum labten, so genossen sie auch die traumhaften Ufer des Golfs von Neapel. Während sie in Neapolis dem geistreichen und vergnüglichen Leben frönten, aber keinerlei städtebauliche Maßnahmen ergriffen, erschlossen sie die Küstenregion des Golfs dafür um so mehr mit den prunkvollsten Villen und Sommerresidenzen der damaligen Zeit. Im 2. Jh. v. Chr. zog es bereits die ersten verdienstvollen Würdenträger der römischen Republik an die Traumküste, die seinerzeit als die allerschönste Gegend der heimischen Gestade galt. Zwischen dem Kap von Misenum und Pozzuoli, in unmittelbarer Nachbarschaft zu Neapolis, errichteten die namhaftesten römischen Adelsfamilien ihre stattlichen Anwesen. Am Fuß des Vesuvs entstanden die beiden römischen Kleinstädte *Pompeji* und *Herculaneum* sowie weitere luxuriöse Villenanlagen. Die Liste der illustren Namen, die in *Misenum, Bacoli, Baiae* oder *Pozzuoli* ein Küstengrundstück erwarben, ist lang, sie reicht von *Scipio Africanus* bis *Gaius Julius Caesar* höchstselbst und von *Cicero* bis *Seneca*. Welch ein Reichtum an Privatbesitz, gepaart mit einem ausschweifenden Lebensstil, sich damals an der Golfküste konzentrierte, kann man sich heute kaum noch vorstellen. – Nicht einmal die mondäne italienische Riviera des späten 19. Jh. dürfte eine angemessene Vergleichsgröße sein. – Damals hieß dieser Luxus **Villeggiatura** (Sommerfrische) und war den Reichen und Schönen vorbehalten. Die besten Architekten des Landes schufen die stilvollsten Villen, prächtigsten Gärten und komfortabelsten Thermalanlagen der frühen Kaiserzeit. Dabei wurden Bauformen realisiert, die es noch nicht einmal in Rom gab. Auch an imposanten Zweckbauten fehlte es an der Golfküste nicht. Der Naturhafen von Misenum wurde zum Stützpunkt der römischen Flotte ausgebaut, während in Pozzuoli einer der wichtigsten Handelshäfen des Römischen Reichs entstand. Das Amphitheater von Pozzuoli war fast so groß wie das Kolosseum, und auf dem hiesigen Edelsklavenmarkt sahen die exotischsten Gesichter einem ungewissen Schicksal entgegen. Als *Tiberius* seinen Kaiserpalast auf der Insel Capri errichtete, erreichte die Zeit der Villeggiatura am Golf von Neapel ihren Höhepunkt; aber die unberechenbare vulkanische Natur dieser Küstenlandschaft richtete in der Folgezeit schwere Zerstörungen an. Ein Grund dafür, warum heute nur noch wenig, allerdings Einzigartiges, von der antiken Pracht am Golf zu sehen ist.

Die Entdeckungen von **Herculaneum** (→ S. 135) im Jahr 1709 und von **Pompeji** (→ S. 138) im Jahr 1748 waren schlichtweg eine Sensation. Zwei intakte antike Römerstädte, begraben unter den Auswurfmassen des Vesuvs, kamen langsam wieder zum Vorschein: Theater, Häuser, Geschäfte, Tempel und Villen aus dem 1. Jh. n. Chr. mit kompletter Einrichtung, Hausrat, Schmuck, Münzen sowie Wandfresken, Bodenmosaike und Statuen. Jährlich über 2 Mio. begeisterte Besucher aus aller Welt verzeichnet allein das riesige Ausgrabungsgelände von Pompeji.
Im folgenden eine Aufzählung *altrömischer Großbauten* am Golf: das Amphitheater in **Pozzuoli** (→ S. 121); die Piscina mirabile in **Bacoli**, ein gigantisches Wasserbecken zur Versorgung der römischen Flotte (→ S. 125); die große Thermalanlage mit Kuppelkonstruktionen in **Baie** (→ S. 124); die luxuriöse **Villenanlage Oplontis** (→ S. 157); die **Villa Jovis**, der Palast des Kaisers Tiberius auf Capri (→ S. 242).
Fresken, Mosaike, Hausrat, Schmuck, Münzen, Statuen etc. aus Pompeji, Herculaneum und anderswo kann man ausgiebig im **Museo Archeologico Nazionale** von Neapel bewundern (→ S. 106).

## Frühes Christentum

- **Katakomben-Dasein**: Etwa 250 Jahre lang war das junge Christentum im Römischen Reich eine verachtete und verfolgte Religion. Das Dogma der römischen Kaiser lautete: "Die Christen sollen nicht sein!" Trotz dieser Ächtung existierten zahlreiche christliche Gemeinschaften im Römischen Reich, in Rom und auch in Neapel. Doch nur in Katakomben fanden sie einen sicheren Zufluchts- und Versammlungsort. Diese natürlichen Höhlensysteme waren zumeist mit Wand- und Deckenfresken ausgestattet, deren Darstellungen vom christlichen Erlösungsgedanken bestimmt waren. Die Katakomben wurden aber nicht nur liturgisch genutzt, sie dienten den Christen damals auch als Grabstätten und Behausungen. Erst nachdem *Kaiser Konstantin der Große* sich selbst zum Christentum bekannte – weil er glaubte, daß ihm der Christengott im Jahr 312 zum Sieg in der Entscheidungsschlacht um den römischen Thron verholfen hatte –, war die Religion anerkannt und aus dem Katakomben-Dasein befreit.

- **Das Toleranzedikt von Mailand** führte zu einer engen Verbindung Westroms mit dem Christentum, während sich der Osten bald darauf für eine strikte Trennung von Religion und Staat aussprach. Diese und andere Strei-

## Die Legende des Heiligen Januarius

Sie erzählt vom *Bischof Gennaro von Benevent* (3./4. Jh.), als die junge Christengemeinschaft noch unter der Verfolgung durch den römischen *Kaiser Diokletian* litt. Januarius, der seinem christlichen Glauben aber nicht abschwören wollte, wurde kurzerhand ins Amphitheater von *Pozzuoli* geschleppt, wo man ihn den Raubtieren zum Fraß vorwarf. Nachdem die wilden Tiere ihn wundersamerweise verschmähten, folterte man ihn in den glühenden Dämpfen des *Solfatara-Kraters.* Als er auch diese Tortur überlebte, wurde der Märtyrer schließlich geköpft – am 19. September 305 wie die Legende zu berichten weiß. Eine weitsichtige Christin soll heimlich ein wenig von seinem Blut aufgefangen haben. Nach seinem Märtyrer-Tod genoß der Geistliche aus Benevent in den neapolitanischen *Januarius-Katakomben* große Verehrung, denn hier bewahrte man zunächst seine sterblichen Überreste auf (→ S. 116). Im 9. Jh., als Neapel kurzfristig in langobardische Hände fiel, raubte der Langobardenführer *Siko* die Gebeine und brachte sie nach Benevent, der damaligen Langobardenhochburg in Süditalien. Erst 1497 kehrten die Reliquien nach Neapel zurück, woraufhin die Domkrypta zur Heiligenkapelle umgebaut wurde.

tigkeiten trugen zur Spaltung der Christenheit in West (Rom) und Ost (Konstantinopel) und zur Schwächung des Römischen Reichs bei. Als die heidnischen Westgoten 410 Rom eroberten, glaubten die westlichen Christen, daß die apokalyptischen Ereignisse, die in den heiligen Schriften angekündigt waren, eingetreten seien. Doch der Übertritt des mächtigen *Frankenkönigs Chlodwig* zum Christentum gab der westlichen Kirche wieder Auftrieb. Aufgrund der bewegten Geschichte des Christentums im frühen Mittelalter bis zum **Schisma**, dem endgültigen Bruch zwischen der römischen und der orthodoxen Kirche, sind heute kaum noch frühchristliche Kultstätten und Sakralbauten erhalten.

**Katakomben des Hl. Januarius** (Neapel): Diese Tuffsteinhöhlen enthalten die ältesten christlichen Fresken und Grabstätten Neapels und belegen die Existenz christlicher Glaubensgemeinschaften noch vor dem Toleranzedikt aus dem Jahr 313 (→ S. 116).
**Santa Restituta** (im Dom von Neapel): Diese frühchristliche Basilika wurde um 320 von Kaiser Konstantin, der das Toleranzedikt erlassen hatte, in Auftrag gegeben. Später wurde die fünfschiffige Basilika in den Dombau integriert (→ S. 96). Auch andere Kirchen Neapels enthalten vereinzelt Bauelemente (Apsis, Krypta oder Mosaikfußboden) aus frühchristlicher Zeit.

▸ Die Zeit bis zum **Untergang des Weströmischen Kaiserreichs** verbrachte die Golfregion im Zustand relativer Bedeutungslosigkeit, nahezu gelähmt vom Schrecken der immer wiederkehrenden heftigen Vesuv-Ausbrüche und Erdbeben.

476 stirbt *Romulus Augustulus*, der letzte Kaiser des Weströmischen Reichs, in Neapel. Im gleichen Jahr dehnt der byzantinische Kaiser des Oströmischen Reichs, *Justinian I.*, seinen Herrschaftsanspruch auf den gesamten Mittelmeerraum aus. Zu einem Zeitpunkt, als die Germanenhorden das römische Westreich bereits ausgiebig plünderen.

*Die weitere Geschichte der Golfregion und interessante lokale Details finden Sie in den Kapiteln zu Neapel (→ S. 75), Ischia (→ S. 175), Capri (S. 226), Pompeji (→ S. 138), Amalfi (→ S. 292), Ravello (S. 303), Paestum (→ S. 317).*

## Der Golf von Neapel heute

- **Kampanien, eine Region des Mezzogiorno**: Kampanien (Hauptstadt Neapel) zählt zu jenen wirtschaftlich schwachen Regionen Süditaliens, die von der Zentralregierung in Rom mit Sondermitteln unterstützt werden muß. Für diese Subventionen ist die 1950 eingerichtete *Cassa per il Mezzogiorno* (→ S. 82) zuständig, die seitdem mehr oder weniger erfolgreich versucht, die dringendsten Probleme des Südens zu lösen. Der italienische Nord-Süd-Gegensatz zieht sich wie eine scharfe Trennlinie durch das Land und hat seine Wurzeln bereits im 19. Jh., als nach der Gründung des vereinigten Königreichs Italien die wirtschaftliche Entwicklung des Südens stagnierte, während Norditalien zunehmend prosperierte.
  Bevölkerungsdruck und Armut zwangen zahlreiche Familien zur Auswanderung und setzten eine anhaltende italienische *Binnenwanderung* von Süden nach Norden in Gang. Die kampanische Hauptstadt Neapel verzeichnete dabei eine der höchsten Auswanderungsraten Süditaliens.

- **Tourismus**: Innerhalb der Mezzogiorno-Region Kampanien nimmt der Golf von Neapel aufgrund seiner touristischen Bedeutung gewissermaßen eine Sonderrolle ein. Abgesehen von seiner Hauptstadt Neapel sorgte der schon früh einsetzende Fremdenverkehr für eine wesentliche Verbesserung der lokalen wirtschaftlichen Situation. Besonders auf Capri und Ischia sowie in Sorrent und an der Amalfitanischen Küste entwickelte sich der Tourismus zum wichtigsten Wirtschaftsfaktor, der auch die Abwanderung der einheimischen Bevölkerung weitgehend verhinderte. In dieser Hinsicht ist der Golf von Neapel ein privilegiertes Gebiet, in dem die sozialen Gegensätze des Südens längst nicht so kraß zutage treten wie in der übrigen Region. – Wenn man so will, stellt der Golf von Neapel den "glücklicheren" Teil Kampaniens dar.

- **Alles wird besser!?** Mittlerweile befindet sich ganz Italien im Zeitalter der *Zweiten Republik*. 1993 führte die spektakuläre Aufdeckung des allumfassenden nationalen Korruptionsskandals zu einer schweren Regierungskrise und zur Auflösung der sage und schreibe 52. italienischen Nachkriegsregierung. Danach veränderte sich die italienische Parteienlandschaft vollständig, und eine Übergangsregierung löste die andere ab. Im Rahmen des nationalen Erneuerungsprozesses brach auch die korrupte neapolitanische Kommunalpolitik weitgehend in sich zusammen (→ S. 82).

Im Frühjahr 1996 wählte Italien erneut. Bei hoher Wahlbeteiligung ereignete sich eine politische Wende. Erstmals in der Nachkriegsgeschichte wurde Italien von einer Mitte-Links-Koalition regiert, die sich unter dem Symbol des Olivenbaums *(L'ulivo)* vereinigt hat. Neuer Ministerpräsident wurde der sympathische Bologneser Wirtschaftsprofessor *Romano Prodi.* Auch in Neapel setzte sich L'ulivo durch, geführt vom populären Bürgermeister *Antonio Bassolino.* Die Kommunalwahlen gewann Bassolino deutlich gegen das rechte Bündnis *Polo per la libertà.* – Gegenkandidatin war *Alessandra Mussolini*, die Enkelin des früheren Diktators.

Im Oktober 1998 wird Romano Prodi bei einer Vertrauensabstimmung überraschend vom Parlament abgewählt. Das Mitte-Links-Bündnis im Zeichen des Olivenbaums bleibt aber bestehen. Neuer Ministerpräsident wird *Massimo D'Alema*, dessen *Partito Democratico della Sinistra (PDS)* die stärkste Gruppierung in der Koalition bildet. D'Alemas erklärtes Ziel ist es, aus Italien ein "normales Land" werden zu lassen – den Weg dazu hat bereits sein Vorgänger Prodi geebnet. Dem neuen Kabinett gehört der Neapolitaner Antonio Bassolino als Arbeitsminister an.

▸ **Organisierte Kriminalität**: Wie auf Sizilien (Mafia) und in Kalabrien ('Ndrangheta) hat sie auch in Neapel und Kampanien einen Namen: **Camorra.** Diese "ehrenwerte Gesellschaft", wie sie sich in aller Unschuld selbst nennt, lebt von Schutzgelderpressung, Schmuggel, Drogenhandel, Prostitution und anderen lukrativen kriminellen Aktivitäten. In Neapel hat die Camorra mittlerweile eine lange Tradition, sie ist allgegenwärtig und dennoch gesichtslos. Das eherne Gesetz der absoluten Verschwiegenheit – *Omertà* – hat sie lange Zeit unantastbar gemacht.

▸ **Camorra-Geschichte(n)**: Wir kennen die Paten der Unterwelt vor allem aus den amerikanischen Mafia-Filmen, allen voran den unvergeßlichen Marlon Brando in "Der Pate" von Francis Ford Coppola. Aber diese eiskalten Leinwand-Bosse hatten wahre Vorgänger, z. B. in der Gestalt von *Lucky Luciano*, dem legendären New Yorker Unterweltkönig, den die amerikanischen Behörden seinerzeit nach Italien abschoben und der im Nachkriegs-Neapel die Fangarme des Camorra-Kraken in Bewegung setzte. Die Machenschaften von Lucky Luciano waren noch vorwiegend im Milieu angesiedelt, doch mit dem langsamen Verschwinden dieser alten Garde vollzog sich auch eine "Modernisierung" des organisierten Verbrechens. An der Spitze der neuen Camorra, der *Nuova Camorra organizzata (NCO)*, stand in den 70er Jahren *Raffaele Cutolo*, der "Boß mit dem Engelsgesicht" wie sie ihn nannten. Er ebnete der neapolitanischen Unterwelt den Weg bis in die Führungsränge von Wirtschaft, Politik und Justiz. In einem undurchdringlichen Geflecht aus Gewalt, Korruption und Angst gerieten die Werte einer zivilisierten Gesellschaft dabei völlig durcheinander. Die Camorra kontrollierte ganze Wirtschaftszweige bis hinein in die Hochfinanz und ersetzte in gewissem Sinne auch staatliche Institutionen wie die Steuerbehörde, Gerichte und das Arbeitsamt. Auf dem Höhepunkt ihrer Macht brachte es die Camorra auf ca. 60 Familienclans, die schätzungsweise 300.000 Menschen in

Neapel und Umgebung "beschäftigten". 1979 ging Raffaele Cutolo der Polizei ins Netz; es handelte sich damals um die erste spektakuläre Festnahme eines echten Paten. Doch aus seiner komfortablen Gefängniszelle heraus lenkte Cutolo die Camorra weiterhin mit Erfolg. Wie unsäglich verflochten Politik und Unterwelt waren, erfuhr die Öffentlichkeit 1981 im Zusammenhang mit der Entführung des Christdemokraten *Ciro Cirillo* durch die linksextremistischen *Brigate Rosse* (Roten Brigaden). Um die Befreiung des Politikers zu erreichen, spannte die damalige Parteispitze der Christdemokraten (DC) den einsitzenden Raffaele Cutolo ein. Nachdem Geheimdienstleute in der Zelle des Camorra-Bosses vorstellig wurden und ihn um Hilfe baten, kam der entführte Cirillo tatsächlich frei. Ob Cutolo dafür Gegenleistungen erhielt oder erhalten sollte, bleibt offen. Seine Verlegung auf die sardische Gefängnisinsel Asinara 1983 konnte oder wollte die DC jedenfalls nicht mehr verhindern.

▸ Mit der Verabschiedung der Kronzeugenregelung im Rahmen der **Anti-Mafia-Gesetzgebung** (1982) spürte die Camorra allmählich Gegenwind aus den eigenen Reihen: *Omertà*, das eherne Gesetz des absoluten Schweigens, schien endlich gebrochen zu sein. Immer mehr Camorristi wanderten nach Großrazzien hinter Gitter und waren erstmals auch bereit, gegen ihren jeweiligen Familienclan auszusagen. Obwohl die neapolitanische Camorra heute keinen eigentlichen Paten mehr hat und durch einen ehrgeizigen Polizei- und Justizapparat zunehmend in Bedrängnis gebracht wird, ist sie immer noch allgegenwärtig und gefährlich. Es vergeht kaum ein Tag ohne Blutrache, Mord oder Bandenkrieg in Neapel und Umgebung. Im Sommer 1997 eskalierten die Bandenkriege der Camorra derart, daß die Regierung kurzfristig sogar Militär aufbot, um die öffentliche Ordnung in Neapel wieder herzustellen. Tagelang patrouillierten Soldaten durch die Straßen der Stadt, in denen sich die Clans zuvor blutige Scharmützel geliefert hatten, bei denen auch mehrere Zivilpersonen ums Leben kamen bzw. verletzt wurden.

### Sind Touristen angesichts dieser Gefahren eigentlich sicher am Golf?

Sie sind es – sie stehen sogar unter dem Schutz der "ehrenwerten Gesellschaft", die am Tourismus kräftig mitverdient und schon darauf achtet, daß ihrer Klientel nichts passiert. Camorra-Experten behaupten sogar, daß viele Hotel-, Restaurant- und Freizeitbetriebe am Golf direkt oder indirekt in der Hand der Camorra seien, weil sich das touristische Gewerbe besonders gut zur Geldwäsche eignet.

# Kunstgeschichtlicher Überblick: 11.–20. Jahrhundert

Eine Übersicht der wichtigsten erhaltenen Bauwerke und Kunstschätze vor der Romanik finden Sie in den Kästen im Kapitel "Geschichte": zur griechischen Kultur auf S. 28, römische Relikte auf S. 32 und Zeugnisse aus frühchristlicher Zeit auf S. 33.

▶ **Verwechslungsgefahr**: Wer sich mit der italienischen Kunstgeschichte beschäftigt, wird wissen, daß es im Italienischen zwei Bezeichnungen für das Jahrhundert (Il secolo) gibt. Ein Beispiel: Das 14. Jh. heißt *Il quattordicesimo secolo* (von "quattordici", vierzehn), wird aber auch als *Il Trecento* (von "trecento", dreihundert) bezeichnet. Beide Benennungsmöglichkeiten ziehen sich durch alle Jahrhunderte und können bei oberflächlicher Lektüre durchaus ein wenig Verwirrung stiften.

## Romanik

Die Romanik des 11. und 12. Jh. war die erste eigenständige und ländereübergreifende Baukunst des abendländischen Christentums. Die charakteristische Grundform der romanischen Sakralarchitektur verkörpert der gedrungene Kirchenbau mit Tonnengewölben und Rundbögen. In den meisten Ländern und Regionen haben einheimische Architekten diese Grundform durch Abwandlungen erst zur vollständigen Reife gebracht. An der Amalfitanischen Küste *(Amalfi, Salerno, Ravello)* entstanden die ersten großen *Kathedralen* bereits in der zweiten Hälfte des 11. Jh.; kennzeichnend für sie war die Verbindung romanischer und byzantinischer Stilelemente.

**Dom Sant'Andrea** (Amalfi → S. 296): ältester romanischer Kirchenbau an der Amalfitanischen Küste mit wertvoller byzantinischer Bronzetür. Heute ein orientalisch anmutender Prachtbau mit neoromanischer Fassade und originalem Glockenturm; innen aber fast vollständig barockisiert.
**Dom San Pantaleon** (Ravello → S. 306): jüngst restaurierte dreischiffige Basilika mit wertvoller Bronzetür im byzantinischen Stil (12. Jh.).
**Dom San Matteo** (Salerno → S. 316): dreischiffige Säulenbasilika, nach dem Vorbild der Klosterkirche von Montecassino errichtet (11. Jh.).

## Frühgotik

Diese europaweit verbreitete Stilepoche des Mittelalters erreichte mit den neuen Orden der *Dominikaner* und *Franziskaner* im 13. Jh. auch den Süden Italiens. Die vertikal ausgerichtete Sakralarchitektur der französischen Frühgotik mit Rippengewölben und Spitzbögen wurde im angiovinischen Neapel durch einheimische Architekten leicht abgewandelt. So bevorzugte man anstatt der abschließenden vertikalen Steingewölbe im Quer- und Langhaus offene Dachstühle mit Holzeindeckung.

**San Lorenzo Maggiore** (Neapel → S. 97): Altstadtkirche des Franziskanerordens, Baubeginn um 1270. Beispielhaft für die Gestaltung frühgotischer Kirchen mit offenem Dachstuhl.

## Trecento

In diesem bedeutenden Jahrhundert des langsamen kulturellen Aufbruchs und der sich vorsichtig ankündenden Verabschiedung des Mittelalters spielte auch Neapel eine Rolle. Obwohl sich die kulturellen Zentren des Trecento in der Toskana und Rom befanden, weilten während der Regentschaft von *Robert d. Weisen* (1309–1343) einige der namhaftesten Künstler des 14. Jh. in der angiovinischen Residenzstadt Neapel. *Giotto*, einer der bekanntesten Freskenmaler der Zeit, arbeitete mehrere Jahre an der Ausgestaltung des königlichen *Castel Nuovo*. Mit seinen naturalistischen Menschendarstellungen gilt Giotto als früher Wegbereiter der Renaissance, während er in der Raumdarstellung noch mittelalterlichen Traditionen verbunden blieb. Auch die schreibende Zunft der *Humanisten* des 14. Jh. war durch eine längere Anwesenheit von *Boccaccio* und *Petrarca* in Neapel vertreten. Eine der zehn Liebesgeschichten des weltbekannten "Decamerone" von Boccaccio spielt in Neapel.

**Hofkapelle des Castel Nuovo** (Neapel → S. 106): In der Kapelle dieser königlichen Residenz sind noch Fresken aus dem Trecento erhalten.
**San Giovanni del Toro** (Ravello → S. 308): ebenfalls mit Fresken aus dem 14. Jh.

## Frührenaissance

Die in Italien "geborene" Renaissance markiert den Beginn der Neuzeit. Architektur und Dekorationskunst dieser revolutionären Stilepoche, die sich wieder an antiken Formen orientierte, prägten auch die städtebauliche Entwicklung Neapels unter *Alfons I.* (1442–1458) und *Ferdinand I.* (1458–1494). Doch noch bevor diese beiden Könige der spanischen Dynastie die Renaissancekunst in die Stadt holten, ließ sich der *Kardinal Brancaccio* ein Grabmal im Stil der Renaissance anfertigen, und zwar von keinen geringeren als *Donatello* und *Michelozzo*. Mit Alfons I., der das zerstörte *Castel Nuovo* neu errichten ließ, setzten sich zunächst spätgotische Formen durch, wie sie in Spanien üblich waren. Doch bald schon dominierte der Geschmack der Renaissance auch in der aragonesischen Residenzstadt. Vor allem an der Fertigstellung des königlichen Triumphtors waren mehrere namhafte Renaissancekünstler beteiligt. Außerdem entstanden im Zuge der Stadterweiterung zahlreiche Monumente und Palazzi im reinen Renaissance-Stil.

**San Angelo a Nilo** (Neapel → S. 99): Altstadtkirche mit dem **Renaissance-Grabmal** (1426) des Kardinals Brancaccio.

**Triumphtor des Castel Nuovo** (Neapel → S. 106): Prachtportal im Stil eines Triumphbogens, von 1450–1470 ganz im Geschmack der Frührenaissance errichtet.
**Porta Capuana** (Neapel → S. 116): östliches Stadttor, Ende des 15. Jh. im reinen Renaissance-Stil erbaut.

*Tizians "Danae" im Museo di Capodimonte in Neapel*

## Renaissance und Manierismus

In den ersten Jahrzehnten des 16. Jh. befand sich Neapel voll und ganz im Renaissance-Rausch, doch mit der Entwicklung des Manierismus setzte sich auch diese Stilepoche schnell durch. Der Manierismus begann etwa um 1520 und dauerte in Italien bis Ende des 16. Jh. an. Die religiösen Spannungen sowie die Entdeckungsreisen der Epoche hatten das Weltbild grundlegend verändert und somit einen wesentlichen Anteil an der Auflösung der ausbalancierten Welt der Hochrenaissance: In der Architektur setzten sich antiklassische Formen durch, die Plastik verweigerte dem Betrachter einen festen Standort, und die Malerei verzerrte Proportionen und Perspektiven. Zu den namhaftesten Vertretern des italienischen Manierismus, die auch in Neapel wirkten, gehören *Bartolomeo Ammanati* (1511–1592) und *Giorgio Vasari* (1511–1574).

**Palazzo Gravina** (Neapel → S. 116): einer der schönsten unter den erhaltenen feudalen Renaissance-Palazzi der Stadt aus der ersten Hälfte des 16. Jh.
**Museo di Capodimonte** (Neapel → S. 110): Gemälde von Vasari aus der Zeit seines Neapel-Aufenthalts (1544/45).

## Barock

Auf Renaissance und Manierismus folgte um 1600 der Barock. Die im 16. Jh. eingeschlagene städtebauliche Entwicklung Neapels wurde im 17. Jh. zeitgemäß fortgesetzt und orientierte sich an der Städtebaukunst der Epoche. Die Grundidee war eine zentrierte Stadtanlage mit großen Achsen *(Via Toledo)* und einer strengen Anordnung sowie Konformität der Häuser. Auch bei den repräsentativen Gebäuden setzte sich die neue Formgebung durch. Kaum eine Kirche und ein Palazzo blieben von der grassierenden Barockisierungswut verschont. Verschnörkelte und verspielte Steindekorationen kennzeichnen die architektonischen Eingriffe dieser Zeit. Unumschränkter Meister des neapolitanischen Barock war *Cosimo Fanzago* (1591–1678), der etliche Kirchen und Paläste umgestaltete und auch zahlreiche *Guglien* (verzierte, obeliskartige Heiligensäulen) entwarf.

Die *Barockmalerei* war in zweierlei Hinsicht innovativ, einerseits, weil sie den Wechsel von der Fresken- zur Leinwandmalerei vollzog, und andererseits, weil sie versuchte, eine Vorstellung von Transzendenz und Jenseits sichtbar zu machen. Als es den begnadeten *Caravaggio* 1606 nach Neapel verschlug, verblaßte der vorherrschende Manierismus sofort. Sein krasser Naturalismus und seine dramatische Helldunkelmalerei (als *Chiaroscuro* bekannt) faszinierten, wie schon zuvor in Rom, die gesamte neapolitanische Kunstszene. Einer der erfolgreichsten Epigonen Caravaggios wurde der Spanier *Ribera*, dessen Stil wiederum die neapolitanische Malergröße *Luca Giordano* beeinflußte.

**Il Gesù Nuovo** (Neapel → S. 101): Jesuitenkirche mit barocker Innenausstattung, 1639 von Fanzago konzipiert.
**Guglia di San Gennaro**: zum Domkomplex (Neapel → S. 97) gehörende barocke Heiligensäule von Fanzago.
**Museo di Capodimonte** (Neapel → S. 110): Gemälde von Caravaggio (1573–1610) und Luca Giordano (1634–1705).
**Certosa di San Martino** (Neapel → S. 112): Werke vieler Künstler aus Neapels Barock-Epoche, u. a. Ribera (1591–1652) und Giordano.

## Barock und Rokoko

Die Jahrzehnte um die Jahrhundertwende (17./18. Jh.) waren für Neapel eine Zeit des Verfalls. Der verheerenden Pest von 1656 folgte eine Serie von Erdbeben und Epidemien. Während die Stadt im Schrecken dieser katastrophalen Ereignisse zu verwesen schien, steigerte sich der Barock langsam zum Rokoko und streute seinen sprichwörtlichen Puderzucker über den Verfall. In der Architektur vollzog sich eine Verlagerung vom Außenbau auf den Innenraum. In Neapels Feudalpalästen wurden in dieser Zeit vor allem die Treppenhäuser umgestaltet. Mit dem Einzug der spanischen Bourbonen 1734 erlebte Neapel einen erneuten Bauboom, der in die Endphase der Stilepoche des Barock fiel.

**Teatro San Carlo** (Neapel → S. 105): großes spätbarockes Opernhaus (1737), dessen Inneneinrichtung allerdings mehrfach verändert wurde.
**Palazzo di Capodimonte** (Neapel → S. 110): königliches Schloß, heute Gemäldegalerie; im Spätbarock (1738) begonnener Monumentalbau.

## Klassizismus

Die Abwendung vom Barock läßt sich kaum konsequenter vorstellen, als es die Stilepoche des Klassizismus ausgedrückt hat. Mit der Wiedergeburt antiker Formen wurde der barocke Überschwang vehement gestoppt. Die klassizistische Architektur orientierte sich deutlich an römischer Symmetrie. Einen wesentlichen Einfluß auf die Entstehung des Klassizismus hatten die Entdeckungen von *Herculaneum* (1709) und *Pompeji* (1748) sowie die damit verbundene Gründung der klassischen Altertumswissenschaft (Archäologie). Gelehrte aus aller Welt begaben sich damals an Ort und Stelle, um den antiken Schatz, der allmählich ans Tageslicht kam, zu bewundern. Im Angesicht der aus der Vulkanasche geborgenen antiken Form- und Farbenschönheit nahm auch der Klassizismus Gestalt an. Der bourbonische Hof und seine Archäologen hatten alle Mühe, Diebstahl und Ausfuhr der Schätze zu verhindern. Zum Schutz wurden die Grabungsfunde in den königlichen Palästen verwahrt: Marmorstatuen, Bronzen, Säulen, Fresken und Mosaiken. Auch Neapel befand sich im Rausch klassizistischen Geschmacks; pompejanisches Rot wurde auf die grauen Feudalpaläste aufgetragen, und im Lauf des 19. Jh. entstanden zahlreiche neue Villen im klassizistischen Stil. – In Italien wird der Klassizismus übrigens als Neoklassizismus bezeichnet.

**Villa Floridiana** (Neapel → S. 112): klassizistische Museumsvilla auf dem Vomero.
**Villa Pignatelli** (Neapel → S. 114): klassizistische Museumsvilla nahe dem Uferpark Villa Comunale.

## Landschaftsmalerei im 18. und 19. Jahrhundert

Das 18. und 19. Jh. war auch die Zeit großartiger Landschaftsdarstellungen. Die damalige Faszination der "antiken" Vulkan- und Küstenlandschaft spiegelt sich in unzähligen Werken italienischer und ausländischer Maler wider. Der Deutsche *Philipp Hackert* (1737–1807) gehörte zu den bedeutendsten Vertretern seiner Zunft. Seine klassizistisch geprägten Gemälde zeigen vor allem heroische Landschaften mit antiken Architekturmotiven. Von 1786 bis 1799 war Hackert sogar Hofmaler des bourbonischen Königshauses in Neapel. Eine seiner Hauptaufgaben bestand darin, die laufenden Ausgrabungsarbeiten in Pompeji in malerischen Ansichten zu dokumentieren. Der aktive Vesuv samt seinen Rauchfahnen und gelegentlichen Lavaströmen bildete dabei die adäquate Kulisse. Neben Hackert traten seinerzeit zahlreiche namhafte europäische Malerkollegen mit Vesuv-Bildern und anderen heroischen Landschaftsmotiven aus Neapels Umgebung hervor. Alles Werke, die sich zunächst streng im Rahmen der klassizistischen Formensprache bewegten. Erst später orientierte sich die Landschaftsmalerei an den Vorstellungen und Empfindungen der **Romantik** und thematisierte das Aufgehen des Menschen in der Natur. In dieser Zeit formierte sich auch die neapolitanische *Malerschule von Posillipo*, deren Hauptvertreter *Giacinto Gigante* war. Bis zum Ende des 19. Jh. riß die Bilderflut mit anmutigen Motiven aus der "malerischen" Golfregion nicht ab. *Oswald Achenbach* (1827–1905) war einer der letzten bekannten deutschen Maler idealisierter Landschaften, der auch den Golf von Neapel bereiste.

**Certosa di San Martino** (Neapel → S. 112): Im Museum der Certosa befinden sich u. a. zahlreiche Werke der Schule von Posillipo sowie einige Bilder Philipp Hackerts.
**Museo Correale** (Sorrent → S. 266): beherbergt u. a. eine umfangreiche Sammlung von Golf-Gemälden des 18. und 19. Jh., darunter Bilder von Gigante und ausländischer Maler.

## Internationale Gegenwartskunst

Als die moderne Kunstrichtung der *Pop-art* in den 60er Jahren nach Europa herüberschwappte, war Neapel nach langer Pause wieder dabei. Der neapolitanische Galerist *Lucio Amelio* stellte 1965 erstmals zeitgenössische Kunst aus – und das in einer Stadt, die aufgrund ihrer fast 3.000 Jahre alten Geschichte für Gegenwartskunst so gar nicht empfänglich schien. Bis heute hat Amelio, der sogar von *Andy Warhol* porträtiert wurde, weit über 500 Ausstellungen in seiner Galerie organisiert. Als Kunstsammler und Besitzer von u. a. 150 Werken von *Joseph Beuys* avancierte er endgültig zum modernen Kunst-Papst von Neapel. Zusammen mit den Galeristen *Giuseppe Morra* und *Lia Rumma* holte Amelio auch moderne Kunstrichtungen wie *Performance-art*, *Concept-art* und *Minimal-art* nach Neapel. Und selbstverständlich förderten sie die italienische *Arte povera* (Hauptvertreter Mario Merz). 1980, nach dem apokalyptischen Erdbeben in Kampanien, das über 2.500 Todesopfer forderte, initiierte Amelio das Projekt "Terrae motus" – der Erdbebenschock wurde Leitmotiv. Künstler aus der ganzen Welt stellten dieser Stiftung ihre Erdbeben-Werke zur Verfügung. Längst haben die drei Galeristen die begrenzten Räumlichkeiten ihrer Galerien überwunden und dürfen in historischen Gemäuern der Stadt moderne Kunstausstellungen organisieren.

**Private Kunstgalerien in Neapel**, wechselnde Ausstellungen: *Lucio Amelio*, Piazza dei Martiri 58, Tel. 081/422023; *Giuseppe Morra*, Via Calabritto 20, Tel. 081/7643737; *Lia Rumma*, Via Vanella Gaetani 12, Tel. 081/7643613.
**Museo di Capodimonte** (Neapel→ S. 110): Einige Räumlichkeiten dieser Gemäldegalerie werden ausschließlich für moderne Kunst genutzt.

*Eine eher ungewöhnliche Anreisevariante*

# Anreise

**Der Golf von Neapel verlangt hinsichtlich der verschiedenen Anreisemöglichkeiten schon einige Vorüberlegungen. Welche Anreiseform ist die beste? Welches Transportmittel bietet die meisten Vorteile? Das Flugzeug, der Zug oder gar das eigene Fahrzeug?**

Angesichts der relativ großen Distanz stellt der Flug nach Neapel mit Abstand die schnellste und bequemste Form der Anreise dar, und Sondertarife machen den Jet immer attraktiver. Eine Zugfahrt ist allerdings immer noch preisgünstiger als ein Flug, erfordert aber Ausdauer und gutes Sitzfleisch. Der Schlaf- bzw. Liegewagen verkürzt die Fahrtdauer zwar nicht, erhöht den Komfort aber erheblich. Wer eine Anreise mit dem eigenen Fahrzeug in Erwägung zieht, kann die lange Tour in den Süden jetzt mit dem Autoreisezug von München nach Neapel wesentlich bequemer gestalten. Autofahrer sollten allerdings berücksichtigen, daß sie am Urlaubsziel nur begrenzt Vorteile von ihrem fahrbaren Untersatz haben. – Im folgenden sind die wichtigsten Informationen zu den verschiedenen Anreisemöglichkeiten zusammengefaßt. Die angegebenen Preise beziehen sich auf den Sommer '98.

## Mit dem Flugzeug

Schnelligkeit und Komfort machen das Flugzeug zum attraktivsten Transportmittel. Zentraler Anreiseflughafen ist der *Aeroporto Capodichino* von Neapel (→ S. 84). Verschiedene Chartergesellschaften bieten Direktflüge nach Neapel an. Direkte Linienflüge nach Neapel gibt es hingegen nicht, im Linienflugverkehr ist einmaliges Umsteigen erforderlich. Es ist ratsam, sich frühzeitig um das Ticket zu kümmern, vor allem die preisgünstigen Charterflüge und die Sparangebote der Linienfluggesellschaften sind in der Hauptreisezeit schnell ausgebucht. Zwecks Information und Buchung sollten Sie ein IATA-Reisebüro aufsuchen.

**Charterflüge**: Mittlerweile wird Neapel im Charterflugverkehr von 18 deutschen Flughäfen direkt angeflogen; z. B. von *Condor* ab Köln/Bonn, Frankfurt, München und Stuttgart; von *Aero Lloyd* ab Berlin, Düsseldorf, Frankfurt und Wien; von *Hapag Lloyd* ab Hamburg und Hannover; von *LTU* ab Düsseldorf, Frankfurt, Hamburg und Stuttgart. Die Preise schwanken je nach Anbieter, Flughafen und Saison ungefähr zwischen 450 und 650 DM. Charterflüge sind nur wochenweise buchbar, d. h. der Rückflug fällt immer auf den gleichen Wochentag wie der Hinflug.

**Linienflüge**: *Alitalia*, deren Tochtergesellschaft *ATI* sowie die *Lufthansa* bieten von mehreren deutschen Flughäfen Linienflüge nach Neapel an, Schweizer fliegen ab Zürich oder Basel mit der *Alitalia* oder der *Swiss-air*. Einmaliges Umsteigen (meist in Mailand) ist dabei allerdings immer erforderlich – ein deutlicher Nachteil im Vergleich zum Charterflug. Die verschiedenen **Sondertarife** der Gesellschaften machen einen Linienflug jedoch wieder interessant.

- *Flieg & Spar*, ermäßigtes Ticket mit folgenden Konditionen: Hin- und Rückflug müssen fest gebucht werden. Frühester Rückflug am 1. So nach dem Hinflug. Das Ticket muß spätestens 24 Std. nach der Reservierung bezahlt werden. Gültigkeitsdauer 6 Monate. Die Storno- und Umbuchungsgebühr beträgt 100 DM.
- *Euro-Twen*: spezielle Ermäßigung für Jugendliche unter 25 und Studenten unter 27. Konditionen im wesentlichen wie bei Flieg & Spar.
- *Rail & Fly*, mit dem Zug zum Flug. Preiswerte Möglichkeit, mit der DB vom Heimatort zum Flughafen und wieder zurück zu reisen. Es gelten entfernungsabhängige Pauschalpreise. Nähere Informationen erteilt die Reiseauskunft der Deutschen Bahn unter Tel. 01805/996633 (DM 0,48/ Min.).

**Last-Minute**: In sogenannten Restplatzbörsen werden die bis zu einem bestimmten Zeitpunkt nicht verkauften Sitzplätze der Chartermaschinen ermäßigt angeboten. Vor allem in den größeren Flughäfen haben sich die Restplatzverkäufer mit eigenen Last-Minute-Schaltern etabliert. In den Tageszeitungen häufen sich die Last-Minute-Angebote der Reisebüros, und auch das Internet hilft weiter unter http://www.last-minute.buchung.de.

**Lufthansa-Auktion**: ebenfalls ein heißer Tip für Internet-Nutzer. An der virtuellen Börse für Schnäppchenjäger kommen an jedem ersten Donnerstag im Monat ab 9 Uhr Linienflüge in die ganze Welt unter den Hammer. Vielleicht ist ja ein Ticket nach Neapel dabei. Das Mindestgebot beträgt übrigens 10 DM. Nähere Infos unter http://www.lufthansa.com.

## Mit der Bahn

Zugfahren ist eine umweltverträgliche Art des Reisens und angesichts der günstigen italienischen Tarife durchaus eine lohnende Angelegenheit. So wie Deutschland ist auch Italien ein ausgesprochenes Bahnland mit Tradition, hervorragend ausgebautem Schienennetz und häufigen Verbindungen. Aber trotz effizienter Streckenführung und schnellen Umsteigemöglichkeiten braucht die Fahrt in den Süden ihre Zeit. Von Hamburg zum Zielbahnhof *Napoli Centrale* (→ S. 84) ist man im günstigsten Fall etwa 21 Stunden unterwegs, ab München sind es immerhin noch fast 15 Stunden. Unbedingt ratsam ist deshalb die Reise im Schlaf- oder Liegewagen. Hinsichtlich der Kosten herrschen allerdings deutliche Unterschiede. Während die Normaltarife in Deutschland, Österreich und der Schweiz unglaublich stark zu Buche schlagen, ist das Zugfahren in Italien geradezu billig. Wer aus dem Norden Deutschlands anreist, muß also erheblich tiefer in die Tasche greifen als Schweizer und Schwaben. Billiger wird es durch die Sondertarife der Deutschen Bahn. Die Anschaffung italienischer Bahnpässe bringt für die reine Hin- und Rückfahrt jedoch keine Preisvorteile.

• *Sondertarife der DB*: **Sparpreis**, **ICE-Sparpreis** und **ICE-Super-Sparpreis**, zusammenreisende Personen fahren auf langen Inlandsstrecken damit erheblich günstiger als mit einer Normalfahrkarte. Preisvorteile verschafft auch der **Europa-Sparpreis**. Langfristig macht sich unter Umständen die Anschaffung einer **Bahncard** bezahlt. Jugendlichen unter 26 bietet das **Twen-Ticket** Ermäßigungen. Insgesamt läßt sich der Sondertarifdschungel hier nicht erschöpfend darstellen. Detaillierte Informationen erteilt die Reiseauskunft der DB. Auf Bahnreisen spezialisiert haben sich auch die DER-Reisebüros.

• *Platzkarten*: In der Hauptreisezeit sind die Züge in den Süden brechend voll. Die Platzkarte bis zum Zielbahnhof Napoli Centrale ist deshalb dringend zu empfehlen. Reservierungen frühestens 2 Monate vor der Abfahrt.

• *Schlaf- und Liegewagen*: Italienische Schlafwagen haben in der 1. Klasse Ein- oder Zweibettabteile, in der 2. Klasse zwei oder drei Betten. Liegewagen haben in der 1. Klasse vier, in der 2. Klasse sechs Liegeplätze. Zu viel an Komfort darf man nicht erwarten, aber dafür ist die Nachtfahrt von München nach Neapel preisgünstig. Rechtzeitig reservieren!

• *Preisbeispiel*: München–Neapel und zurück in der 2. Klasse: Normalfahrschein 286 DM, Liegewagen 338 DM, Schlafwagen 434 DM.

• *Fahrradtransport*: Über die Möglichkeit der Radmitnahme informiert die Radfahrer-Hotlinie der DB (Tel. 01803/19419).

## Mit dem eigenen Fahrzeug

Die Anreise mit dem eigenen Fahrzeug ist an einem Tag nicht zu bewältigen, mindestens eine Zwischenübernachtung muß einkalkuliert werden. Berücksichtigt man außerdem die Autobahngebühren sowie die Vignettenpflicht in Österreich und der Schweiz, summieren sich die Ausgaben. Ganz abgesehen von den hohen Kraftstoffpreisen in Italien. Erst wenn sich 3–4 Personen alle anfallenden Kosten teilen, wird die Fahrt im eigenen Auto ein relativ preiswertes Vergnügen. Doch wie bereits gesagt, am Urlaubsziel bietet der fahrbare Untersatz nur begrenzt Vorteile. Dennoch sieht man zur Ferienzeit zahlreiche Fahrzeuge mit deutschen Nummernschildern am Golf von Neapel; dabei handelt es sich sicherlich nicht nur um italienische Gastarbeiter, die in der Heimat Urlaub machen. – Vor allem Camper können schwerlich auf ihr Automobil verzichten.

• *Autoreisezug*: Wer sich die lange Tour in den Süden nicht zumuten will, findet im neu eingesetzten Autoreisezug von **München** nach **Neapel** eine bequeme Alternative. Im Schlaf- oder Liegewagen kann man den Strapazen der langen Autobahnfahrt ausweichen. Auch *Motorradfahrer* können das Angebot nutzen. Von Ende

Mai bis Ende September verkehrt der Autozug. Die Kosten sind je nach Reisedatum sehr unterschiedlich; es gelten drei Preisstufen. Wichtig: Die Autohöhe darf im grenzüberschreitenden Verkehr nicht über 1,67 m liegen! Besorgen Sie sich für weitere Details die Broschüre "DB Autozug" (Service-Tel. 0180/5241224).

• Schnellste Route: Autobahn München–Napoli, ca. 1.100 km, Autobahngebühren ca. 100 DM plus Österreich-Vignette. Strecke: München–Brenner–Verona–Modena–Florenz–Rom–Napoli.

• Autobahnraststätten: gibt es in Nord- und Mittelitalien in ausreichender Zahl. *Agipristo*, *Motta* und *Pavesigrill* sind qualitativ und preislich akzeptabel.

• Autobahngebühren: An den Mautstationen *(Alt stazione)* werden neben Barzahlung und Viacard (s. u.) inzwischen auch die gängigen Kreditkarten akzeptiert. Die magnetische *Viacard* ist im Wert von 50.000 und 100.000 Lire beim heimischen ADAC erhältlich sowie am Grenzübergang und an den großen italienischen Raststätten.

• Papiere: Mitzunehmen sind der nationale Führerschein (Patente di guida), der Fahrzeugschein (Libretto di circolazione) und die grüne Versicherungskarte (Carta verde) – letztere ist zwar keine Pflicht mehr, hilft aber bei der Schadensregulierung. Und nicht vergessen: das *D-Schild* ist für Pkw-Reisende Pflicht.

• Höchstgeschwindigkeiten in Italien: innerhalb geschlossener Ortschaften 50 km/h; auf Landstraßen für Pkw und Motorräder 90 km/h, Pkw mit Anhänger 70 km/h. Auf Autobahnen für Pkw 130 km/h, mit Anhänger 80 km/h. Motorräder bis 149 ccm verboten (bis 349 ccm nur 110 km/h). Bei Geschwindigkeitsüberschreitung sind hohe *Bußgelder* fällig: 20 km/h zu schnell ca. 250 DM.

• Weitere Verkehrsvorschriften: Das Abschleppen ist auf Autobahnen verboten; Promillegrenze 0,8 (Geldstrafe bei Alkohol am Steuer bis 2.400 DM); Warntafeln für Gegenstände, die über das Wagenende hinausragen, müssen neuerdings aus Aluminium sein.

• Tankstellen: an Autobahnen Tag und Nacht geöffnet; ansonsten in der Regel Mo-Sa 7-12.30 und 15-19.30 Uhr. Kreditkarten werden nur an einigen Autobahntankstellen akzeptiert.

• Kraftstoff: Bleifrei Super, 95 Oktan *(benzina senza piombo* bzw. *benzina verde)* ca. 2 DM pro Liter; Diesel *(gasolio)* ca. 1,60 DM pro Liter.

• Pannenhilfe: **Notrufsäulen** stehen in Abständen von 2 km an den Autobahnen. Den **Straßenhilfsdienst** des italienischen Automobilclubs ACI erreicht man ansonsten in ganz Italien rund um die Uhr unter Tel. 116.

Pannenhilfe ist für alle Fahrzeuge mit nichtitalienischem Kennzeichen mittlerweile kostenpflichtig. Nur Inhabern eines Euro-Schutzbriefs wird im Rahmen der Vertragsbedingungen kostenlose Hilfe gewährt.

ADAC-Notruf in D: Tel. 89222222, ADAC-Notruf in A (Wien): Tel. 01/98569666; Pannenhilfe CH: Tel. 140.

• Polizeinotruf/Unfallrettung: in ganz **Italien** rund um die Uhr unter Tel. 113 (ohne Vorwahl!). **Deutschsprachige Notrufstation** des ADAC in Mailand, ganzjährig, Tel. 02/661591.

## Mit dem Bus

Die *Deutsche Touring GmbH* bietet mit ihren Europabussen Fahrten von verschiedenen deutschen Großstädten nach Neapel an, z. B. von Dortmund, Düsseldorf, Köln, Stuttgart und München. Diese Busfahrten sind die absoluten Preisbrecher.

• Auskunft/Buchung: in allen DER-Reisebüros und den Niederlassungen der Deutschen Touring; Zentrale: Am Römerhof 17, Postfach 900244, 60486 Frankfurt, Tel. 069/7903240.

• Beispiel: München–Napoli, einfach 137 DM, Rückfahrkarte 233 DM. Abfahrt 19.30 Uhr, Ankunft 12 Uhr am nächsten Tag. Ein Gepäckstück im Koffermaß und das Handgepäck sind frei.

# Unterwegs am Golf von Neapel

*Ganzjährig Fährverbindungen zu den Inseln und entlang der Amalfitanischen Küste — häufige Nahverkehrszüge im Großraum Neapel — dichtes Netz von Linien-, Insel- und Stadtbussen — das eigene Fahrzeug ist eher ein Klotz am Bein — Mietfahrzeuge und Taxis sind relativ teuer.*

## Fähren

Mit Abstand die schönste Art der Fortbewegung. Ein dichtes Netz von Linien durchkreuzt den Golf von Neapel auch in der Nebensaison. Die wichtigsten Fährhäfen auf dem Festland sind *Napoli/Molo Beverello, Napoli/ Mergellina, Pozzuoli* und *Sorrento*. Zwischen dem Festland und den Inseln verkehren **Traghetti** bzw. **Navi** (Fährschiffe) und Schnellfähren, bei denen es sich zumeist um **Aliscafi** (Tragflügelboote) handelt. Beide Bootstypen haben Vor- und Nachteile: Für das Aliscafo spricht in erster Linie die Geschwindigkeit; es ist doppelt so schnell wie das Fährschiff, was vor allem bei Tagesausflügen sehr wichtig ist. Die langsamen Traghetti bieten hingegen viel Bewegungsfreiheit und Aussicht auf dem Sonnendeck, während man in den Tragflügelbooten zumeist im Innenraum hinter gischtverschmierten Fensterscheiben sitzt und nur selten auf die kleinen Außenplattformen ausweichen kann. Die Fährschiffe sind preiswerter als die Schnellboote und transportieren auch Pkw, wobei sich die Mitnahme des eigenen Fahrzeugs allerdings höchstens nach Ischia lohnt. Man hat die Wahl zwischen der staatlichen *Reederei Caremar* sowie mehreren privaten Reedereien; Preisunterschiede gibt es jedoch so gut wie gar nicht. Reservierungen sind aufgrund der häufigen Verbindungen auch in der Hauptsaison nicht notwendig. Fahrkarten erhält man immer direkt am Fähranleger; oftmals werden nur Fahrscheine für eine Strecke verkauft, Rückfahrtickets sind eher selten. Bei Tagesausflügen unbedingt die gewünschte Rückfähre bestätigen lassen, da die Reedereien ihre Fahrpläne im Lauf der Saison mehrmals ändern. Näheres zum Insel-Fährverkehr in den jeweiligen Kapiteln unter dem Stichwort "Verbindungen".

- **Fährfahrten entlang der Amalfitanischen Küste** sind landschaftlich besonders reizvoll. Auf kleinen, modernen Fährschiffen mit Sonnendeck genießt man die dramatische Küstenlandschaft in voller Pracht und kommt außerdem noch schneller voran als mit dem SITA-Bus auf der kurvigen *Amalfitana*. Die Pendelfähren zwischen Positano und Salerno laufen außer Amalfi allerdings keinen anderen Küstenort an.
- **Ausflugsboote**: Abgesehen von den regelmäßigen Inselfähren und den Pendelfähren entlang der Küste werden vielerorts auch interessante Bootsausflüge angeboten. Auf dem Programm stehen u. a. Inselrundfahrten, Grotten- und Badetouren sowie ganztägige Kreuzfahrten mit Zwischenstopps. Außerdem sind einige Spezialboote mit transparentem Rumpf im Einsatz. Mehr dazu in den jeweiligen Kapiteln.

## Nahverkehrszüge

Zwei wichtige Bahnlinien führen westlich bzw. östlich aus Neapel heraus. Die *Ferrovia Cumana e Circumflegrea* verbindet Neapel mit der Bucht von Pozzuoli, während die *Ferrovia Circumvesuviana* ihren Endbahnhof in Sorrent hat. Beide Vorortbahnen sind ideale öffentliche Verkehrsmittel, um die antiken Ausgrabungsstätten am Golf schnell zu erreichen (→ "Neapel/Verbindungen" S. 85). Eine ebenfalls wichtige FS-Zugstrecke führt von Neapel nach Salerno, von wo günstige Verbindungen zur Amalfitanischen Küste bestehen (Fähre, SITA-Bus).
Im Nahverkehr müssen die Tickets vor Antritt der Fahrt in den dafür vorgesehenen Automaten gestempelt werden!

## Busse

Das effiziente *SITA-Busnetz* sorgt vor allem im Hinterland von Sorrent und an der Amalfitanischen Küste für gute Verbindungen zwischen den Urlaubsorten. Geradezu vorbildlich funktionieren die Bussysteme auf den drei Inseln; dort sind die Busse allerdings oftmals überfüllt. Das *Stadtbus-System* von Neapel wirkt auf den ersten Blick etwas chaotisch. Endstationen sind selten an den Bussen angeschrieben, ebenso kann man an den Haltestellen kaum etwas über die Streckenführung, die Abfahrtszeiten und die Häufigkeit der Verbindungen entziffern. Durchfragen ist die beste Methode. Das dichte Netz der neapolitanischen Stadtbusse wird noch durch Straßenbahnen, Metrolinien und Schienenseilbahnen ergänzt.
Die Fahrscheine für die Busse werden an Kiosken, in Bars, Tabacchi-Läden und an vielen Hotelrezeptionen verkauft – nur auf Capri erhält man sie ausnahmsweise beim Fahrer. Die wichtigsten Stadt- und Überlandverbindungen per Bus finden Sie in den jeweiligen Kapiteln unter dem Stichwort Anfahrt/Verbindungen.

*Gedränge am Bus auf Ischia*

## Eigenes Fahrzeug

Man kann es gar nicht häufig genug wiederholen: Die Mitnahme des eigenen Pkw lohnt sich nur sehr begrenzt. Wer dennoch damit anreist, sollte zumindest den infernalischen Großstadtverkehr von Neapel meiden. Aber auch die Küstenstraßen bieten alles andere als ein ungetrübtes Fahrvergnügen; vor allem zwischen Neapel und Sorrent herrscht stets dichter Stop-and-go-Verkehr. Und die Fahr- und Parkbedingungen auf der legendären Küstenstraße *Amalfitana* sind geradezu abenteuerlich (→ S. 277). Allein Ischia verlockt ein wenig zur Mitnahme des Autos, zumal das Straßennetz gut ausgebaut ist und Ausländer eine uneingeschränkte Fahrerlaubnis auf der Insel haben – ganz im Gegensatz zu den Italienern aus der Region Kampanien.

## Mietfahrzeuge

Wer die Mobilität vermißt, die das eigene Fahrzeug ermöglicht, kann sich durch Mietfahrzeuge jederzeit und fast überall wieder individuelle Bewegungsfreiheit verschaffen. Wir haben z. B. in Neapel einen Wagen gemietet, um die etwas abseits gelegenen Sehenswürdigkeiten besser erreichen zu können, und ihn dann in Sorrent wieder abgegeben. Auch auf Ischia war der gemietete Wagen nützlich. **Leihwagen** sind allerdings ein relativ teures Vergnügen; am günstigsten fährt man mit den Wochentarifen. Die Selbstbeteiligung im Schadensfall beträgt bei den meisten Vermietern ca. 1.000 DM und läßt sich nicht gegen Aufpreis "wegversichern". Einen Mietwagenvertrag kann man in Italien bereits mit 18 Jahren abschließen. Im Juli und August ist eine vorzeitige Buchung von Deutschland aus ratsam – und manchmal auch preisgünstiger.

Außerdem haben sich auf den Inseln und in Sorrent **Vespa- und Motorradvermieter** etabliert. Ein bißchen Zweiraderfahrung sollte man bei einem solchen Vorhaben allerdings mitbringen. Vor allem die Vespa – der legendäre italienische Motorroller – ist ein ziemlich gewöhnungsbedürftiges Gefährt, denn die kleinen Reifen sorgen für ein völlig neues Fahrvergnügen. Wer z. B. die Küste gemächlich nach ruhigen Badestellen absuchen will, tut mit der Vespa den richtigen Griff. Die ab 50 ccm vorgeschriebenen Helme gibt es in der Regel gratis dazu.

Auf Capri, in Sorrent und Positano floriert der **Bootsverleih** – ein teurer Spaß, aber auch eine feine Sache, da sich viele Badebuchten nur vom Wasser aus erreichen lassen. **Fahrräder** werden wegen des steilen Terrains so gut wie gar nicht vermietet.

## Taxis

Eine überraschend bunte Taxi-Vielfalt tut sich am Golf von Neapel auf. Für viele gehört Taxifahren sicherlich zu den Luxusvergnügen – aber manchmal scheint der Wink nach dem Chauffeur unverzichtbar. In Neapel ist die Taxidichte tagsüber sehr hoch, abends nimmt sie jedoch spürbar ab (Tarife und Zuschläge → S. 85). Die neapolitanischen Taxifahrer sind äußerst kommunikativ, und je weiter die Fahrt geht, desto freundlicher werden sie. Stadtrundfahrten im Taxi lohnen sich nicht, da der Verkehr mehr steht als rollt.

In Sorrento und an der Amalfitanischen Küste starten die Taxis mit stolzen L. 6.000–8.000 auf dem Taxameter, und die besondere Spezialität der dortigen

Fahrer sind Langstrecken, die sie bei jeder sich bietenden Gelegenheit empfehlen, z. B. Sorrento–Positano (ca. L. 70.000).

Bunt ist die Taxiwelt im wahrsten Sinne des Wortes auf den Inseln. Auf Ischia und Procida verkehren vorwiegend dreirädrige Microtaxis; diese urigen Zweitakter gleichen den südostasiatischen Tuk-tuks und transportieren mühelos ganze Familienverbände die steilsten Wege hoch. Auf Capri geht es hingegen stilvoll zu, dort gondeln mitunter noch gepflegte Taxi-Limousinen und -Cabrios aus den 50er und 60er Jahren über die Insel.

# Übernachten

*Enorme Hotelkapazitäten vor allem auf Ischia und in Sorrent — ernstzunehmende Engpässe im Juli und August — gutes Campingangebot an der Sorrentiner Küste — kaum Privatzimmer und Ferienwohnungen — viele Pauschaltouristen.*

In einem so traditionsreichen Urlaubsgebiet wie dem Golf von Neapel und der Amalfitanischen Küste ist das Hotelangebot selbstverständlich breit gefächert. Die gehobenen Hotels überwiegen zwar eindeutig, aber letztlich gibt es überall Hotelunterkünfte in jeder Kategorie. Auch die Kapazitäten sind vergleichsweise enorm. Alle anderen Übernachtungsmöglichkeiten (Apartments, Camping, Privatzimmer etc.) spielen dagegen eher eine untergeordnete Rolle. Dennoch lassen sich von Ort zu Ort markante Unterschiede und Besonderheiten feststellen: Im kleinen Bergstädtchen Ravello stecken z. B. einige der luxuriösesten Herbergen der Amalfitanischen Küste. In den weltbekannten Urlaubsorten Positano und Amalfi findet man überraschenderweise auch einfache und preisgünstige Unterkünfte. Auf Capri schreiben die Hoteliers das Traditionsbewußtsein ganz groß, hier purzeln die Preise auch in der Nebensaison nicht. Ischia bietet Kur- und Thermalhotels in allen Kategorien und zieht vor allem Pauschaltouristen an. In Sorrent gibt es keineswegs nur Grandhotels nach britischem Geschmack, auch Camper sind herzlich willkommen. In Neapel hingegen mangelt es beklagenswerterweise an soliden Mittelklassehotels. – Trotz der insgesamt überzeugenden Hotelsituation am Golf von Neapel und an der Amalfitanischen Küste läßt sich das Gesamtangebot nur schwer auf einen Nenner bringen. In den einzelnen Gebiets- und Ortskapiteln des Reiseteils wird die jeweilige Übernachtungssituation deshalb immer kurz skizziert. Im folgenden einige allgemeine Bemerkungen.

## Hotels (Alberghi)

In Italien werden die Hotels von den regionalen Fremdenverkehrsämtern in fünf **Kategorien** unterteilt (1 bis 5 Sterne). Wir haben die Sterne bei den Hotelbeschreibungen im Reiseteil jeweils angegeben, obwohl sie nicht immer etwas über Zustand, Ausstattung, Service, Freundlichkeit etc. des Hauses aussagen – und auch nicht immer über den Preis! Nicht selten kommt es vor, daß stilvolle Drei-Sterne-Hotels in schöner Lage teurer sind als schlichte Vier-Sterne-Hotels. Die in Italien praktizierte Klassifizierung ist nämlich nicht an festgesetzte Preisgrenzen gekoppelt. Die Hoteliers dürfen die Zimmerpreise ihrer Herbergen so hoch ansetzen, wie es ihnen beliebt. Diese müssen dann nur noch von der zuständigen Tourismusbehörde registriert und natürlich eingehalten werden. Alljährlich werden die Preise neu festgesetzt, wobei es in der Regel zu Preiskorrekturen kommt.

▸ Die von uns angegebenen **Preise** beziehen sich auf eine Übernachtung für zwei Personen im Doppelzimmer (DZ) mit Bad, Frühstück nicht immer inbegriffen. Die Preisspanne (z. B. L. 100.–150.000) erfaßt den Preisunterschied zwischen Neben- und Hauptsaison. Die Zimmerpreise können auch aufgrund einer unterschiedlichen Zimmerqualität (Meeresblick, Größe, Ausstattung etc.) differieren.

**Obere Luxusklasse (*****)**, in vielen renommierten Urlaubsorten am Golf vertreten, maximaler Komfort, stilvoll bis ins Detail, manchmal traumhaft gelegen, Küche und Keller mitunter auf Gourmetniveau. Wie in den anderen Kategorien gibt es aber auch hier durchaus Unterschiede. Mehr oder minder unbezahlbar, Preise auch in der NS kaum unter L. 350.000.

**First-class-Hotel (****)**, sehr verbreitet, für gehobene Ansprüche, im Komfort der Luxusklasse zum Teil ähnlich, zumeist mit vornehmem Restaurant. Swimmingpool und Sporteinrichtungen nicht immer vorhanden. Preise schon ab L. 150.000, meist jedoch weit darüber.

**Obere Mittelklasse (***)**, ebenfalls sehr stark vertreten, deutliche Qualitätsunterschiede sind festzustellen. In der Regel solide ausgestattet, bisweilen sogar geschmackvoll und komfortabel, häufig mit Restaurant. Preise um die L. 120.000 mit überraschenden Schwankungen nach unten und oben.

**Untere Mittelklasse (**)**, häufig anzutreffende Kategorie. Die Kennzeichnung "einfach, aber sauber" trifft vorwiegend zu. Je nach Besitzer viel familiäre Atmosphäre oder völlig anonym. Zimmer zum Teil auch ohne eigenes Bad, manchmal sind die 2 Sterne tiefgestapelt, und die Herberge hat Stil. Preise im Schnitt unter L. 100.000, aber durchaus auch weit darüber.

**Unterste Kategorie (*)**, vielerorts anzutreffen, auch hier gibt es Niveauunterschiede. An die Ausstattung darf man grundsätzlich keine Ansprüche stellen, erfreuliche und unerfreuliche Überraschungen sollte man allerdings einkalkulieren. Preise ab ca. L. 50.000.

▸ **Hotel-Reservierung**: Wer im Hochsommer ohne Reservierung an den Golf von Neapel reist, muß damit rechnen, an der Rezeption mit einem freundlichen "tutto completo" abgewiesen zu werden. Wer solche unliebsamen Juli/August-Überraschungen vermeiden will, kann nur durch rechtzeitige Zimmerreservierung vorbeugen. Greifen Sie dabei am besten auf unsere kommentierten Übernachtungstips in den jeweiligen Ortskapiteln zurück. Vollständige Unterkunftsverzeichnisse *(Annuario degli Alberghi)* erhalten Sie bei den italienischen Fremdenverkehrsämtern in Deutschland, der Schweiz und Österreich (Adressen → S. 67). Darin sind alle registrierten Hotels (oft auch Campingplätze, Jugendherbergen und Privatvermieter) mit Adresse, Preisangaben, Öffnungszeiten und Hinweisen zur Ausstattung verzeichnet.

Die sicherste und einfachste Form der Reservierung ist diejenige **per Fax**. Fragen Sie zunächst telefonisch an, ob zum gewünschten Termin etwas frei ist und wickeln Sie die verbindliche Reservierung dann per Fax ab. Mitunter werden Anzahlungen (ec-Scheck) verlangt.

### Hotel-Tips

**Pensionspflicht**: In der Hochsaison verpflichten viele Hoteliers ihre Gäste konsequent zur Halbpension (Mezza pensione), d. h. Übernachtung, Frühstück und Abendessen. Das Abendessen ist dann selten à la carte, sondern es wird brav gegessen was auf den Tisch kommt. Oftmals wird auch ein **Mindestaufenthalt** von drei Tagen verlangt. Gegen diese Machenschaften ist leider kein Kraut gewachsen. In Hotels ohne angeschlossenem Restaurant kann man der obligatorischen HP natürlich entkommen. In der Nebensaison ist der Gast wieder König, und von Pensionspflicht ist dann kaum noch die Rede. Bei unseren Übernachtungstips sind zum Teil auch die HP-Preise pro Person angegeben.

**Frühstück (Colazione)**: Im Zimmerpreis ist das Frühstück nicht unbedingt enthalten, deshalb immer vorher klären, ob ein Aufpreis berechnet wird. Manchmal sind die Frühstückspreise unverschämt hoch, wobei das Gebotene selbst lächerlich gering ausfällt. Grundsätzlich gilt: Frühstück darf nur serviert werden, wenn der Gast es wünscht.

**Zimmerpreise**: Die von den Fremdenverkehrsämtern registrierten Zimmerpreise müssen für die Gäste an der Rezeption einzusehen sein und auch in den Zimmern selbst deutlich aushängen (meist an der Innenseite der Tür). Viele Hotels besitzen keine Einzelzimmer. Falls Singles ein DZ zugewiesen bekommen, ohne es verlangt zu haben, darf dafür eigentlich nur ein EZ-Preis bzw. bis zu 85 % des DZ-Tarifs berechnet werden. Ein Zusatzbett im DZ darf den Preis hingegen maximal um 35 % erhöhen. Sollte es bei der Bezahlung zu Unstimmigkeiten kommen, hilft meist schon die Drohung mit dem Gang zur Polizia – falls nicht, sollte man die Drohung auch ausführen.

**Rechnung (Ricevuta fiscale)**: Abreisende Hotelgäste sollten immer eine Rechnung verlangen und nicht leichtfertig abwinken. Das kurzfristige Aufbewahren der Hotelrechnung ist in Italien eine Bürgerpflicht und gilt auch für Ausländer. Die Finanzpolizei (Guardia di finanza) macht in der Urlaubssaison mitunter stichprobenartige Kontrollen, wobei zum Vorzeigen der *Ricevuta* aufgefordert wird. Ein Fehlen derselben kann unangenehme Folgen für Gast und Wirt gleichermaßen haben, denn die vorgesehenen Bußgelder sind gesalzen.

## Pauschalangebote

Der Golf von Neapel ist eine bevorzugte Region der deutschen Reiseveranstalter, die dieses beliebte Urlaubsgebiet mittlerweile seit Jahrzehnten vermarkten. Dabei konzentrieren sich die Angebote allerdings vorwiegend auf Ischia und Sorrent. Ein Pauschalangebot sieht in der Regel die An- und Abreise per Flugzeug, den Transfer zum Hotel und mindestens eine Woche Halbpension vor. Preislich sind solche Pauschalreisen kaum zu unterbieten, und für Familien mit Kindern gibt es zum Teil spezielle Angebote. Wer auf Ermäßigungen und Sondertarife achtet, kann mitunter nochmals erheblich sparen. Wenn Sie pauschal verreisen wollen, besorgen Sie sich am besten die aktuellen Kataloge der einschlägigen Reiseveranstalter in einem Reisebüro und stellen Preisvergleiche an. Wir haben gute Erfahrungen mit dem Spezialveranstalter *Ischia Tourist* gemacht (→ S. 184).

## Ferienhäuser/Apartments

Für Kleingruppen und Familien mit Kindern eine echte Alternative zu den oft kostspieligen Hotels. Aber leider ist das Gesamtangebot an Ferienhäusern und Apartments am Golf von Neapel recht dünn. Sogar die auf Italien spezialisierten Reisebüros verweisen bei gezielten Anfragen gerne auf das günstige Angebot an Pauschalreisen. Auch in den Wochenendausgaben der überregionalen Tageszeitungen, in denen viele private Anbieter ihre Kleinanzeigen aufgeben, sind Fewo's am Golf von Neapel stark unterrepräsentiert. Bessere Chancen hat man hingegen vor Ort – allerdings ausschließlich in der Nebensaison. Fragen Sie am besten in den örtlichen Infobüros nach Anbietern von Ferienhäusern und Apartments. Auch in Reisebüros (Agenzia viaggi) können Kurzentschlossene fündig werden. Die Suche vor Ort hat außerdem den entscheidenden Vorteil, daß man sein Objekt der Begierde genauer unter die Lupe nehmen kann, bevor der Vertrag abgeschlossen wird.

• *Fewo-Kataloge*: **Sard-Reisedienst**, einige Objekte auf Ischia. Erwin-Renth-Str. 1, D-55257 Budenheim, Tel. 06139/766, Fax 1488.

**Solemar** (s. u.), vorwiegend exklusive Angebote an der Amalfitanischen Küste, in der Umgebung von Sorrent, auf Capri und Ischia.

**Cuendet** (s. u.), Häuser und Apartments an der Amalfitanischen Küste, auf Ischia und Capri.

Die Kataloge von Solemar und Cuendet finden Sie in allen größeren Reisebüros mit Schwerpunkt Italien, oder Sie wenden sich an folgende Kontaktadresse: **Reisedienst Italien**, Grindelallee 139, D-20146 Hamburg, Tel. 040/441598. Die Kataloge werden Ihnen gegen eine kleine Gebühr zugeschickt.

## Privatzimmer (Affittacamere)

Sie werden am Golf von Neapel kaum angeboten. Eine Ausnahme bildet allerdings die Amalfitanische Küste. Die dortigen Fremdenverkehrsbüros haben in ihren Unterkunftsverzeichnissen auch alle offiziellen Adressen der Affittacamere-Anbieter aufgelistet und sind bei der Vermittlung behilflich. Bei diesen sogenannten Privatzimmern handelt es sich jedoch zum Teil um kleine Pensionen mit bis zu 20 Betten. Nicht selten wird ein Mindestaufenthalt von drei Tagen bzw. einer Woche verlangt. Wer sein Glück auf eigene Faust versuchen will, sollte in den örtlichen Bars nach Privatzimmern herumfragen; die Besitzer oder Kunden haben häufig Tips parat und sind gern behilflich.

## Jugendherbergen (Ostelli per la gioventù)

Die schlechte Nachricht zuerst: Auf den drei Golfinseln finden Low-Budget-Reisende leider keine Jugendherbergen. Auf dem Festland sieht es da, Gott sei Dank, wesentlich besser aus. In *Neapel/Mergellina*, *Salerno* und *Sorrent* gibt es jeweils ein Ostello, das dem Internationalen Jugendherbergsverband IYHF angehört (jeweils unter "Übernachten"). In den benachbarten Küstenorten Amalfi und Atrani haben wir außerdem zwei Privatherbergen aufgespürt, die wie Ostelli geführt werden und nur geringfügig teurer sind, nämlich die *Pensione Proto* und das *A'Scalinatella*.

Im amalfitanischen Bergdorf **Agerola** (10 km von Amalfi im Landesinneren; Busverbindung) befindet sich ein weiteres, sehr kleines Ostello. Hier die Adresse, da es im Reiseteil nicht mehr näher erwähnt wird: *Beata Solitudo*, 80051 Agerola, Piazza G. Avitabile 4, Tel. 081/8025048, insgesamt 16 Betten, Übernachtung ohne Frühstück L. 14.000 pro Pers., Kochgelegenheit, ganzjährig geöffnet, auch Campingmöglichkeit.

## Camping (Campeggio)

Von allen Übernachtungsmöglichkeiten am Golf von Neapel ist die Campingsituation sicherlich die extremste: Während das Angebot an der Sorrentiner Küste recht groß und vorbildlich ist, gibt es an der gesamten Amalfitanischen Küste aufgrund des steilen Terrains (bis auf eine bescheidene Ausnahme) keine Plätze. Die Inseln präsentieren sich ebenfalls extrem gegensätzlich: Capri zeigt Campern die kalte Schulter und verbietet das Zelten auf der ganzen Insel. Ischia verfügt nur über drei, allerdings empfehlenswerte Campingplätze. Auf Procida hingegen gibt es zwar mehrere, aber dafür nur sehr einfache Plätze.

Wenn man den Juli und August meidet, kann der Campingurlaub viel Spaß machen. Im Hochsommer ziehen vor allem italienische Familien mit Sack und Pack ans Meer, die Plätze sind oft bis zum letzten Quadratmeter belegt. Warteschlangen bilden sich vor den Duschen und Toiletten. Dauerlärm ist garantiert. Der Besitzer reibt sich allerdings die Hände, denn der macht im Juli/August den größten Teil seines Jahresumsatzes. Mai, Juni und September sind hingegen ideale Campermonate.

• *Öffnungszeiten*: Die Saison beginnt für die meisten Plätze im Mai und endet im Lauf des Oktobers; nur wenige bleiben das ganze Jahr über geöffnet. Zum Teil werden auch Wohnwagen und Bungalows angeboten.

• *Preise*: Wie bei den Hotels gibt es unterschiedliche Tarife für die Haupt- und Nebensaison. 2 Erw. mit großem Zelt und Auto müssen in der HS je nach Lage und Ausstattung des Platzes mit L. 25.-45.000 pro Tag rechnen. Verwirrung stiftet die Zusammensetzung der Preise – mal sind Auto und Stellplatz im Personenpreis inbegriffen, mal geht alles extra, und häufig wird ein Preisunterschied zwischen großen und kleinen Zelten gemacht (Tenda canadese = kleines Zelt).

# Essen und Trinken

**Mangiare bene (gut essen), das machen uns die Italiener eindrucksvoll vor, gehört mit zur Lebensfreude des Landes. Und der Golf von Neapel bildet da keine Ausnahme, immerhin ist hier die Heimat von Pizza, Pasta und Pomodoro und zahlreichen anderen lokalen Spezialitäten.**

Die authentische kampanische Küche, die **Cucina campana**, ist im Vergleich zu anderen italienischen Regionalküchen betont einfach, sie komponiert aus schlichten Zutaten schmackhafte und aromatische Gerichte. Gemüse und Kräuter spielen dabei eine ganz wichtige Rolle. Absolut unverzichtbar ist die Tomate *(Pomodoro)*, sie bildet die wichtigste Grundzutat, die in kaum einem Rezept fehlt. Die Vielfalt an heimischen Gemüsesorten (Tomaten, Auberginen, Artischocken, Zucchini, Paprika, Fenchel, Kartoffeln etc.) degradiert das ansonsten so gefragte Fleisch regelrecht zur Beilage. Sogar dem Käse kommt eine größere Bedeutung zu als dem Fleisch; Mozzarella, Provolone, Caciocavallo und andere Käsesorten prägen den Geschmack der kampanische Küche ganz wesentlich mit. Aber selbstverständlich gibt es auch einige regionaltypische Fleischgerichte, so auf Ischia das

Wildkaninchen nach Art der Jägerin. Eine Besonderheit der kampanischen Küche besteht darin, Fische und Meeresfrüchte mit Feldfrüchten zuzubereiten; typisch dafür ist das amalfitanische Hauptgericht *Seppie con patate* (Tintenfisch mit Kartoffeln). Nur teuer sind sie geworden, diese begehrten Delikatessen aus dem Meer. – Doch über all dem thronen unangefochten die zahlreichen Pastagerichte, die es mit den verschiedensten Tomaten-, Fleisch-, Gemüse- und Muschelsaucen gibt, wobei aber längst nicht jede Nudelsorte zu jeder Sauce paßt! Und nicht zu vergessen, in Napoli regiert bekanntlich die Pizza. – *Buon appetito!*

## Frühstück (Colazione)

Das authentische italienische Frühstück wird in der *Bar/Pasticceria* eingenommen. Man sucht sich in der Glasvitrine seine *Pasta* (Gebäck) aus; das kann z. B. ein *Cornetto* (Hörnchen) sein oder auch eine *Sfogliata* (gefüllte Blätterteigtasche). Wer seinen Geschmacksorganen morgens nichts Süßes zumuten mag, findet eine große Auswahl an *Panini* (belegte Brötchen) und *Tramezzini* (dreieckige Weißbrotschnitten) vor. Dazu bestellt man sich den ersten *Cappuccino* des Tages oder gleich einen *Caffè* (Espresso) – und das italienische Frühstück ist komplett. Den Einheimischen reicht diese erste Mahlzeit bis zum Mittagessen, nicht so dem Gast aus dem Norden, der wiederholt diesen Vorgang beliebig oft, denn Bars und Pasticcerie gibt es wie Sand am Meer, und vom *Caffè italiano* kann man nie genug kriegen.
Das **Hotelfrühstück** fällt hingegen zumeist "international" aus; je nach Kategorie mit einem üppigen Büfett oder ganz bescheiden mit Zwieback und Marmelade. Auch der Hotelkaffee hat selten Bar-Qualität.

## Mittag- und Abendessen

Auf **Pranzo** (Mittagessen) und **Cena** (Abendessen) wird in Italien großer Wert gelegt, und die Essenszeiten werden dabei pünktlich eingehalten, mittags von 13 bis 14 Uhr und abends ab 20 Uhr. Es handelt sich jeweils um reichhaltige Mahlzeiten mit mehreren Gängen, wobei das Abendessen etwas üppiger ausfällt als das Mittagessen. Im Ristorante beginnt eine komplette Mahlzeit mit den *Antipasti* (Vorspeisen), die mitunter auf Vitrinentischen irgendwo im Lokal zur Selbstbedienung stehen. Danach geht es weiter mit dem ersten Gang *(primo piatto)*, entweder einer *Pasta* (Nudelgericht) oder einem *Risotto* (Reisgericht). Das anschließende Hauptgericht *(secondo piatto)*, entweder *Pesce* (Fisch) oder *Carne* (Fleisch), wird durch ein extra zu bestellendes *Contorno* (Gemüse oder Salat) ergänzt. *Formaggio* (Käse) schließt bekanntlich den Magen. Der Nachtisch, *Frutta* (Obst) oder *Dolce* (Süßspeise), setzt den Schlußpunkt. Danach helfen nur noch *Caffè* und *Grappa!*

Der Wirt erwartet zwar grundsätzlich, daß eine komplette Mahlzeit verzehrt wird, toleriert jedoch einige individuelle Kombinationen. Der Gast kann z. B. auf die Vorspeise, die Beilage und die Nachspeise verzichten. Eine andere Variante wäre, den ersten Gang zu überspringen und die Nachspeise zu streichen. Wer es jedoch mit der Reduzierung übertreibt, vielleicht sogar

## Pizza, Pasta und Pomodoro

Pizza und Pasta sind die berühmtesten Gaumenfreuden, die der Golf von Neapel bereithält. Und läßt man der neapolitanischen Überschwenglichkeit freien Lauf, dann erreichen diese kulinarischen Genüsse nur in Neapel ihre Vollendung. Entsprechend blumig sind die Schöpfungs-Geschichten, die sich um Pizza und Pasta ranken.

Die Pizza, das darf man nicht bezweifeln, schmeckt nirgendwo besser als in Napoli. Nur die neapolitanischen *Pizzaioli* haben das richtige Gefühl für den Teig und die Zutaten. Ausschließlich Mehl, Wasser und Salz verwenden sie – Hefe ist verpönt. Und heiß muß der Steinofen sein, in dem die Pizza gebacken wird, so heiß wie der Vesuv im Innern. Aufgrund der spärlichen Zutaten ist die Pizza seit eh und je ein ur-neapolitanisches Arme-Leute-Gericht, aber am 11. Januar 1889 geschah folgendes:
Die italienische Königin *Margherita von Savoyen* weilte im Schloß von Capodimonte und verlangte nach einer Pizza, von der sie schon so viel hatte reden hören. Ein Bediensteter begab sich daraufhin zum bekanntesten Pizzabäcker der Stadt, einem gewissen *Raffaele Esposito*. Spontan und voller Stolz über den Auftrag kreierte dieser Pizzaiolo eine wahrhaft königliche Pizza in den Nationalfarben Weiß, Rot und Grün, indem er den Fladen mit Mozzarella, Tomaten und Basilikum belegte. Ihre Majestät war begeistert, und jedesmal wenn sie in Neapel weilte, verlangte sie wieder danach. Die legendäre Pizzeria, in der die *Pizza Margherita* damals geboren wurde, existiert übrigens noch heute (→ S. 91).

Die Pasta, das Heiligtum der italienischen Küche, wurde selbstverständlich ebenfalls in Neapel erfunden – das behaupten zumindest die Neapolitaner. Obwohl die seriöse Nudelforschung da anderer Meinung ist und in den Sizilianern die Urheber sieht, bleibt unbestritten, daß die Pasta von Neapel aus die ganze Welt erobert hat. Hier entstanden die ersten Nudelwalkereien und Pasta-Maschinen, und hier kreierte man die bekanntesten Nudelformen: *Maccheroni* und *Spaghetti*, *Penne* und *Vermicelli*. Bereits im 19. Jh. besaß Neapel eine eigene exportorientierte Pasta-Industrie. Doch die Tradition der hausgemachten *Pasta casalinga* ist trotz industrieller Fertigung ungebrochen geblieben. Die neapolitanische Mamma ist immer noch die unangefochtene Nudelkünstlerin, und jedes neapolitanische Restaurant, das etwas auf sich hält, serviert selbstgemachte Pasta.

Ohne den Siegeszug der Tomate (Pomodoro) wären Pizza und Pasta allerdings nur fade Mehlspeisen: Mit der Entdeckung der Neuen Welt gelangte auch die Tomate nach Europa, wo sie zunächst als Zierpflanze Bewunderer fand. Goldapfel, *Pomo d'oro*, nannte man sie, weil die goldgelbe Farbe der unreifen Frucht das Auge erfreute. Erst neapolitanische Küchenexperimente verhalfen der Tomate zum Sprung in den Kochtopf. Ein geradezu revolutionäres Ereignis, denn durch die kulinarische Entdeckung der Tomate bekamen die blassen Mehlspeisen-

Pizza und Pasta erst Farbe und Geschmack. Tomatensauce, *Pomarola,* hieß das Zauberwort, womit die Neapolitaner den Pizzafladen und die Nudelspeise vollendeten. Für den neapolitanischen Schriftsteller *Luciano De Crescenzo* (→ S. 69) beginnt mit der Einführung der Tomate in die Küche sogar ein neues Zeitalter: *post pummarolam natam.* Auch der massenhafte Anbau der Tomate ließ nicht lange auf sich warten. Die fruchtbaren Vesuvhänge eigneten sich dazu besonders gut. Bereits gegen Ende des 19. Jh. hatte sich in Neapel und Umgebung eine florierende Tomatenindustrie etabliert, deren Konservendosen mit *Pelati* (geschälte Tomaten) seitdem in alle Welt exportiert werden. Zu den schmackhaftesten Sorten gehört die *San-Marzano-Tomate.*

*Neapolitanischer Pizzabäcker*

auf das Hauptgericht verzichten will, bekommt in einigen Ristoranti zumindest die Andeutung einer geringschätzigen Bemerkung zu spüren.

Dem Sättigungsvorgang folgt die Bitte um die Rechnung: "Il conto, per favore". Der Preis für ein rundum komplettes Menü mit Getränken dürfte kaum unter L. 50.000 liegen – je nach Standort und Qualität geht es natürlich auch teurer. Darin sind der Posten *Servizio* (Bedienung, 15 %) sowie eine Pauschale für *Pane e coperto* (Brot und Gedeck, L. 1.500-4.000) enthalten; beides wird auf der Rechnung in der Regel extra aufgeführt. *Mancia* (Trinkgeld) gibt nur der zufriedene Gast (ca. 10 %). Die *Ricevuta fiscale* (Rechnung) muß unbedingt mitgenommen und eine Weile aufbewahrt werden, um sie bei eventuellen Kontrollen der Finanzpolizei vorzeigen zu können. Der Gast muß in Italien nämlich auf die Aushändigung einer Rechnung bestehen (vgl. "Übernachten") Die Logik ist entwaffnend: Wo keine Rechnung ausgestellt wird, wird auch nichts versteuert.

**Platzwahl**: Man stürzt beim Restaurantbesuch nicht auf den nächstbesten freien Tisch zu, sondern wartet, bis man einen Tisch zugewiesen bekommt. Selbstverständlich kann man Wünsche äußern.

**Konversation**: Die bei uns typische Höflichkeitsfrage, ob es denn geschmeckt habe, ist in Italien nicht üblich. Dafür wird vor dem Abräumen mit *"Posso, signori?"* um Erlaubnis gefragt.

Obst, Dessert und Kaffee werden immer angeboten: *"Desidera altro – frutta, dolce, caffè?"*

Die **Rechnung** kommt diskret verdeckt auf einem Tellerchen, man legt sein Geld darauf und erhält das Wechselgeld darauf zurück. Das Trinkgeld läßt man beim Gehen auf dem Tellerchen liegen. – Es kann nicht schaden, gelegentlich die Rechnung anhand der Speisekarte zu überprüfen, dabei aber nicht die Extras vergessen.

Unbeliebt ist die Angewohnheit "jeder zahlt für sich"; in Italien heißt das u. a. *"pagare alla romana"* und bereitet den Kellnern wenig Freude. Wenn es nicht gerade einen besonderen Grund gibt, getrennt zu zahlen, sollte die Gesamtrechnung einfach durch die Anzahl der Tischrunde geteilt werden.

**La Lista (Speisekarte)**: Sie kann sich für Sprachunkundige als ein Buch mit sieben Siegeln entpuppen, das die spezialitätenhungrigen Gäste mit Namen bombardiert, die absolut im Unklaren lassen, was es da nun eigentlich Leckeres gibt. Nicht selten sind die Gerichte sogar im Dialekt geschrieben.

▸ **Lokale**: Die Bezeichnungen Ristorante, Trattoria, Osteria etc. sagen noch nichts über die Qualität des Essens aus – und auch nichts über die Preise. Aber dort, wo zusätzlich mit *Cucina tipica* (lokaltypische Gerichte) oder mit *Cucina casalinga* bzw. *Cucina casareccia* (Hausmannskost) geworben wird, werden in der Regel schmackhafte Speisen zu ehrlichen Preisen serviert.

**Ristorante**: häufig das vornehme Speiselokal mit gestärkter weißer Tischdecke und guterzogenem Ober in Uniform. Es werden regionale und nationale Gerichte serviert. Die Weinkarte enthält ausgewählte Flaschenweine, offener Wein wird nur selten ausgeschenkt. Ein gutes Ristorante kann sehr teuer sein, es gibt aber viele Ristoranti die preislich und qualitätsmäßig ausgewogen sind. Um Überraschungen zu vermeiden, immer erst die Preisliste vor der Tür studieren.

**Trattoria**: dem Ursprung nach ein Speiselokal, das sich den Traditionen der lokalen Küche verpflichtet fühlt; heute bietet diese Bezeichnung aber keine Garantie mehr dafür. Häufig handelt es sich bei einer Trattoria jedoch um einen gemütlichen Familienbetrieb, wo die Mamma im Verborgenen kocht, der Padrone auf die Zufriedenheit der Gäste achtet, und der Nachwuchs bedient. Eine solche Trattoria ist meistens rustikal eingerichtet und hat eine persönliche Note.

**Osteria**: einst die volkstümliche Variante der Trattoria, wo der kleine Angestellte seine Mittagspause verbrachte und seinen *Quartino* (Viertelliter Wein) trank. Die echte Nachbarschafts-Osteria hat heute in ganz Italien Seltenheitswert. Die Bezeichnung besagt gar nichts mehr, dahinter kann sich auch ein gestyltes Restaurant verbergen. Zuerst mal einen Blick hineinwerfen, bevor man sich setzt.

**Pizzeria**: taucht meistens in Verbindung mit dem Zusatz *Ristorante* auf, was besagt, daß es neben einer großen Pizzaauswahl auch alle anderen Gänge und Speisen gibt, qualitätsmäßig jedoch oft unter dem Niveau eines reinen Ristorante. Die Pizza kommt in jedem Fall aus einem mit Holz beheizten Steinbofen – und wie gesagt, schmeckt sie in Napoli am besten (siehe dort).

**Tavola calda**: eigentlich eine kleine Garküche mit wenigen Tischen und Stühlen, wo deftige Leckereien zu *Pane e vino* gebrutzelt werden.

**Rosticceria**: eine Art Imbißstube, zumeist ohne Sitzgelegenheiten. Mittags und abends stehen die Einheimischen Schlange, um Gegrilltes und Beilagen oder dampfende Nudelgerichte mit nach Hause zu nehmen. Es werden auch Nachspeisen und Getränke verkauft.

**Bar/Café/Pasticceria**: Bars gibt es an jeder Straßenecke; hier kehrt man tagsüber im Vorübergehen ein, um den x-ten *Caffè* oder *Cappuccino* am Tresen zu trinken; abends schlürft man hingegen seinen *Aperitivo*. Im Gegensatz zur Bar gibt es in den Cafés gemütliche Sitzgelegenheiten, und es ist zumeist auch eine Pasticceria (Konditorei) angeschlossen. Achtung, ob Bar oder Café, im Sitzen verdoppeln sich die Preise! In den Urlaubsorten avanciert so manche Bar zum beliebten Treffpunkt, serviert abends auch Cocktails und bleibt lange geöffnet.

**Gelateria**: die Eisdiele. Italienisches *Gelato* gilt weltweit als das beste; *Gelato artigianato* heißt keineswegs künstlich hergestellt, sondern vielmehr kunstfertig. Häufig findet man die Kombination Bar/Gelateria.

# Einige kampanische, neapolitanische und insulare Spezialitäten

## Snacks aus der Backstube (Forno) oder Konditorei (Pasticceria)

*Calzone* – kleine gefüllte Pizzataschen. In den Füllungen tauchen die verschiedensten Käsesorten, Schinken, Salami, Kräuter und Gemüse auf.

*Pizza Margherita* – mit Tomaten, Mozzarella und Basilikum; wird in den Backstuben immer frisch vom großen Blech angeboten. Man kauft sie am Stück nach Gewicht *(a taglio)*.

*Pizzette alla napoletana* – fritierte Minipizzen, mit einer würzigen Tomatensauce bestrichen.

*Mozzarella in carrozza* – Mozzarella zwischen Weißbrotscheiben knusprig in Öl ausgebacken, reichlich mit Salz, Pfeffer und Oregano gewürzt.

*Arancine* – fritierte Reiskugeln mit einer Füllung aus Rinderhackfleisch, Erbsen und Mozzarella.

*Zeppole* – schwimmend ausgebackene Krapfen.

*Sfogliatella* – Blätterteigtasche, mit Ricotta oder Pudding gefüllt.

*Babbà* – ein in Rum getränktes Kuchenstück.

## Antipasti

*Crostini alla napoletana* – kleine geröstete Brotscheiben mit Sardellen und verschiedenen Kräutern.

*Bruschetta* – Tomatenstücke in Öl, Salz, Pfeffer und Oregano angemacht und auf gerösteten Knoblauchbrotscheiben serviert.

*Insalata caprese* – Mozzarella- und Tomatenscheiben, Basilikum und bestes Olivenöl, Salz und Pfeffer aus der Mühle.

*Verdure sottolio* – verschiedene Gemüse in Essig und Öl eingelegt

*Insalata di mare* – Meeresfrüchtesalat, gegarte Meeresfrüchte (Tintenfische, Muscheln etc.), in Öl und Zitrone angemacht.

*Acciughe marinate* – marinierte Sardinen.

*Pepata di cozze* – frische Miesmuscheln mit Zitrone, Pfeffer und Petersilie gekocht und im eigenen Sud serviert.

## Primi

*Maccheroni al ragù napoletano* – Röhrchennudeln mit kräftiger, sämiger Fleisch-Tomaten-Sauce, die laut Originalrezept stundenlang auf kleinster Flamme einkochen muß.

*Fusilli alla napoletana* – Spiralnudeln mit würziger Knoblauch-Tomaten-Sauce.

*Vermicelli alle vongole* – dünne Fadennudeln mit Venusmuschelsauce.

*Spaghetti alla puttanesca* – Spaghetti mit Oliven-Kapern-Sauce.

*Penne con melanzane* – schräg abgeschnittene Röhrchennudeln mit Auberginen-Mozzarella-Sauce.

*Spaghetti caprese* – Spaghetti mit einer Sauce aus Tomaten, Oliven, Sardellen, Thunfisch und Mozzarella.

*Sartù di riso* – gehaltvoller Reisauflauf mit Kalbshackfleisch, Hühnerklein, Schinken, Pilzen, Erbsen, Tomaten und Mozzarella.

## Secondi

*Fritto misto di mare* – ausgebackene frische Fische und Krustentiere, z. B. Tintenfische, kleine Rotbarben, Sardellen, kleine Sardinen, Garnelen.

*Polpi alla napoletana* – Tintenfisch in würziger Tomaten-Oliven-Sauce.

*Baccalà alla napoletana* – Klippfisch auf neapolitanische Art, mit Tomaten, Kapern und Oliven.

*Zuppa di pesce* – Fischsuppe aus verschiedenen Fischen, Meeresfrüchten und Muscheln mit Tomaten und Röstbrotscheiben; sehr gehaltvoll, wird deshalb ohne einen Primo vorweg gegessen *(piatto unico)*.

*Pesce al forno* – frische Mittelmeerfische aus dem Ofen; Preise meist *al etto* (100 Gramm). Zu den schmackhaftesten und teuersten Edelfischen gehören *Sogliola* (Seezunge) und *Orata* (Goldbrasse).

*Bistecchine* – geschmorte Rindersteaks mit Schinken und Champignons.

*Costolette alla pizzaiola* – Schweinekoteletts mit Tomaten und Knoblauch.

*Coniglio alla cacciatora* – Wildkaninchen nach Art der Jägerin, Fleischstücke in einer herzhaften Kräutersauce mit Salbei, Knoblauch und Kapern.

### Contorni

*Parmigiana di melanzane* – Auberginenauflauf mit Tomaten, Basilikum, Parmesan, Mozzarella und hartgekochten Eiern.

*Insalata di rinforzo* – Blumenkohlsalat mit Paprikaschoten, Oliven, Sardellenfilets, Peperoni und Kapern.

*Zucchine marinate* – eingelegte Zucchinischeiben mit Minze und Basilikum.

*Cianfotta* – Kartoffel-Auberginen-Topf mit Paprikaschoten und Tomaten.

### Formaggi

*Mozzarella di bufala* – frischer Büffelmilchkäse.

*Provolone/Provola* – (gereifter) Büffelmilchkäse.

*Caciocavallo* – Hartkäse aus Kuh-, Schaf- und Ziegenmilch.

### Dolci

*Coviglia di caffè* – gefrorene Kaffeecreme mit Schlagsahne.

*Zuppa inglese alla napoletana* – gehaltvoller Vanillecreme-Biskuit mit Ricotta und Schokolade.

## Wein

Zum guten Essen gehört selbstverständlich der einheimische Wein. Man kann sich in der Regel auf den *offenen Wein*, den die jeweiligen Speiselokale anbieten, verlassen. Er kommt meistens aus der Umgebung und ist mit Sachverstand ausgewählt. Wer einen kontrollierten regionalen *DOC-Qualitätswein* ausprobieren möchte, begeht natürlich keinen Fehler, aber bezahlt dafür entsprechend mehr.

**Weinbau**: Der Golf von Neapel gehört zu den ältesten Anbaugebieten Italiens. Auf den vulkanischen Böden gedeiht die Rebe hervorragend; schon die griechischen Siedler Magna Graecias wußten das und brachten den Wein aus ihrer Heimat hierher. Die *Greco-Rebe*, eine Sorte aus der griechischen Antike, wird heute noch am Golf von Neapel kultiviert. Auch die Römer schätzten die vulkanische Gegend wegen ihrer Fruchtbarkeit und pflanzten hier den einstmals so geschätzten *Falerno* an. Doch dieser altrömische Wein würde uns heute wohl kaum schmecken, denn er wurde mit Harz, Salzwasser und Honig versetzt.

Obwohl die natürlichen Voraussetzungen gegeben sind, produziert die Region heute viel weniger Wein als möglich. Außerdem ist die Tendenz zum Qualitätswein (DOC) längst nicht so ausgeprägt wie in den renommierteren Weinregionen Italiens. Über 90 % der Produktion ist nicht DOC-würdig; aber Ausnahmen bestätigen bekanntlich die Regel. So hatte Ischia die Ehre, bereits 1966 als zweiter DOC-Bereich Italiens anerkannt zu werden. Der weiße und rote *Ischia DOC* erfreut sich großer Beliebtheit bei den Urlaubern und verläßt die Insel deshalb kaum als Exportwein (→ S. 184). Auch der *Capri DOC* ist von echter Klasse, aber als verwöhnte Ferieninsel hat man dort den Weinbau fast einschlafen lassen. Verbreitet ist hingegen der Vesuvwein *Lacrimae Christi DOC*, der an den fruchtbaren Hängen des Vulkans gedeiht. Schon bevor Pompeji unter der Asche versank, war der Weinbau am Vesuv verbreitet. Der Lacrimae Christi, dessen Name aus frühchristlicher Zeit stammt, ist ein beliebtes Souvenir und wird entspre-

*Private Weinernte auf Ischia*

chend auffällig vermarktet. Ein bemerkenswerter "Küsten-Wein", den Sie sich nicht entgehen lassen sollten, kommt aus der Gegend des amalfitanischen Städtchens Ravello (→ S. 305).

▸ **Weinkauf**: Wer ein paar Flaschen mit nach Hause nehmen möchte, um den Urlaub nachklingen zu lassen, sollte eine *Enoteca* aufsuchen. Diese auf Weine und Spirituosen spezialisierten Geschäfte gibt es auch in einigen Ferienorten. Eine Verkostung ist dort allerdings nicht möglich. Auf Ischia kann man die Weine hingegen direkt beim Erzeuger verkosten und kaufen (Casa D'Ambra → S. 212).

## Sonstige Getränke

*Acqua minerale* (Mineralwasser) – Die obligatorische Frage im Restaurant lautet *"Gasata o naturale?"* – mit oder ohne Kohlensäure.

*Birra* (Bier) – Landesweit steigt der Bierkonsum, während der Weinkonsum nachläßt. In den Bars gibt es neben den nationalen und internationalen Flaschenbieren oft auch Faßbier (Birra alla spina); aber längst nicht alle Restaurants haben Bier auf der Karte.

*Gassosa* (Limonade) – gibt es in den Bars in allen erdenklichen Farben.

*Spremuta* (Fruchtsaft) – *Spremuta d'arancia* (Orangensaft) wird in den Bars frisch gepreßt, und frischgepreßte *Spremuta di limone* (Zitronensaft) ist geradezu eine Spezialität der Golfregion, wo die sprichwörtlichen Zitronen blühen.

*Granita* – halbgefrorene Limonade bzw. halbflüssiges Wassereis, meist in den Geschmacksrichtungen *al limone* (Zitrone) und *al caffè* (Kaffee); wird mit dem Löffel gegessen.

*Limoncello* (Zitronenlikör) – eine Spezialität der Region, wird überall in dekorativen Geschenkflaschen verkauft; im Ristorante gibt es manchmal einen Limoncello gratis.

## Caffè (Espresso)

Der *Caffè italiano* ist ein Lebensgefühl, zumal in Neapel, wo der beste ganz Italiens gebraut wird und wo er häufig schon gezuckert serviert wird. Es gibt ihn als *Caffè* (klein und schwarz), als *Caffè doppio* (doppelt), als *Caffè ristretto* (besonders stark), als *Caffè lungo* bzw. *Caffè alto* (mit etwas mehr Wasser), als *Caffè macchiato* (mit einem Schuß Milch), als *Caffè hag* (koffeinfrei), natürlich als *Cappuccino* (mit Milchschaum) oder als *Caffè corretto* (mit einem Schuß Schnaps).

Die sympathischste und anrührendste Art, in Neapel in den Genuß eines Espresso zu kommen, heißt **Caffè sospeso**: Wenn ein Neapolitaner besonders gute Laune hat, dann bestellt er nach alter Sitte einem Unbekannten einen Caffè. Dieser Caffè sospeso wird dann vom Wirt bei der nächsten Gelegenheit an einen Armen bzw. Fremden ausgeschenkt.

# Feste und Veranstaltungen

**Auch das gehört zur Lebensart am Golf: Die meisten Orte feiern alljährlich ein oder mehrere Feste, die oft einen religiösen oder historischen Ursprung haben. Die Teilnahme an einem Volksfest gehört zum absoluten Pflichtteil eines Urlaubs in und um Neapel.**

Insgesamt bilden die Feierlichkeiten mit religiösem Hintergrund den Hauptanteil. Um die Weihnachtszeit, in der Karwoche und zu Ostern sowie an Pfingsten und Fronleichnam ballen sich natürlich die **Kirchenfeste**. Ihr Ablauf ist jedoch keineswegs nur streng religiös, sondern mit viel Lokalkolorit verwoben. Bei den unzähligen Karfreitagsprozessionen sind zum Teil kostbare Gewänder und kunstgeschichtlich wertvolle Sakralgegenstände zu sehen, die ansonsten unter Verschluß gehalten werden.

Ein besonders großes Ereignis ist immer das **Fest des Schutzheiligen**. In farbenfrohen Trachten gekleidet, nimmt nicht selten die gesamte Gemeinde teil. Die obligatorischen Prozessionen auf diesen Patronatsfesten gipfeln vielerorts in stimmungsvollen Volksfesten mit einem Feuerwerk als Höhepunkt; besonders eindrucksvoll sind die zahlreichen Bootsprozessionen und Lichterspektakel über dem Meer.

Die Anlässe für weltliche Feste sind sehr unterschiedlich, teils basieren sie auf Ortsgründungslegenden oder gehen auf wichtige historische Ereignisse zurück. Gedenktage für lokale Helden sind ebenfalls beliebte Gründe zum Feiern. Außerdem gibt es weitaus weniger tiefgründige Anlässe für ein Gemeindefest am Golf von Neapel, da genügt oft schon die Eröffnung bzw. das Ende einer Ernte- oder Jagdsaison, um eine **Sagra** (Kirmes) zu feiern, wo natürlich die Gaumenfreuden im Mittelpunkt stehen.

Abgesehen von den Kirchen- und Volksfesten, gibt es eine stattliche Anzahl von **Musik- und Theaterveranstaltungen**, die zum regelmäßigen Unterhaltungsprogramm der Sommersaison gehören. Diese Kulturveranstaltungen finden zumeist in einem sehr eleganten Rahmen statt und werden in historischen Gemäuern abgehalten.

Auf die wichtigsten Feste und Veranstaltungen wird in den jeweiligen Ortskapiteln hingewiesen; im folgenden nur einige Hauptereignisse. Es ist empfehlenswert, in den Infobüros vor Ort, immer nach den genauen Terminen und aktuellen Veranstaltungen zu fragen. Eine Auflistung der gesetzlichen Feiertage finden Sie auf S. 65.

## Einige Hauptfeste und -veranstaltungen

• *Neapel*: **San-Gennaro-Feste**, 1. Maiwochenende und 19. September, Stadtfeste mit dem berühmten Wunder der Blutverflüssigung im Dom (→ S. 97).

**Fest der Madonna von Piedigrotta**, 7. bis 9. September. Größtes Volksfest der Stadt mit Umzügen und *Canzoni napoletane* (neapolitanischen Volksliedern).

• *Pompeji*: **Panathenäische Spiele**, Juli/August, internationale Musikfestspiele im Theater des antiken Pompeji. Programm und Karten beim neapolitanischen Fremdenverkehrsamt erhältlich (→ S. 83).

• *Procida*: **Karfreitagsprozession mit Misteri** (→ S. 165).

• *Ischia*: **Kreuzwegprozession**, Karfreitag, in Ponte. **Madonnenfest mit Ndrezzata-Tanz**, Ostermontag, in Buonopane. **Schutzheiligenfest**, 1. Septembersonntag, in Ponte und Porto.

• *Capri*: **Fest des Inselheiligen San Costanzo**, 14. Mai, Prozession in Marina Grande.

• *Sorrent*: **Bootsprozession**, 1. Julisonntag. **Internationales Musikfestival**, Juli/August.

• *Positano*: **Mariä Himmelfahrt**, 15. August, historische Bootsprozession mit Feuerwerk.

• *Amalfi*: **Fest des San Andrea**, 27. Juni, feierliche Bootsprozession.

• *Ravello*: **Fest des Schutzheiligen San Pantaleone**, 27. Juli, mit Blutwunder im Dom. **Richard-Wagner-Konzerte**, Juli, in der Villa Rufolo.

Die **Tarantella** ist ein süditalienischer Volkstanz, der im schnellen 3/8-Takt mit sich steigerndem Tempo getanzt wird. Begleitinstrumente sind Mandoline, Gitarre und Akkordeon. Die Tänzerinnen betonen den Rhythmus zumeist mit Kastagnetten und Schellentrommeln. Namengebend für den Tanz ist die im Mittelmeerraum verbreitete Tarantelspinne, deren schmerzenden Biß man früher mit wilden, ekstatischen Körperbewegungen zu lindern versuchte. Heute ist der Taranteltanz ein folkloristischer Schautanz, der manchmal noch auf Volksfesten am Golf von Neapel aufgeführt wird.

# Wissenswertes von A bis Z



## Ärztliche Hilfe

Wer in einer gesetzlichen Krankenkasse ist, sollte sich den *Anspruchsschein E 111* für EU-Ländern, mit denen ein Sozialversicherungsabkommen besteht, rechtzeitig besorgen. Das Formular und ein detailliertes Merkheft gibt es bei der zuständigen Geschäftsstelle Ihrer Krankenkasse – Anruf genügt. Es empfiehlt sich, den E-111-Schein schon vor der Abreise auszufüllen.

Im Krankheitsfall damit zunächst zur nächsten *Unità Sanitaria Locale (U.S.L.)*, der örtlichen Niederlassung des staatlichen italienischen Gesundheitsdiensts, gehen. Dort bekommt man einen italienischen Krankenschein sowie Rezeptformulare. Die Adressen der örtlichen U.S.L.-Büros stehen im Telefonbuch unter "U"; am besten jedoch im Infobüro oder im Hotel nach dem Weg fragen. Mit dem glücklich erworbenen Krankenschein kann man dann endlich einen Arzt aufsuchen und sich kostenfrei behandeln lassen – allerdings nur in einer Praxis, die das Papier der staatlichen Krankenkasse auch anerkennt. Die italienische Kasse rechnet später mit der des ausländischen Patienten ab. Weil viele Ärzte den Krankenschein des staatlichen Gesundheitsdiensts nicht annehmen, kann es vorkommen, daß man bar bezahlen muß. Gegen eine detaillierte Rechnung *(Ricevuta fiscale)* des behandelnden Arztes, die Diagnose, Art und Kosten der Behandlung beinhalten sollte, erstattet Ihnen die Krankenkasse zu Hause die Auslagen zurück – jedoch nicht in jedem Fall den vollen Betrag! Deshalb ist der Abschluß einer zusätzlichen *privaten Reisekrankenversicherung* durchaus sinnvoll, die die meisten privaten Krankenversicherer (auch für Mitglieder gesetzlicher Kassen) und manche Automobilclubs preiswert anbieten. Darin ist auch der aus medizinischen Gründen notwendige Rücktransport nach Hause eingeschlossen.

Für *Österreicher* ist der oben beschriebene Ablauf identisch; das Anspruchsformular heißt SE 100-07. *Schweizer* hingegen müssen ihre Behandlungskosten selbst tragen.

In Urlaubsgebieten gibt es während der Saison in fast jedem Ort eine von der Gemeinde unterhaltene Sanitätsstation, die **Guardia medica turistica**, in der zumeist angehende Ärzte ihren Erste-Hilfe-Dienst ableisten. Eine vorbildliche Einrichtung, aber auch dort ist der U.S.L.-Krankenschein Voraussetzung für eine kostenfreie Behandlung.

## Apotheken

Die *Farmacia* kann bei kleineren Wehwehchen den Arzt ersetzen. Viele Medikamente sind rezeptfrei erhältlich, darunter auch einige Antibiotika. Öffnungszeiten: Mo–Sa 9–12.30 und 15.30–19.30 Uhr. Die Not- und Wochenenddienste *(Farmacia di turno)* sind an jeder Apotheke angeschlagen.

## Baden

Ein undankbares Thema. An der Golfküste ist die Meeresverschmutzung ein beklagenswerter Dauerzustand. Die vorhandenen Kläranlagen erweisen sich als nahezu wirkungslos. Zum Teil treibt der Zivilisationsmüll sichtbar im Wasser. Doch hinsichtlich Wasserqualität und Badetauglichkeit gibt es große Unterschiede: Im Innenbogen der Golfbucht herrscht größtenteils striktes Badeverbot, während die Sorrentiner Steilküste je nach Strömung annähernd badetauglich ist. Hinter der Punta Campanella bietet die Westküste der Costiera Amalfitana eine tadellose Wasserqualität. Auf den Inseln versprechen nur die geschützten und auf das offene Meer ausgerichteten Strände ungetrübte Badefreuden. – Näheres in den jeweiligen Kapiteln unter dem Stichwort "Baden"; eine kleine Übersicht der besten Badeplätze der Region finden Sie außerdem auf S. 12.

*Nicht überall sind die Badefreuden ungetrübt*

## Diplomatische Vertretungen → Neapel, S. 84.

## Feiertage

Am 15. August, an Mariä Himmelfahrt, wird in ganz Italien *Ferragosto* gefeiert. Dieses Hauptfest der Marienverehrung ist außerdem das größte Familienereignis Italiens und Höhepunkt der Urlaubssaison – dran denken, daß an diesem Tag alles geschlossen hat!
Ein Übersicht der wichtigsten lokalen Feiertage finden Sie auf S. 63.

**Gesetzliche Feiertage**: Weihnachten/Natale, Neujahr/Capodanno und Dreikönigstag/Epifania (6.1.).
Karfreitag/Venerdì santo ist kein Feiertag, Ostermontag/Lunedì di Pasqua jedoch wie gewohnt.
25.4. Anniversario della Liberazione (Tag der Befreiung von der deutschen Wehrmacht).
1.5. Festa del Lavoro
Pfingsten/Pentecoste (nur Sonntag)
6.6. Fondazione della Repubblica (Republikgründung).
15.8. Ferragosto/Himmelfahrt – absolutes italienisches Hauptfest!
1.11. Ognissanti/Allerheiligen
8.12. Festa dell'Immacolata/Marias unbefleckte Empfängnis.

## Finanzen

Noch haben es die Italiener nicht geschafft, ihre Nullen wegzuzaubern – da muß wohl erst der Euro her; bis dahin können sich Italienurlauber noch ein bißchen als Millionäre fühlen. Es gibt 1.000-, 2.000-, 5.000- (selten), 10.000-, 50.000- und 100.000-Lire-Scheine und seit 1997 auch 500.000-Lire-Scheine. Gebräuchlich sind 20-, 50-, 100-, 200- und 500-Lire-Münzen. Immer wieder gewaltig erscheinende Beträge – doch L. 1.000 sind nur knapp 1 DM (bzw. 7 öS bzw. 0,80 sfr). Auch *Gettoni* (Telefonmünzen) werden als Geld verwendet (Wert L. 200). 1-Lira-Münzen gibt es schon lange nicht mehr, die haben mittlerweile Sammlerwert.

**Geldwechsel (Cambio)** sollte möglichst erst in Italien vorgenommen werden, denn dort ist der Kurs besser als zu Hause. Außerdem immer bei Banken oder offiziell autorisierten Wechselstuben tauschen. Hotels, Campingplätze und private Wechselstuben tauschen zwar auch Bargeld und Schecks ein, jedoch zu einem schlechterem Kurs bzw. gegen Wechselgebühren.

**Banken** sind werktags (Mo–Fr) von 8.30 bis 13.30 Uhr geöffnet.

**Euroschecks** müssen immer in Lire ausgestellt werden, der Höchstbetrag pro Scheck beträgt derzeit L. 300.000. Bei Scheckeinlösung wird häufig der Ausweis verlangt. Kosten entstehen vor Ort keine, vom heimischen Konto werden jedoch pro Scheck ca. 5 DM abgebucht (Fremdgebühren).

**EC-Geldautomaten (Bancomat)** gibt es mittlerweile flächendeckend. Mit EC-Karte und Geheimnummer kann man auch an Wochenenden problemlos Bargeld bis zu L. 300.000 bekommen – vorausgesetzt, die Apparate funktionieren. Zu Hause werden Fremdgebühren wie bei Euroschecks berechnet.

Die gängigen **Kreditkarten** werden in vielen Geschäften, Hotels und zunehmend auch Restaurants akzeptiert; verbreitet sind z. B. *Eurocard* und *Visa*. Achtung – Tankstellen akzeptieren die Kreditkarten nur selten!

## Information

Für erste Anfragen wenden Sie sich am besten an das staatliche italienische Fremdenverkehrsamt **ENIT** (Ente Nazionale Industrie Turistiche). Es hat in Deutschland drei Niederlassungen, in der Schweiz und in Österreich je eine (s. u.). Lassen Sie sich am besten allgemeine Informationen über die

Golfregion schicken. In den Büros vor Ort kann man gezielter nachfragen und sein Informationsmaterial noch aufstocken, oftmals auch mit deutschsprachigen Broschüren.

**ENIT-Büros**: Kaiserstr. 65, 60329 *Frankfurt*, Tel. 069/237430.
Berliner Allee 26, 40212 *Düsseldorf*, Tel. 0211/132231.
Goethestr. 20, 80336 *München*, Tel. 089/530369.
Kärntner Ring 4, 1010 *Wien*, Tel. 0222/50543740.
Uraniastr. 32, 8001 *Zürich*, Tel. 01/2113633.

Jeder größere Ferienort am Golf hat ein offizielles Informationsbüro, das **Ufficio di Informazioni**. Ein Gang zum Infobüro lohnt sich immer, die Adressen finden Sie in den Ortskapiteln unter dem Stichwort "Information". Häufig spricht jemand hinter dem Schalter Deutsch oder Englisch. Kostenlos ausgegeben werden zumeist nützliche Stadt- und Umgebungspläne, Unterkunftsverzeichnisse und Prospektmaterial zu Sehenswürdigkeiten. Außerdem aktuelle Veranstaltungshinweise und die zahlreichen Handzettel der privaten Anbieter (Segel-, Surf- und Tauchschulen, Reedereien, Fahrzeugvermietungen etc.). Die Infobüros dürfen aus Wettbewerbsgründen keine Hotels empfehlen und vermitteln!

*Öffnungszeiten:* schwanken von Ort zu Ort, werden jedoch in der Regel großzügig gehandhabt. Mo-Fr 9-13 und 15-19 Uhr, in der HS auch durchgehend. Sa und So oft nur vormittags geöffnet.

## Klima und Reisezeit

Mit der Region Kampanien beginnt der Südens Italiens, und damit auch das typisch mediterrane Klima mit milden, feuchten Wintern und heißen, trokkenen Sommern. Im Juli und August liegen die durchschnittlichen Tagestemperaturen am Golf von Neapel bei 30 °C, da kommen sogar überzeugte Sonnenanbeter ganz schön ins Schwitzen. Aber eine ständige Meeresbrise macht auch die heißesten Sommertage einigermaßen erträglich. Vor allem auf den Inseln lassen sich die hochsommerlichen Temperaturen recht gut aushalten. Doch wer kann, sollte der Hitzeperiode ausweichen und sich eine angenehmere Jahreszeit aussuchen. Offensichtlich können oder wollen das die wenigsten Urlauber, denn mit einer zuverlässigen Regelmäßigkeit rollt die große Urlauberwelle im Juli an, um dann im August, mit dem Einsetzen der italienischen Ferienlawine, ihren Höhepunkt zu erreichen. Das hochsommerliche Szenario mit ausgebuchten Hotels, überfüllten Orten und Stränden, Besucherschlangen, Höchstpreisen und Engpässen jeglicher Art verringert den Erholungswert eines Urlaubs erheblich. – Genießer reisen deshalb im Frühjahr oder im Herbst, wenn sich der Golf von Neapel von seiner schönsten Seite zeigt.

**März–Mai**: Frühlingszeit und Frühsommer, es grünt und blüht überall. Küste und Inseln zeigen ihre üppige Pflanzenpracht. Tagsüber sorgt die Sonne für angenehme Temperaturen, abends und nachts kann es jedoch recht kühl werden. Mit Regen muß gerechnet werden, und auch der kalte *Tramontana-Wind* bläst gelegentlich. Von Nachteil sind die relativ kurzen Tage im März und April sowie das noch recht kühle Meer. Abgesehen von der Osterwoche, genießt man alle Vorzüge der Nebensaison.

Ungern erinnere ich mich allerdings an den Mai '98, als es in Neapel tagelang fast ununterbrochen regnete und die ungewohnte Nässe die Stadt und ihre Bewohner geradezu paralysierte.

**Juni**: Der Sommer bricht durch, die Tage erreichen ihren Zenit, und die Abende sind bereits lauschig. Mit dem Juni beginnt auch die Badesaison, und vielerorts erfreut die Blütenpracht noch das Auge. Außerdem können die langen Öffnungszeiten der archäologischen Ausgrabungsstätten (bis 1 Std. vor Sonnenuntergang) ausgiebig genutzt werden. – Insgesamt ein idealer Reisemonat.

**Juli/August**: Hochsommer, in der Regel trocken und heiß, aber keineswegs verdorrt. Auf den Inseln empfindet man die hohen Temperaturen als nicht so unerträglich wie auf dem Festland. Die Besichtigung der archäologischen Ausgrabungsstätten kann in der prallen Sonne allerdings zur Qual werden. Voll auf ihre Kosten kommen im Juli und August eigentlich nur Sonnenanbeter und Badehungrige – aber für reine Badeferien gibt es wesentlich attraktivere Ziele als den Golf von Neapel. – Mitte August erreicht die Urlaubssaison ihren Scheitelpunkt.

**September/Oktober**: die angenehmste Reisezeit. Der Sommer verabschiedet sich langsam, ein Vorgang der in manchen Jahren auch im Oktober noch nicht abgeschlossen ist. Mit der Nachsaison kehrt auch wieder Ruhe ein. Die Farben sind satt, und an klaren Oktobertagen lohnt sich eine Vesuvbesteigung wegen der ungetrübten Fernsicht ganz besonders.

**November–Februar**: Winter, regenreich, aber mild. Eine Reisezeit für Individualisten, die den Golf von Neapel im Normalzustand erleben wollen. Auf Ischia steht der Kurbetrieb nahezu still. Auf Capri und an der Amalfitanischen Küsten genießen einige Wintergäste die Einsamkeit.

| | Durchschnittliche Temperatur (°C) | | Sonnenstunden proTag | Regentage | Wassertemperatur (°C) |
|---|---|---|---|---|---|
| | Tag | Nacht | | | |
| Jan. | 11,2 | 5,7 | 3,8 | 10 | 14 |
| Feb. | 12,1 | 5,9 | 4,3 | 9 | 13 |
| März | 14,8 | 7,7 | 5,5 | 8 | 14 |
| April | 18,1 | 10,5 | 6,7 | 7 | 15 |
| Mai | 21,9 | 13,9 | 8,2 | 6 | 18 |
| Juni | 26,5 | 17,8 | 9,1 | 4 | 21 |
| Juli | 29,4 | 20,1 | 10,3 | 2 | 24 |
| Aug. | 29,2 | 20,3 | 9,8 | 3 | 25 |
| Sept. | 26,0 | 18,0 | 8,1 | 6 | 23 |
| Okt. | 21,1 | 14,1 | 6,3 | 9 | 21 |
| Nov. | 16,6 | 10,6 | 4,2 | 11 | 18 |
| Dez. | 12,8 | 7,2 | 3,1 | 12 | 16 |

## Landkarten/Stadtpläne

Karten zum Golf von Neapel gibt es eine ganze Menge im Handel, die meisten sind gut, hundertprozentig genau ist jedoch keine – man hat die Qual der Wahl. Wer die gesamte Golfregion mit dem eigenen Fahrzeug bereist, sollte eine detaillierte Straßenkarte dabeihaben. Wer sich z. B. nur auf den Golfinseln aufhält, dem reichen unter Umständen die guten Inselkarten, die die Fremdenverkehrsämter von Ischia, Capri und Procida gratis ausgeben.

Auch der neue Stadt-Orientierungsplan, der in den verschiedenen Informationsbüros von Neapel umsonst verteilt wird, ist für einen Neapel-Aufenthalt absolut ausreichend. Im folgenden eine kleine Auswahl der aktuellsten Regional-, Insel-, Stadt- und Wanderkarten zum Urlaubsgebiet.

**Kampanien/Basilikata**, Kümmerly & Frey, 1:200.000, übersichtliche und detaillierte Straßenkarte der Region, eine Lizenzausgabe des italienischen Touring Club (TCI), 16,80 DM.

**Napoli/Golfo di Napoli**, praktischer Falkplan, detaillierter Neapel-Stadtplan mit Straßenverzeichnis und kleiner Umgebungskarte, Extrakarten von Pompeji und Capri, 10,80 DM.

**Isole d'Ischia e Procida**, Kompass-Wanderkarte Nr. 680, 1:15.000, mit Begleitheft, 12,80 DM.

**Isola di Capri**, Kompass-Wanderkarte Nr. 681, 1:7.500, mit Begleitheft, 12,80 DM.

**Penisola Sorrentina**, Kompass-Wanderkarte Nr. 682, 1:50.000, mit Begleitheft, 12,80 DM.

**Monti Lattari, Penisola Sorrentina, Costiera Amalfitana**, Club Alpino italiano, 1:30.000, genaue und detaillierte Wanderkarte zur Halbinsel von Sorrent (mit Capri), übersichtliche Faltkarte mit Begleitheft (ital.). Vor Ort gratis im Fremdenverkehrsbüro von Amalfi erhältlich.

# Literatur

Wer sich eingehender mit seinem Reiseziel beschäftigen will, dem stehen unzählige Publikationen mit verschiedenen Schwerpunkten zur Auswahl. Das Angebot umfaßt u. a. belletristische Reisetagebücher namhafter Schriftsteller, wissenschaftliche Sachbücher zu den archäologischen Ausgrabungen, detaillierte Kunstreiseführer, farbenprächtige, teure Bildbände und lesenswerte Romane. Im folgenden einige Buchempfehlungen, die auch das vorliegende Reisehandbuch bereichert haben:

**Goethe, Johann Wolfgang von: Italienische Reise**, der Klassiker unter den Reisetagebüchern. Im September 1786 brach Geheimrat Goethe fast fluchtartig nach Italien auf und kehrte erst Mitte 1788 nach Weimar zurück. Durch die Begegnung mit der italienischen Antike vertiefte Goethe seine ästhetischen, dichterischen und naturwissenschaftlichen Anschauungen. In Neapel und Umgebung hielt er sich mehrere Monate auf. In zahlreichen Ausgaben erhältlich, gebunden und als Paperback.

**Gregorovius, Ferdinand: Wanderjahre in Italien**, eine großartige literarische Hinterlassenschaft, Mitte des 19. Jh. geschrieben. Der deutsche Historiker und Nach-Romantiker Gregorovius hat fast 30 Jahre seines Lebens in Italien verbracht und dort vorwiegend geschichtswissenschaftliche Forschung betrieben. Amüsant sind seine Beobachtungen über Land und Leute auch aus heutiger Sicht; scharfsinnig und aufschlußreich sind die geschichtlichen Exkurse, die eine leicht verdauliche erzählerische Form haben. Fast 100 Seiten sind Neapel und der Insel Capri gewidmet. Verlag C. H. Beck.

**Etienne, Robert: Pompeji**, der französische Historiker und Archäologe legte 1966 diese bis heute umfangreichste wissenschaftliche Arbeit über Pompeji vor. Ein kenntnisreicher und anschaulicher Forschungsbericht über das Leben in einer antiken Stadt, der sich streckenweise wie ein Roman liest. Verlag Philipp Reclam.

**Morante, Elsa: Arturos Insel**, melancholischer Procida-Roman (→ S. 169).

**De Crescenzo, Luciano**: Ein begnadeter Geschichtenerzähler und leidenschaftlicher Neapolitaner, in dessen Romanen viel neapolitanische Lebensfreude mitschwingt. **Also sprach Bellavista** (1977) war sein erster Bestseller; ein humorvoller und intelligenter Roman über Neapel und den italienischen Nord-Süd-Konflikt. Diogenes Verlag.

**Chatwin, Bruce**: Kultautor der modernen Reiseliteratur, 1989 gestorben. **Der Traum des Ruhelosen** ist eine postume Essay-Sammlung mit einem kurzen Essay über Capri (Zwischen den Ruinen), in dem die drei "Insel-Narzißten" Axel Munthe, Baron Jacques Adelswärd-Fersen und Curzio Malaparte schonungslos porträtiert werden. Ein Tip für Chatwin-Fans. Carl Hanser Verlag, gebunden und als Taschenbuch.

## Papiere

Für die Einreise nach Italien genügt der gültige Personalausweis *(Carta d'identità)*. Wer auf Nummer Sicher gehen will, nimmt außerdem eine Kopie des Dokuments mit. Bei Diebstahl oder Verlust des Ausweises hilft die Kopie der *Polizia* bei der Identitätsüberprüfung. *Fahrzeugpapiere* → S. 46.

## Polizei (Polizia) → Neapel, S. 83

## Post

Die italienische Post genießt nicht gerade den besten Ruf. Die Karte an die Lieben daheim dauert ihre Zeit. Briefe laufen etwas schneller. Der Vermerk "per Luftpost" *(posta aera)* ist überflüssig, da Karten und Briefe grundsätzlich per Flugzeug befördert werden. Briefmarken (*Francobolli*) kauft man nicht bei der Post, sondern in autorisierten Tabacchi-Läden und -Bars. Das **Porto** für eine Postkarte bzw. einen Standardbrief in EU-Länder beträgt derzeit L. 800. Die italienischen Briefkästen sind rot.

## Sprache

Wer würde nicht gern fließend italienisch sprechen. Ein erster Schritt dahin könnte der preisgünstige Sprachkurs an der heimischen Volkshochschule sein. Im Urlaub kann man dann seine frischerworbenen Sprachkenntnisse ausprobieren. Wer es langfristig ernst meint mit dem Spracherwerb, sollte einen Intensivkurs in Italien in Erwägung ziehen. Eine umfangreiche Informationsbroschüre über Sprachreiseveranstalter sowie sämtliche italienischen Sprach- und Hochschulen erhalten Sie bei der Aktion Bildungsinformation (ABI). Die Broschüre heißt "Italienisch lernen in Italien" und kostet inkl. Versand 25 DM (Verrechnungsscheck).

Adresse: Aktion Bildungsinformation, Alte Poststr. 5, D-70173 Stuttgart, Tel. 0711/ 299335.

## Strom

Fließt fast überall mit 220 Volt aus der Steckdose, allerdings passen die deutschen Schukostecker nicht. Adapter *(Spina di adattamento)* kann man in italienischen Elektrofachgeschäften kaufen bzw. im Hotel ausleihen; am besten aber schon zu Hause besorgen.

## Telefonieren

Das italienische Fernsprechsystem ist in den letzten Jahren stark verbessert worden. Mittlerweile kann man von fast allen Telefonzellen problemlos ins Ausland telefonieren. Und seitdem in ganz Italien das *Telefonino* (Han-

*Männergespräche auf Capri*

dy) Einzug gehalten hat, gibt es auch keine Warteschlangen mehr vor den Kabinen. Was bei uns die Telekom ist, heißt auch in Italien Telecom.

Ausgesprochen praktisch sind die modernen Apparate mit Digitalanzeige, die mit magnetischen **Telefonkarten** funktionieren. Diese *Carta telefonica* kann man für L. 5.000 bzw. L. 10.000 in Tabacchi-Läden und Bars sowie an manchen Hotel- bzw. Campingrezeptionen kaufen. Wenn die Karte leer ist, kann man ohne Unterbrechung weitertelefonieren, wenn man eine neue nachschiebt.

Die **Tarife** für Gespräche von Italien in die BRD sind höher als umgekehrt. Am billigsten telefoniert man werktags nach 22 Uhr und sonntags.

Wer mit dem **Handy** in Italien unterwegs ist, wird kaum Verbindungsprobleme haben. Das italienische Funknetz arbeitet nahezu flächendeckend, nur in abgelegenen Tälern herrscht Funkstille. Aber: Im Ausland angenommene Gespräche zahlt man anteilig mit!

- *Internationale Vorwahlen*: von Italien nach Deutschland = Tel. 0049; nach Österreich = Tel. 0043; in die Schweiz = Tel. 0041. Nach Italien aus dem Ausland = Tel. 0039.

Die italienische Telecom hat 1998 das Anwählen von Teilnehmern geändert. **Jetzt zählt die Null mit!** Die Ortsvorwahl muß immer mit einer "0" beginnen – auch wenn man aus dem Ausland anruft. Im städtischen Fernsprechbereich gilt diese Regelung ebenfalls, also z. B. Ortsgespräche innerhalb Neapels immer mit Tel. 081 vorweg.

## Zeit

Auch in Italien gilt die **MEZ** (Mitteleuropäische Zeit). Für die Sommermonate (ab Ende März bis Ende Oktober) wurde wie in Deutschland und anderswo die Sommerzeit eingeführt. Es gibt also keine Zeitverschiebung.

## Zoll

Im Zuge des europäischen Binnenmarkts gelten großzügige Richtlinien für die Ein- und Ausfuhr italienischer Waren ins Heimatland. Der EU-Beitritt Österreichs hat den Waren-Grenzverkehr erheblich erleichtert, Probleme bereitet hingegen die Schweiz.

Im privaten Reiseverkehr innerhalb der EU dürfen Waren zum eigenen Verbrauch unbegrenzt mitgeführt werden. Um diese vage Formulierung zu präzisieren und eine Abgrenzung zwischen privater und gewerblicher Verwendung vorzunehmen, gelten folgende **Richtmengen pro Person:**

800 Zigaretten, 400 Zigarillos, 200 Zigarren, 1 kg Rauchtabak, 10 l Spiritousen, 20 l Zwischenerzeugnisse (z. B. Campari), 90 l Wein, davon max. 60 l Schaumwein und 110 l Bier.

**Achtung** – bei den möglichen stichprobenartigen Kontrollen muß den Zollbeamten im Falle einer Mengenüberschreitung glaubhaft gemacht werden, daß die Waren tatsächlich nur für den privaten Konsum gedacht sind!

Da die **Schweiz** bekanntlich nicht zur Europäischen Union gehört, ist beim Transit eine freiwillige Deklaration der mitgeführten Waren fällig, wenn die in der Schweiz geltenden Freimengen (200 Zigaretten, 50 Zigarren, 2 l Wein und 1 l Spirituosen) überschritten werden. Für Waren, die das Limit überschreiten, muß eine Kaution in Landeswährung hinterlegt werden, die man bei der Ausreise zurück erhält.

*Castel dell'Ovo und Vesuv*

# Neapel (Napoli)

(ca. 1,2 Mio. Einwohner)

**Neapel ist. Kein Zweifel! Aber was? An dieser Stadt scheiden sich die Geister wie nirgendwo sonst in Italien. Unregierbar und chaotisch behaupten die einen mit Verachtung, voll übersprudelnder Vitalität und Lebensfreude schwärmen andere. Kulturbeflissene rühmen die vergilianischen und angiovinischen Zeiten. Für nüchterne Statistiker ist Neapel lediglich die dichtbevölkertste Stadt Europas. Für Kenner leidet sie an der Mittelmeerkrankheit ähnlich wie Palermo, Venedig, Genua und Marseille; alles Städte, die im Kern langsam an ihrer glorreichen Vergangenheit verfaulen. Romantiker auf der Suche nach den malerischen Gestaden des Golfs und der vielbesungenen Capri-Sonne erleben in Neapel erst einmal den infernalischen Verkehr unter der permanenten Smogglocke.**

Ist Neapel eigentlich noch ein Reiseziel? Wenn man die Übernachtungszahlen sprechen läßt, dann spielt Neapel eine absolut unbedeutende Nebenrolle in der Gunst der Golf-Touristen. In Neapel kommt man in der Regel nur an, zumeist mit dem Flieger, der Bahn oder dem Reisebus, selten mit dem eigenen Fahrzeug. Gerade angekommen, verteilen sich die Golfurlauber eilig auf die touristischen Perlen der Umgebung. Mit den wartenden Schiffen geht es hinüber zu den Inseln Ischia und Capri sowie nach Sorrent oder per Bahn direkt zur amalfitanischen Steilküste. In Neapel selbst bleibt kaum jemand; häufiger allerdings trifft man Tagesbesucher an, die von ihren festen Quartieren gezielt ins Zentrum von Neapel kommen. Alle steuern sie

*Enge Gassen in Neapels Altstadt*

auf ihrer Stippvisite die gleichen Napoli-Highlights an: Pompeji-Bewunderer wollen ihren Trip in die römische Antike mit dem Besuch des *Archäologischen Nationalmuseums* komplettieren, und Kunstbegeisterte erfüllen sich mit dem Besuch der *Gemäldegalerie von Capodimonte* einen Herzenswunsch. Und wer die Berührung mit dem authentischen Neapel jenseits der großen Museen sucht, der bewegt sich einen Tag lang durch die berühmt-berüchtigte Altstadt, schlendert durch die finsteren Häuserschluchten des *Spaccanapoli* und seiner engen Nebengassen, beobachtet das bizarre Treiben der Anwohner und Händler, läßt sich von diesem uneuropäisch anmutenden Hexenkessel, dieser fremden Mischung aus Süditalien, Afrika und Orient hypnotisieren, instinktiv auf der Hut vor unliebsamen Überraschungen. Kurzzeitige Pausen in dem brodelnden Altstadtgewimmel, diesem menschenüberschäumenden Jahrmarkt, bieten allein die zahlreichen Kirchen, die immer und jedem offen zu stehen scheinen. – Ein solcher Tagesausflug, von den Golfinseln oder von der Sorrentiner Halbinsel aus unternommen, endet in der Regel wie ein Spuk.

Wer ein paar Tage bleiben, sich auf diese sprichwörtlich einzigartige Stadt einlassen und die Sehenswürdigkeiten ein bißchen bestaunen will, braucht Orientierungshilfe und vor allem eine solide Portion an Gelassenheit. Einerseits verfügt Neapel über einen gewaltigen Bestand an historischen Baudenkmälern und Kunstwerken, aber andererseits konzentrieren sich hier auch sämtliche Klischees und Vorurteile, die einer maroden Großstadt so anhaften. Vieles davon entspricht der Wahrheit und bedeutet u. a. Sightseeing mitten im Lärm, Gestank und Dreck einer hektischen Millionenstadt, die sich am Rand des Verkehrsinfarkts befindet – Reizüberflutung in einem mediterranen Bangkok oder Saigon. Und im Altstadt-Zentrum dieser Metropole lebt ein sonderbarer Menschenschlag, den *Pier Paolo Pasolini* einmal mit einem Indianerstamm verglichen hat, der es vorzieht auszusterben, anstatt die Regeln der modernen Zivilisation zu akzeptieren. Nur der aufgeschlossene Napoli-Besucher erlebt die Stadt wie ein faszinierendes Theater mit ständig wechselnder Kulisse. Und wer genug gesehen hat oder gar genug hat, weiß ja, daß keine andere Stadt so märchenhafte Gestade in greifbarer Nähe besitzt.

**Neapel hat nicht gerade den besten Ruf** hinsichtlich organisierten Verbrechens, Kleinkriminalität, Beschaffungskriminalität und Nepps jeglicher Art. Die Wahrscheinlichkeit, ins Schußfeuer camorristischer Fehden zu geraten, ist wohl ziemlich gering (→ S. 36), viel wahrscheinlicher ist es hingegen, Opfer eines Straßenraubs (Scippo) zu werden. Die zumeist jugendlichen *Scippatori* arbeiten mit verschiedenen Tricks: Am häufigsten schnappen sie sich vom Motorroller aus locker geschulterte Taschen, Rucksäcke und Fotoapparate. (Im Sommer 1998 wurden in nur sechs Wochen 265 Handtaschen per Motorroller oder Moped geraubt – woraufhin die Behörden die einschlägigen Straßen für Zweiräder sperrten.) Ebenfalls verbreitet ist der Brieftaschen- und Geldbörsen-Klau. Dazu wird in der Regel eine Rempelei inszeniert bzw. ein dichtes Gedränge an Haltestellen, Bahnsteigen etc. ausgenutzt. Napoli-Tagesbesucher sollten deshalb möglichst wenig mitnehmen, vor allem an Bargeld am besten nur den Tagesbedarf. Und wer in Napoli Quartier bezogen hat, sollte zumindest Papiere und Wertsachen im Hotelsafe deponieren. Abgesehen von den Scippatori und Taschendieben gibt es zahlreiche kleine Neppereien in dieser so kreativen Stadt. Einen Betrug, auf den wir (gerne) hereingefallen sind, ereignete sich an einer Bushaltestelle, wo ein kleiner Junge schon benutzte Fahrkarten für die Hälfte verkaufte. Er hatte die gestempelten Kanten einfach mit der Schere abgeschnitten. Einheimische konnte er damit natürlich nicht bluffen, aber ein ahnungsloser Tourist, der glaubt, ein Schnäppchen zu machen, fällt allemal drauf rein.

# Geschichte

Alles Wissenswerte zur früheren Geschichte Neapels – dem griechischen Parthenope, dem römischen Neapolis und zu einer der ersten christlichen Glaubensgemeinschaften Italiens – finden Sie im Kapitel "3.000 Jahre Geschichte" (→ S. 25).

## Mittelalter

▸ **Freies Herzogtum und reicher Seehafen**: Als das mächtige *Langobardenreich* sich in Nord- und Mittelitalien ausbreitete und im 7. Jh.. bis hinunter nach Benevent reichte, erlebte Neapel einen heftigen Bevölkerungszuwachs; denn ein verzweifelter Flüchtlingsstrom suchte im damals byzantinischen Neapel Schutz vor den Germanenstämmen. Die Stadttore Neapels hielten auch den stürmischsten Langobardenattacken stand. Vom oströmischen Byzanz unterstützt und begünstigt, bildete Neapel jahrzehntelang eine Bastion gegen das mit der römisch-lateinischen Kirche verbündete Langobardenreich. Erst als sich Byzanz mit seinen ikonoklastischen Gesetzen, dem sog. *Bilderstreit*, in ganz Süditalien unbeliebt machte, löste sich auch Neapel von seiner oströmischen Schutzmacht und konvertierte zur lateinischen Kirche. Mit dem Segen des Papstes etablierte sich in der zweiten Hälfte des 8. Jh. ein freies neapolitanisches Herzogtum. Die Herzöge übten gleichzeitig auch das Amt des Erzbischofs von Neapel aus.

Lange vor den großen mittelalterlichen Seerepubliken Venedig, Pisa und Genua beherrschten die zeitweise verbündeten Seestädte *Amalfi* (→ S. 292), *Neapel* und *Gaeta* mit ihren Flotten den abendländischen Seehandel im östlichen Mittelmeerraum. Edle und kostbare Waren aus der arabisch-orientalischen Welt erreichten das Herzogtum; aber auch wertvollste byzantinische Kirchenkunst wurde weiterhin über Neapel im christlichen Abendland verbreitet. Am Ende des 1. Jahrtausends hatte sich Neapel zur wohlhabendsten und bevölkerungsreichsten süditalienischen Stadt entwickelt. Die begabtesten Schriftgelehrten, begnadetsten Kirchenkünstler und reichsten Handelsgesellschaften der damaligen Zeit residierten am Golf von Neapel.

▸ **Die Normannen kommen**: In dieser Periode des kulturellen und wirtschaftlichen Wohlstands des freien Herzogtums von Neapel ereigneten sich zwei weltpolitische Vorgänge, die für Neapel nicht ohne Auswirkungen bleiben sollten. Das *Schisma*, der endgültige Bruch zwischen der römischen und der orthodoxen Kirche, führte 1054 zur definitiven Trennung Roms von Byzanz (Konstantinopel). Diese tiefgehende Spaltung des Christentums in zwei selbständige Einheiten wurde von der aufstrebenden Macht der *Normannen* begleitet. Im Nordwesten des heutigen Frankreich gelegen, war die Normandie damals bekannt für ihre Klöster und die Lebendigkeit des christlichen Lebens, aber auch für ihre militärische Vormachtstellung im nördlichen Europa. In der zweiten Hälfte des 11. Jh. verlagerte sich das normannische Machtinteresse an die Schnittstelle der geteilten Christenheit, nach Unteritalien. Der normannische Zustrom führte unter dem genialen Feldherrn *Robert Guiscard* (ca. 1016–1085) schnell zur gewaltsamen Unterwerfung fast ganz Unteritaliens. Gierig eigneten sich die Normannen den byzantinischen Besitz in Süditalien an, ohne jedoch daran zu denken, ihr neues Reich mit dem Papst zu teilen, den sie nur als geistiges Oberhaupt der christlichen Welt achteten.

So wie die Römer am Widerstand des kleinen gallischen Dorfes von Asterix und Obelix verzweifelten, so verzweifelte Robert Guiscard auf seinem Süditalienfeldzug am Widerstand der starken Seestädte Neapel, Amalfi und Gaeta. Zwar ließ er sich in der Nachbarstadt Salerno gebührend feiern, aber eine fast zweijährige Belagerung Neapels blieb erfolglos. Konsterniert und fasziniert zugleich, wandte Guiscard sich von Neapel ab und versuchte sein Glück im damals islamischen Sizilien. Das freie neapolitanische Herzogtum hatte seine Selbständigkeit erfolgreich gegen die führende weltliche Macht der Normannen verteidigt – jedenfalls vorläufig noch.

Nachdem die Normannen, zur Freude des Papstes, eine entscheidende Rolle bei der Eroberung Jerusalems (1. Kreuzzug 1096–1099) gespielt hatten, und obendrein auch noch Sizilien christianisiert hatten, erhielt ihr süditalienisches Reich den offiziellen Status eines Königreichs. Der Normanne *Roger II.*, ein

Neffe Robert Guiscards, ließ sich 1130 zum König von Sizilien segnen. Groß und mächtig war das süditalienische Normannenreich und die Städte erstrahlten im Glanz der neuen normannisch-romanischen Architektur. Nur Neapel – immer noch so störrisch wie das kleine gallische Dorf von Asterix und Obelix – verweigerte sich der Normannenherrschaft und verteidigte sein freies Herzogtum mit Waffengewalt. Erst 1139 öffnete die aufständische Stadt erschöpft ihre Tore, schaffte es aber dennoch, sich für die angebotene Treue zur Normannendynastie einige Privilegien zu sichern. Unter dem letzten Normannenkönig *Wilhelm II.* wurden diese Sonderrechte der Selbstverwaltung sogar noch erweitert. Doch letztlich erwies sich die Normannenherrschaft in Unteritalien als kurzlebig; bereits gegen Ende des 12. Jh. beanspruchten die *Staufer* die Macht im Süden Italiens.

▸ **Neapel unter den Staufern**: 1186 proklamierte der Stauferkaiser *Heinrich VI.*, der die Erbtochter Rogers II. geheiratet hatte, Unteritalien als staufisches Erbe. Ganz im Gegensatz zum übrigen Gebiet, blieben die Neapolitaner ihrer Tradition des Widerstands gegen jegliche Fremdherrschaft treu und boten dem *Kaiser des Heiligen Römischen Reichs* die Stirn. Doch schon bald war der Widerstand gebrochen; aber diesmal kamen die Neapolitaner nicht so souverän davon wie zuvor gegen die Normannen. Heinrich VI. riß die massiven Stadtmauern nieder und zerstörte einen Großteil der neapolitanischen Flotte, wovon die jungen Seerepubliken Genua und Pisa hinsichtlich des stark umkämpften Mittelmeerhandels erheblich profitierten. Das geschundene Neapel schwor den Staufern ewige Feindschaft und wurde im Laufe der Ereignisse dafür sogar belohnt. Aber vorläufig mußten die Neapolitaner noch Jahrzehnte der Stauferherrschaft erdulden; obwohl es ihnen unter *Friedrich II.* eigentlich gar nicht schlecht erging. Als umsichtiger und reformfreudiger Nachfolger seines Vaters Heinrich VI. strebte er die Versöhnung mit Neapel an, schenkte der Stadt die erste staatliche Universität Europas (1224) und betätigte sich darüber hinaus als Kunstmäzen. Doch Neapel zeigte sich dafür keineswegs dankbar, sondern drückte seine rachsüchtige Ablehnung durch einen Pakt mit den welfischen Erzfeinden der Staufer nur noch um so deutlicher aus. Erst nach Friedrichs Tod (1250) kam die Stunde der Vergeltung. Neapel verbündete sich als erste süditalienische Stadt mit *Karl von Anjou*, der, vom Papst angestachelt, eine beispiellose Vernichtung der geschwächten Stauferdynastie betrieb. Die Söhne und Neffen Friedrichs II. wurden allesamt Opfer dieses papsttreuen Anjou. Erst als der letzte Staufer *Konradin* 1254 in Neapel geköpft wurde, verstummte auch Neapels Staufer-Haß. Mit Ausnahme des abtrünnigen Siziliens hatte Unteritalien jetzt mit dem Franzosen *Karl von Anjou* einen neuen Fremdherrscher und die Residenzstadt Neapel hatte einen neuen König.

▸ **Das angiovinische Königreich**: Neapel entwickelte sich unter Karl von Anjou (1265–1285) und seinen rechtmäßigen Thronfolgern zu einer prunkvollen Residenzstadt. Königlicher Amtssitz wurde das neu errichtete *Castel Nuovo*, und das vernachlässigte Stadtbild Neapels wurde dem architektonischen Geschmack der Zeit sowie einer explosionsartig angestiegenen Einwohnerzahl angepaßt. Zusammen mit der toskanischen Metropole Florenz setzte Neapel Maßstäbe für Kunst, Architektur, Wissenschaft und Wirtschaft in ganz Italien.

## Neuzeit

- **Spanisches Vizekönigtum**: Mittlerweile hatte *Christoph Kolumbus* die Neue Welt entdeckt, und das spanisch-habsburgische Reich schwang sich zur neuen Weltmacht auf. Der im Mittelalter alles beherrschende Mittelmeerhandel schrumpfte zur Bedeutungslosigkeit. Spanien und die nordwesteuropäischen Städte bildeten jetzt die Brückenköpfe der neuen Seehandelswege. Mit dieser Verlagerung des europäischen Macht- und Handelszentrums nach Westen verloren die italienischen Hafenstädte und Seerepubliken einen Großteil ihrer einstigen Bedeutung, so auch die bis dato königliche Residenzstadt Neapel. Verständlich also, daß die spanischen Könige, nunmehr rechtmäßige Erben des angiovinisch-aragonesischen Königreichs Neapel, ihr Imperium nicht von Italien aus verwalten wollten. 1503 schickte Spanien mit *Gonzalez von Cordoba* den ersten Gouverneur nach Neapel. Die Neapolitaner fanden das keineswegs lustig, denn sie waren schließlich einen in ihrer Stadt residierenden Monarchen gewohnt. Doch was blieb ihnen anderes übrig, als diesen königlichen Gesandten zu akzeptieren. An dieser Stelle der neapolitanischen Stadtgeschichte beginnt sich ein künftiger Wesenszug der Neapolitaner zu entfalten: Sie improvisierten und machten aus der Not eine Tugend, indem sie den Gouverneur einfach als *Vizekönig* bezeichneten, womit sie ihren Regenten hatten, wenn auch nur einen halben. Dieser neapolitanische Selbstbetrug funktionierte nicht nur kurzfristig, sondern begleitete die gesamte Herrschaft der spanisch-habsburgischen Dynastie, und die dauerte immerhin bis zum Anfang des 18. Jh. an. Insgesamt fast 60 dieser spanischen Pseudokönige gaben sich in Neapel die Klinke in die Hand. Eine entwürdigende Chronik der Fremdherrschaft, während der Neapel seinen politischen und wirtschaftlichen Tiefpunkt berühren sollte.

- **Neapel platzt aus allen Nähten**: König hin oder her, zumindest blieb Neapel die unangefochtene *Metropole*, von der aus die Spanier ihr italienisches Südreich verwalteten. Allein deshalb genoß die Stadt einzigartige Privilegien, wie etwa eine niedrige Steuerlast und subventionierte Lebensmittelpreise, während das ländliche Unteritalien mit Hilfe der *Baroni* (Feudalherren) unbarmherzig ausgebeutet wurde. Wieder einmal erlebte Neapel einen heftigen Bevölkerungsanstieg, diesmal infolge der einsetzenden Landflucht. Von ca. 40.000 Einwohnern im Jahr 1450 wuchs die Stadt auf 210.000 Einwohner im Jahr 1550 an und avancierte damit sogar zur größten italienischen Stadt, noch vor Venedig (160.000 Einw.) und Mailand (70.000 Einw.). Die Wohnsituation in der Altstadt dramatisierte sich, und mangelnde Hygiene löste Pest- und Choleraepidemien aus. Zeitweise brach sogar die garantierte Lebensmittelversorgung zusammen, und so mancher landflüchtige Geselle ließ sich aus Verzweiflung für den Militärdienst irgendwo im großen Spanierimperium rekrutieren. Ordentliche Arbeitsverhältnisse gab es für die wenigsten, und wer keine Arbeit fand, der zog sich in die engen

Gassen der Altstadt zurück, wo nur *Überlebenskunst* – ein bis heute gefragtes Talent der Neapolitaner – half. Nach wie vor vermittelt die Altstadt Neapels einen glaubwürdigen Eindruck von den Lebensverhältnissen in der frühen Neuzeit.

Fast kamen die entschlossenen **städtebaulichen Maßnahmen** des volkstümlichsten und fähigsten spanischen Vizekönigs *Don Pedro de Toledo* zu spät. Von 1532 bis 1553 realisierte dieser umsichtige Gouverneur die wesentlichen Schritte zur Erweiterung und Modernisierung der geplagten Stadt. Die wichtigsten Eingriffe bestanden in der Errichtung neuer Wohnviertel entlang der heute noch existierenden *Via Toledo*, während die Häuser der Altstadt kurzerhand um einige Etagen aufgestockt wurden. Auch das im Schachbrettmuster angelegte Spanier-Viertel *Quartiere Spagnolo* stammt aus dieser Zeit. Die wenigen repräsentativen Prunkbauten des 16. und auch 17. Jh. verdankt Neapel seiner Bedeutung als permanentem spanischen Verwaltungssitz; vor allem der Gouverneurspalast, der *Palazzo Reale*, war ein besonders prächtiger Vorzeigebau seiner Zeit. Ganz im Gegensatz zum einfachen Volk profitierten der städtische *Adel* und der *Klerus* sowie das *Beamtentum* von der spanischen Präsenz: Die neuen Wohnviertel standen in erster Linie den zahlreichen Beamten zur Verfügung, und die Kirche erstarkte durch die Maßnahmen der Gegenreformation. Auch die Aristokraten erwiesen sich als Günstlinge der Spanier, sie besetzten hohe politische Ämter in der Stadt.

▸ **Revolten und Katastrophen**: Im 17. Jh. entfremdeten sich die immer häufiger wechselnden Vizekönige samt Adel, Klerus und Beamtentum mehr und mehr vom Volk. Nirgendwo in der zivilisierten Welt war die innerstädtische Polarisierung von Arm und Reich krasser als in Neapel. Während der Reiche feierte, kultivierte der einfache Neapolitaner sein Talent als Überlebenskünstler in der Not. Als wäre dieses soziale Übel nicht schon schlimm genug, verzeichnet die Stadtchronik das 17. Jh. auch noch als eine Zeit der Revolten und Katastrophen: Natürlich schwieg der *Vesuv* in keinem Jahrhundert, und Erdbeben wurden im Laufe der Zeit etliche registriert; doch 1631 meldete sich der ständig aktive Vulkan mit einem seiner heftigsten Initialausbrüche überhaupt. Vielleicht rüttelte diese wuchtige Erschütterung das neapolitanische Volk ja kurzzeitig aus seinem fatalistischen Zustand, denn als die spanische Krone im Zuge ihrer kostspieligen Hegemonialpolitik den Bürgern einige ihrer garantierten Steuerprivilegien streichen wollte, mobilisierten die Neapolitaner ihre revolutionäre Energie, die sich 1647 im *Masaniello-Aufstand* entlud. Das Volk stieg auf die Barrikaden. Doch damit nicht genug; als Folge der erdbebenbedingten Zerstörungen und der politischen Unruhen ließ auch die verheerende *Pest* von 1656 nicht lange auf sich warten. Geschwächt, mutlos und von einem unsäglichen Überlebenskampf vereinnahmt, warteten die Neapolitaner den Ausgang des Spanischen Erbfolgekriegs (1701–1713/14) ab.

## 18. und 19. Jahrhundert

▶ **Glorreiche Bourbonenzeit**: In den ersten Jahrzehnten des 18. Jh. wurde Süditalien von Wien aus regiert, seit 1720 wenigstens wieder als Königreich. 1735 trat Kaiser *Karl VI.* sein schwer regierbares Südreich an den spanischen Bourbonen *Karl IV.* ab, und unter dem ging es aufwärts mit Neapel. Beraten von dem toskanischen Reformpolitiker *Tanucci* erwarb sich König Karl erst einmal das Vertrauen des neapolitanischen Volks, indem er in den Reihen der korrupten Aristokratie und des Klerus aufräumte. Dieser bereits vom Gedankengut der Aufklärung inspirierte König zeigte eine unglaubliche Volksnähe, ohne dabei seine imperialen Aufgaben zu vernachlässigen. Neapels Stadtbild erhielt eine zeitgemäße Architektur – wie nie zuvor in seiner Geschichte – mit Königsschloß, Opernhaus und prunkvollen Palästen. Im Zuge dieser glorreichen Wiedergeburt ihrer Stadt erholten sich auch die Neapolitaner. Sie waren stolz auf ihren neuen König, aber noch viel stolzer auf sich selbst, denn sie waren wieder der beneidenswerte Mittelpunkt Süditaliens. Bis 1759 – Karl IV. wurde nun als König Karl III. in Spanien gebraucht – währte diese erfrischende Renaissance neapolitanischer Größe, die auch von einer kulturellen Erneuerung begleitet war. Als *Ferdinand IV.*, der jüngste Sohn Karls, seine lange Regentschaft antrat, zeichnete sich allmählich wieder ein bißchen Ernüchterung in der Bevölkerung ab. Die Durchschnittlichkeit dieses Monarchen konnten die Neapolitaner ja noch einigermaßen ertragen, aber durch den blamablen Feldzug gegen die französische Revolutionsarmee verdarb er sich viele Sympathien. Obwohl es eigentlich seine Frau Caroline, eine Tochter der Kaiserin Maria Theresia war, die Ferdinand gegen die Franzosen aufhetzte. Als Napoleons General *Championnet* 1798 nach mehrtägigen Gefechten in Neapel einzog, blieb dem Königspaar nur noch die Flucht nach Palermo mit Hilfe der Engländer. Während vielerorts in Italien der französische Freiheitsgedanke euphorisch aufgenommen wurde, organisierten die Neapolitaner – diese unverbesserlichen Monarchisten – den Widerstand gegen die Franzosen, die zwischenzeitlich das Marionettengebilde *Parthenopeische Republik* ausgerufen hatten. Eine bunte Allianz aus Briganten und Königstreuen vertrieb die Franzosen bald und ermöglichte dem stark imagegeschädigten Ferdinand die Rückkehr in sein neapolitanisches Königsschloß. Doch anstatt eine vom Volk erwartete Generalamnestie anzuordnen, vollzog der unfähige König eine Strafaktion gegen die Sympathisanten der Republik, von denen die meisten weniger aus Überzeugung als aus Opportunismus gehandelt hatten. Wenig später (1805) entmachtete *Napoleon* König Ferdinand und zog 1806 in Neapel ein. Das Königspaar floh erneut nach Palermo. *Joachim Murat*, einer der engsten Weggefährten Napoleons wurde bald darauf zum König von Neapel ernannt und machte sich schnell durch soziale Reformen beliebt. Doch das französische Revolutionsintermezzo währte bekanntlich nur kurz. 1815 übernahm wieder das Bourbonenpaar die Macht in Neapel, nachdem es sich ein Jahrzehnt mit englischer Hilfe auf Sizilien versteckt hatte. Murat wurde nach mehreren Irrfahrten durch das kriegsgeschädigte Europa an einem Strand südlich von Neapel exekutiert. Die Neapolitaner waren

Galleria Umberto I. (IFM) ▲

▲▲ Pompeji, Wandfresko (MM)

Pompeji, Bronzeapoll (MM) ▲

Pompeji, Amphitheater (MM) ▲▲

Pompeji, Garten eines pompejanischen Hauses (MM) ▲

▲▲ Corricella, Procida (MM)

in erster Linie von ihrem König Ferdinand enttäuscht, der sich zweimal so feige aus dem Staub gemacht hatte; außerdem hatten sie auch den neuen Zeitgeist in Gestalt von Joachim Murat und seiner sozialen Reformen kennengelernt. Trotz königlicher Rehabilitierungsbemühungen beäugten die Neapolitaner jetzt neugierig die neuen Bestrebungen der Unabhängigkeits- und Einigungsbewegung **Il Risorgimento** im Norden Italiens.

▸ **Skeptische Teilnahme am vereinigten Königreich Italien**: Als der charismatische Abenteurer und Freiheitsheld *Giuseppe Garibaldi* am 7. September 1860 mit seiner legendären Freiwilligenarmee nach der triumphalen Eroberung Süditaliens in Neapel einzog, wurde er vom Volk umjubelt. *Franz II.*, der letzte Bourbone, flüchtete nach Gaeta und gab dort am 13. Februar 1861 seine Kapitulation bekannt. Garibaldis kurzer Triumphzug durch Neapel muß für die Neapolitaner wie ein Spuk gewesen sein; zumindest hinterließ er Ungewißheit über das künftige politische Schicksal der Stadt und des gesamten Südens. Die Neapolitaner waren zu Recht skeptisch. In dem historischen Treffen zwischen dem Freiheitsidol Garibaldi und "Onkel Viktor", *König Vittorio Emanuele II.*, kam es zur offiziellen Übergabe des Südens an das neue italienische Königshaus. Damit war das vereinigte Königreich Italien geboren, und die geschichtlichen Voraussetzungen für den *Mezzogiorno* (→ S. 34) waren geschaffen.

▸ **Es geht abwärts**: Die neue konstitutionelle Monarchie, am 17. März 1861 proklamiert, schmeckte den Neapolitanern überhaupt nicht. Schnell hatten sie begriffen, daß das junge Italien nicht ihre Heimat war, denn alle nationalstaatlichen Bemühungen kamen dem Norden zugute, während der Süden sträflich vernachlässigt wurde. Ein historischer Augenblick blieb ungenutzt, anstatt die Integration des Südens zu fördern, schuf man den bis heute anhaltenden Nord-Süd-Konflikt: Während die nördlichen Regionen einen wirtschaftlichen Aufschwung erlebten, verarmte der gesamte Süden (Il Mezzogiorno). Die Neapolitaner besannen sich in dieser Zeit auf ihre stärkste Eigenschaft, die Überlebenskunst in der Not. Anarchistische Zustände regierten den Alltag. Neapel ging seinen eigenen Weg, den der täglich neuen Improvisation. Proteste gegen die Zentralregierung waren zwecklos, und Revolten wurden von ihr gewaltsam unterdrückt. Erst nach einer nicht abreißen wollenden Kette von Epidemien beschloß die Regierung in Rom 1885 wenigstens ein Notstandsprogramm zur Sanierung der Elendsviertel von Neapel; aber auch das war nur Kosmetik, ein Wassertropfen auf dem heißen neapolitanischen Pflasterstein. Weitere zwei Jahrzehnte blieb Neapel, mittlerweile eine Provinzstadt, auf sich gestellt und kultivierte seine heute sprichwörtliche Einzigartigkeit: Das neapolitanische *arrangiarsi* – sich behelfen.

## 20. Jahrhundert

▸ **Industrialisierung und Faschismus**: Am Anfang des 20. Jh. bekam der Süden zunächst seine Schwerindustrie vom Norden verordnet. Auch in Neapel entstanden die sogenannten Industriekathedralen, große Raffinerien und

Stahlwerke, aber eine Gesundung der schlechten Wirtschaftslage des Südens war damit nicht wirklich verbunden.
Wenige Jahre nach dem 1. Weltkrieg marschierten die Schwarzhemden in Italien auf, und der verarmte Süden bekundete mehr Sympathien als der Norden. 1922, unmittelbar vor dem *Marsch auf Rom*, fand in Neapel ein *Faschistenkongreß* statt, aber überzeugte Faschisten waren die Neapolitaner nie. Zu diesem unrühmlichen Kapitel der Geschichte machten sie eher gute Miene zum bösen Spiel. Nach der *Verhaftung Mussolinis* (25.7.1943) besetzten deutsche Wehrmachtstruppen auch Neapel. Im hartnäckigen *Partisanenkampf* befreiten die Neapolitaner sich noch vor dem Eintreffen der Alliierten (1.10.1943) von ihren Besatzern, worauf der Vesuv mit einer gewaltigen Terminaleruption der Freude reagierte. Während der *Stationierung von US-Truppen* ging es den Neapolitanern offenbar gut, wie zahlreiche Anekdoten schmunzelnd belegen. Der Schwarzhandel blühte, die Stadt war in ihrem Element und ließ über Nacht so manche Schiffsladung samt Schiff verschwinden. Zumindest der allgegenwärtige Zigaretten-Schwarzmarkt der neapolitanischen Jetztzeit scheint ein Relikt aus diesen letzten Kriegsmonaten zu sein.

▸ **Nach dem 2. Weltkrieg**: In der Nachkriegszeit kam Bewegung in das so bodenständige und heimatverbundene Volk der Neapolitaner. Das Zauberwort hieß **Emigration**. Zwischen 1950 und 1970 verließen ca. 800.000 Menschen Neapel und die Golfregion. Die Magneten dieser tragischen Auswanderungsbewegung waren in erster Linie die norditalienischen Fabriken, das Wirtschaftswunderland BRD sowie das verheißungsvolle Amerika. Wer in der Heimat blieb und den Verlockungen der großen weiten Welt widerstand, der erlebte den skandalträchtigen wirtschaftlichen Erschließungsversuch Neapels und des gesamten Südens, der über die sogenannte *Cassa per il Mezzogiorno* abgewickelt wurde (→ S. 34). Milliardenbeträge aus dieser staatlichen Wirtschaftsförderung wurden veruntreut und landeten in den Händen korrupter Politiker sowie der neapolitanischen Mafia – **la Camorra** (→ S. 35). Eine ganz besonders kriminelle Karriere machte dabei der christdemokratische Bürgermeister *Achille Lauro*, der sich zwischen 1952 und 1960 mit Schmier- und Steuergeldern ein eigenes Wirtschaftsimperium aufbaute. Vor allem das Baugewerbe florierte in dieser Zeit ungefähr so: Der Bürgermeister und seine Parteifreunde schanzten einem eingeweihten Bauunternehmer öffentliche Aufträge zu, und dieser "dankbare" Unternehmer – natürlich über drei Ecken ein Mitglied der Camorra – zahlte seinem politischen Paten nach Erhalt des Baugelds das abgesprochene Schmiergeld, die "Tangente". Bei diesen so zustande gekommenen Bauvorhaben handelte es sich oft genug um reine Konkursprojekte, die zwar bezahlt, aber niemals fertig wurden. Unter der Regie von Achille Lauro erlebte Neapel eine Phase hemmungslosester **Bauspekulation** und städtischer Verwüstung. Erst als die Regentschaft dieses korrupten Bürgermeisters in offene Willkür ausartete, wurde er durch ein Regierungsdekret abgesetzt; woraufhin in Neapel bürgerkriegsähnliche Tumulte ausbrachen, denn Signore Lauro war schließlich auch ein großer Volkstribun, der sein Volk liebte und für *panem et circenses* sorgte: Neapel hatte schließlich einen erfolgreichen Fußballverein sowie ein modernes Stadion. Vor dem Urnengang gab es schon mal einen rechten, danach den linken Schuh als Wahlgeschenk. Die zahlreichen Politiker, Christdemokraten und Sozialisten, die nach dieser Ära die Interessen der Stadt vertraten, waren alle vom gleichen Schlag. Obwohl weiterhin erhebliche Fördermittel nach Neapel flossen, blieb die Stadt von einer strukturellen und wirtschaftlichen Gesundung weit entfernt. Aber während der fetten Jahrzehnte des neapolitanischen Bonzentums entwickelte sich im Verborgenen eine bizarre **Schattenwirtschaft.** Dort wo die legale Wirtschaft nicht funktionierte, florierten eben illegale Betriebe. – Die Neapolitaner wußten sich schon zu helfen! In den Hinterhöfen und Vororten schossen zahlreiche Manufakturbetriebe jeglicher Art wie Pilze aus dem Boden und kopierten die gängigen Markenartikel. Vor allem Kleidung, Lederwaren und Schuhe wurden dabei nicht selten von Kinderhand produziert. Die Schutzherren dieser einträglichen Schattenwirtschaft waren natürlich Mitglieder der "ehrenwerten Gesellschaft", der Camorra. Erst als die Billigprodukte aus dem Fernen Osten auch den neapolitanischen Markt überschwemmten, nahm die Zahl dieser illegalen Betriebe wieder ab.

Viele erinnern sich vermutlich noch daran: 1980 erschütterte ein schweres *Erdbeben* Kampanien sowie die angrenzende Basilicata und forderte über 2.500 Todesopfer. Bei dem Nachbeben erlitt auch Neapels Altstadt beträchtlichen Schaden. Ganz Italien trauerte um die Opfer, und die Regierung genehmigte schnell ein großzügiges Wiederaufbauprogramm. Doch die Finanzspritzen für den Wiederaufbau belebten vor allem die alte Tradition der korrupten Machenschaften. Wieder einmal florierte in Neapel und Umgebung das Baugewerbe, und so manche neue Bauruine gesellte sich zu den bereits existierenden, während zahlreiche Erdbebengeschädigte zur Selbsthilfe greifen mußten.

## Vorwahl/Information

- *Vorwahl*: Tel. 081. Seit 1998 muß auch bei Ortsgesprächen die Vorwahl immer mitgewählt werden.
- *Information*: Das **Fremdenverkehrsamt EPT (Ente Provinciale Turismo)** hat seinen Hauptsitz an der Piazza dei Martiri 58; zuständig für Napoli und Umgebung. Es gibt brauchbare Stadtpläne und viel Prospektmaterial; hier auch der monatlich erscheinende Kultur-Fahrplan **Qui Napoli**, speziell für Touristen (englisch/italienisch). Das Personal bemüht sich, spezielle Fragen zu beantworten; keine Hotelzimmervermittlung, aber Hotelliste mit Preisangaben. Mo-Sa 9-19 Uhr, sonn- und feiertags 9-14 Uhr; Tel. 081/405311.

Ebenfalls gut sortiert sind die beiden **Infobüros in den Bahnhöfen** Stazione centrale und Stazione Mergellina. Die Info-Außenstelle **am Flughafen** verteilt zumindest Stadtpläne. Mitten **in der Altstadt**, an der Piazza Gesù, steht eine mobile Info-Box, wo gezielte Fragen zu den Altstadt-Sehenswürdigkeiten beantwortet werden, manchmal liegt dort auch die Qui-Napoli-Broschüre aus. Ein weiteres Infobüro befindet sich **im Palazzo Reale** an der Piazza Plebiscito.

## Wichtige Adressen und Telefonnummern

- *Notruf*: **Polizia**, Tel. 113 oder Tel. 112 (englisch- und deutschsprachig besetzt). Bei **Autodiebstahl** (Servizio auto rubate) Tel. 081/7941111. **Städtisches Beschwerdetelefon** (Nummero verde), Tel. 081/167-019339.

• *Ärztliche Hilfe*: **Pronto soccorso autoambulanze** (Krankenwagen) tagsüber Tel. 081/7520850, nachts Tel. 081/7520696. **Policlinico** mit ambulanter Behandlung, Piazza Miraglia.

• *Diplomatische Vertretungen*: **deutsches Generalkonsulat**, Via F. Crispi 69, Tel. 081/7613393, im Chiaia-Viertel Nähe Metro-Piazza Amedeo oberhalb des Parks Villa Comunale; es steht nur in Notfällen zur Verfügung. **Konsulat Österreichs**, Corso Umberto I. 275, Tel. 081/287724; **Konsulat der Schweiz**, Via Pergolesi 1, Tel. 081/7614390.

• *Führungen*: **Altstadtführungen** nach telefon. Vereinbarung bieten die beiden Organisationen Antares (Tel. 081/641016) und Archimede (Tel. 081/7611538). **Teatro San Carlo** (→ S. 105), Sa/So 14-16 Uhr, L. 5.000 pro Person. Führungen durch **Neapels Untergrund** → S. 115.

• *Hauptpost*: Via C. Battisti (Nebenstraße der Via Toledo auf Höhe der Piazza Carità), mit **Postbank** und **Telefonzentrale**.

• *Mietwagen*: Internationale und nationale Autovermieter findet man am Flughafen und im Santa-Lucia-Viertel an der Uferstraße Via Partenope. Wir haben gute Erfahrungen mit *Interrentacar* gemacht, Via Partenope 37, Tel. 081/7645060. Kleinwagen ca. L. 100.000 pro Tag, ca. L. 600.000 pro Woche, hinzu kommen 20 % Umsatzsteuer (I.V.A.). Wer den Mietwagen nicht in Neapel, sondern z. B. in Sorrent abgegeben möchte, zahlt für diesen Service L. 50.000 extra.

## Anfahrt/Verbindungen

• *Mit dem Flugzeug*: Ankunft am **Aeroporto Capodichino** (Tel. 081/7896111), nordöstliche Stadtrandlage, Zivil- und Militärflughafen gleichermaßen. Der ital. Flughafen mit dem dichtesten Charterflugverkehr, deshalb auch schnelle, routinierte Abfertigung. **Infobüro** am Hauptausgang (Stadtplan besorgen!), Autovermietungen.

Unmittelbar vor dem relativ kleinen Flughafengebäude startet der *ATAN-Stadtbus* (Nr. 14) zum Hauptbahnhof (Stazione centrale); Einzelfahrschein (L. 1.500) im Flughafenkiosk, Fahrtzeit ca. 30 Min. *Taxi* ins Zentrum L. 25.-30.000.

• *Mit der Bahn*: Ankunft an der **Stazione centrale (Hauptbahnhof)** bzw. an der **Stazione Mergellina**. Beides IC-Bahnhöfe mit **Infobüro** und **Metro-Anschluß**, fast stündlich IC-Züge nach Salerno; von dort gute Bus- und Fährverbindungen zur Amalfitanischen Küste.

Der große, moderne Hauptbahnhof liegt zentral an der weitläufigen Piazza Garibaldi, ca. 20 Min. zu Fuß zum Spaccanapoli (Altstadt) durch die belebten Nebenstraßen des Viertels Forcella vis-à-vis vom Bahnhofsgebäude.

Die Ankunft an der Stazione Mergellina ist ideal für alle, die eine schnelle Fährverbindung zu den Inseln und nach Sorrent wollen. Knappe 10 Min. geht man vom Bahnhof über die Piazza Sannazzato hinunter zum Mergellina-Hafen. Außerdem liegt die Jugendherberge (→ "Übernachten") in unmittelbarer Nähe des Mergellina-Bahnhofs.

• *Mit dem Pkw*: Auf keinen Fall ins Zentrum fahren, diese Erfahrung sollte man sich sparen: infernalischer Großstadtverkehr, kaum Orientierungshilfen, so gut wie keine Parkplätze, erhöhte Unfall- und Diebstahlgefahr.

**Parkgaragen** *(Autorimesse)* z. B. am Mergellina-Hafen: Piazza Sannazaro 142 und Via Mergellina 112; pro Tag ca. L. 15.000.

**Autofähren**: Wer mit dem Pkw hinüber nach Ischia will, kann das täglich mehrmals von *Napoli-Porto (Molo Beverello)*, Ausschilderung "Porto" bereits auf der Autobahn (A 1). **Tip**: Eine verkehrs- und preisgünstigere Alternative zur Autofähre vom Molo Beverello bietet die Fährverbindung von *Pozzuoli nach Ischia*. Autobahn (A 1, A 2, Tangenziale) bis Ausfahrt "Pozzuoli/Solfatara". Fähren und Preise → S. 120.

• *Mit den Fähren auf die Inseln und nach Sorrent*: Es verkehren Fährschiffe, *Traghetti* bzw. *Navi*, und Schnellfähren, zumeist Tragflügelboote *(Aliscafi)*. Die Fährschiffe sind preisgünstiger, haben ein Sonnendeck und transportieren auch Pkw (lohnenswert nur für Ischia). Für die Schnellfähren spricht ihre Geschwindigkeit, wichtig bei Tagesausflügen.

**Traghetti** ab Napoli/Molo Beverello nach *Ischia, Capri* und *Procida* mit der staatl. Gesellschaft Caremar und der privaten Reederei Lauro.

**Aliscafi** ab Molo Beverello und Mergellina nach *Ischia, Capri, Procida* und *Sorrent* mit Caremar, Linea Jet, Alilauro und Snav.

**Fahrkartenschalter** an den Ablegestellen, häufige Verbindungen, keine Preisunterschiede im Schnellbootverkehr.

**Preise**: z. B. Napoli–Ischia einfach, Traghetto ca. L. 10.000 pro Pers., Auto ca. L. 40.000, Aliscafo ca. L. 20.000 pro Pers.

**Telefon. Auskünfte**: Caremar Tel. 081/5513882, Lineajet Tel. 081/5527209, Alilauro Tel. 081/7611004, Snav Tel. 081/ 7612348.

## Unterwegs in Neapel und Umgebung

• *Mit der Metro*: moderne Untergrundbahn, allerdings nur begrenzt brauchbar, da sie das historische Zentrum weiträumig umfährt. Betriebszeit: 6-23 Uhr.

**Linien**: Die Linie mit den Endbahnhöfen *Stazione centrale* und *Pozzuoli/Solfatara* bietet sich z. B. an für das archäologische Nationalmuseum (Piazza Cavour), Mergellina (Bahnhof und Hafen) und natürlich für eine Fahrt nach Pozzuoli/Solfatara. Die zweite Metro-Linie ist aus touristischer Sicht uninteressant, sie führt vom Vomero-Hügel ins Hinterland.

> *Die GiraNapoli-Tickets gelten für Metro, Stadtbus, Straßenbahn und Schienenseilbahn*, innerhalb der Gültigkeitsdauer darf auch auf die jeweils anderen Verkehrsmittel umgestiegen werden.
> GiraNapoli-Einzelfahrschein: L. 1.500, 90 Min. gültig. GiraNapoli-Tageskarte: L. 4.500.
> Die Fahrkarten erhält man an Kiosken sowie in Bars und Tabacchi-Läden.

• *Mit Stadtbus und Tram*: Diese ATAN/ACTP-Verkehrsmittel sind ideal für den gesamten City-Bereich, häufige Verbindungen, allerdings oft brechend voll. Nach 20 Uhr nimmt die Bus-/Tram-Frequenz spürbar ab.

**Bus**: Wie findet man den richtigen? Durchfragen ist die beste Methode. An den Knotenpunkten des dichten Busnetzes steht tagsüber meistens uniformiertes Personal. Die wichtigsten Haltestellen befinden sich an der *Piazza Garibaldi*, *Piazza Dante*, *Piazza Municipio* und *Piazza Trieste e Trento*.

**Tram**: Für die Strecke vom *Hauptbahnhof* zum *Hafen/Molo Beverello* ist die Straßenbahn unschlagbar, sie fährt über die Uferstraße Via Nuova Marina/Via Cristoforo Colombo.

• *Mit der Schienenseilbahn*: Die **Funicolari** überwinden an mehreren Stellen der Stadt extreme Höhenunterschiede. Die älteste und längste der insgesamt drei Schienenseilbahnen auf den Vomero-Hügel ist die *Funicolare centrale*, Talstation Nähe Piazza Trieste e Trento. Eine vierte Funicolare führt vom Mergellina-Hafen auf den Posillipo-Hügel.

• *Zu Fuß*: Die Altstadt, das historische Zentrum Neapels rund um den *Spaccanapoli*, ist weitgehend Fußgängerzone, nicht etwa weil die engen Altstadtgassen für den Verkehr gesperrt wären, sondern weil sie für Autos schlichtwegs zu eng sind; hier knattern allerdings um so mehr Zweiräder zwischen den Passanten herum. Trotz der überschaubaren Ausmaße erweist sich die Altstadt jedoch als relativ anstrengendes Fußgängerrevier, da es beträchtliche Höhenunterschiede gibt.

• *Mit dem Taxi*: etwas preisgünstiger als in der Heimat; Taxistände an allen größeren Plätzen der Innenstadt (z. B. Piazza Dante, Piazza Trieste e Trento). Vor allem abends, wenn die Busse nur noch in größeren Abständen verkehren, lohnt sich der Wink nach dem vorbeifahrenden Taxi, anstatt in der Dunkelheit durch menschenleere Straßen zu streifen. Die Zeiten, als der **Fahrpreis** noch Verhandlungssache war, sind längst vorbei, stumm und brav wird auch in Neapel das Taxameter eingeschaltet. Man startet mit L. 4.000, Zuschlag ab Flughafen L. 5.000, pro Gepäckstück L. 2.000. Manchmal fragen die Taxifahrer am Flughafen, ob sie die gebührenpflichtige Stadtautobahn ins Centro nehmen sollen; der Fahrgast trägt dann selbstverständlich die Gebühr (ca. L. 4.000).

• *Mit dem Vorortzug*: Zwei Nahverkehrsbahnen führen östlich bzw. westlich aus Neapel heraus. Die **Ferrovia Circumvesuviana** hat ihren städtischen Endbahnhof am Corso Garibaldi und verbindet Neapel mit Sorrent. Eine Strecke führt um den Vesuv herum, die andere über Ercolano und Pompei an der Küste entlang. Die Circumvesuviana ist die ideale Verbindung zu den antiken Museumsstädten Herculaneum und Pompeji. (Haltestelle "Pompei scavi/Villa Misteri", einfach ca. L. 3.000, Fahrtzeit ca. 40 Min.).

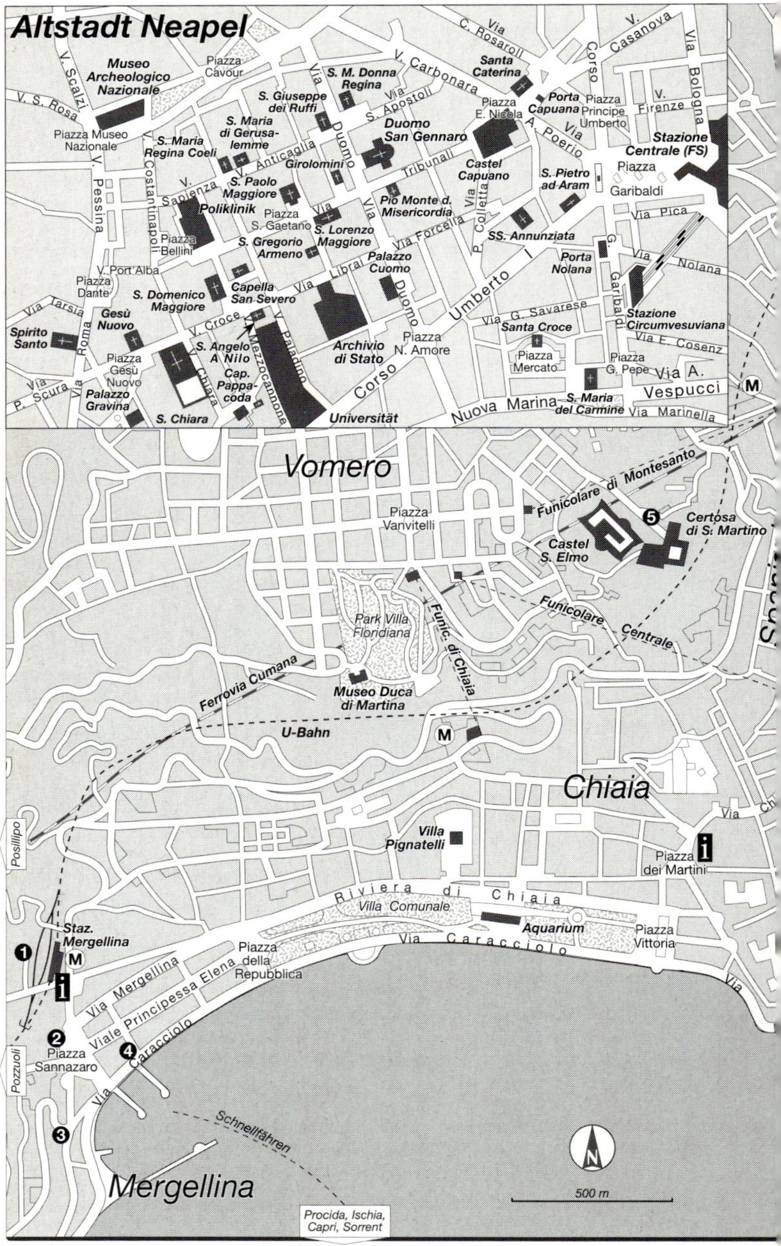
Altstadt Neapel
Museo Archeologico Nazionale
Piazza Cavour
V. Scalzi
V. S. Rosa
Piazza Museo Nazionale
S. Maria Regina Coeli
V. Costantinopoli
V. Pessina
S. Maria di Gerusalemme
S. Giuseppe dei Ruffi
S. M. Donna Regina
Via Duomo
Via S. Apostoli
V. Carbonara
Via C. Rosaroli
Santa Caterina
Corso
V. Casanova
Via Bologna
Porta Capuana
Piazza E. Nicola
Piazza Principe Umberto
V. Firenze
Stazione Centrale (FS)
Via A. Poerio
Duomo San Gennaro
V. Anticaglia
Girolomini
V. Tribunali
Castel Capuano
S. Pietro ad Aram
Piazza Garibaldi
Via Pica
V. Sapienza
S. Paolo Maggiore
Poliklinik
Piazza S. Gaetano
Pio Monte d. Misericordia
Via Colletta
S. Lorenzo Maggiore
SS. Annunziata
Piazza Bellini
S. Gregorio Armeno
Via Forcella
Palazzo Cuomo
Porta Nolana
G. Garibaldi
Via Nolana
V. Port'Alba
Piazza Dante
Capella San Severo
Via Libraì
S. Domenico Maggiore
Via Tarsia
Gesù Nuovo
Spirito Santo
Via Roma
V. Croce
Corso Umberto I
Via G. Savarese
Santa Croce
Stazione Circumvesuviana
Via E. Cosenz
S. Angelo A Nilo
V. Mezzocannone
V. Paladino
Archivio di Stato
Piazza N. Amore
Piazza Mercato
Piazza G. Pepe
Via A. Vespucci
Piazza Gesù Nuovo
Via Chiara
Cap. Pappacoda
Via P. Scura
Palazzo Gravina
S. Chiara
Università
Nuova Marina
S. Maria del Carmine
Via Marinella
M
Vomero
Piazza Vanvitelli
Funicolare di Montesanto
Certosa di S. Martino
Castel S. Elmo
Park Villa Floridiana
Funic. di Chiaia
Funicolare Centrale
Ferrovia Cumana
Museo Duca di Martina
U-Bahn
Chiaia
Posillipo
Villa Pignatelli
Via
Piazza dei Martini
Riviera di Chiaia
Villa Comunale
Aquarium
Piazza Vittoria
Via Caracciolo
Staz. Mergellina
Piazza della Repubblica
Via Mergellina
Viale Principessa Elena
Viale
Via Caracciolo
Piazza Sannazaro
Pozzuoli
Via
Schnellfähren
Mergellina
500 m
N
Procida, Ischia, Capri, Sorrent
1
2
3
4
5

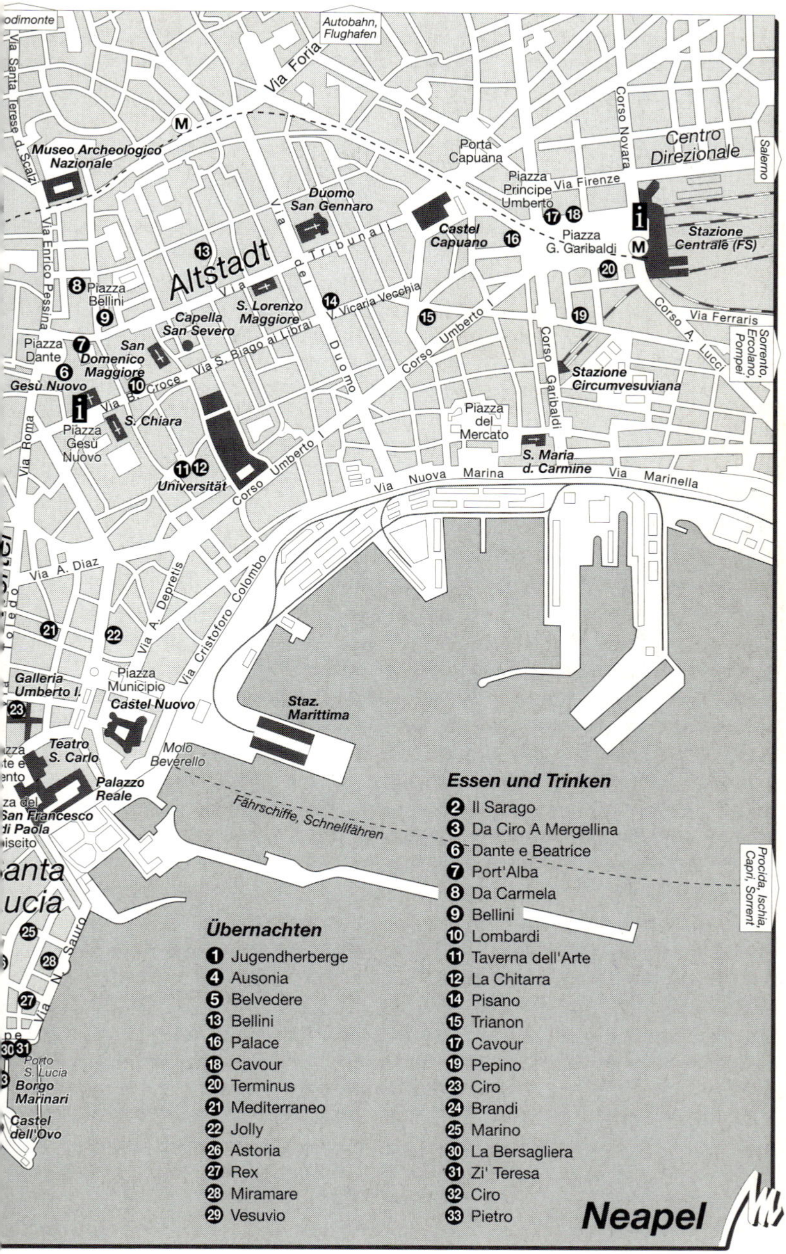

Autobahn, Flughafen
Via Foria
Museo Archeologico Nazionale
Via Santa Teresa d. Scalzi
Via Enrico Pessina
Porta Capuana
Corso Novara
Centro Direzionale
Salerno
Piazza Principe Umberto
Via Firenze
Duomo San Gennaro
Castel Capuano
Piazza G. Garibaldi
Stazione Centrale (FS)
Altstadt
Via dei Tribunali
Piazza Bellini
S. Lorenzo Maggiore
V. Vicaria Vecchia
Capella San Severo
Via S. Biagio ai Librai
Via Duomo
Corso Umberto I
Corso A. Lucci
Via Ferraris
Sorrento, Ercolano, Pompei
Piazza Dante
San Domenico Maggiore
Gesù Nuovo
Via B. Croce
Corso Garibaldi
Stazione Circumvesuviana
S. Chiara
Piazza Gesù Nuovo
Via Roma
Piazza del Mercato
S. Maria d. Carmine
Università
Via Nuova Marina
Via Marinella
Via A. Diaz
Via A. Depretis
Via Cristoforo Colombo
Galleria Umberto I.
Piazza Municipio
Castel Nuovo
Staz. Marittima
Teatro S. Carlo
Molo Beverello
Palazzo Reale
San Francesco di Paola
Fährschiffe, Schnellfähren
Procida, Ischia, Capri, Sorrent
Santa Lucia
Via N. Sauro
Porto S. Lucia
Borgo Marinari
Castel dell'Ovo
Übernachten
1 Jugendherberge
4 Ausonia
5 Belvedere
13 Bellini
16 Palace
18 Cavour
20 Terminus
21 Mediterraneo
22 Jolly
26 Astoria
27 Rex
28 Miramare
29 Vesuvio
Essen und Trinken
2 Il Sarago
3 Da Ciro A Mergellina
6 Dante e Beatrice
7 Port'Alba
8 Da Carmela
9 Bellini
10 Lombardi
11 Taverna dell'Arte
12 La Chitarra
14 Pisano
15 Trianon
17 Cavour
19 Pepino
23 Ciro
24 Brandi
25 Marino
30 La Bersagliera
31 Zi' Teresa
32 Ciro
33 Pietro
Neapel

Die **Ferrovia Cumana e Circumflegrea** verbindet Neapel mit der Bucht von Pozzuoli; der städtische Endbahnhof Montesanto liegt ein Stück westlich der Piazza Dante. Diese Schnellbahn bietet sich z. B. für Fahrten zu den antiken Ausgrabungsstätten von Baia und Cuma an; nach Pozzuoli/Solfatara nimmt man besser die Metro.

## Souvenirs/Einkaufen

Der neapolitanische *Schwarzmarkt* und die zahlreichen fliegenden Händler in Einzugsgebiet des Corso Umberto I. sind sicher nicht jedermanns Sache (→ S. 103), aber auch ansonsten präsentiert sich Neapel nicht unbedingt als Einkaufsparadies. Das Zentrum der feinen Boutiquen und traditionsreichen Einzelhandelsgeschäfte befindet sich an der Via Toledo und in den Nebenstraßen der Piazza Trieste e Trento (hauptsächlich Via Chiaia); **Schuhgeschäfte** liegen dort im Trend, während die alteingesessene **Konfiserie Gay-Odin**, die für ihre Schokoladen und Pralinen berühmt ist (Via Chiaia 237 und Via Toledo 291), noch an das alte Napoli erinnert. Ein Tip für Feinschmecker sind auch die betagten **Kaffee-Fachgeschäfte** am Toledo, wo die erlesensten Kaffeesorten angeboten werden. Zahlreiche gutsortierte **Antiquitätengeschäfte** findet man hingegen rund um die Piazza dei Martiri; und allerlei Kuriositäten halten die Läden am Spaccanapoli bereit (→ S. 94). Die begehrtesten **Seidenkrawatten** Italiens kauft man dagegen bei Maestro Marinella, Riviera di Chiaia (Villa Comunale). Ein ganz besonders typisches Souvenir sind **neapolitanische Krippenfiguren** aus der Via San Gregorio Armeno (Adressen S. 99).

### Malocchio – der böse Blick

Der Aberglauben ist in Süditalien tief verwurzelt, und besonders in Neapel bestimmt er bisweilen das Denken und Handeln. Da ist es nicht verwunderlich, daß auch das Geschäft mit dem Aberglauben stark ausgeprägt ist. Schicksalsdeuter, Kartenleger, Hellseher, Magier und andere Zauberer haben in der Stadt Konjunktur. Ihre Zahl geht angeblich in die Tausende. Legal oder illegal, wer einen Draht zu den übersinnlichen Kräften hat, versucht, bare Münze daraus zu machen. In aller Öffentlichkeit spielen sich die Beschwörungen der dunklen Mächte sowie die mystischen Schicksalsdeutungen allerdings nicht ab. Was der aufmerksame Neapel-Tourist aber manchmal in den Gassen der Altstadt zu sehen bekommt, das sind die Kartenleger, die ihren Tarockkarten, v. a. in der Vorweihnachtszeit, das Schicksal der Leute entlocken. Um so häufiger stößt man jedoch auf die merkwürdigen Amulette in Form von Hörnern (Corni), die in fast allen Souvenirläden angeboten werden. Diese Talismane schützen gegen Malocchio, den bösen Blick, und jeder abergläubische Neapolitaner trägt ein solches Corno am Hals, am Schlüsselbund oder anderswo. – Wer sich ebenfalls vom bösen Blick bedroht fühlt, sollte es mal mit einem dieser z. T. knallroten Hornamulette versuchen, vielleicht hilft es ja.

## Lebensmittelmärkte

In Bahnhofsnähe (Piazza Garibaldi) befinden sich zwei stimmungsvolle Märkte, auf denen vormittags das pralle Leben tobt. Hier versorgen sich die Altstadt-Neapolitaner mit Lebensmitteln und feilschen lautstark um die Preise: **Porta Capuana**, im Bereich der Piazza Capuana erstreckt sich der größte Lebensmittelmarkt Neapels, ein wahres Fest für die Sinne. **Piazza Nolana**, größter Fischmarkt der Stadt, viel fürs Auge.

## Cafés/Paticcerie

Die neapolitanischen Kaffeehäuser und Pasticcerie (Konditoreien) sind ein ganz besonderes Vergnügen, zumal Neapel sich rühmt, den besten *Caffè* (Espresso) ganz Italiens zu brauen; auch die feinen Backwaren der Stadt haben einen guten Ruf. Für einen Caffè, dem schwarzen Gold der Neapolitaner ("l'oro nero dei napoletani"), ist jeder Zeitpunkt der richtige, aber man sollte nicht unbedingt in einer beliebigen Bar einkehren, sondern die traditionsreichen Kaffehäuser bzw. die beliebten Straßencafés aufsuchen. An erster Stelle steht das gemütliche **Gran Café Gambrinus** an der Piazza Trieste e Trento/Ecke Via Chiaia; ein Inbegriff der neapolitanischen Kaffeehauskultur, einst Literatentreff und Salon der feinen Gesellschaft; nach wie vor stilvoll bis ins Detail eingerichtet.

Auch der Spaccanapoli inmitten der Altstadt hat eine Bar/Pasticceria mit Tradition zu bieten, nämlich das **Scaturchio** an der Kirchen-Piazza San Domenico Maggiore; seit 1918 existiert dieser Familienbetrieb; in den Mittagsstunden kommt man kaum an die Theke ran, aber es gibt auch Tische auf der Piazza, wo serviert wird. Gleich nebenan befindet sich das beliebte Straßencafé **Luise**, hier verkehrt eher ein junges, studentisches Publikum.

Ein weiterer Tip in der Altstadt ist die palmenbestandene **Piazza Bellini** (Nähe Piazza Dante). Zwar haben die vier nebeneinanderliegenden Straßencafés keine traditionsreiche Vergangenheit, aber dafür handelt es sich um die lauschigste Ecke der Altstadt; gemütliche Atmosphäre unter der Pergola, junges Publikum.

Die elegante **La Caffettiera** an der Piazza dei Martiri gilt seit Jahren als In-Café des Chiaia-Viertels, gegen Abend ist es dort am lebhaftesten.

## Nachtleben

Mit zunehmender Dunkelheit leert sich die Stadt; wenn die Rolltüren der Läden, Geschäfte und Bars herunterrasseln, verschwinden die Menschen plötzlich in alle Richtungen. Besonders die Altstadt wirkt dann bedrohlich ausgestorben; nur an der Piazza Bellini hält sich die Stimmung noch, die dortigen Bars/Cafés haben lange geöffnet: **Intra Moenia**, **Evaluna**, **1789** und **Internet-Bar**. Die Zeit zwischen 20 und 23 Uhr gehört konkurrenzlos den Restaurants, wer selbst nicht zum Essen eingekehrt, weiß nicht so recht wohin; spätestens jetzt vermißt man die heimische Kneipenkultur. Wer nach einem ausgiebigen Abendessen immer noch Kräfte hat, und ins Nachtleben eintauchen will, sollte sich vorher die zuverlässige Touristenbroschüre *Qui Napoli* (s. o.) besorgt haben, und diese nach Konzerten, Discos, Jazz-Pubs, Rock-Cafés, Piano-Bars, Nachtclubs etc. durchforsten. Ein seit Jahren beliebter Treffpunkt für Jazzfreunde ist der **Otto Jazz Club** im Spanischen Viertel, Salita Cariati 23.

## Oper, Theater, Kino

Die aktuellen Programme von Opera, Teatro und Cinema finden Sie im Kultur-Fahrplan *Qui Napoli* (→ "Information").

**Teatro San Carlo**, monumentales Opernhaus von Weltruf, täglich (außer Sommerpause) Opern- und Konzertaufführungen. Kartenkasse im Teatro, tägl. (außer Mo) 10-13 und 16.30-18.30 Uhr, Tel. 081/7972331.

Neapel besitzt weit über 20 Bühnen, darunter das beliebte Altstadttheater **Bellini**, Via Conte di Ruvo, Tel. 081/5499688.

City-Kinos (Cinema) in denen internationale Filme (ital. synchronisiert) gezeigt werden, sind ebenfalls zahlreich vertreten, z. B. das **Roxy**, Via Tarsia/Piazza Dante, oder das **Santa Lucia** in der Via Santa Lucia.

## Fußball (Calcio)

Obwohl die glorreiche Zeit des Diego Maradona und die großen Erfolge des **SSC Napoli** längst der Vergangenheit angehören, ist Neapel nach wie vor eine fußballverrückte Stadt. Echte Fußballfans sollten sich einmal ein Spiel im heimischen Stadio San Paolo anschauen – ein sicher unvergeßliches Erlebnis. Die Spiele der Seria A finden immer Sonntag nachmittags statt (siehe *Qui Napoli*). Dann verwandeln die Tifosi das Stadion in einen Hexenkessel.

**Stadio San Paolo**, Fuorigrotta, Metro-Station Campi Flegrei.

**Pizza und Pasta** sind die weltberühmten Grundpfeiler der neapolitanischen Küche. Auch in den Zeiten bitterster Armut fehlte es an diesen einfachen Mehlspeisen nie. Aber genießbar hat sie erst die Tomate gemacht, deshalb beanspruchen die Neapolitaner die "Entdeckung" der *Pomodoro* auch für sich. Die Pizza schmeckt den Einheimischen am besten von der Hand in den Mund, mit Tomaten, Mozzarella und Basilikum belegt; ein warmes und preiswertes Gericht für zwischendurch. In Napoli ist die Pizza ein Schnellgericht, in wenigen Minuten zubereitet, wird sie in zahlreichen Backstuben an der Straße verkauft und im Stehen gegessen; aber natürlich gibt es den begehrten Pizzafladen auch im Sitzen, in einer *Pizzeria* oder im *Ristorante*. Jeder Napoli-Besucher sollte diesen göttlichen Fladen mindestens einmal probieren und einen Qualitätsvergleich mit der heimischen Pizzeria anstellen, z. B. im *Port'Alba* (→ "Essen und Trinken"). Das zweite Heiligtum der neapolitanischen Küche ist die Pasta, die als *Maccheroni*, einer daumenlangen hohlen Nudel, ihre regionaltypischste Form gefunden hat. Während der Durchschnittsitaliener nur 30 kg Nudeln im Jahr verzehrt, bringt es der Neapolitaner auf statistische 40 kg. Einen Maccheroni-Primo mit Tomatensoße (al pomodoro) oder mit Fleischsoße (al ragù) sollte man sich ebenfalls nicht entgehen lassen in der Heimatstadt von Pizza und Pasta, wo der Nudelteig bereits im 19. Jh. industriell gefertigt wurde (siehe auch Pizza, Pasta und Pomodoro → S. 56).

## *Essen und Trinken*

Im folgenden einige Empfehlungen, unterteilt nach Bezirken bzw. Plätzen.

• *Piazza Garibaldi und Umgebung*: Die Hauptbahnhofspiazza und das anschließende Forcella-Viertel gehören zwar zu den Gegenden, die man abends eher meiden sollte, aber in diesem finsteren Bezirk befinden sich auch einige gastronomische Empfehlungen.

**Ristorante Cavour (17)**, Piazza Garibaldi/Ecke Corso Garibaldi, gemütliches Hotelrestaurant (separater Eingang), helles, pastellfarbenes Ambiente, vorwiegend von Hotelgästen frequentiert; kleine Karte, täglich wechselnde Primi und Hauptgerichte, zügige Bedienung, was in Neapel eher eine Ausnahme ist; mittlere Preisklasse. Piazza Garibaldi 34, Tel. 081/283122, So Ruhetag.

**Pepino (19)**, an der Südseite der Piazza Garibaldi in einer belebten Nebenstraße, ganz einfache Trattoria mit Stammkundschaft, deftige Hausmannskost, immer erst nach den aktuellen Tagesgerichten fragen; im Hintergrund läuft ständig der TV-Apparat; kleine Preise. Via Silvio Spaventa 35.

**Trianon (15)**, mitten im anrüchigen Forcella-Viertel, rustikale Pizzeria mit Tradition (seit 1923); ein Tip auch unter Einheimischen; Pizza am Fließband, Steh- und Sitzplätze. Via Pietro Colletta 44, mittags und abends geöffnet. So Ruhetag.

• *Spaccanapoli und Umgebung*: Tagsüber laufen die zahlreichen *Forni* (Backstuben) und *Rosticcerie* (Garküchen) im historischen Zentrum auf Hochtouren, Essensdunst zieht durch die Gassen, und ständig sieht man Leute mit einem in Papier eingewickelten Stück Pizza in der Hand. Abends hingegen präsentiert sich der Spaccanapoli kulinarisch ziemlich tot; einige Empfehlungen gibt es dennoch:

**Antica Osteria Pisano (14)**, Via Duomo/Ecke Via Vicaria Vecchia, seit Jahren ein zuverlässiger Tip am Spaccanapoli, freundlicher Familienbetrieb, lokale Küche, Studenten sowie echte Neapolitaner aus dem Viertel gehören zu den Stammgästen, Tische auch draußen. Piazza Crocelle ai Mannesi 2, Tel. 081/5548325.

**Lombardi a Santa Chiara (10)**, am westlichen Ende des Spaccanapoli, fast schon legendäre Pizzeria, sehr beliebt, oft voll. Die *Pizza calzone* steht im Verdacht, die beste der Stadt zu sein. Via Benedetto Croce 59, Tel. 081/5520780, So Ruhetag.

**Taverna dell'arte (11)**, Nähe Altstadtkirche San Giovanni Maggiore, kleines gemütliches Ristorante, neben leckeren Pastagerichten auch *Cucina tipica* nach alten Rezepten, z. B. Minestre (Gemüsesuppen), Trippa (Kutteln), Baccalà (Stockfisch), gute offene und Flaschenweine, mittlere Preisklasse. Via Rampe Santa G. Maggiore 1 a, Tel. 081/5527558, So Ruhetag.

**La Chitarra (12)**, in unmittelbarer Nähe der Taverna dell'arte, ein ganz besonders folkloristisches Ristorante; Signora Sarnelli zaubert täglich wechselnde kampanische Gerichte und wenn die Gäste "abgespeist" sind, trägt der Gastwirt und begnadete Sänger Egisto Sarnelli neapolitanische Volkslieder vor. Rampe S. G. Maggiore 1, Tel. 081/5529103, Reservierung ratsam (nur 30 Plätze). So Ruhetag.

• *Piazza Dante und Umgebung*: Ein gastronomisches Zentrum der Innenstadt; hier befindet sich die älteste Pizzeria Neapels sowie einige über die Stadtgrenzen hinaus bekannte Feinschmeckerlokale.

**Antica Pizzeria Port'Alba (7)**, zw. Piazza Dante und Piazza Bellini am oberen Altstadttor, älteste Pizzeria der Stadt (seit 1830), historisches Gemäuer, gemütliche Speiseräume auf zwei Ebenen. Spätestens hier sollte man den neapolitanischen Pizzafladen probieren, z. B. als *Margherita*, *Marinara* oder mit Meeresfrüchten belegt. Ansonsten gibt es viele leckere Nudelgerichte und Hauptspeisen, vor allem Fisch; ein Antipasto-Tip ist die frische Mozzarellakugel mit Tomaten und Basilikum. Eine wichtige Nebensache: Das Brot schmeckt ausgezeichnet. Lange geöffnet, gutes Preis-Qualitäts-Verhältnis. Via Port'Alba 18, Tel. 081/459713, Mi Ruhetag.

**Ristorante Bellini (9)**, gleich unterhalb der Piazza Bellini, alteingesessener Familienbetrieb; gepflegtes Ambiente, vor allem Fischspezialitäten, leicht gehobene Preise, Tische auch an der Straße. Via Costantinopoli 80, So Ruhetag.

**Dante e Beatrice (6)**, weithin bekanntes Feinschmeckerlokal, ausgewählte kampanische Fleisch- und Fischspezialitäten, ebenfalls gehobene Preise. Piazza Dante 44, Tel. 081/5499438, Mo Ruhetag.

**Da Carmela (8)**, neben dem Teatro Bellini oberhalb der Piazza Dante. Die kleine Osteria von Donna Carmela ist zwar kein Geheimtip mehr, aber Touristen verirren sich dennoch selten hierher. Liebhaber schlichter Hausmannskost kommen auf ihre Kosten, dazu gute offene Weine aus Kampanien, ehrliche Preise. Via Conte di Ruvo 11, Tel. 081/5499738.

• *Piazza Trieste e Trento und Umgebung*:

**Ciro (23)**, Nebenstraße des Toledo oberhalb der Galleria Umberto I., seit 1932 ein zuverlässiger Tip für authentische neapolitanische Küche, elegantes Publikum mit praller Brieftasche. Via Santa Brigida 71, Tel. 081/5524072, So Ruhetag.

**Brandi (24)**, Seitengasse der Via Chiaia. In dieser legendären Pizzeria wurde 1889 zu Ehren der italienischen Königin Margherita die gleichnamige Pizza kreiert – in den Nationalfarben Rot, Grün und Weiß (→ S. 56); traditionsreiches Ambiente. Salita Santa Anna di Palazzo 1, Tel. 081/416928, Mo Ruhetag.

• *Santa Lucia (Borgo Marinari)*: Am Hafen des alten Fischerviertels Santa Lucia an der Felseninsel des Castel dell'Ovo geht man essen, wenn man die maritime Küche Neapels in ihrer folkloristischen Variante erleben will. Früher waren die Fischerfamilien hier unter sich, dann wurde der Borgo konsequent zum gastronomischen Mittelpunkt der Stadt ausgebaut mit Fischerromantik und Mandolinenklängen. Einheimische Familienverbände, Touristen, Prominente, Alt und Jung tummeln sich gemeinsam in den berühmten Fischrestaurants des Borgo Marinari; manche finden es hier kitschig, andere stimmungsvoll.

**La Bersagliera (30)**, die allererste Adresse im Borgo Marinari. Gründerin dieses Fischtempels war die unermüdliche Donna Emilia Del Tufo, la Bersagliera (die Draufgängerin). Geräumig, schwankende Qualität und recht teuer. Borgo Marinari 10, Tel. 081/7646016, Di Ruhetag.

**Zi'Teresa (31)**, ebenso bekannt und teuer wie La Bersagliera ist das benachbarte Fischristorante von Tante Teresa; großes Angebot vom Meeresfrüchte-Antipasto bis zum Hummer. Borgo Marinari 1, Tel. 081/

7642565, Mo Ruhetag.

**Pietro (32)**, ebenfalls ein Original im Borgo Marinari, nennt sich *Antica Trattoria*. Als Garküche mit einem Gasherd und ein paar Kochtöpfen fing alles an; immer noch hat Pietros kleine, halboffene Garküchen-Trattoria am Hafenkai zu Recht den Ruf eines Fischtempels für die armen Leute, obwohl die Preise zwischenzeitlich leicht gestiegen sind. Nur wenige Plätze, deshalb früh kommen.

**Ciro (33)**, alteingesessenes Borgo-Ristorante mit Pizzeria, beste Lage, ausgewogenes Preis-Leistungs-Verhältnis, offener Wein, unser **Tip** im Borgo. Tel. 081/7646006, Mi Ruhetag.

**Marino (25)**, nicht im Borgo, sondern an der Via Santa Lucia, ganz volkstümliche Trattoria, nur 6 Tische, mittags und abends geöffnet, kleine Tageskarte und kleine Preise. Der Padrone Marino Ernesto serviert und Muttern kocht im Hintergrund; ein bißchen Santa-Lucia-Atmosphäre aus vergangenen Tagen. Via Santa Lucia/Ecke Via Marino Turchi 3, nicht mit dem gleichnamigen Ristorante in der Via Santa Lucia verwechseln.

• *Mergellina*: **Da Ciro a Mergellina (3)**, eine regelrechte Institution am Mergellina-Hafen, stimmungsvoll, Fisch und Meeresfrüchte in allen Variationen, preislich im Rahmen, am besten draußen unter der Markise reservieren. Via Mergellina 21, Tel. 081/681780.

**Il Sarago (2)**, beliebtes Fischrestaurant mit Pizzeria, zwei nüchtern eingerichtete Speisesäle und eine Tischreihe draußen, leicht gehobene Preise. An der zentralen Piazza Sannazzaro 201, Tel. 081/7612587, Sonntagabend geschlossen.

## *Übernachten*

Wer sein Urlaubsquartier in Napoli beziehen will, sollte nicht am falschen Ende sparen und die Kategorie 3–4 Sterne wählen. Wer Abenteuer sucht wird, auch in der untersten Preisklasse durchaus fündig. Ganz wichtig, zu jeder Jahreszeit, rechtzeitig reservieren, denn die guten Hotels sind absolut ausgelastet.

• *Piazza Garibaldi*: **** **Terminus (20)**, Bahnhofshotel mit internationalem Standard, etwas abgewohnt, Hotelrestaurant, DZ L. 180.-320.000, Frühstück L. 25.000. Piazza Garibaldi 91, Tel. 081/286011.

*** **Cavour (18)**, großer Palazzo am Ende der weitläufigen Bahnhofspiazza, gut geführt, wachsame Rezeption. Einige Zimmer reichlich abgewohnt, insgesamt aber akzeptabel, gutes Hotelrestaurant (→ "Essen und Trinken"), DZ L. 150.-230.000, ohne Bad L. 110.-130.00, inkl. Frühstück. Piazza Garibaldi 32, Tel. 081/283122.

*** **Palace (16)**, vis-à-vis vom Bahnhof, frische Fassade, ansonsten vergleichbar mit dem benachbarten Cavour, DZ L. 160.-200.000 inkl. Frühstück. Piazza Garibaldi 9, Tel. 081/267044.

• *Altstadt*: **** **Mediterraneo (21)**, modernes Großhotel, tolle Lage in einer kleinen Nebenstraße des Toledo. Internationaler Standard, Hotelrestaurant, DZ L. 160.-250.000, Frühstück L. 25.000. Via Ponte di Tappia 25, Tel. 081/5512240.

**** **Jolly Ambassador's (22)**, ebenfalls modernes Großhotel an der vielbefahrenen Via Medina. Hotelrestaurant, DZ L. 151.-300.000, Frühstück L. 30.000. Via Medina 70, Tel. 081/416000.

* **Albergo Bellini (13)**, unser **Tip** im Centro storico: sympathisch, sauber, sicher und günstig. Antonio, der Besitzer, ist ein echter Neapolitaner mit Herz und Humor, er führt sein Albergo seit über 30 Jahren mit Leidenschaft; hier stimmt die Atmosphäre für aufgeschlossene Low-Budget-Reisende, DZ L. 110.000 inkl. Frühstück. Via San Paolo 44, Tel. 081/456996, Fax 292256, Internet: www.export.it.

• *Santa Lucia*: **** **Vesuvio (29)**, herrschaftliches Traditionshotel, Blick auf die Felseninsel des Castel dell'Ovo. Restaurant, DZ L. 410.-470.000, Frühstück L. 50.000. Via Partenope 45, Tel. 081/ 7640044.

**** **Miramare (28)**, komfortables Hotel an der Uferstraße, stilvoll möbliert, DZ L. 200.-390.000, inkl. Frühstück. Via N. Sauro 24, Tel. 081/7647589.

*** **Rex (27)**, älterer Hafenpalazzo in einer Seitenstraße der Uferstraße N. Sauro, sparsam ausgestattet, insgesamt aber eins der besten dieser Kategorie. DZ L. 126.-186.000, ohne Bad L. 95.-126.000, inkl. Frühstück, welches im Zimmer serviert wird, da es keinen Frühstücksraum gibt. Via Paleopoli 12, Tel. 081/7649389.

* **Astoria (26)**, gute Lage, im ersten Stock eines typischen Palazzo des Santa-Lucia-

Viertels, preisgünstig. Zimmer nur ohne Bad, keine Ansprüche stellen. DZ L. 60.000, Frühstück ist nicht vorgesehen. Via Santa Lucia 90, Tel. 081/7649903.

• _Vomero_: *** **Belvedere (5)**, herrliche Panoramalage hoch über der Stadt, direkt neben der Certosa di San Martino gelegen. Modernisierter Flachbau mit abenteuerlicher Hangterrasse, Restaurant, abends die letzte Funicolare nicht verpassen. DZ L. 200.000, ohne Bad L. 140.000, inkl. Frühstück. Via Tito Angelini 51, Tel. 081/5788169.

• _Mergellina_: ** **Ausonia (4)**, direkt am Mergellina-Hafen im Innenhof eines alten Uferpalazzo. Guter Gesamteindruck, DZ L. 90.-160.000, ohne Bad L. 90.-100.000, ohne Frühstück. Via Caracciolo 11, Tel. 081/682278.

**Jugendherberge/Ostello Mergellina (1)**, 200 m vom Mergellina-Bahnhof entfernt, neueres Gebäude, 200 Betten, DZ und Mehrbettzimmer, etwas laut wegen der Züge. Einlaß um 14 Uhr, Schließzeit 0.30 Uhr. Übernachtung mit Frühstück L. 22.000, im DZ L. 25.000, Abendessen auf Wunsch (L. 14.000), ganzjährig geöffnet, auch hier rechtzeitig reservieren. Salita della Grotta a Piedigrotta 23, Tel. 081/7612346.

### Il Pulcinella

Keine Figur ist den Neapolitanern näher als Pulcinella. Zum unverwechselbaren Erscheinungsbild gehören das weite, weiße Gewand mit der großen Mütze und vor allem die schwarze Gesichtsmaske mit der Vogelnase. Die Pulcinella-Figur stammt aus der italienischen *Commedia dell'arte*, dem komödiantischen Volkstheater, wo sie den listigen, in neapolitanischer Mundart sprechenden Diener mit dem losen Mundwerk verkörpert. Pulcinella war im 17. Jh. in ganz Europa als Figur des Puppenspiels beliebt. Neben dem frechen Mundwerk lebt Pulcinella auch durch die typisch neapolitanische Gebärdensprache mit vielsagender Mimik sowie zahlreichen verschlüsselten Hand- und Fingerhaltungen. Die Pulcinella-Eigenschaften sind den Neapolitanern wie auf den Leib geschrieben: Beobachtet man zwei oder mehr Neapolitaner im Gespräch, erkennt man an ihrer gestenreichen Körpersprache sofort, daß Pulcinella in ihnen lebt. – Die Altstadt-Händler sind natürlich auf Pulcinella-Puppen in allen Variationen spezialisiert.

# Sehenswertes

## Neapels Altstadt

**In der Altstadt pulsiert das wahre, das volkstümliche Neapel; hier lebt das neapolitanische Volk seit Jahrhunderten nach eigenen Gesetzen. Aus Platzmangel entstanden in diesem engen Gassengewirr bereits im 15. Jh. mehrstöckige Wohnhäuser, die ersten Hochhäuser Europas, die seither kein Sonnenlicht mehr reinlassen.**

Man lebt, wohnt und arbeitet mehr auf der Straße als im Haus. Viele Anwohner schlagen sich mit allen Mitteln hart am Existenzminimum durch.

*Finstere Gassenschluchten in der Altstadt*

Schmuggel gehört ebenso zum Alltag wie das tägliche Vergebungsgebet. Illegale Kinderarbeit ignoriert die gesetzliche Schulpflicht, die hohe Arbeitslosigkeit zeichnet für viele den Weg zur Kriminalität vor. Zigaretten werden an jeder Ecke von alt und jung verschoben, Glücksspiele finden in Hauseingängen statt, Losverkäufer machen dem staatlichen Lottomonopol unverhohlen Konkurrenz, und unter mancher Gemüsekiste verbirgt sich Hehlerware.

Die soziale Misere ist ein seit langem anhaltender Dauerzustand, und Veränderungen scheint niemand ernsthaft zu wollen. Bauliche Sanierungsmaßnahmen greifen nicht, und die letzten Erdbebenschäden von 1980/81 sind nur notdürftig behoben. – Aber auch der bescheidene Touristenstrom, der sich täglich durch diese eigentümliche Altstadt schiebt, gehört zur Realität des Viertels und belebt die Szenerie. Im Schatten von Armut und Kriminalität stöbern neugierige Napoli-Touristen in den Antiquitäten- und Kuriositätenläden herum, betreten die Verkaufswerkstätten der legendären Krippen- und Puppenmacher und haken das Besichtigungsprogramm der zahlreichen Altstadtkirchen ab.

## Spaccanapoli

"Zerteile bzw. spalte Neapel", so heißt die zentrale Altstadtgasse, die das historische Zentrum gradlinig wie ein Schnitt durchläuft. Das Kernstück dieses insgesamt ca. 3 km langen Altstadt-Rückgrats wird von den großen Straßenzügen der *Via Duomo* und *Via Roma* begrenzt. In seiner vollen Länge (von Ost nach West) heißt der Spaccanapoli offiziell *Via Forcella*, *Via Vicaria Vecchia*, *Via San Biagio dei Librai*, *Piazzetta Nilo*, *Via Benedetto Croce* und *Via Pasquale Scura*, aber unter diesen Straßennamen, die alle paar Meter wechseln, kennt ihn nur der Stadtplan. Schon in der griechisch-römischen Antike befand sich hier das Siedlungszentrum von *Neapolis*. Metertief verschüttet, aber ungefähr dem heutigen Verlauf des Spaccanapoli entsprechend, hat man hier die antike Hauptstraße, den *Decumanus maior* entdeckt. In der frühen Neuzeit war dieser Altstadtbereich noch ein bevorzugtes Wohngebiet der neapolitanischen Adelsfamilien, aber im Zuge der Stadterweiterungen hat sich das alte Zentrum langsam, aber endgültig zum Armenviertel gewandelt. Heute lebt hier nur noch der echte Neapolitaner in Verhältnissen, die sich jedem soziologischen Beschreibungsversuch entziehen. Die Wohnsituation ist vor allem in den sogenannten *Bassi*, den größtenteils fensterlosen Kellerwohnungen, katastrophal; in einem Raum leben dort oftmals ganze Familien. Über kurz oder lang stirbt diese Altstadt an sich selbst, wie seit Jahrzehnten, wenn nicht Jahrhunderten behauptet wird. Jedenfalls gleicht das historische Zentrum einem Armenhaus, auch wenn die Geschäftigkeit in den Läden und Werkstätten am Spaccanapoli und in den weitverzweigten Nebengassen durchaus den Eindruck von halbwegs normalen Lebensverhältnissen erweckt.

### Totò und Troisi

In der Vermarktung des neapolitanischen Brauchtums und kulturellen Erbes sind die Altstadt-Händler wirklich talentiert. Immer wieder stößt man in den Antiquitäten- und Kuriositätenläden auch auf die Gesichter von Totò und Troisi. Während Totò zumeist mit chaplinesker Miene dreinschaut, blickt Massimo Troisi seine Betrachter eher sentimental an. Die zahllosen Schwarzweißfotos dieser beliebten neapolitanischen Schauspieler sind zum Teil gerahmt, zum Teil abgegriffen – aber ob die vielen Original-Autogramme auch wirklich echt sind oder nur geschickte neapolitanische Fälschungen, das muß jeder potentielle Käufer selbst entscheiden.

*Totò* (1898–1967), mit bürgerlichem Namen *Antonio de Curtis Gagliardi Ducas Comneno di Bisanzio*, war einer der ganz großen Komiker der Weltkinematografie. Sein komisches Repertoire war mindestens so facettenreich wie das von Charlie Chaplin. Zum unverwechselbaren Outfit dieses adligen Neapolitaners gehörten der schäbige Zylinder, die zu weiten Hosen und die bunten Socken. Der italienische Publikumsliebling, der in Deutschland weniger bekannt ist, hat annähernd einhundert Kino- und Fernsehfilme gedreht und war außerdem ein vielbeschäftigter Theaterschauspieler. U. a. arbeitete er mit so bekannten Regisseuren wie *Roberto Rossellini*, *Sergio Corbucci*, *Pier Paolo Pasolini* und *Eduardo De Filippo* zusammen.

*Massimo Troisi* (1953–1994), neapolitanischer Schauspieler und Regisseur, mit 41 Jahren an Herzinfarkt gestorben. Cineasten wird seine letzte Filmrolle in *Il Postino* (Der Postmann; 1994) von Michael Radford unvergeßlich sein, wo er als der schüchterne Briefträger Mario zum Freund des großen chilenischen Dichters Pablo Neruda (Philippe Noiret) wird, der im Exil auf einer kleinen italienischen Insel lebt. Von Neruda lernt der unbeholfene Mario die Magie der Worte kennen und macht damit seine erste Eroberung. Der Film Il Postino wurde teilweise auf der Golfinsel Procida gedreht (→ S. 167).

## Kirchen der Altstadt

Im Altstadtviertel gibt es überraschend viele Kirchenbauten. Von den Armen werden diese Gotteshäuser wie prunkvolle öffentliche Säle frequentiert, und vor den Kirchenportalen haben die Bettler ihr Revier gefunden. – Im folgenden eine Beschreibung der wichtigsten Altstadtkirchen, vom majestätischen Dom des Schutzheiligen San Gennaro bis zur idyllischen Klosterkirche der Heiligen Chiara. Die Kirchen Neapels sind in der Regel vormittags von 9 bis 12 Uhr und nachmittags von 16 bis 19 Uhr geöffnet, am Sonntagnachmittag jedoch geschlossen.

▶ **Duomo San Gennaro**: Diese großartige Altstadtkathedrale beherbergt aus der Sicht der ehrfürchtigen Neapolitaner in erster Linie die sterblichen Überreste ihres Schutzheiligen *San Gennaro.* Dieser Heilige Januarius wird in Neapel wie kein anderer verehrt, obwohl er im offiziellen Heiligenkalender des Vatikans nur zweite Wahl ist. Von dem gewaltigen Dom sieht man zunächst die strenge neugotische Fassade aus dem 19. Jh., während das Portal noch originale Bauelemente aus dem späten Mittelalter enthält. Bauherren waren die im 13. und 14. Jh. in Neapel residierenden Anjou. Der dreischiffige gotische Bau blieb bis zu seiner Barockisierung im 17. und 18. Jh. stilecht. Seitdem prangt hier alles im prunkvollen Barockstil; Decken und Wände der großen Kirchenschiffe sind mit üppig vergoldeten Gemälden des 17. Jh. verziert. Sehenswert sind vor allem die vielen Kapellen und Grabmäler in den Seitenwänden und Apsiden. In der Innenwand des Hauptportals befindet sich auch das *Grabmonument* des Domerbauers *Karl I. von Anjou.*

*Eingang zum Dom*

Durch das rechte Seitenschiff gelangt man in die **Cappella del Tesoro di San Gennaro.** In dieser ehemaligen Domkrypta, die im 16. und 17. Jh. zu einer würdigen Domkapelle umgestaltet wurde, werden die *Reliquien* des neapolitanischen Schutzheiligen aufbewahrt. Im Hauptaltar lagern neben den Gebeinen des heiligen Märtyrers auch zwei Ampullen seines Bluts. Zweimal im Jahr erlebt der San-Gennaro-Kult seinen Höhepunkt; am 19. September, dem Todestag des Heiligen, und am ersten Maiwochenende ereignet sich das berühmte *Wunder der Blutverflüssigung.* Dann befindet sich ganz Neapel im festlichen Erwartungstaumel, und der Dom ist übervoll mit Schaulustigen; vor allem wenn der Erzbischof das Blutwunder den Gläubigen höchstpersönlich präsentiert. Falls es mit dem Wunder einmal nicht klappt und das Blut trocken bleibt – was durchaus vorkommt –, bedeutet das Unglück für die Stadt. Unvergeßlich ist noch allen die mißglückte Blutverflüssigung vom September 1980, als einige Wochen später das verheerende kampanische Erdbeben auch in Neapel große Schäden anrichtete; oder die Verflüssigungs-Schlappe vom Mai 1988, die dem Fußballclub *SSC Neapel* doch glatt die Meisterschaft, den begehrten *Scudetto* kostete.

Der Domkomplex befindet sich übrigens nachweislich an der Stelle eines griechisch-römischen Tempelbezirks. Zur Zeit des frühen Christentums ließ *Kaiser Konstantin* hier um 320 den ersten Kirchenbau Neapels, die **Chiesa Santa Restituta**, errichten. Diese frühchristliche Basilika wurde im 14. Jh. teilweise in den Domneubau integriert. Der Zugang zur ehemaligen Basilika befindet sich im linken Seitenschiff des Doms. Ein grandioses Deckengemälde von *Luca Giordano* (17. Jh.) schmückt die Kirche; es zeigt die Überfahrt der nordafrikanischen Märtyrerin Restituta. Sehenswert sind außerdem das spätmittelalterliche *Apsismosaik* sowie die beiden *Reliefplatten* aus Marmor, die die Geschichte des Josef im hochmittelalterlichen Stil darstellen (um 1200 entstanden). Hinter der Apsis der Restitutakirche befindet sich das *Baptisterium San Giovanni in Fonte*, ein frühchristliches Taufbecken aus dem 5. Jh., das wegen seiner seltenen Oktogonalform kunstgeschichtlich sehr wertvoll ist.

Auch die archäologischen Ausgrabungen unterhalb; der Kirche können besichtigt werden; täglich 9-12 und 16.30-19 Uhr, sonn- und feiertags nur vormittags, Eintritt L. 5.000.

Zum San-Gennaro-Kult gesellt sich auch die neben dem Domkomplex stehende barocke **Heiligensäule**, eine sogenannte *Guglia*, die im Jahr 1660 als erste der zahlreichen neapolitanischen Heiligensäulen enthüllt wurde.

### Wunder oder fauler Zauber

Blutwunder sind im erzkatholischen Italien keine Seltenheit. Zumeist sind es Christus- oder Madonnendarstellungen, denen die Flüssigkeit entweicht. Um die vermeintlichen Wunder nicht zu entmystifizieren, läßt die katholische Kirche die chemische Analyse dieses Heiligenbluts nicht zu, so auch im Fall von San Gennaro, dessen Wunderblut in zwei versiegelten Glasampullen aufbewahrt wird. Wissenschaftler sind sich jedoch ziemlich sicher, daß es sich bei dieser rätselhaften Substanz um ein sogenanntes *thixotropes Gel* handelt. Dieses Gel ist im Ruhezustand etwa so fest wie Pudding, wird aber flüssig, sobald man es schüttelt. Schon die Alchimisten des Mittelalters hatten es aus Kalziumkarbonat, Kochsalz und einer Eisenverbindung einfach herstellen können.

▶ **San Lorenzo Maggiore**: größte neapolitanische Klosterkirche des Franziskanerordens; bereits ab 1270 mit Unterstützung der angiovinischen Könige errichtet. Die Bauzeit fiel in die Stilepoche der *Frühgotik*, die durch den Bettelorden der Franziskaner auch im Süden Italiens Verbreitung fand. Doch in San Lorenzo Maggiore wurden die vertikal ausgerichteten gotischen Formen nicht stilecht ausgeführt, wie man vor allem am breiten, saalartigen

Innenraum mit offenem Dachstuhl erkennen kann. Der Chorraum jedoch verkörpert reinste französische Gotik. Die Fassade wurde nach dem Erdbeben von 1731 im Geschmack des Barock verändert. Sehenswert sind die zahlreichen freskenverzierten Kapellen und monumentalen Grabmäler.

Der angrenzende **Klosterkomplex mit Kreuzgang** diente im 14. und 15. Jh. zeitweilig als Versammlungsort des Stadtparlaments. *Petrarca* und *Boccaccio*, die großen italienischen Humanisten des 14. Jh., waren hier einst Gäste der Ordensbrüder.

Ähnlich wie der Dom hat auch die Kirche San Lorenzo Maggiore eine interessante Vorgeschichte aufzuweisen. An dieser Stelle befand sich im 6. Jh. bereits ein frühchristlicher Vorgängerbau. Von dieser **Laurentiuskirche** sind u. a. Teile des Mosaikfußbodens erhalten geblieben. Der Grundriß der frühchristlichen Bischofskirche ist durch Messinglinien auf dem Boden des Mittelschiffs gekennzeichnet. Damit nicht genug: Nachweislich wurde die Laurentiuskirche auf einem *griechisch-römischen Marktplatz* errichtet, von dem u. a. eine Ladengasse mit steinernen Verkaufstischen freigelegt werden konnte.

Die archäologischen Ausgrabungen unterhalb der Kirche können besichtigt werden; werktags (außer Di) 9-13 und 16-18.30 Uhr.

▸ **San Paolo Maggiore**: einst schlichte Ordenskirche der Theatiner; gegen Ende des 16. Jh. errichtet und damit einer der repräsentativsten Kirchenbauten des neapolitanischen *Frühbarock*. Die Seitenschiffe und Kapellen kamen erst später hinzu. Die imposante Treppenanlage ist noch der manieristischen Formgebung verhaftet. Im Innern überwiegt eine reiche Ausstattung mit Wand- und Deckengemälden im Barockstil.

▸ **San Gregorio Armeno**: ebenfalls eine Ordenskirche mit angeschlossenem Kloster, in dem sich noch einige Benediktinerinnen in Klausur befinden. Bereits im 10. Jh. verehrten hier armenische Benediktinerinnen ihren Hl. Bischof Gregor. Die heutige Kirche stammt allerdings aus dem 16. Jh.; die Hanglage machte damals eine Fassadenkonstruktion mit Freitreppe und Vorhalle notwendig. Im Innern beeindrucken die vergoldete Holzdecke und die Kuppelfresken von *Luca Giordano*, die aus dem wundersamen Leben des Hl. Gregorius erzählen.

### Via San Gregorio Armeno – die Krippengasse

Die Via San Gregorio Armeno ist nicht nur eine typisch neapolitanische Altstadtgasse, sondern auch die skurrile Ladengasse, in der die berühmten Weihnachtskrippenmacher von Neapel arbeiten. Doch heute ist hier nicht mehr alles Gold, was glänzt; während die talentierten Kunsthandwerker immer seltener werden, verkaufen immer mehr routinierte Händler industriell gefertigte Krippen und Zubehör. Zur Adventszeit herrscht in dieser Gasse der heiligen Puppenstube natürlich Hochkonjunktur.

In der Kirchengeschichte wird die Entstehung der *Kirchenkrippe* auf *Franz von Assisi* zurückgeführt, der erstmals zur Weihnachtszeit eine Figur des Jesuskinds im Futtertrog neben dem Altar aufgestellt hatte. Im

Lauf der Zeit kamen Josef und Maria, die heiligen drei Könige sowie weitere bekannte Figuren und Tierdarstellungen hinzu. Die private *Hauskrippe*, eine Kopie der Kirchenkrippe, taucht erstmals im 16. Jh. auf. Erst im 18. Jh. begann sich die neapolitanische Krippenbaukunst so richtig zu entwickeln, zu einer Zeit, als jede Familie, die es sich leisten konnte, eine eigene Hauskrippe aufstellte. Die Herstellungstechnik der Krippenfiguren entwickelte sich dabei von der Ganzfigur zur zusammengesetzten Figur. Die geschnitzten Holzgliedmaßen werden mit einem Drahtgeflecht verbunden und erhalten einen Kopf aus Ton sowie Kleidungsstücke aus Stoff. Mit der Hauskrippe für jedermann nahm auch die Profanisierung der ursprünglichen Krippenszene zu – was ein besonderes Kennzeichen der neapolitanischen Krippe geworden ist. Die Weihnacht im Stall von Bethlehem geriet so langsam in den Hintergrund, und in den Mittelpunkt rückte der neapolitanische Alltag mit seinen deftigen häuslichen Szenarien. Zu diesen profanen Krippeninszenierungen gehören so "heilige" Figuren wie der spaghettiessende Familienvater, der pfeiferauchende Kartenspieler, die tanzende Kellnerin u. v. m. So wie wir schmücken auch die Neapolitaner ihr Weihnachtsfest mit einem Nadelbaum; doch für so manche Riesen-Krippe dürfte der Baum eher schmückendes Beiwerk sein als umgekehrt. (→ Museo Nazionale di San Martino: große Krippenausstellung, S. 112)

*Einkaufen*: **Ferrigno**, Via San Gregorio Armeno 8, Manufaktur für traditionelle neapolitanische Krippenfiguren, Familienbetrieb seit 1836. **Capuano**, Via San Gregorio Armeno 28, alteingesessene Werkstatt für typisch neapolitanische Krippenszenarien.

▸ **San Angelo a Nilo**: Diese kleine Stiftskirche am Spaccanapoli ließ Kardinal *Brancaccio* gegen Ende des 14. Jh. bauen. Falls die künstlerisch wertvollen Original-Holztüren des Portals geöffnet sind, kann man das Grabmal des Kardinals bewundern (unregelmäßige Öffnungszeiten). Es handelt sich um eine gemeinschaftliche Steinmetzarbeit der berühmtesten toscanischen Bildhauer der Frührenaissance, nämlich *Michelozzo* und *Donatello*. Dieses sogenannte Baldachingrab zeigt neben den mittelgroßen Trägerstatuen und dem aufgebahrten Kardinal u. a. auch einen kunstvoll gemeißelten Vorhang mit Faltenwurf.

▸ **San Domenico Maggiore**: An der für neapolitanische Altstadtverhältnisse recht lauschigen Kirchenpiazza, mit dem berühmten Kaffeehaus *Scaturchio* steht erneut eine Ordenskirche mit angeschlossenem Kloster. Hier hatte der Bettelorden der *Dominikaner* seine neapolitanische Stammkirche. Dieser Predigerorden, der u. a. die Ketzerbekehrung zu einer seiner Hauptaufgaben machte, brachte mit *Thomas von Aquin* einen bekannten Gelehrten hervor, der von 1272 bis 1274 in Neapel lebte und an der Universität lehrte.

Diese große, äußerlich schmucklose Dominikanerkirche aus dem 14. Jh. verkörperte ursprünglich reinste gotische Formen, wovon nach den vielen Um- und Anbauten sowie Restaurierungen kaum noch etwas übriggeblieben ist. Der Eingang von der Piazza führt durch das zweiteilige Treppenhaus überraschenderweise direkt in den Altarbereich. Zur Kirchenausstattung gehörten früher sogar einige Werke *Tizians*, die heute in der Gemäldegalerie von Capodimonte hängen. Geblieben ist die üppige Barockausschmückung der zahlreichen Kapellen und Grabmäler.

*San Domenico Maggiore*

Wer sich angesichts der Kirchenpracht den heiliggesprochenen Thomas von Aquin vorstellen kann, gekleidet im weißen Habit mit Kapuze und schwarzem Mantel, glaubt vielleicht auch an das überlieferte Wunder, das sich in der Kreuzkapelle im Westschiff ereignet hat, wo der Christus einer Kreuzigungsdarstellung mit Thomas Zwiesprache geführt haben soll. Auch der genaue Wortlaut dieses Dialogs unter vier Augen ist bekannt: "Du hast Gutes über mich geschrieben, Thomas. Welche Gnade darf ich dir erweisen? Keine andere als dich, Jesus!"

Auf der **Kirchenpiazza** steht die sog. *Pestsäule*, die an die verheerende Epidemie von 1656 erinnert. Die Bronzestatue stellt den Ordensgründer *Dominikus* in der Pose eines Schutzheiligen dar.

▶ **Cappella San Severo**: Diese Privatkapelle eines geheimnisvoll-exzentrischen Adligen des 18. Jh. ist heute als **Privatmuseum** eingerichtet und gehört zu den skurrilsten Touristenattraktionen der Altstadt. Die unauffällige ehemalige Hauskapelle liegt etwas versteckt in der Via de Sanctis 19 oberhalb der Piazza San Domenico Maggiore.

Der ganze Innenraum dieser raffiniert beleuchteten Kapelle ist mit Skulpturen und Fresken relativ unbekannter neapolitanischer Künstler bedeckt. Anfangs läßt sich daran nichts Besonderes erkennen, aber nach und nach kommt eine etwas unheimliche, makabre Stimmung auf. Auch die leise Requiemmusik im Hintergrund verfehlt ihren Zweck dabei nicht. Einen Höhepunkt bildet die anmutige Skulptur des aufgebahrten, verhüllten Christusleichnams – *Il Cristo velato* –, die auf den ersten Blick wie eine perfekt gearbeitete Marmorskulptur wirkt. Doch angesichts der hauchdünnen Marmordecke, die wie ein feuchtes Tuch über dem Körper liegt, kommen berechtigte Zweifel auf. Bedenkt man, daß der geheimnisumwitterte Adlige und Gründer dieses Museums ein genialer Erfinder und Alchimist gewesen ist, so erscheinen die ausgestellten Marmorskulpturen in einem anderen Licht. Tatsache ist, daß derartig filigrane und transparente Skulpturen, wie sie hier zu sehen sind, nicht aus echtem Marmor herzustellen sind. Das Geheimnis ihrer Entstehung hat der adlige Schöpfer *Raimondo di Sangro*, der übrigens auch hier bestattet liegt, mit ins Grab genommen. Makaber erscheinen aber vor allem die vor über 200 Jahren mit einem geheimnisvollen Elixier konservierten Leichname eines Mannes und einer schwangeren Frau. Deutlich erkennt man das Skelett der Körper, durchzogen von versteinerten Adern, haarfein bis fingerdick. Der grausame Gedanke, daß die beiden noch am Leben waren, als der Magier ihnen das Zaubermittel injizierte, das ihre Blutbahnen für immer zu Stein werden ließ, mag vielleicht so manchen Altstadtbummler von einem Besuch dieses Privatmuseums abhalten.

*Öffnungszeiten*: werktags (außer Di) 10-17, sonn- und feiertags 10-13 Uhr, Eintritt L. 6.000.

▸ **Gesù Nuovo**: Diese Jesuitenkirche an der gleichnamigen Piazza wurde Ende des 16. Jh. erbaut, und zwar unter Verwendung der Rustikafassade eines Renaissance-Palazzos aus dem 15. Jh. Auch das dekorative Portal stammt noch von dem herrschaftlichen Gebäude, das einst zum Besitz der Adelsfamilie *Sanseverino* gehörte. Jeder Neapolitaner, der diese Altstadtkirche betritt, erweist zunächst *Giuseppe Moscati* seine Ehrerbietung, dessen Porträt in das Hauptportal eingelassen ist; dieser fromme Arzt erhielt 1975 die Seligsprechung durch den Papst.

Kontrastreicher läßt sich der Übergang von innen und außen nicht denken; denn hinter der stachligen, abstoßend wirkenden Fassade entfaltet sich eine barocke Pracht, die dem neapolitanischen Hang zur dekorativen Verspieltheit voll und ganz entspricht. Blickfänge bilden in erster Linie die prächtigen Altäre mit ihren großen Statuen, faszinierenden Altarbildern und die bewegenden Deckenfresken.

Auf der **Piazza Gesù Nuovo** hingegen steht eine imposante *Mariensäule*. Die vergoldete Madonna ersetzt seit 1750 das von den Neapolitanern zerstörte Reiterstandbild des unbeliebten Bourbonenherrschers *Philipp V.*, einem Enkel des französischen Sonnenkönigs *Ludwig XIV*. Die obeliskartige Monumentalsäule erstickt geradezu im barocken Dekor.

*Stachlige Fassade – Gesù Nuovo*

▸ **Santa Chiara**: die vielleicht interessanteste Altstadtkirche mit dem größten Klosterkomplex Neapels. Trotz ihrer strengen, gotischen Formgebung ist Santa Chiara die beliebteste Hochzeitskirche der Stadt. Den zahlreichen Bettlern im Vorhof kann man angesichts ihrer

*Mariensäule auf der Piazza Gesù*

theatralischen Gebärden kaum ein Almosen verweigern.

Anfang des 14. Jh. ließen *Robert der Weise* und *Sancha de Mallorca*, das damals beliebte Königspaar, dieses rein gotische Gotteshaus mit Campanile errichten. Die Eingliederung des Klarissenklosters geschah auf ausdrücklichen Wunsch der Königin und hatte Folgen für die bauliche Gestaltung der Kirche. Hinter der strengen Fassade erstreckt sich ein ebenso strenger und schmuckloser Innenraum, der ohne Querhaus und Chorraum endet. Hinter der aufragenden Altarwand mit dem Spitzbogenfenster verbirgt sich der *Nonnenchor*, in dem die Klarissen dem Gottesdienst abgeschirmt beiwohnten. Die Stirnwand des Kirchenschiffs mußte deshalb als Trennwand konzipiert werden. Sehenswert ist vor allem das monumentale Grabmal Roberts des Weisen; auf dieser Totenkammer ist die halbe Herrscherfamilie in Reliefformat versammelt.

Der angrenzende **Chiostro delle maioliche** (Klosterhof), den man über einen separaten Seiteneingang betritt, ist in seiner heutigen Anlage eine Werk des 18. Jh. Die einstige Strenge ist vollständig aufgehoben. Wo früher die Klarissen in schmuckloser Frömmigkeit auf und ab schritten, erstreckt sich heute ein paradiesischer Garten mit Zitrusbäumen und Weinranken. Die Umgestaltung geschah auf Wunsch der Bourbonenkönigin *Amalia von Sachsen*, die sich gerne hier aufhielt. Die eigentliche Attraktion dieses Klosterhofs sind die kunstvoll gefliesten Gänge und Bänke des Hofes. Farbenfrohe Kacheln mit verspielten Motiven und Ansichten verzaubern in Verbindung mit der üppigen Pflanzenpracht den Chiostro in eine idyllische Wandelhalle. Das angeschlossene **Museum** dokumentiert u. a. die bewegte Bau-, Umbau- und Restaurationsgeschichte von Santa Chiara. In diesem Kloster leben heute noch einige Franziskanermönche.

*Öffnungszeiten*: Chiostro und Museum, werktags (außer Mi) 9.30-13 Uhr und 15.30-17.30 Uhr, sonn- und feiertags nur vormittags; Eintritt angeblich frei, obwohl manchmal die Hand aufgehalten wird.

# Neapels große Altstadt-Straßenzüge

## Corso Umberto I. und Umgebung (Forcella-Viertel)

Unschön, aber wahr, der Corso ist eine abgasverseuchte Verkehrsader durch die Innenstadt und absolut keine touristische Flaniermeile. Im 19. Jh. wurde diese breite Hauptstraße nach dem Vorbild der Pariser Boulevards quer durch das Gassengewirr der Altstadt geschlagen. Die klassizistischen Prachtfassaden sind heute rußgeschwärzt, und der katastrophale Verkehr macht den Corso zur Bannmeile für Fußgänger. Aber auch die nähere Umgebung sollte man mit Vorsicht genießen, angefangen mit der **Piazza Garibaldi** am Hauptbahnhof, wo die Luft nach Meinung vieler vor Kleinkriminalität nur so knistert. Im angrenzenden **Forcella-Viertel** zeigt sich Neapels Innenstadt von ihrer unfreundlichsten Seite. In diesem Elendsviertel links und rechts vom Corso zwischen Piazza Garibaldi und **Piazza Nicola Amore** befindet sich das Zentrum des berühmt-berüchtigten neapolitanischen Schwarzmarkts. Wo tagsüber zahllose Waren fragwürdiger Herkunft und Qualität verschoben werden, blühen abends die einträglichen Camorra-Branchen Prostitution und Drogenhandel. – Also diese Gegend besser meiden, zumal der nahegelegene *Spaccanapoli* (→ S. 94) mit seiner proletarisch-volkstümlichen Atmosphäre schon genügend Nervenkitzel bietet.

## Via Roma/Via Toledo und Umgebung

Kilometerlange, schnurgerade Durchgangsstraße und westliche Altstadtgrenze; verkehrsgeplagt, aber dennoch Neapels beliebteste innerstädtische Flaniermeile mit angrenzenden Plätzen, prächtigen Baudenkmälern und traditionsreichen Geschäften.

- Die nördliche **Piazza Dante** mit ihrer markanten, im Halbkreis angeordneten Gebäudefront ist eine der schönsten Platzanlagen Neapels. Diese architektonisch durchgestylte Piazza wurde im 18. Jh. realisiert (seit 1996 sind umfangreiche Bauarbeiten im Gange). An der nordöstlichen Piazza-Ecke befindet sich das Stadttor **Port'Alba** (17. Jh.). Von diesem Torbogen mit Uhrturm führt eine schmale Gasse in das belebte Altstadtzentrum. Linkerhand gleich die palmenbestandene **Piazza Bellini**; eine kleine Oase im turbulenten Altstadtgewirr mit mehreren gemütlichen Straßencafés vor einer verwitterten Fassadenkulisse. Unter dem Pflaster der Piazza sind einige Meter der massiven Stadtmauern des antiken griechischen *Neapolis* freigelegt worden; man erkennt die großen gelben Tuffsteinquader aus denen die griechische Polis vor über 2.500 Jahren errichtet wurde (→ S. 29).

- **Quartiere spagnolo**: Als der Straßenzug Via Roma/Via Toledo im 16. Jh. unter dem spanischen Vizekönig *Don Pedro de Toledo* angelegt wurde als ein wichtiger städtebaulicher Beitrag zur Verbesserung der damals schon katastrophalen Altstadtsituation, entstand auch das im Westen angrenzende **Spanische Viertel**. Dieses Wohngebiet im Schachbrettmuster war für die spanischen Soldaten und Seeleute vorgesehen. Ein Jahrhundert später

Galleria Umberto I.

wurden die Spanier in Kasernen umquartiert und das Viertel stand den Altstadt-Neapolitanern zur Verfügung. Heute erstreckt sich hier ein Elendsgebiet echt neapolitanischer Prägung: In den engen, steilen Treppengassen hängt überall Wäsche, der Müll häuft sich, Mopeds lärmen, und die mehrstökkigen Wohnhäuser sind in einem erbärmlichen Zustand. Einige Stadtsanierer sähen das Spagnolo-Viertel am liebsten rigoros abgerissen, ohne Rücksicht auf gewachsene Strukturen und die dortige Bevölkerung. Touristen verirren sich hier nur selten.

▶ Am südlichen Ende der Via Toledo erhebt sich die **Galleria Umberto I.**, eine monumentale Glas- und Stahlkonstruktion mit Zentralkuppel aus dem späten 19. Jh., die nach dem Vorbild der Mailänder *Galleria Vittorio Emanuele II.* errichtet wurde. Der über 50 m hohe Oktogonalbau steht in der Tradition der großen europäischen Einkaufspassagen und überdachten Ladenstraßen des 19. Jh. Doch die Zeiten haben sich geändert, es gibt hier kaum noch Geschäfte, und die sehenswerte Galleria ist meist menschenleer. Ganz anders dagegen die schräg gegenüber abzweigende **Via Chiaia**; in dieser belebten, schicken Shoppingstraße trifft sich eine ebenso schicke Klientel zum gepflegten Einkaufsbummel.

▶ **Piazza Trieste e Trento und Piazza del Plebiscito**, diese beiden ineinander übergehenden Plätze bilden den südlichen Abschluß der Via Toledo und den repräsentativen Mittelpunkt der Innenstadt. Die Anlage der weitläufigen Piazza del Plebiscito wurde während der französischen Besatzung begonnen und unter dem Bourbonenkönig *Ferdinand IV.* beendet. Blickfang dieser halbkreisförmigen Monumental-Piazza sind die beiden platzfüllenden Großbauten **Chiesa San Francesco di Paola** und Palazzo Reale. Die klassizistische Gedächtniskirche ist dem Pantheon in Rom nachempfunden, während die durchgehende Kolonnadenreihe davor den vatikanischen Petersplatz nachzuahmen versucht. Im Innenraum ist der Blick in das gewaltige Rund der steinernen Kuppel lohnenswert.

Der gegenüberliegende **Palazzo Reale** blickt auf eine lange Baugeschichte zurück, die 1600 begann. Die drei Innenhöfe umschließende Königsresidenz besticht durch ihre dreigeschossige Prachtfassade mit 21 Fensterachsen und zahlreichen Steinskulpturen im Arkadenportikus. Das monumentale Treppenhaus entstand erst im 19. Jh. Heute beherbergt der Palazzo Reale

*Palazzo Reale*

u. a. die Nationalbibliothek. In den prachtvoll möblierten und freskenverzierten königlichen Gemächern des 1. Obergeschosses befindet sich eine vergleichsweise bescheidene Gemäldegalerie.
*Öffnungszeiten*: So-Di 9-13 Uhr, Do-Sa 9-18 Uhr; Eintritt L. 8.000.

▶ Gleich neben dem ehemaligen Königspalast das berühmte **Teatro San Carlo**, das 1737 in nur wenigen Monaten Bauzeit errichtet wurde. Mit Plätzen für 3.000 Zuschauern war es seinerzeit das größte Opernhaus Europas. Hier fanden zahlreiche Welturaufführungen statt; noch heute geht hier ein internationales Publikum ein und aus. (Führungen → S. 84; Theaterkarten → S. 89).

## Enrico Caruso (1873–1921)

Der weltberühmte Tenor erblickte in Neapel das Licht der Welt. Früh begann er seine Karriere als Straßensänger mit dem damals üblichen Repertoire an neapolitanischen Volksliedern, den *Canzoni napoletane*. Bereits als 16jähriger brillierte er in den städtischen Musikcafés mit Dialektliedern und erhielt seine ersten Gagen. Doch Caruso blieb kein treues Kind Neapels; nach einer gemäßigten Kritik, die auf ein Konzert im heimischen *Teatro San Carlo* folgte, drehte er der Stadt beleidigt den Rücken zu, ja mied bis auf wenige Auftritte sogar sein Vaterland, während er die Opernbühnen der Welt mit *O sole mio*, *Santa Lucia* und anderen Ohrwürmern eroberte. Seine Heimatverbundenheit beschränkte sich fortan auf die italienischen Emigrantenviertel in den USA. Als 30jähriger erhielt er ein Engagement an der *Metropolitan Opera* in New York. Nur zum Sterben kam das Sängergenie wieder nach Neapel zurück. 1973, anläßlich seines 100. Geburtstags, fand im Teatro San Carlo ein Gedenkkonzert mit den berühmtesten Tenören statt, und parallel dazu versöhnte sich auch das neapolitanische Volk wieder mit dem verlorenen Sohn, indem jeder seine alten Caruso-Schallplatten mit den Canzoni napoletane lautstark abspielte.

**Castel Nuovo**: Ein Stück weiter, die Via Vittorio Emanuele hinunter, ragt die mittelalterliche, wehrhafte Festung und königliche Residenz. Bereits gegen Ende des 13. Jh. konnte *Karl I.*, der erste angiovinische König von Neapel, seine herrschaftliche Stadtburg mit den markanten Rundtürmen beziehen. Die Burgkapellen sowie einen Saal malte der begnadete Trecento-Maler *Giotto* damals aus. Der zeitgemäße Umbau des Kastells im 15. Jh. erfolgte im Geschmack der Frührenaissance.

Das monumentale **Burgportal** im Stil eines *Triumphbogens* ist ein faszinierendes Meisterwerk der Frührenaissance. Die helle Marmorfassade zwischen den beiden dunklen Rundtürmen strahlt auf den ersten Blick wenig Harmonie aus; doch betrachtet man die vertikale Komposition des Triumphbogens im Detail, steigt die Begeisterung von Relief zu Relief. Im Prinzip handelt es sich um zwei übereinander gestellte Bögen, die im architektonischen Aufbau jeweils exakt ihren römisch-antiken Vorbildern entsprechen. Die zentrale Reliefdarstellung des Triumphzugs stammt von mehreren namhaften Renaissancekünstlern. Insgesamt waren nachweislich über zehn Bildhauer zwischen 1450 und 1470 an der Fertigstellung dieses königlichen Triumphbogens beteiligt, wobei laut Entstehungschronik unterschiedliche Entwürfe gegeneinander konkurrierten.

Der **Burghof** besitzt noch seine ursprüngliche Anlage; sehenswert ist neben der restaurierten Hofkapelle vor allem der riesige, kathedralenartige Festungssaal *Sala dei Baroni*, in dem auch heute noch gelegentlich das Stadtparlament tagt. Der Südflügel des Castel Nuovo beherbergt eine **Gemäldegalerie** mit Werken des 15.–20. Jh.

*Öffnungszeiten*: Castel Nuovo, Mo-Sa 9-19 Uhr, So 9-13 Uhr; Eintritt L. 7.000.

# Neapels große Museen

## Museo Archeologico Nazionale

Weltweit eines der größten Museen der antiken Kunst. Eine Besuch macht die Besichtigung von Pompeji und Herculaneum erst komplett. So einzigartig wie das mitunter rauchende und lautstark schwatzende Museumspersonal, so einzigartig ist auch die archäologische Sammlung, für die man sich Zeit nehmen sollte; eine optimale Nutzung der begrenzten Öffnungszeit (9–14 Uhr) ist ratsam. Wer außerdem die antike *Geheimkollektion* (→ S. 109) sehen möchte, muß einen schriftlichen Antrag bei der Museumsdirektion stellen.

Die unermeßlichen Fundstücke, die bei den systematischen Grabungen des 18. und 19. Jh. in den verschütteten Vesuvstädten Pompeji und Herculaneum zutage gefördert wurden, sprengten bald die zur Verfügung stehenden Räumlichkeiten des königlich-bourbonischen Hofs. Ein neues Museum mußte her. 1822 war es endlich soweit, das ehemalige Unversitätsgebäude am nordwestlichen Altstadtrand konnte nach langjährigen Umbauarbeiten bezogen werden. Mit einem feierlichen Umzug wurden die antiken Schätze aus dem königlichen Palast von Portici ins neue Nationalmuseum von Neapel

*Hier gibt es gleich zwei Triumphbögen – Castel Nuovo*

*Nero-Büste im Museo Archeologico*

gebracht, wo sie seitdem untergebracht sind. Die Museumseinweihung war ein internationales Ereignis, an dem Gelehrte aus aller Welt teilnahmen. Ein Kupferstich aus dieser Zeit illustriert den aufsehenerregenden Kunsttransport in allen Einzelheiten: Von Gendarmen eskortierte Ochsenkarren, mit Reiterstatuen, Büsten, Marmorplastiken und anderen antiken Fundstücken jeglicher Art beladen, wurden feierlich durch die Straßen von Neapel zum neuen Museumsgebäude gezogen. Heute sind diese Schätze weitgehend systematisiert, katalogisiert und der Öffentlichkeit zugänglich gemacht. Hinzugekommen sind weitere antike Sammlungen, die *Farnese*- und die *Borgia-Sammlung*, bei denen es sich vorwiegend um Monumentalstatuen aus dem antiken Rom sowie aus Ägypten handelt.

▸ **Erdgeschoß**: Zunächst betritt man das Museum durch das Atrium; dort sowie in den angrenzenden Sälen ist ein Großteil der monumentalen Marmorstatuen, Steinsarkophage, Großreliefs, Büsten, Köpfe, Bronzestatuen etc. untergebracht. Die Fülle an griechischen und römischen *Großplastiken* ist überwältigend, wobei die bildhübschen, ebenmäßigen Venusstatuen durch ihre Anmut herausragen. Das griechische Basrelief *Orpheus und Eurydike* mit einer der ergreifendsten Abschiedsszenen der Antike sollte man sich auf keinen Fall entgehen lassen. Einen weiteren Höhepunkt bildet der *Toro Farnese* (Farnesinische Stier); diese unlängst restaurierte Figurengruppe aus Marmor stammt aus den römischen Caracalla-Thermen und imponiert durch ihre Größe.

▸ **Zwischengeschoß**: Hier befinden sich die großartigen *Boden- und Wandmosaiken* aus Pompeji. Was man in der antiken Museumsstadt so enttäuscht vermißt, kann man hier endlich bestaunen. Das Prunkstück unter

## Eros in Pompeji

Die sagenhaften Schätze der antiken Vesuvstädte enthalten mehr, als dem aufgeschlossenen Besucher im Nationalmuseum gezeigt wird!

Die Religion, die die Römer bekanntlich von den Griechen übernommen hatten, war komplex und allgegenwärtig; aber daß die Götter auch als Wesen aus Fleisch und Blut verehrt und dargestellt wurden, das fiel bereits mit den ersten eindeutigen Ausgrabungsfunden in die Rubriken Moral und Verbot. Als ihr Blick auf die erotischen Malereien, Mosaiken, Skulpturen und Inschriften der Pompejaner fiel, reagierten die königlichen Sittenwächter sofort und zogen diese Erotika aus dem Verkehr. – Und bis heute hat sich daran im Grunde nicht viel geändert, wie die immer noch vorhandene *Geheimkollektion* des Nationalmuseums bestätigt, die ca. 250 erotische Darstellungen hütet wie die Henne das Ei.

*Dionysos*, ein Sohn des Zeus, bekannt als Gott des Weins und der Fruchtbarkeit, hieß bei den Römern *Bacchus* bzw. *Liber*. Sein bekanntestes Attribut war der mit Efeu und Reben umkränzte Thyrosstab; aber um ihn rankte sich auch ein ekstatisch-orgiastischer Geheimkult, in dem der Phallus die zentrale Rolle spielte. Folglich waren Phallusdarstellungen im antiken Pompeji verbreitet. In vielen pompejanischen Villen und Häusern wurden Phallus-Objekte aus Bronze, Terrakotta, Tuffstein und Marmor entdeckt; zumeist in Form von Trinkgefäßmasken, Hängelampen, Türglockenspielen und Statuetten, aber auch ganz ungeniert als erigierte Penisplastiken, die das Unheil vom Haus fernhalten sollten. Neben diesen kunstvoll gearbeiteten Objekten fand man auch zahlreiche Bodenmosaiken und Wandmalereien mit erotischen Szenen. Nicht nur die pompejanischen Schlafzimmer waren mit eindeutigen Fresken verziert. Und der Wegweiser zum städtischen Bordell, dem *Lupanar*, bestand natürlich aus einer Mauerverzierung mit richtungsweisendem Phallussymbol, während das dortige Angebot an käuflicher Liebe über den Liebeskammern auf Wandmalereien angepriesen wurde. Auch drastische sodomitische Kleinplastiken wie diejenige des Hirtengotts *Pan*, der sich mit einer Ziege vergnügt, gehörten zum religiös-erotischen Repertoire der Antike. Doch was den Pompejanern insgesamt als völlig normal und selbstverständlich galt, verbannten die entsetzten Entdecker des 18. und 19. Jh. als obszön und sittenwidrig in die Geheimkollektion, die zwischenzeitlich nur wenige Personen "reifen Alters und verbürgter Moral" zu sehen bekamen. Auch die gelehrten Italienreisenden der letzten zwei Jahrhunderte bekamen nur zu sehen, "was zu sehen erlaubt war", wie es offiziell hieß. Keiner von ihnen wollte der erste sein, der eine Sondergenehmigung beantragt. Heute ist es ähnlich, wohl kaum jemand beschreitet den bürokratischen Weg, um die erotische Geheimkollektion sehen zu können, obwohl man angeblich nicht einmal wissenschaftliche Gründe dafür angeben muß.

den zahlreichen detailgenauen Mosaikarbeiten ist das *Alexandermosaik*, ein ungefähr 3 x 5 m großes Bild, das aus ca. 1,5 Mio. Mosaiksteinchen gearbeitet worden ist und die berühmte Alexanderschlacht von 333 v. Chr. darstellt – jedem fleißigen Schüler als Issos-Keilerei bekannt. Es handelt sich bei diesem Pompeji-Original um eine im 2. Jh. v. Chr. angefertigte Kopie eines griechischen Gemäldes aus dem 4. Jh. v. Chr. Diese großartige Gefechtsszene stammt aus dem pompejanischen *Haus des Fauns*.

▶ **Obergeschoß**: zunächst der riesige *Grande Salone dell'Atlante* (Saal des Atlas) mit einem faszinierendem Deckengemälde aus dem 18. Jh. In den angrenzenden Sälen befinden sich u. a. die farbenfrohen Wandmalereien und kunstvoll geformten Bronzen aus den Vesuvstädten. In dem großen Repertoire an Bronzestatuen ist der *Fauno danzante* (tanzende Faun) hervorzuheben; diese Arbeit aus alexandrinischer Zeit besitzt eine Harmonie, die eigentlich erst viel später in den Bronzearbeiten der Renaissance erreicht wird. Wer auf den Geschmack gekommen ist, kann sich in den restlichen Sälen an der *antiken Kleinkunst* satt sehen. In den Vitrinen steckt eine unglaubliche Fülle an feinen Keramikarbeiten, Gold- und Silberschmuck, Glas und Kristall, geschliffenen Edelsteinen, Gebrauchsgegenständen aus dem täglichen Leben, Münzen etc.

*Anfahrt/Öffnungszeiten*: Piazza Museo (Metrostation Piazza Cavour), zu Fuß am besten die Via Roma hinauf. Täglich (außer Di) 9-14 Uhr, Eintritt L. 12.000.

## Museo e Galleria Nazionale di Capodimonte

Museum und Gemäldegalerie sind im ehemaligen Bourbonenschloß *Palazzo Reale di Capodimonte* untergebracht. Dieses königliche Sommerschloß mit dem weitläufigen Schloßpark steht ca. 5 km nördlich der Altstadt in herrlicher Hanglage. Die Residenz war von Anfang an auch als Museum konzipiert, das die umfangreiche Kunst- und Gemäldesammlung der süditalienischen Bourbonen-Dynastie beherbergen sollte. In der zweiten Hälfte des 18. Jh. avancierte Neapel unter dem Schloßerbauer *Ferdinand IV.* zur Künstlermetropole des Südens und zog auch zahlreiche nordeuropäische Künstler an, die vom Hof u. a. mit den notwendig gewordenen Gemälderestaurierungen betraut wurden. Neben der ständig erweiterten Gemäldesammlung gehörten auch eine Bibliothek und eine Porzellanmanufaktur zum königlichen Museum von Capodimonte. Nach dem 2. Weltkrieg gelangte das Schloß mit seinen unermeßlichen Kunstschätzen in Staatsbesitz, und es dauerte Jahrzehnte, bis ein angemessenes Museumskonzept realisiert wurde. Außerdem mußten 1980/81 noch zahlreiche Gemälde und Kunstgegenstände aus den erdbebenbeschädigten Kirchen und Museen der Innenstadt aufgenommen werden. Erst seit 1996 ist das Museum wieder vollständig geöffnet und zeigt in den restaurierten königlichen Gemächern und Sälen der ersten beiden Obergeschosse eine repräsentative Auswahl seiner umfangreichen Sammlung; darunter befinden sich einige wahre Kostbarkeiten.

*Anfahrt/Öffnungszeiten*: Stadtbusse ab Piazza Garibaldi und Piazza Dante bis zum Schloßpark. Di-Sa 10-19 Uhr, sonn- und feiertags 9-14 Uhr. Eintritt L. 8.000.

*Museo e Galleria Nazionale di Capodimonte mit Park*

- Im ersten Obergeschoß zunächst das großartige **Porzellanmuseum** mit feinster Ware aus den renommiertesten Manufakturen Europas. Einen Höhepunkt bildet das einzigartige *Salottino di porcellana* (Porzellanzimmer; 18. Jh.), das vollständig mit blumiger Keramik und Spiegeln im Rokokostil ausgestattet ist. Insgesamt besteht die Einrichtung des 30 qm großen Raums aus über 3.000 Einzelstücken. Die angrenzenden königlichen Gemächer sind derart prunkvoll eingerichtet und möbliert, daß es einem angesichts des Reichtums glatt die Sprache verschlägt; vor allem der zentrale Ballsaal ist übervoll mit edlen und künstlerisch wertvollen Accessoires.
- Im zweiten Obergeschoß dann die berühmte **Gemäldesammlung** in über vierzig Sälen. Vom 14. bis zum 18. Jh. sind alle wesentlichen Epochen vertreten: spätmittelalterliche Meister des 14. Jh., Renaissancemaler, Manieristen des 16. Jh., neapolitanische Meister des 17. u. 18. Jh.; darunter so weltbekannte Maler wie *Masaccio, Signorelli, Perugino, Botticelli, Fra Filippo Lippi, Raffael, Rosso Fiorentino, Pontormo, Vasari, Tizian, Pieter Breughel d. Ä.* und *Caravaggio.* Zu den bekanntesten Werken gehört Tizians anmutige *Danae*; erwähnenswert ist auch die *Tavola Strozzi* von 1464, die eine faszinierende Stadtansicht von Neapel zeigt. Insgesamt ein Hochgenuß für Kunstliebhaber. Und anschließend bietet der gepflegte **Schloßpark** oder das Museumscafé im Hof die notwendige Erholung.

# Neapel auf den Hügeln

## Vomero

Raus aus dem Dunst der Innenstadt, hinauf auf den luftigen Stadthügel Vomero, am besten mit der City-Schienenseilbahn, der *Funicolare centrale* (Talstation Nähe Piazza Trieste e Trento). In herrlicher Hanglage am Rand eines bürgerlichen Wohngebiets befinden sich gleich zwei touristische Highlights, die erholsame Parkanlage der Villa Floridiana und der wuchtige mittelalterliche Festungskomplex Castel Sant'Elmo mit der Certosa di San Martino.
Zurück empfiehlt sich ein Abstieg zu Fuß hinunter in die Altstadt (ca. 30 Min.). Von der Via T. Angelini (Zubringerstraße zur Certosa) führt ein gepflasterter Treppenweg hinunter; anfangs geht es vorbei an den gewaltigen Stützmauern der Festungsanlage, dann durch ein merkwürdiges Wohngebiet in extremer Steillage, je tiefer man kommt, desto ärmer werden die Wohnverhältnisse. Vom Corso Vittorio Emanuele führt dann die leider vielbefahrene Via Pasquale Scura direkt auf den Spaccanapoli.

▸ **Villa Floridiana**: Der Eingang zum Park der Villa liegt an der Via Cimarosa, wenige Fußminuten von der Endstation der Funicolare centrale entfernt. Die gepflegte Anlage ist Anfang des 19. Jh. nach dem Vorbild südenglischer Gärten gestaltet worden. Eine wirklich erholsame Oase mit üppiger Vegetation und verspielt angelegten Sitzgelegenheiten (der Park schließt eine Stunde vor Sonnenuntergang). In dem klassizistischen Landhaus des Parks ist ein ausgesprochenes Liebhabermuseum untergebracht, das **Museo Duca di Martina**, ein Porzellanmuseum mit Elfenbein- und Emaillesammlungen.
*Öffnungszeiten*: Di-Sa 9-14 Uhr, sonn- und feiertags nur bis 13 Uhr, Eintritt L. 4.000.

▸ **Castel Sant'Elmo**: Hierher geht man am besten über die Piazza Vanvitelli und durch das südliche Wohnviertel des Vomero; über breite Treppenwege gelangt man zu dieser mittelalterlichen Festung aus der ersten Hälfte des 14. Jh. Kein Gebäudekomplex Neapels ist, von unten betrachtet, gewaltiger und auffälliger als das Kastell mit dem angegliederten Kloster der Kartäusermönche aus dem gleichen Jahrhundert. Während die trutzige Festung nur zum Teil und nur anläßlich gelegentlicher Kunstausstellungen von innen zu sehen ist, beherbergt die **Certosa di San Martino** eine Fülle von Sehenswürdigkeiten. Die Klosterkirche und die dazugehörigen Sakralräume sind im 17. Jh. vollständig barockisiert worden und zwar von den namhaftesten Malern Neapels; somit präsentiert sich das Kloster wie ein städtisches Barockmuseum allererster Güte. Außerdem ist in der Certosa ein kulturhistorisches Museum untergebracht, das **Museo Nazionale di San Martino**, in dem historische Gemälde, Stiche und Zeichnungen sowie Stadtansichten aus verschiedenen Jahrhunderten zu sehen sind, aber auch allerlei typisch neapolitanisches Brauchtum; besonders hübsch ist die große Krippenausstellung berühmter neapolitanischer Krippenbauer (→ S. 98). Und anschließend den herrlichen Blick auf Neapel vom Klostergarten aus genießen.
*Öffnungszeiten*: Museo Nazionale di San Martino, Di-So 9-14 Uhr, Eintritt L. 8.000.

*Borgo Marinari*

### Posillipo

Der zweite Stadthügel Neapels, oberhalb des Fährhafens Mergellina. Schon zur Römerzeit waren die Küstenhänge des Posillipo ein begehrtes Wohngebiet betuchter Patrizier, die sich hier vor allem ihre Sommerresidenzen bauen ließen. Auch heute ist der Posillipo ein ausgesprochen nobles Viertel mit stattlichen Villen in großen Gärten. Zwar gibt es hier keine speziellen Sehenswürdigkeiten, aber der Panoramablick lohnt sich, zumal man mit der *Funicolare* (Talstation am Mergellina-Hafen) schnell oben ist.

## Neapel am Meer

Die Uferstraßen südlich der Innenstadt sind bis auf den Fähranleger *Molo Beverello* touristisch völlig uninteressant; Neapel am Meer heißt **Santa Lucia**. Dieses volkstümliche, ehemalige Fischerviertel erreicht man am besten von der Piazza del Plebiscito aus über die Via Santa Lucia. Ein ausgiebiger Streifzug durch die Gassen von Santa Lucia führt unmittelbar in den Alltag dieses ältesten Wohnviertels der Stadt.

▶ **Castel dell'Ovo**: Die Hauptattraktion von Santa Lucia steht auf einer Klippe im Meer und heißt wörtlich übersetzt Eier-Kastell. Die aus gelblichem Tuffstein errichtete Hafenfestung birgt der Legende nach nämlich ein vergilianisches Zauber-Ei, das der Stadt Schutz garantiert, so lange es heil bleibt. Die Klippe, auf der die Burg erbaut ist, war der Überlieferung nach die erste Anlegestelle griechischer Siedler in der Bucht von Neapel. Nachweislich gehörte der damals unbebaute Fels im 1. Jh. v. Chr. zum Küstengrundstück des römischen Politikers *Lucullus*, dessen Reichtum und luxuriöse

*Mergellina – Hafen mit Vesuv*

Lebensführung sprichwörtlich wurden. Im 5. Jh. siedelten hier erstmals Mönche aus Norditalien. Im 12. Jh. ließ der Normanne Wilhelm I. dann die trutzige Wasserburg errichten, und die Staufer bauten sie im 13. Jh. weiter aus. Die Uferpromenade (Borgo Marinari) dieses geschichtsträchtigen Castello ist an lauschigen Abenden ein beliebter Tummelplatz für Einheimische und Touristen; einige teure, aber stimmungsvolle Fischristoranti machen die Szenerie komplett. Die Festung selbst kann nur im Rahmen von Sonderausstellungen besichtigt werden.

▸ **Villa Comunale**: langgestreckter, gepflegter Uferpark westlich von Santa Lucia; nach dem *Parco di Capodimonte* (→ S. 111) die größte und beliebteste Grünanlage Neapels. Auf der benachbarten, mehrspurig befahrenen Uferstraße heult der Verkehr allerdings ohne Unterlaß. Der Bummel durch den schattigen, mit mehreren Brunnenanlagen bestückten Stadtpark gehört für viele neapolitanische Familien zum regelmäßigen Wochenendvergnügen; zahlreiche kleine Erfrischungsstände und Bars garantieren die Versorgung. Hauptattraktion ist das älteste **Aquarium** Europas, das zur angeschlossenen Meeresbiologischen Forschungsstation gehört. Der deutsche Zoologe *Anton Dohrn* gründete dieses wissenschaftliche Institut 1870. Der in Italien lebende deutsche Künstler *Hans von Marées* malte den großen Institutssaal mit heroisch-monumentalen Fresken aus. Der Freskenzyklus, der u. a. maritime Motive variiert, gehört zu den Hauptwerken Marées.

*Öffnungszeiten*: werktags (außer Mo) 9-18 Uhr, sonn- und feiertags 10-18 Uhr, Eintritt L. 3.000.

▸ **Abstecher zur Villa Pignatelli**: einige Fußminuten nordwestlich. Die prächtige klassizistische Parkvilla beherbergt u. a. ein lohnenswertes **Kutschenmuseum**. Die kunstvoll gearbeiteten Pferdefuhrwerke vermitteln einen anschaulichen Eindruck davon, wie stilvoll sich der neapolitanische Adel lange vor dem Automobilzeitalter durch die Stadt bewegte.

*Öffnungszeiten*: tägl. (außer Mo) 9-14 Uhr, Eintritt ca. L. 4.000.

▶ **Mergellina**: Westlich der Villa Comunale beginnt ein relativ vornehmes Wohnviertel mit großen, mehrstöckigen Hafenpalazzi der Jahrhundertwende. Der belebte Anlegeplatz ist Sport- und Fischereihafen gleichermaßen, aber vor allem Fährstation für die zahlreichen Inseltouristen und einheimischen Pendler von Ischia oder Capri.

## Neapel im Untergrund

Was Napoli-Besucher kaum wissen: Die ganze Stadt ist auf einem gewaltigen unterirdischen Höhlensystem erbaut. Über eine Million Quadratmeter Labyrinth sollen es insgesamt sein, dessen Kerngebiet sich von der Altstadt bis zum Capodimonte-Hügel erstreckt.

**Untergrund-Geschichte**: Die aus porösem Tuffstein bestehenden Bodenschichten Neapels waren schon von jeher mit natürlichen Grotten und Gängen unterhöhlt. Den ersten systematischen Abbau des gelblichen Tuffsteins als Baumaterial betrieben die Griechen, die damit das natürliche Höhlensystem erstmals künstlich erweiterten. Außerdem gruben die Griechen ihre verzweigten Nekropolen tief ins Erdinnere. Später zogen die Römer ein ausgedehntes Wasserversorgungssystem samt Wegenetz durch den neapolitanischen Untergrund. In den folgenden Jahrhunderten war es vor allem der Ausbau dieses römischen Wasserversorgungssystems, der Neapel weiter unterhöhlte. In der Frühzeit des Christentums suchten verfolgte Gemeinden in dem unterirdischen Labyrinth Schutz und erweiterten es erneut, indem sie dort ihre Kult- und Grabstätten errichteten und teilweise sogar ihre Behausungen. In der Folgezeit fungierten die Katakomben Neapels als heimliche Friedhöfe der Armen. Im 2. Weltkrieg wurden einige Höhlen offiziell zu Luftschutzbunkern ausgebaut, und die Schmugglerbanden der Nachkriegszeit nutzen den Untergrund bis heute als Warenlager und Versteck.

Immer wieder haben starke Regenfälle zu Höhleneinstürzen geführt, die an der Erdoberfläche wiederum Hauseinstürze und Erdaufbrüche zur Folge hatten. Die planlose Bautätigkeit der Nachkriegszeit hat die kritische Situation der ausgehöhlten städtischen Bodenschichten nicht gerade verbessert. Nach und nach soll der Untergrund jedoch saniert werden; internationale Architektenpläne sehen u. a. Tiefgaragen und Einkaufszentren auf mehreren Ebenen vor. Seit einigen Jahren kann ein abgesicherter, kleiner Trakt dieses sagenhaften neapolitanischen Labyrinths besichtigt werden.

• *Informationen/Führungen*: **Associazione Napoli Sotterranea**, Piazza San Gaetano 66/68, Tel. 081/296944. Die Gruppenführungen dauern ca. 2 Std. und werden auch deutschsprachig abgehalten. Man gelangt über 40 m tief in den neapolitanischen Untergrund und sieht u. a. einen nahezu intakten Teil des alten Wasserversorgungssystems – uns stockte der Atem. Ein Diavortrag schließt die Führung ab. Treffpunkt Altstadt-Piazza San Gaetano. Ganzjährig Führungen, Mo-Fr um 12, 14 und 16 Uhr, Do auch um 21 Uhr; Sa sowie sonn- und feiertags um 10, 12, 14, 16 und 18 Uhr. L. 10.000 pro Pers.

▸ **Catacombe di San Gennaro**: Die Katakomben des Hl. Januarius gehören zum unterirdischen Labyrinth Neapels und sind wegen der frühchristlichen Wandfresken und Grabstätten von besonderer Bedeutung. Die ältesten Fresken stammen aus dem 2. Jh., also noch aus der Zeit vor der offiziellen Anerkennung des Christentums im Weströmischen Reich. Im 5. Jh. avancierte diese liturgisch genutzte Grabstätte durch die Beherbergung der Gebeine San Gennaros zum Kultort der Januarius-Verehrung (→ S. 33). Noch bis ins 10. Jh. hinein diente der Komplex als Grabstätte der neapolitanischen Bischöfe und Herzöge. Die zum Teil sehr gut erhaltenen Fresken sind seltene Beispiele frühester christlicher Kunst.

*Öffnungszeiten*: vormittags täglich Führungen, Beginn um 9.30, 10.15, 11 und 11.45 Uhr, L. 5.000. Der Eingang befindet sich an der Via Capodimonte kurz vor dem Parco di Capodimonte (Busse ab Piazza Dante und Piazza Garibaldi).

## Renaissance in Neapel

Anfang des 16. Jh. befand sich Neapel voll und ganz im Renaissance-Rausch. Neben dem Grabmal des Kardinals Brancaccio in der Kirche San Angelo a Nilo (→ S. 99) und dem kunstvollen Triumphtor des Castel Nuovo (→ S. 106), gibt es für Renaissance-Liebhaber noch weitere gut erhaltene Baudenkmäler aus dieser revolutionären Stilepoche zu sehen.

▸ **Porta Capuana**: Das östliche Stadttor wurde gegen Ende des 15. Jh. im reinen Renaissance-Stil errichtet und zeigt sich noch heute in seiner vollen Pracht. Von der architektonischen Komposition ähnelt es dem Triumphtor des Castel Nuovo, doch der zwischen die beiden wehrhaften Rundtürme gezwängte Torbogen besitzt nicht ganz so faszinierende Reliefdarstellungen wie das königliche Portal. Der Gesamtentwurf stammt von dem Toskaner *Giuliano da Maiano.*

▸ **Palazzo Gravina**: einer der schönsten unter den feudalen Renaissance-Palazzi Neapels; am westlichen Altstadtrand gelegen. Die strenge Fassadengestaltung mit der deutlichen Trennung von Ober- und Untergeschoß steht den florentinischen und römischen Palazzi in seiner stilechten Harmonie in nichts nach. Der ebenfalls im ursprünglichen Zustand befindliche Innenhof kann betreten werden.

## Neapels moderne Büro-City

Die Wolkenkratzer des **Centro Direzionale** sind unübersehbar. Hinter dem Hauptbahnhof ist Neapels neueste Stadterweiterung in die Höhe gewachsen; ein modernes Büro- und Bankenzentrum, tagsüber vom Big Business belebt, abends menschenleer. Dieses neapolitanische Wallstreet-Viertel ist das komplette Kontrastprogramm zum historischen Neapel.

*Bucht von Pozzuoli*

# Westlich von Neapel: Bucht von Pozzuoli und Phlegräische Felder

**Der Küstenstreifen westlich von Neapel ist vollständig vom Hauch der griechisch-römischen Antike durchdrungen – aber mindestens ebenso stark von der hemmungslosen Be- und Zersiedlung der Jetztzeit geprägt.**

Damals und Heute prallen am Golfo di Pozzuoli unvereinbar aufeinander. Daß diese bizarre Küstenlandschaft einst zu den kulturbringenden Vorposten von Magna Graecia gehörte, und anschließend zum exklusivsten Wohngebiet des Römischen Kaiserreiches avancierte, läßt sich angesichts der tristen Gegenwart kaum glauben (Geschichte → S. 31). Ganz anders als die gepflegten Urlaubsgebiete am Golf präsentiert sich die Bucht von Pozzuoli als wildwüchsige Vorstadt von Neapel, in der kaum Rücksicht auf die glorreiche Vergangenheit genommen wird. Touristisch ist diese unwirtliche Gegend für diejenigen interessant, die sich auf eine relativ zeitaufwendige Spurensuche begeben wollen, wobei allerdings nicht jede Entdeckung zum großartigen Ereignis wird. Doch einige monumentale Überreste der antiken Küstenarchitektur machen einen gezielten Abstecher hierher allemal lohnenswert. Und wer sich auf diesem antiken Trümmerfeld mit seiner fast 3.000 Jahre alten Siedlungsgeschichte bewegt, erlebt außerdem noch die

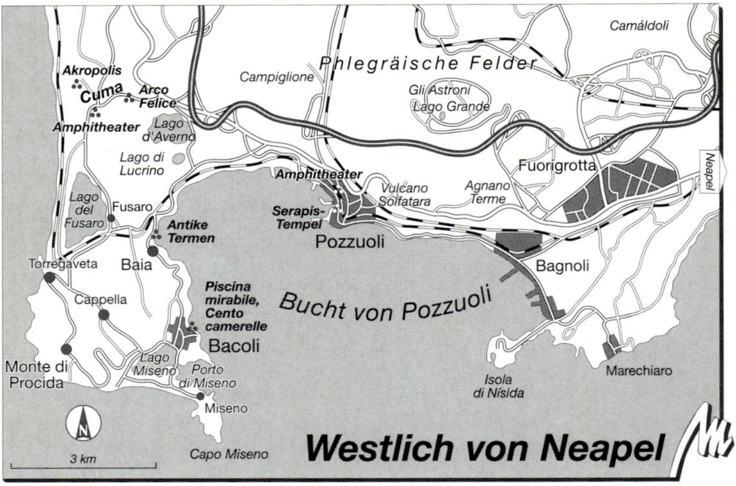


spektakulären Begleiterscheinungen des aktiven Vulkanismus, der schon den griechischen Mittelmeerpionieren unheimlich vorkam, weshalb die Landschaft seitdem "brennende Erde", *Campi flegrei* (Phlegräische Felder) heißt (→ S. 22).

Zu den entdeckenswerten Relikten dieser Gegend gehören in erster Linie die römischen Großbauten von **Pozzuoli**, **Baia** und **Bacoli**, die sich trotz Vulkanismus und Vandalismus in die Gegenwart gerettet haben, sowie die griechischen Tempelruinen mit der *Sibyllengrotte* in **Cuma**. Das gut erhaltene *Amphitheater* von Pozzuoli war gleich nach dem Kolosseum das größte im Römerreich. Die Ruinen der *Thermalanlage* von Baia lassen die gewaltigen Ausmaße und den Komfort dieser antiken Badeanstalt noch eindrucksvoll erkennen. Das gigantische *Wasserbecken* von Bacoli, das einst die römische Flotte mit Frischwasser versorgte, macht bewundernswert deutlich, zu welchen Leistungen die römischen Ingenieure damals in der Lage waren. Ein Gang durch die über 130 m lange *Grotte der Sibylle* auf dem Ausgrabungsgelände von Cuma läßt jeden geschichtsbewußten Zeitgenossen ehrfürchtig erschauern; und die dortigen Ruinen der *Tempel des Zeus und des Apollo* sind die ältesten griechischen Kultstätten am Golf von Neapel. Natürlich gibt es an diesem Küstenstreifen noch zahllose weitere antike Trümmer, aber sofern sie nicht unter der Erde liegen bzw. vom Meer überspült wurden, sind sie bis zur Unkenntlichkeit mit der Bebauung dieser Gegend verwachsen und lassen sich kaum noch identifizieren. Wie dicht und respektlos die moderne Zivilisation den Relikten der Vergangenheit auf den Leib gerückt ist, sieht man beispielsweise auf dem Ausgrabungsgelände von Baia, wo die angrenzenden Privathäuser ganz ungeniert auf dem Mauerwerk der Thermalanlage stehen.

Zum reinen Naturerlebnis hingegen wird der Besuch des vulkanischen **Solfatara-Kraters** oberhalb von Pozzuoli, wo es seit Menschengedenken an der Erdoberfläche dampft und brodelt; während ein Abstecher zum **Lago d'Averno** direkt in den Hades der griechischen Mythologie führt.

• *Anfahrt/Verbindungen*: **Pkw**: Autobahn **A1** und **A2**, dann die abzweigende **Tangenziale** (Autobahnumgehung Napoli) bis Ausfahrt "Pozzuoli/Solfatara"; oder Küstenstraße Via Domiziana (S 7 quater) von Gaeta/Formia nach Pozzuoli, zähflüssiger Verkehr, hohes Lkw-Aufkommen.

**Traghetti** (Autofähren) verbinden die Bucht mit Ischia (→ "Pozzuoli/Verbindungen").

**Metro**: Von Napoli/Hbf. bzw. Bhf. Mergellina bis Metro-Endstation "Pozzuoli/Solfatara"; häufige Verbindungen bis 22 Uhr, Einzelfahrschein L. 1.500. Ideale Verbindung von Napoli zum Solfatara-Krater.

**Bahn**: *Ferrovia Cumana e Circumflegrea*, Schnellbahn, die einige Ortschaften an der Bucht von Pozzuoli mit Napoli (Endbahnhof Montesanto) verbindet. Stationen sind u. a. Pozzuoli-Zentrum, Baia, Torregaveta, Cuma. Ideale Verbindung zum Ausgrabungsgelände von Baia.

**SEPSA-Busse**: Linienbusverkehr zwischen den Ortschaften an der Bucht von Pozzuoli; SEPSA-Busse z. B. von Baia (Bahnhofsvorplatz) zum Ausgrabungsgelände von Cuma oder von Baia nach Bacoli und Miseno.

## Pozzuoli

(ca. 75.000 Einwohner)

**Industrialisierter Vorort von Neapel, dessen Altstadt durch massive Erdbeben stark zerstört wurde. Pozzuoli steht auf vulkanischem Boden, dessen Magmaschichten noch längst nicht erstarrt sind. Es handelt sich neben dem Vesuv um das erdbebengefährdetste Zentrum am Golf. Hier ließen die Römer ihren bedeutendsten Handelshafen der frühen Kaiserzeit entstehen. Das flavische Amphitheater und der aktive Solfatara-Krater sind die beiden touristischen Anziehungspunkte von Pozzuoli; aber auch den täglichen Markt am Hafen sollte man sich auf keinen Fall entgehen lassen. Und Verehrer von Sofia Scicolone, besser als Sophia Loren bekannt, wissen ja, daß die schöne Filmdiva hier einen Teil ihrer Jugend verbracht hat.**

Im Zentrum von Pozzuoli, ganz in der Nähe der Hafenanlagen, befindet sich der freigelegte römische Marktplatz *(Macellum)*; man kann das tiefliegende Gelände zwar nicht betreten, aber die Säulenstummel des mittleren Tempelbezirks sowie die steinernen Verkaufsstände samt Waage sind von der Einzäunung aus gut zu erkennen. Auf diesem Ausgrabungsgrundstück steht auch die antike Marmorsäule des berühmten **Serapis-Tempels**, die Bohrlöcher von Meeresmuscheln aufweist und damit zum genauen Indikator der vulkanischen Bodenbewegungen dieser Gegend geworden ist (→ S. 23).

Im angrenzenden **Hafenviertel** findet täglich vormittags der turbulente Obst-, Gemüse- und Fischmarkt statt, dessen Einzugsgebiet weit über die Stadtgrenzen hinaus reicht. Wenn man dieses bunte Markttreiben einmal gedanklich auf den antiken Marktplatz überträgt, beschwört man einen Teil der glorreichen Vergangenheit dieses Orts herauf, an dessen Hafenmole einst die feinsten und exotischsten Handelswaren aus Afrika und dem Orient umgeschlagen wurden – wo gleichzeitig aber auch eifrig Sklavenhandel betrieben wurde.

*Serapis-Tempel und antiker Marktplatz*

Ein Bummel über den weitgehend unbewohnbaren Altstadthügel macht die vulkanische Bedrohung, der Pozzuoli ausgesetzt ist, besonders augenfällig. Die letzten Erdstöße von 1983 haben vor allem hier wieder große Schäden verursacht und zahlreiche einsturzgefährdete Häuser hinterlassen. Die verbliebenen Altstadtbewohner leben seitdem mit einem erhöhten Risiko.

Der barocke **Dom** der Altstadt steht genau dort, wo die griechischen Kolonisatoren im 6. Jh. v. Chr. ihre Akropolis errichtet hatten. Dieses griechische **Dikaiarchia** (→ S. 27), von dem keine wesentlichen Spuren mehr erhalten sind, entwickelte sich später zum römischen **Puteoli** und wurde systematisch zur wichtigsten Hafen- und Handelsstadt am Tyrrhenischen Meer ausgebaut. Hier tummelten sich angesehene Diplomaten, Bankiers, Reeder, Händler, Handwerker, Architekten, Künstler und Gelehrte, die Puteoli zur heimlichen Hauptstadt des jungen Kaiserreices machten, in der man angeblich besser lebte als in Rom.

• *Information*: **AAST-Info-Büro,** Nähe Ferrovia-Bhf., Via Campi Flegrei 3, unregelmäßige Öffnungszeiten, Tel. 081/8672419.

• *Anfahrt/Verbindungen*: **Bahn**, *Ferrovia Cumana e Circumflegrea*, Bhf. im Zentrum von Pozzuoli (Hafennähe); Nahverkehrszüge in Richtung Neapel und Torregaveta. **Metro**: Endbahnhof nicht mit dem Ferrovia-Bhf. identisch, ein Stück höher im oberen Stadtteil gelegen. **Bus**: *SEPSA-Haltestelle*: Pozzuoli-Zentrum, Nähe Ferrovia-Bhf., Busse u. a. nach Bacoli, Miseno und Cuma.

**Autofähren (Traghetti)** der staatl. Gesellschaft *Caremar* und der privaten Reederei *Traghetti Pozzuoli* im Sommer täglich nach Ischia (Porto und Casamicciola), stündl. zwischen 5 und 20 Uhr, Kleinwagen ca. L. 37.000, pro Person ca. L. 7.000, Kassenhäuschen am Hafen. Auskunft: Traghetti Pozzuoli Tel. 081/5267736.

• *Übernachten/Camping*: *** **Delle Terme**, ruhige Lage außerhalb von Pozzuoli in **Agnano Terme**, dem Thermalgebiet der Phlegräischen Felder. Großes älteres Thermalhotel, komfortabel; Hotelrestaurant, Parkplatz; DZ L. 190.-220.000 inkl. Frühstück. Abzweig von der Hauptverbindungsstraße

Pozzuoli–Napoli, Via Agnano Astroni 24, Tel. 081/5701733.

*** **Solfatara**, Pozzuoli-Oberstadt, Nähe Solfatara-Krater, gepflegter Gesamteindruck, Hotelrestaurant; DZ L. 130.-150.000 inkl. Frühstück. Via Solfatara 163, Tel. 081/5262666.

**Camping *** Vulcano Solfatara**, kleiner schattiger Platz am Rand des Kratergeländes, allerdings nichts für Geruchsempfindliche (Schwefeldämpfe!), aber ansonsten ideale Lage. Guter Standort auch für Tagesausflüge nach Neapel; geöffnet Apr.-Okt., Via Solfatara 47, Tel. 081/5267413.

**Complesso turistico Averno**, Hotel, Bungalowvermietung und Campingplatz, westliche Stadtausfahrt von Pozzuoli (Richtung Lago d'Averno) an der *Via Domiziana* (S 7), Nähe Autobahnauffahrt. Gepflegtes Gelände, viel Grün, mit Thermalpool, Sportmöglichkeiten und Restaurant; geöffnet Ostern bis Okt., Tel. 081/8042666.

• *Essen und Trinken:* **Il Capitello**, geschmackvoll eingerichtetes Kellerlokal direkt am Macellum (römischer Marktplatz), einige Tische draußen, authentische kampanische Küche, mittleres Preisniveau. Via Serapide 33, Tel. 081/5268798, Mi Ruhetag.

**Grottino 'a mmare**, beliebtes Hafenrestaurant direkt am Fähranleger, leckere Fischküche, vom Meeresfrüchte-Antipasto bis zur reichhaltigen Fischsuppe, preislich o.k.

**Il Capitano**, ebenfalls am Fähranleger und ebenfalls gute Meeresküche zu akzeptablen Preisen.

**Il Pirata**, Pizzeria an der Hafenfront (Nähe Macellum) große Pizzaauswahl, aber auch Nudelgerichte, recht preisgünstig.

## Sehenswertes

**Anfiteatro Flavio**: Einziger, nahezu unversehrter Großbau aus der ruhmreichen Römerzeit ist das oberhalb der Altstadt gelegene Amphitheater aus dem 1. Jh. Dieses Prachtexemplar einer römischen Arena (150 x 115 m) bot ungefähr 40.000 Besuchern Platz und besitzt noch gut sichtbare unterirdische Gladiatoren- und Raubtiergänge. Die zahlreichen Säulen- und Skulpturfragmente zeugen noch von der prunkvollen Ausstattung ganz im Stil der flavischen Kaiser und dem Kolosseum in Rom in nichts nachstehend.

*Öffnungszeiten*: tägl. von 9 Uhr bis 1 Std. vor Sonnenuntergang, Eintritt L. 4.000.

## Solfatara-Krater (Vulcano Solfatara)

**In diesem aktiven Vulkankrater dampft und brodelt es seit Menschengedenken. Helle Schwaden steigen aus rotglühenden Erdritzen auf, und ein leichter Schwefelgeruch liegt in der Luft. Die Schritte auf dem festen, gelblichen Boden klingen hohl, und hinter den mit Warnschildern versehenen Absperrungen blubbern gräuliche Schlammlöcher bei ca. 150 °C wie ein überkochender Erbseneintopf. Im näheren Umkreis gibt es keine Spuren von Vegetation, erst am felsigen Kraterrand lugt wieder etwas Macchia hervor.**

Was den Griechen einst Angst einflößte, machte die Römer bereits neugierig. Obwohl auch sie Respekt vor den vulkanischen Fumarolenfeldern hatten, nutzten die Römer die aufsteigenden Dämpfe zur Beheizung von Schwitzkammern, die sie in die Felsnischen meißelten und wie Saunen frequentierten. Die Inhalation von Schwefeldämpfen war auch im Mittelalter eine gängige Heilmethode und führte zahlreiche Kranke zum Solfatara-Krater, der zu der Zeit schon mit Kurhäusern bestückt war. Angeblich erholte sich hier auch der Staufer *Friedrich II.* von seinem anstrengenden Kaiserdasein. Bis ins 19. Jh. hinein spricht die Krater-Chronik von einem regen Kurbetrieb, doch dann versiegten die Quellen allmählich auf den heutigen schwachen Stand. Einziges Relikt aus der Zeit des Kurbetriebs ist eine gemauerte

*Dämpfe aus dem Krater– im Abendlicht ein außergewöhnliches Schauspiel*

Schwitzkammer am nördlichen Kraterrand. Am stimmungsvollsten zeigt sich der Solfatara-Krater gegen Abend, wenn die Rauchschwaden im tiefstehenden Sonnenlicht zu flimmern beginnen.

• *Öffnungszeiten*: tägl. von 9 Uhr bis 1 Std. vor Sonnenuntergang, Eintritt L. 6.000.

• *Anfahrt*: Vom Stadtzentrum aus erreicht man den oberhalb von Pozzuoli liegenden Krater in ca. 30 Min. zu Fuß (bergauf über die Via Solfatara); ansonsten SEPSA-Bus in Richtung Agnano/Napoli.

• *Übernachten/Essen und Trinken*: Auf dem Kratergelände befindet das Café/Restaurant **Chalet**, ein rustikaler Holzbau mit Sitzmöglichkeiten im Freien, sowie ein **Campingplatz** (→ "Pozzuoli/Übernachten").

## Lago d'Averno

Einsamer, trüber Kratersee; von der Küstenstraße zwischen Pozzuoli und Baia über eine Stichstraße (ca. 1 km) zu erreichen. Diesen heute so friedlich erscheinenden See identifizierten die Helden der griechischen Mythologie mit dem **Eingang zur Unterwelt**, in der die Schatten der Toten hausten. Die verfallenen Thermalanlagen am schilfbewachsenen Uferrand bezeugen, daß die Römer weitaus weniger von diesem stillen Wasserloch beeindruckt waren als die Griechen und ganz pragmatisch eine ihrer komfortablen Badeanstalten errichteten. Heute tummeln sich hier an den Wochenenden die Einheimischen, aber ins Wasser traut sich niemand. (Aus Angst vor den Abgründen des Hades? Wohl eher eine Frage der Wasserqualität.)

*Essen und Trinken*: **I 7 nani** (Die 7 Zwerge), großes, gepflegtes Ausflugslokal direkt am See, ausschließlich Fischküche, Via Lago d'Averno 6, Tel. 081/8663581, Mo Ruhetag.

# Baia

(ca. 5.000 Einwohner)

**Kleiner, zersiedelter Küstenort mit alten Hafenanlagen und Werften am wenig sauberen Kiesufer; insgesamt eine ärmliche Ortschaft ohne Vergangenheit – so scheint es zumindest auf den ersten Blick. Und dennoch, das antike Baiae war der mondänste Vergnügungsort des Römerreichs.**

In Baiae residierte die gesellschaftliche Elite der Zeit, hier besaßen die höchsten Vertreter der römischen Oberschicht Küstengrundstücke mit Prachtvillen und paradiesischen Gärten, und hier befand sich auch der legendäre Kaiserpalast des *Julius Caesar*. An Reichtum, Architektur, Komfort, Lebensart, Laster und Intrige stellte Baiae damals alles andere in den Schatten. Überlieferte Geschichten berichten von ausschweifenden Festen und Banketten für mehrere Tausend Personen, von feinsinnigem Müßiggang und grenzenloser Genußsucht. Von allen römischen Kaisern, die hier weilten, sagt man *Nero* geradezu eine Baiae-Besessenheit nach. Ihm galt der Ort als Mittelpunkt seines Imperiums, und für die Ausstattung und Erweiterung des Kaiserpalasts war ihm kein Aufwand zu groß. Natürlich gehörte auch der sprichwörtlich gewordene *Lucullus*, einer der reichsten Männer der Zeit, zur auserwählten Gesellschaft von Baiae. – Von dieser ans Sagenhafte grenzenden Edel-Enklave der römischen Antike ist kaum etwas übrig geblieben; was dem Vulkanismus und dem Vandalismus nicht zum Opfer fiel, versank so wie der Kaiserpalast im Meer.

*Baia – antikes Thermalbad*

Einzig der höher gelegene **antike Thermenkomplex** hat sich ins trostlose Baia von heute gerettet und läßt durch seine monumentalen Ruinen ein wenig vom einstigen Prunk erahnen. Am westlichen Ortsrand springt dem Besucher außerdem das trutzige **spanische Castello** aus dem 16. Jh. ins Auge (heute Museum).

- *Verbindungen/Anfahrt*: am besten mit der **Ferrovia Cumana e Circumflegrea**.
- *Essen und Trinken*: **El Sub**, alteingesessenes Fischristorante an der Hafenstraße von Baia, leckere Fischsuppen, preislich im Rahmen. Via Molo di Baia 22.

*Baia – Dianatempel*

## Sehenswertes

▸ **Antike Thermen (Parco Archeologico di Baia):** Das Ausgrabungsgelände befindet sich oberhalb der Bahnstation von Baia; ein bequemer Treppenweg führt hinauf. Von den Bahnschienen abgetrennt zunächst ein wuchtiger, halboffener Kuppelbau, der sogenannte *Dianatempel*; ein Stück weiter dann der Eingang zum Thermalkomplex. Die imposante antike Badeanstalt erstreckt sich in extremer Hanglage auf vier Ebenen. Ganz oben die langgestreckten Loggia-Terrassen, von dort verbinden mehrere Tunnels und Gänge die verschiedenen Ebenen und Räumlichkeiten miteinander. Der von der Küstenstraße abgetrennte riesige *Venustempel* (Rundturm) mit den Bogenfenstern gehört ebenfalls zum Thermalkomplex. Die etwas mißverständlich als Tempel bezeichneten Zentralbauten hatten nie eine religiöse Bedeutung, die Namen stammen noch aus der Zeit, als Archäologen und Historiker die Ruinen von Baiae irrtümlicherweise für Kultstätten hielten. Wandfresken, Bodenmosaiken sowie andere kunstvolle Ausstattungen von Bedeutung gibt es hier leider nicht mehr zu sehen, aber dennoch reicht ein wenig Phantasie aus, um dem antiken Mauerwerk wieder Leben einzuhauchen. Vom Wasser, das hier einst für das leibliche und seelische Wohl der privilegierten Bevölkerung von Baiae sprudelte, wünscht man nach der schweißtreibenden Begehung der weitläufigen Anlage auch ein bißchen für sich selbst.

*Öffnungszeiten*: tägl. von 9 Uhr bis 1 Std. vor Sonnenuntergang, Eintritt L. 4.000.

▸ **Museo Archeologico dei Campi flegrei:** sehenswertes archäologisches Museum, seit 1995 im Spanier-Castello von Baia untergebracht. Es beherbergt Funde aus dem versunkenen Baiae, die vom Meeresboden der Bucht von Pozzuoli geborgen werden konnten. Auf mehreren Ebenen des Castello sind zahlreiche Marmorstatuen und Reliefs zu sehen, die einst die Patrizier- und Kaiservillen von Baiae schmückten. Höhepunkt der Ausstellung ist eine antike Tempelfront mit Säulen und Architrav; eindrucksvoll ist die originalgetreue Rekonstruktion eines Nymphäums mit Marmorskulpturen. Auf Schautafeln sind die Fundorte der wichtigsten Exponate, darunter auch eine Reiterstatue aus Bronze, verzeichnet. Auf der oberen Terrasse des Castello, dem Belvedere, kann man die gesamte Bucht von Pozzuoli überblicken und das versunkene archäologische Gebiet genau lokalisieren.

- *Anmarsch/Verbindungen*: Vom Bhf. erreicht man das Museums-Castello in ca. 20 Min. zu Fuß entlang der Straße. Oder den Bus in Richtung Bacoli nehmen und den Fahrer bitten, am Castello-Eingang zu halten.
- *Öffnungszeiten*: Di-Sa 9-16 Uhr, sonn- und feiertags 9-14 Uhr; Eintritt L. 4.000.

▶ **Archäologische Bootstour in der Bucht von Pozzuoli:** mit dem "gläsernen Boot" namens *Cymba*. Dieses Spezialboot mit dem transparenten Rumpf befährt die spektakulärsten Fundorte des antiken Baiae. Am Meeresboden erkennt man Fundamente und zahlreiche Architekturfragmente, darunter auch Mosaikfußböden.

- *Cymba-Tour*: Abfahrt im Hafen von Baia, Sa 12 und 16 Uhr, So 10.30, 12 und 16 Uhr, von März-Nov., Erklärungen auch auf deutsch, L. 15.000 pro Pers. Auskünfte unter Tel. 081/5265780.

## Bacoli

Zwischen den beiden Ortschaften Bacoli und Miseno an der Südspitze der Bucht von Pozzuoli erstreckt sich der langgezogener Kratersee **Lago Miseno**, der eine natürliche Verbindung zum Meer hat. Durch Bebauung und Straßenführung ist der fjordartige Verlauf heute kaum noch zu erkennen, aber früher muß der römischen Marine diese Bucht so perfekt vorgekommen sein, daß sie hier den größten Hafen der römischen Kriegsflotte entstehen ließ. Längst ist natürlich auch dieser antike Hafen samt Reparaturwerften ein Opfer der Zeit geworden, aber übriggeblieben sind noch zwei gigantische Frischwasserspeicher in Bacoli: Die **Piscina mirabile** diente damals zur Wasserversorgung der Flotte und ist ein faszinierendes Monument römischer Architektur. Die riesige pflanzenüberwucherte Zisterne

*Bacoli – Piscina mirabile*

hat eine Grundfläche von 70 x 30 m, ist 15 m hoch und wird von 48 Säulen gestützt. Das kathedralenartige Felsenareal bezeugt die Genialität der römischen Architekten und Wasserbauingenieure wie kein anderer Bau an der Bucht von Pozzuoli – einfach sensationell. Im Zentrum von Bacoli befindet sich außerdem der Frischwasserspeicher **Cento camerelle** aus dem frühen 1. Jh., vermutlich diente diese auf zwei Ebenen in "hundert Kammern" unterteilte Zisterne zur Wasserversorgung der hiesigen Wohngebäude.

• *Öffnungszeiten*: *Piscina mirabile* und *Cento camerelle* (Hinweisschilder im Ort) sind verschlossen; in unmittelbarer Nähe der Eingänge nach den *Custode* (autorisierte Schlüsselträgerinnen) fragen. Zwei alte Damen, Signora Filomena (Piscina mirabile) und Signora Titina (Cento camerelle), gewähren Zutritt; Trinkgeld wird erwartet.

## Miseno

Im römischen *Misenum* befehligte *Pliunius der Ältere* damals persönlich die Kriegsflotte; dort startete auch seine Rettungsaktion ins Katastrophengebiet von Pompeji (→ S. 16).

▸ **Baden**: Der Südstrand von Miseno, eine schön geschwungene Sandbucht mit Blick auf die vorgelagerten Inseln Procida und Ischia, ist der einzige halbwegs badetaugliche Küstenabschnitt westlich von Neapel. Am Ufer befinden sich einige Strandbars und Restaurants. – Die angrenzende Anhöhe des **Capo Miseno** findet in historischen Schriften mehrfach Erwähnung, und die Archäologie hofft, an dieser Stelle noch einige spektakuläre unterseeische Entdeckungen aus der Antike machen zu können.

## Cuma (Parco Archeologico di Cuma)

**Älteste griechische Akropolis am Golf von Neapel (8. Jh. v. Chr.), nordwestlich der Bucht von Pozzuoli direkt an der Küste gelegen. Das weitläufige Ausgrabungsgelände erstreckt sich heute wie damals inmitten einer agrarisch geprägten Landschaft. Der Tempelbezirk des frühantiken Burgbergs mit der erst 1930 entdeckten Sibyllengrotten ist unbedingt sehenswert.**

Rechts der Zufahrtsstraße zunächst das noch nicht zugängliche Siedlungszentrum des römischen **Cumae**. Die griechische **Akropolis von Kyme**, den Burgberg, der einst vollständig von einem schützenden Wall umgeben war, betritt man durch einen wuchtigen, in den gelben Tuffstein gegrabenen Tunnel, von dem links und rechts merkwürdige Schächte und Vertiefungen abgehen. Linkerhand öffnet sich gleich die **Grotte der Sibylle**. Dieser unbeleuchtete Gang mit dem trapezförmigen Querschnitt führt ca. 130 m tief in den Fels. Die in regelmäßigen Abständen gegrabenen Luftschächte werfen nur ein spärliches Licht in den dunklen Gang, dessen tiefe Nischen im Halbdunkel verborgen bleiben. In den Kammern am Ende des Gangs muß die mythische Sibylle, die Wahrsagerin von Kyme, damals anzutreffen gewesen sein. In der Frühantike wurde die Grotte der Sibylle von den griechischen Siedlern am Golf als Orakelstätte frequentiert. Die Etrusker brachten den Sibyllenkult von hier aus nach Rom, wo die auf Schriftrollen

*Mythisches Cuma – Eingang zur Sibyllengrotte*

verfaßten Weissagungen der Prophetin lange Zeit ehrfürchtig konsultiert wurden. (→ Geschichte, S. 28)

Steigt man den mit Steineichen bewaldeten Burgberg hinauf, gelangt man zunächst zu den imposanten Ruinen des **Tempels des Apollo**, der von den Kymäern als Kolonisationsgott verehrt wurde. Ganz oben, auf dem höchsten Punkt der Akropolis, befindet sich dann der **Tempel des Zeus**, der höchsten Gottheit in der komplexen griechischen Götterwelt. Dieser Tempelbezirk wurde später als frühchristliche Kultstätte überbaut. Aus dieser Zeit stammt z. B. das Taufbecken auf den Fundamenten des Zeustempels. Entlang dem Serpentinenweg, der sich durch eine dichte Vegetation über den Berghang zieht, ergeben sich herrliche Panoramablicke auf die Umgebung, und an einigen Stellen laden Steinbänke neben den Resten antiker Säulen und Skulpturen zum Verweilen ein. Von der fruchtbaren Ebene mit dem sandigen Küstenstreifen schweift der Blick hinüber nach Ischia und Procida, während in der entgegengesetzten Richtung in ein paar Kilometern Entfernung die Schneise des **Arco Felice** zu erkennen ist. Dieses gemauerte Bogentor stand an der von den Römern angelegten Straßenverbindung zwischen Cumae und Puteoli (Pozzuoli). Irgendwo versteckt sich auch das relativ kleine römische **Amphitheater** von Cumae in der dichten Vegetation (Noch keine Besichtigung möglich).

- *Anfahrt/Verbindungen*: Wer nicht mit dem eigenen Fahrzeug unterwegs ist, wird vom **SEPSA-Linienbus** (ab Baia/Bahnhofsvorplatz) an der Landstraße abgesetzt; von der Bushaltestelle führt dann eine ca. 1 km lange Zufahrtsstraße zum Eingang des weitläufigen Ausgrabungsgebiets.
- *Öffnungszeiten*: tägl. von 9 Uhr bis 1 Std. vor Sonnenuntergang, Eintritt L. 4.000.
- *Essen und Trinken*: an der Bushaltestelle sowie am Kassenhäuschen jeweils ein kleiner Barbetrieb.

## Die Sibylle von Kyme

Im Altertum stand der Name Sibylle für etwa 12 weissagende Frauen. Der Name geht zurück auf eine legendäre Prophetin, die in einer Quellgrotte in *Erythrai* (einem ionischen Stadtstaat in der heutigen Türkei) ihre Weissagungen verkündete. Bei der Besiedlung Unteritaliens durch die ionischen Euböer gelangte dieser Kult auch nach Kyme. Bereits im 6. Jh. v. Chr. gelangten die sogenannten *Sibyllinischen Bücher*, Schriftrollen, die in griechischer Sprache verfaßt waren, nach Rom, vermittelt durch die etruskische Dynastie der Tarquinier, die damals gute Beziehungen zur griechischen Kolonie Kyme unterhielt. Über den Kauf dieser begehrten Schriften wird berichtet, daß die Sibylle von Kyme höchstselbst den angeblich sehr hohen Preis mit dem letzten Etruskerkönig von Rom, *Tarquinius Superbus*, aushandelte. Zur Zeit der römischen Republik wurden die Sibyllinischen Weissagungen auf Beschluß des Senats in allen wichtigen Angelegenheiten konsultiert und befolgt, bis die Schriftrollen im Jahr 83 v. Chr. tragischerweise verbrannten. Daraufhin schrieb man die Weissagungen der Sibylle neu und verbreitete sie unter dem Namen *Sibyllinisches Orakel* als gesammelte Spruchweisheiten, die später auch jüdisches und christliches Gedankengut aufnahmen.

Die Sibylle fungierte neben ihrer Rolle als Wahrsagerin auch als Tempeldienerin und war eng mit dem spätarchaischen Zeus- und Apollokult verbunden, der natürlich auch in Kyme gepflegt wurde und von hier aus ähnlich wie der Sibyllenkult seine Verbreitung fand.

*Vegetationsloser Vesuvgipfel*

# Östlich von Neapel: Vesuv, Herculaneum, Pompeji, Castellammare di Stabia

**Über 20 Küstenkilometer drängen sich zwischen Neapel und Castellammare di Stabia; ein schier undurchdringliches Wohn- und Industriegebiet, in dem kein Quadratzentimeter unberührt geblieben ist. Unspektakuläre neapolitanische Vorstadtrealität – von Golfromantik nicht die geringste Spur.**

Nur der allgegenwärtige Vesuv mit seinen landwirtschaftlich genutzten Hängen und dem vegetationslosen Krater verleiht dieser uncharmanten Gegend einen Hauch von Anmut.

In der Antike gehörte der Küstenstreifen östlich von Neapel ebenso wie die Bucht von Pozzuoli zum begehrten Wohngebiet reicher Römer. Im 18. Jh. ließen sich neapolitanische Adelsfamilien hier prächtige Villen und Palais errichten – damals eine goldene Wohnmeile unter dem Vulkan. Alles Vergangenheit. Heute beschränken sich die touristischen Hauptattraktionen im östlichen Vorstadtgewimmel von Neapel auf wenige, aber dafür nachhaltig beeindruckende Unternehmungen: nostalgische Vesuvbesteigung und antike Spurensuche in Pompeji, Herculaneum und Oplontis.

### Die Vesuvvillen (Ville vesuviane)

Heute kaum zu glauben, aber im 18. Jh. erstreckte sich die "Miglio d'oro", eine mehrere Kilometer lange Prachtmeile aus spätbarocken Villen und Palais an der Küste von Ercolano. Einige hundert herrschaftliche Privatresidenzen versammelten sich hier unter dem Vulkan.
Den Anfang machte die königliche Residenz im benachbarten **Portici**, wo auch die ersten Ausgrabungsfunde von Herculaneum gelagert wurden. Die neapolitanischen Adelsfamilien taten es der königlichen Familie gleich und bauten sich prunkvolle Sommerresidenzen im architektonischen Geschmack der Zeit. Damals zählte diese noble Adelskolonie vor den Toren Neapels zu den elegantesten Wohngebieten überhaupt. Jeder mit Rang und Namen besaß ein repräsentatives Grundstück an der Vesuvküste. Um ihre Bedeutung noch zu unterstreichen, erhielten Portici und Ercolano eine Eisenbahnverbindung mit Neapel, die erste Eisenbahnlinie Italiens, 1839 eingeweiht. Doch bereits einige Jahrzehnte später begann der langsame, aber unaufhaltsame Verfall der Vesuvvillen. So wie Neapel selbst von der königlichen Residenzstadt zum Armenhaus wurde, verfielen auch die Prachtvillen zwischen Portici und Ercolano. Aber erst die üblen Bauspekulationen der Nachkriegszeit machten den *Ville vesuviane* dann endgültig den Garaus.
Dank der staatlichen Initiative zur Rettung der Vesuvvillen (Ente per le ville vesuviane) konnten wenigsten einige dieser herrschaftlichen Sommerresidenzen des 18. Jh. gerettet werden. Auch wenn es sich nicht unbedingt um die schönsten handelt, lohnt sich eine Besichtigung, zumal man sie gut mit einem Herculaneum-Besuch kombinieren kann. Besichtigt werden können die Vesuvvillen **Campolieto** (→ S. 134) und **Ruggiero** sowie der Park der **Villa Favorita**.

# Der Vesuv (Il Vesuvio, 1.277 m)

**Der zweigipflige Vulkankegel blickt aus stattlicher Höhe auf den Golf von Neapel herab – ein anmutiges Bild, aber nur selten sieht man es klar, denn der Großstadtdunst ist ein ständiger Begleiter des Vulkans und bedeckt seine sanften Hänge zumeist mit Nebelfeldern. "A muntagna", der Berg, wie ihn die Anwohner liebevoll nennen, ist ein beliebtes Ausflugsziel. Doch seitdem er "il Pennacchio", seine permanente Rauchfahne, verloren hat, hat auch er viel an Faszination verloren.**

Die unteren Hänge des Vesuv bilden die größte zusammenhängende Agrarfläche am Golf von Neapel, ringsum gesäumt von Kleinstädten wie **Ottaviano** oder **Boscoreale**, deren Bevölkerung größtenteils noch von der Landwirtschaft lebt. Obst-, Zitrus- und Olivenplantagen zieren die fruchtbaren Vulkanhänge ebenso wie Gemüse- und Weingärten. Hier wird auch eine

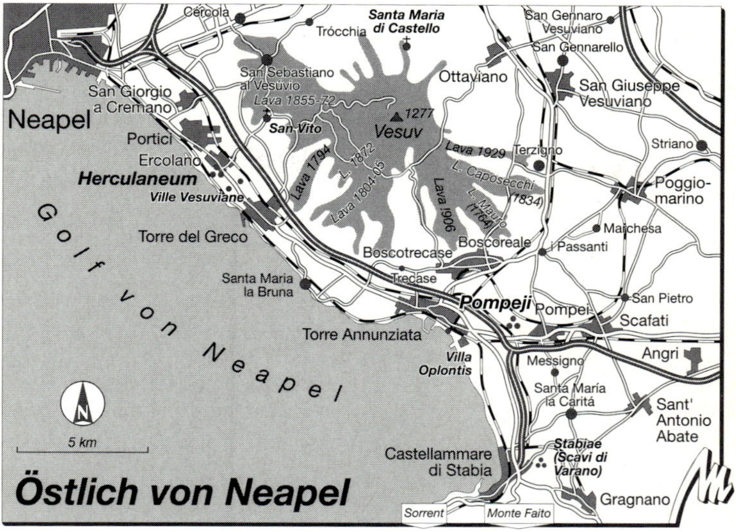


ganz besonders schmackhafte Tomatensorte angebaut, die *San-Marzano-Tomate*, die für die Tomatensoße fast zu schade ist und von den Einheimischen deshalb vorwiegend als Salattomate gegessen wird. Ebenfalls typische Landwirtschaftsprodukte der Vesuvregion sind Schnittblumen und Topfpflanzen. Aber besonders der Weinanbau hat am Vesuvio eine lange Tradition. Eine Rebsorte trägt den Namen *Greco* und verweist damit auf ihre antike griechische Herkunft. Wie so manche kulturelle Errungenschaft übernahmen die alten Römer auch den Weinanbau von den griechischen Kolonisatoren Unteritaliens und entwickelten ihn weiter. Die Vesuvbauern waren im Römerreich lange vor dem Katastrophenjahr 79 n. Chr. als Produzenten guter Weine bekannt, und einige pompejanische Großgrundbesitzer betrieben einen einträglichen Weinhandel mit dem leckeren *Vinum vesuvianum*. In christlicher Zeit erhielt der bekannteste unter den Vesuvweinen seinen Namen *Lacrimae Christi* (Tränen Christi). Noch heute hängt die Weinproduktion von den Launen des ruhenden Vulkans ab; wenn sich die Bergtemperatur, wie es 1983 zuletzt der Fall war, plötzlich um einige Grade erhöht, dann ist mit einer schlechten Ernte zu rechnen, und in den Weinkellern der Winzer verdirbt sogar der Wein in den Flaschen. Wer dieses Landwirtschaftsgebiet und seine Kleinstädte etwas näher kennenlernen will, sollte einmal rund um den Vesuv fahren; am bequemsten ist das mit dem eigenen Fahrzeug oder mit der Vesuvbahn *Ferrovia Circumvesuviana* zu bewerkstelligen.

**Historisches**, **Geologisches** und **Gegenwärtiges** zum Vulkan ist im Kapitel "Landschaften und Vulkanismus" ab S. 14 zusammengefaßt.

• *Anfahrt/Rund um den Vesuv*: mit dem **Pkw** am besten Autobahn (A 2) bis Abfahrt "Napoli–San Giovanni", dann die S 268 über Sant'Anastasia und Ottaviano nach Boscoreale (→ S. 156). **Bahn**: *Ferrovia Circumvesuviana (SFSM),* Strecke Napoli–Ottaviano–Sarno, mehrere Haltebahnhöfe. Zwischen den Vesuvstädten verkehren auch **SFSM-Bahnbusse**.

• *Übernachten/Essen und Trinken*: **** **Augustus**, in *Ottaviano*, die feinste Adresse auf der Rückseite des Vesuv, DZ L. 160.-220.000 inkl. Frühstück. Das Hotelrestaurant ist vor allem an Wochenenden ein beliebtes Ausflugsrestaurant. Ganzjährig geöffnet, Tel. 081/5288455.

*** **La Giara**, in *Boscoreale* (Ortsteil Trecase), neueres Landhotel, ebenfalls mit beliebtem Ausflugsrestaurant. Ganzjährig geöffnet, DZ L. 76.000 inkl. Frühstück. Ortsrandlage, Tel. 081/8581117.

## Gipfelbesteigung

Der klassische Vesuvausflug führt auf den Gipfel, aber nicht immer war der Aufstieg eine so sportliche Angelegenheit wie heute. Als der Vulkan-Tourismus im späten 19. Jh. seinen ersten Höhepunkt erlebte, bauten geschäftstüchtige Unternehmer eine mechanische Drahtseilbahn, die einen bequemen Gipfelsturm ermöglichte. Dampfbetrieben brachte diese *Funicolare* ab 1880 unzählige Besucher von Ercolano bis an den Kraterrand. In der ersten Hälfte des 20. Jh. überstand sie sogar einige Erdstöße, aber mit der vorläufig letzten Terminaleruption von 1944 war es aus mit dieser legendären Vesuvbahn, der das weltbekannte neapolitanische Volkslied "Funiculì funiculà" gewidmet war. Ab 1953 wurde sie an gleicher Stelle durch einen Sessellift ersetzt, der bis zum Erdbeben von 1980 schwindelfreie Ausflügler zum Gipfelbereich transportierte. Seitdem ist die Kraterbesteigung wieder zur mühsamen Kletterpartie geworden, womit der Berg allerdings einen Teil seiner Gipfelruhe wiedergewonnen hat.

*Tiefer Krater*

• *Anfahrt*: mit dem **Pkw** ab *Ercolano* oder *Torre del Greco* über die Asphaltstraße an der Westflanke des Vulkans hinauf zur ehemaligen Station des Sessellifts. Die Serpentinenstraße von Ercolano führt zunächst durch ein reines Wohngebiet mit kleinen Obst- und Gemüsegärten, dann macchiabewachsene Schlackenfelder, Wald und vereinzelt Landhäuser und Restaurants. Auf halber Höhe geht's vorbei am vulkanologischen Institut *Osservatorio vesuviano*. Das ältere rote Gebäude stammt noch aus der Bourbonenzeit, als erstmals ein wissenschaftliches Interesse am Vulkan aufkam. Die Straße endet in ca. 1.000 m Höhe *(Quota mille)* auf einem **Großparkplatz** (Gebühr ca. L. 2.000); unmittelbar oberhalb dann der vegetationslose Kratergipfel.

*Mühsam – Kraterwanderung*

**Bahnbus**: ab SFSM-Bhf. Ercolano, im Sommer vormittags mindestens stündlich, ca. 30 Min. Fahrtzeit bis zum Großparkplatz (1.000 m Höhe), Rückfahrticket ca. L. 3.000.

• *Essen und Trinken/Souvenirs:* In der ehemaligen Schutzhütte der alten Liftstation befindet sich ein Barbetrieb, natürlich mit Vesuvwein-Ausschank. Außerdem gibt es mehrere Verkaufsstände mit bunten Mineralien, die angeblich vom Vesuv stammen. – Auf dem Gipfel besser selbst einen kleinen, aber dafür echten Lavabrocken sammeln.

• *Aufstieg:* In ca. 30 Min. geht es zu Fuß vom Parkplatz zum Kraterrand. Eine relativ steile und staubige Schotterpiste schlängelt sich hoch; kurz vor dem Kraterrand dann die **Kasse** (L. 5.500 pro Pers.). Der Kraterrand ist etwa zur Hälfte begehbar und zwar auf der Golfseite, d. h. herrliche Panoramaaussicht über den gesamten Golf. Faszinierend ist auch der Blick in den tiefen Krater mit seinen steilen Felswänden und dunklen Geröllhalden; Farbabstufungen von Hellgrau bis Tiefschwarz. Heiße Dampffahnen (Fumarolen) steigen zumeist nur an wenigen Stellen auf, aber die Fumarolentätigkeit schwankt je nach Laune des Vulkans. Im Kraterbereich stehen auch einige Erfrischungs- und Souvenirbuden.

**Tips**: Bei klarem Wetter ist der Gipfelsturm ein Genuß; sieht man jedoch den Gipfel schon von unten im Dunstschleier, kann man sich die Auffahrt natürlich gleich sparen. Und nicht von den sonnigen Temperaturen an der Küste täuschen lassen, je höher man kommt, desto frischer wird es. Außerdem braucht man für die Kraterbesteigung festes Schuhwerk, aber auch damit den Trampelpfad nicht verlassen, denn auf den rutschigen Kraterhängen besteht Verletzungsgefahr.

• *Essen und Trinken/Übernachten*: entlang der Zufahrtsstraße zum Gipfel ein gutes Dutzend Ausflugsrestaurants. Die höchste Übernachtungsmöglichkeit (ca. 600 m) bietet das ** **Eremo**, ein älterer Vesuv-Palazzo neben dem vulkanologischen Institut. Mit Restaurant, DZ L. 92.000, ohne Bad L. 63.000, Tel. 081/7390504. Im Eremo-Hotel ist auch eine Art Disco untergebracht, an Wochenenden könnte es also laut werden.

*Villa Campolieto*

## Ercolano

Dieser wildgewachsene Vorort von Neapel ist nicht nur Ausgangspunkt für eine Vesuvbesteigung, hier befinden sich auch das archäologische Ausgrabungsgelände der antiken Ruinenstadt *Herculaneum* sowie einige der herrschaftlichen *Vesuvvillen* aus dem 18. Jh.

*Verbindungen* s. u.; am Bahnhofsvorplatz von Ercolano befindet sich ein *Informationsbüro*.

▶ **Villa Campolieto**: eine der berühmten Vesuvvillen (→ S. 130). Das repräsentative Gebäude haben wir uns außen mit Begeisterung angeschaut, waren allerdings ein wenig enttäuscht über die leeren, absolut unmöblierten Säle. Einzig die mehr oder weniger gut erhaltenen bzw. restaurierten Wand- und Deckenfresken schmücken dieses stattliche Gebäude.

• *Öffnungszeiten*, tägl. (außer Mo) 10-13 Uhr, Eintritt frei. Sichere und gebührenfreie Parkmöglichkeit auf dem Villengrundstück. Am Eingang erhält man ein Faltblatt mit Erläuterungen, auf dem auch die Lage der beiden anderen zur Besichtigung freigegebenen Villen (Ruggiero und Favorita) verzeichnet ist. Ercolano, Corso Resina 283.

# Herculaneum (Scavi di Ercolano)

**Ein Opfer des tragischen Vesuvausbruchs vom 24. Aug. 79 n. Chr. – aber längst nicht so populär wie die Schicksalsgenossin Pompeji. Zähe Ströme aus heißem Lavaschlamm begruben Herculaneum damals vollständig. Über 1.600 Jahre schlief die Stadt gut 15 m unter dem heutigen Bodenniveau in harten vulkanischen Schichten. Nur mühsam konnte bisher ein Drittel der bereits 1709 wiederentdeckten antiken Ruinenstadt freigelegt werden: Die einzigartige Architektur Herculaneums wird von den armseligen Wohnbauten des modernen Ercolano schonungslos bedrängt und überragt.**

In vorrömisch-samnitischer Zeit befand sich der Ort in landschaftlich reizvoller Lage zwischen zwei Flußmündungen auf einer leichten Anhöhe nah am Meer; die Bewohner lebten vermutlich vom Fischfang. Später entwikkelte sich Herculaneum ähnlich wie Pompeji zu einer römischen Kleinstadt. Wie die freigelegten Stadtteile, Wohnhäuser, Geschäfte und öffentlichen Bauten zeigen, war Herculaneum kleiner als das benachbarte Pompeji, und die Bevölkerungsstruktur war wesentlich heterogener, worauf die einfachen Werkstätten und Läden der lokalen Handwerker und Händler schließen lassen. Auch ein anderer Häusertyp, eine Art Fachwerkhaus mit hölzernem Vordach, ergänzt die aus Pompeji bekannten altrömischen Stadthäuser und Villen. Außerdem sind zahlreiche guterhaltene Bodenmosaiken, Wandfresken, Stuckdekorationen sowie verkohltes Holzinterieur auf dem archäologischen Gelände zu sehen, während die kostbaren Fundstücke ins Nationalmuseum von Neapel gewandert sind. – Touristisch wird das antike Freilichtmuseum Herculaneum nicht annähernd so stark frequentiert wie das weltberühmte Pompeji. Hier gibt es keinen Reisebus- und Souvenirrummel, keine Besucherscharen, die vor den einzelnen Gebäuden Schlangen bilden. Mit viel Glück schlendert man sogar ganz allein über die holprigen Pflastergassen von Herculaneum und kann seine Zeitreise in die Antike ungestört genießen.

• *Anfahrt/Verbindungen*: **Pkw**, Autobahnausfahrt "Ercolano", dann 1 km meerwärts (beschildert mit "Ercolano scavi"). Gute gebührenfreie Parkmöglichkeit auf dem *Parcheggio turistico* schräg gegenüber vom Eingang zum Ausgrabungsgelände. Außerdem ein sicherer Parkplatz, da sich nebenan ein wachsames Büro der Stadtpolizei befindet (Vigili municipio).

**Bahn**: mit der *Ferrovia Circumvesuviana* von Napoli bis Ercolano; ca. 500 m unterhalb der SFSM-Stazione liegen die Ausgrabungen, Eingang am Corso Ercolano.

• *Öffnungszeiten*: tägl. von 9 Uhr bis 1 Std. vor Sonnenuntergang, Eintritt L. 12.000.

## Herculaneum/Besichtigung

Von der Kasse führt ein abschüssiger Weg seitlich am Ausgrabungsgelände entlang bis hinunter zum meerseitigen Stadttor von Herculaneum, der *Porta Marina*; dort liegt der eigentliche Haupteingang zur Ruinenstadt. Auf dem erhöhten Weg überblickt man das rechtwinklige Gelände gut: Drei schmale Längsgassen in Nord-Süd-Richtung *(Cardo I, II und III)* werden von zwei

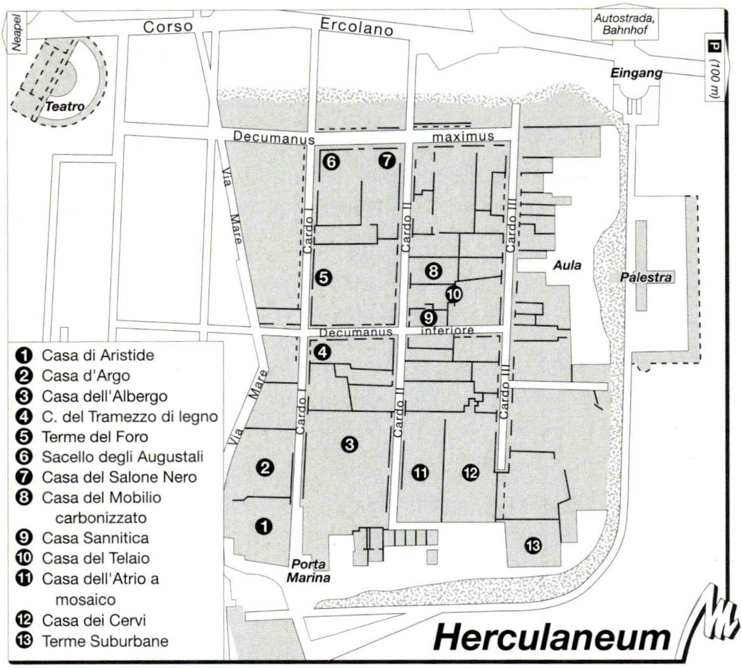


Querstraßen (*Decumanus maximus* und *Decumanus inferiore*) gekreuzt. Auf dem freigelegten Gebiet befinden sich ca. 30 Stadthäuser, teilweise sogar noch mit Unter- und Obergeschoß, sowie einige öffentliche Bauten. – Doch wegen Personalmangel und/oder Ausbesserungsarbeiten sind nicht immer alle Gebäude zur Besichtigung freigegeben.

Am Anfang des Cardo I gleich zwei der für Herculaneum typischen Fachwerkhäuser mit hölzernem Vordach (1, 2). Schräg gegenüber steht das größte Wohnhaus der Stadt (3), vermutlich ein Mehrfamilienhaus. An der Straßenecke (Cardo I und Decumanus inferiore) betrieb jemand eine kleine Weinschenke (4); sicherlich eine ideale Lage, denn die öffentlichen Thermen, die die Badegäste vermutlich durstig verließen, waren nur ein paar Schritte entfernt. Den Männertrakt der Thermen von Herculaneum (5) betritt man vom Cardo I aus; die Baderäume sind noch vollständig mit Mosaikböden ausgestattet. An der Ecke Cardo I/Decumanus maximus dann ein öffentliches Gebäude mit guterhaltenen Wandfresken (6). Ein vornehmes Patrizierhaus (7) steht am oberen Ende des Cardo II; eindrucksvoll ist dort vor allem der schwarze Fußboden des Säulenhofs, während die Böden der angrenzenden Räume in Weiß gehalten sind. Ein Stück weiter unten am Cardo II dann ein weiteres Haus mit verkohltem Holzinterieur (8). An der Ecke Cardo II/Decumanus inferiore stehen die beiden ältesten, vorrömischen Stadthäuser Herculaneums (9, 10). Am unteren Ende des Cardo II das sogenannte "Haus mit dem mosaizierte Atrium" (11), einst eine prächtige Stadtvilla mit kunstvoller Ausstattung und Garten. Im oberen Bereich des Cardo III erstreckt sich u. a. der unvollständig ausgegrabene Sportplatz von Herculaneum, die *Palästra*. Am unteren Ende des Cardo III schließlich noch zwei herrschaftliche Villengrundstücke; das "Haus der Hirsche" (12) besaß sogar eine Terrasse mit Meeresblick. Abschließend führt ein Weg hinunter zu den Thermen am Meer (13), die weitaus luxuriöser ausgestattet waren als die oben erwähnten Stadtthermen. Nach den umfangreichen Restaurierungsarbeiten ('98) wird dieser Thermalkomplex den interessantesten Teil des Freilichtmuseums bilden, da er die vollständigsten Boden-, Wand- und Deckendekorationen Herculaneums besitzt.

*Bemalter Innenhof*

## Pompei

Am Rande des antiken Freilichtmuseums Pompeji hat sich das moderne Pompei entwickelt, ein unüberschaubares Konglomerat von Großparkplätzen, Geschäften, Buden, Hotels, Restaurants und Wohnhäusern ohne erkennbares Zentrum. Hier wird die antike Ausgrabungsstätte ausgiebig in Souvenirformat vermarktet – aber nicht nur: Neu-Pompei ist in erster Linie ein Pilgerziel, das mehrere Millionen Menschen jährlich anzieht. Den religiösen Mittelpunkt bildet die Ende des 19. Jh. gegründete **Wallfahrtskirche Madonna del Rosario**. Bei dieser relativ jungen Andachtsstätte handelt es sich um ein außergewöhnliches Pilgerziel, denn hier wird auch konkret geholfen. Die Pilgerspenden fließen nämlich in das angeschlossene Waisenheim, in dem über 1.000 Waisenkinder aus ganz Italien behütet aufwachsen.

• *Übernachten/Essen und Trinken*: ** **Villa dei Misteri**, Motel in der Nähe des Haupteingangs zum Ausgrabungsgelände, an der Straße zur gleichnamigen pompejanischen Villa. Relativ moderner Zweckbau, 40 Zimmer, Parkplatz, Hotelrestaurant, Pool, DZ L. 60.-80.000, Frühstück L. 7.500, Tel. 081/8613593.

*** **Del Santuario**, größtes Pilgerhotel von Pompei, an der Wallfahrtskirche, mensaartiges Hotelrestaurant, DZ L. 120.000 inkl. Frühstück, Tel. 081/8506165.

**Il Principe**, alteingesessenes Ristorante im Zentrum von Pompei, vorwiegend Fischküche. Piazza Bartolo Longo 8, Tel. 081/8505566.

• *Camping*: **Pompei**, **Spartacus** und **Zeus**, drei einfache Plätze in unmittelbarer Nähe der Ausgrabungen, Lärm durch Autobahn bzw. Bahnlinie; Camper sollten eher auf die Plätze um Sorrent ausweichen.

# Pompeji (Scavi di Pompei)

**Am 24. August 79 n. Chr. ereignete sich der fürchterliche Vesuvausbruch und ließ alles Leben im Umkreis von 10 bis 15 km erlöschen. Ein meterdicker Eruptionsregen begrub dabei auch die ahnungslose römische Provinzstadt Pompeji in ihrer morgendlichen Geschäftigkeit – und konservierte sie für die staunende Nachwelt.**

Millionen begeisterte Besucher zieht es jährlich in die absolut größte antike Ruinenstadt, wo das römische Stadtleben der frühen Kaiserzeit lebendiger wird als in einem Historienfilm. Unbedingt einen ganzen Tag einplanen für dieses weitläufige Ausgrabungsgelände mit den sich kreuzenden Pflasterstraßen, Wohnhäusern, Geschäften, Thermen, Tempeln und Theatern. Ein faszinierender Ausflug in die Antike, der zum hautnahen Erlebnis wird, anschaulich und detailreich – obwohl Mißwirtschaft und unzureichende Pflege diese einzigartige Ruinenstadt zunehmend bedrohen. Doch erst der Besuch des Archäologischen Nationalmuseums von Neapel macht den Gesamteindruck komplett, denn dort werden die kostbarsten Fundstücke aus Pompeji aufbewahrt.

• *Anfahrt/Verbindungen*: **Pkw**, A 3, Abfahrt "Pompei-Scavi" (nicht "Pompei-Scafati"!); das Ausgrabungsgelände befindet sich unmittelbar an der Ausfahrt; es gibt mehrere gebührenpflichtige Großparkplätze.

**Bahn**: ideale Verbindung mit der *Ferrovia Circumvesuviana*, Strecke Napoli–Sorrent, Haltebahnhof heißt Pompei-Villa Misteri, Einzelfahrt von Napoli (Stazione centrale) bzw. von Sorrent Stazione ca. L. 3.000, Fahrtzeit ca. 40 bzw. 30 Min.; direkt gegenüber vom Bhf. liegt der Haupteingang zum Ausgrabungsgelände.

• *Öffnungszeiten*: tägl. von 9 Uhr bis 1 Std. vor Sonnenuntergang, Eintritt L. 12.000. Haupteingang an der *Porta Marina* (beim Bhf.), Seiteneingang am *Anfiteatro*. Das *Mensa-Restaurant* auf dem Gelände ist akzeptabel, wer sich Verpflegung mitbringt, begeht allerdings keinen Fehler. Ein frischgepreßter Orangensaft an einer der zahlreichen Buden vor dem Eingang stärkt zumindest für den Anfang.

## Pompeji/Geschichte

Ähnlich wie der gesamte Golf von Neapel geriet auch die kleine oskische Bauernsiedlung am Fuße des Vesuv ab dem 7. Jh. v. Chr. langsam unter griechischen Einfluß und entwickelte sich in der Folgezeit nach griechischem Vorbild. Allerfrühestes Zeugnis dafür ist der in Pompeji nachgewiesene griechische Apollo-Kult samt Apollo-Tempel. Der erste Wohnbezirk sowie die ältesten Befestigungsmauern bezeugen ebenfalls griechische Bauweise. Im 5. Jh. v. Chr. erfolgte dann die gewaltsame Übernahme der Siedlung durch die Samniten, die einen plötzlichen Bevölkerungszuwachs nach sich zog. Doch trotz der samnitischen Mehrheit vollzog sich die urbane Entwicklung weiter nach griechischem Muster – wie in der gesamten Golfregion auch. Erst nach den Samnitenkriegen setzten die Römer eindeutige städtebauliche und politische Akzente in Pompeji.

▶ **Das Amphitheater**: Parallel zum privaten Häuserbau entstanden auch die öffentlichen Gebäude Pompejis, die alle dem bescheidenen Rahmen einer

Kleinstadt angemessen waren; einzig das Amphitheater machte da eine Ausnahme, denn es überstieg die städtischen Verhältnisse, weil die Kapazität der Arena zusätzlich auf einige benachbarte Städte ausgerichtet war. Und so war es auch eine Veranstaltung in dieser antiken Vergnügungsstätte, die 59 n. Chr. Überregionales Aufsehen erregte, ja sogar Rom beschäftigte:

"Es geschah während eines Gladiatorenkampfes, den Livineius Regulus veranstaltete. Zügellos, wie die Bewohner kleiner Städte sind, neckten und beschimpften sie sich zuerst, dann griffen sie zu Steinen und schließlich zu den Waffen. Das Volk von Pompeji, wo die Spiele stattfanden, behielt die Oberhand. Viele Bewohner von Nuceria [Nocera] wurden verstümmelt und verwundet nach Rom transportiert. Zahlreich waren diejenigen, die einen Sohn oder einen Vater beweinten. Der [römische] Princeps übertrug die gerichtliche Entscheidung der Angelegenheit dem Senat, der Senat verwies sie an die Konsuln. Bei der neuerlichen Verhandlung vor dem Senat wurden der Stadt Pompeji für zehn Jahre alle derartigen Zusammenkünfte verboten. Livineius und die anderen Anstifter des Kampfes wurden mit dem Exil bestraft." (aus: Robert Etienne, Pompeji → S. 69)

Dieses Urteil des römischen Senats über das Massaker in der Arena von Pompeji war ein harter Schlag; schließlich hieß die innenpolitische Devise des Römischen Reiches *panem et circensis*, und ein Verbot der öffentlichen Spiele ließ das Ansehen einer Stadt sowie das innerstädtische Stimmungsbarometer fast auf den Nullpunkt sinken. Aber es sollte – auf eine andere Art – noch schlimmer kommen für Pompeji.

▸ **Katastrophen-Prolog**: Am 5. Februar 62 n. Chr. ereignete sich ein schweres Erdbeben, in dessen Epizentrum Pompeji lag. Seit jeher waren die Vesuvstädte leichte Erdstöße gewöhnt, aber mit einer derartigen Naturkatastrophe rechnete wohl niemand. Kamen Neapel und Nocera noch glimpflich davon, blieb in Pompeji kein Stein auf dem anderen. Die Stadt bot ein Bild der Verwüstung und Verzweiflung. Sogar in den naturwissenschaftlichen Schriften *Senecas* finden diese Zerstörungen Erwähnung. Dem Erdboden gleichgemachte Tempel, Häuser, Mauern; kein öffentliches Gebäude, kein religiöses Bauwerk, kein Privathaus war verschont geblieben. 17 Jahre vor dem katastrophalen Vesuvausbruch legte also ein Erdbeben die leidgeprüfte Stadt in Schutt und Asche. Trotz der massiven Schäden wurde Pompeji von den Überlebenden nicht aufgegeben; doch bei der Schadensbeseitigung waren sie auf sich selbst gestellt, da Rom keine Wiederaufbauhilfe leistete. Mangels Geld, Baumaterial und Handwerkern zogen sich die Sanierungsarbeiten jahrelang hin. Vieles deutet darauf hin, daß der Wiederaufbau Pompejis im Katastrophenjahr 79 noch längst nicht beendet war. Wahrscheinlich hatte die Stadt gerade wieder Lebensmut geschöpft, als der Vesuvausbruch alles zunichte machte. Wer sich heute aufmerksam durch die Museumsstadt Pompeji bewegt, erkennt vor allem an der Bausubstanz der unverputzten Häuser, wie notdürftig das Mauerwerk nach dem Erdbeben instandgesetzt worden war: Mit behauenen Bruchstücken aus Tuff und Kalkstein, Ziegeltrümmern und stellenweise sogar mit Pflastersteinen.

▸ **Pompeji unter Nero**: Bald nach dem Erdbeben von 62 n. Chr. sprengte noch ein Ereignis den kleinstädtischen Rahmen Pompejis und ließ der Stadt überregionale Aufmerksamkeit zuteil werden. Eine hübsche Pompejanerin aus reichem Haus wurde im Erdbebenjahr 62 die zweite Frau von Kaiser *Nero*. Der Kaiser, der Pompeji vermutlich niemals betreten hatte, genoß in der Stadt, allein bedingt durch die Hochzeit, eine ganz besondere Popularität, obwohl es eigentlich genügend Gründe gab, ihn zu verteufeln. Denn im Jahr 59 bedurfte das Senatsurteil, das den Pompejanern für zehn Jahre alle Spiele im Amphitheater untersagte, nämlich der Zustimmung Kaiser Neros; und nach dem Erdbeben von 62 war es wieder Nero, der dem zerstörten Pompeji keinerlei Aufbauhilfe gewährte. Im gleichen Jahr heiratete er dann die Pompejanerin *Poppäa Sabina*, die aus einer angesehenen Patrizierfamilie stammte, welche mehrere Häuser in Pompeji besaß. Die einzige positive Auswirkung, die diese Ehe auf die Stadt hatte, bestand darin, daß Nero sich noch im Jahr 62 zu einer Aufhebung des Arenaverbots erweichen ließ. Aber was bedeutete diese kulante kaiserliche Geste schon für das nahezu vollständig zerstörte Pompeji, dessen Amphitheater ebenfalls schwer erdbebenbeschädigt war? – Poppäa Sabina lebte zeitweise in der *Villa Oplontis* (→ S. 157) bei Pompeji, bis sie im Jahr 65 an den Mißhandlungen, die ihr Nero zugefügt hatte, starb. Unter den zahlreichen politischen Graffitos, die man bei den Ausgrabungen Pompejis entdeckt hatte und entziffern konnte, befinden sich auch einige, die Neros Popularität belegen; da heißt es z. B. "Es lebe der kaiserliche Beschluß [Aufhebung des Spieleverbots], es leben die Beschlüsse des Kaisers und der Kaiserin, es lebe die Kaiserin Poppäa!"

▸ **Leben in Pompeji**: Wie soll man sich die römische Stadt zum Zeitpunkt des tragischen Vulkanausbruchs von 79 n. Chr. vorstellen? Ein bißchen so wie es im Historienschinken "Die letzten Tage von Pompeji" (1959) mit den Mitteln eines gutausgestatteten Filmstudios inszeniert worden ist? Der flavische *Kaiser Titus* hatte gerade die Macht in Rom übernommen, und die kleine Provinzstadt Pompeji mit schätzungsweise 15.000 Einwohnern wurde von einem kaisertreuen Ädilen verwaltet, der neben der militärischen Schutzaufsicht auch für die Lebensmittelversorgung und die Ausrichtung der öffentlichen Spiele verantwortlich war. Der Wohlstand und die architektonische Pracht Pompejis hielten sich in Grenzen, waren nicht mit den bevorzugten Städten des Imperiums zu vergleichen, und schon gar nicht mit Rom. Pompeji war für damalige Verhältnisse eine ganz normale landwirtschaftlich ausgerichtete Kleinstadt, in der die adligen Großgrundbesitzer zur Oberklasse gehörten, ebenso wie die Kaufleute, Bankiers und Gelehrten. Die zweite gesellschaftliche Schicht bildeten vor allem Handwerker, kleine Händler und Freigelassene (ehemalige Sklaven), während Tagelöhner und abhängige Sklaven zur untersten Schicht zählten. Vor den Toren der Stadt, auf den fruchtbaren Landgütern der unteren Vesuvhänge lebten noch etwa 5.000 Ackernbauern verstreut. Wahrscheinlich ging die Stadt-

Sant'Angelo, Ischia (MM) ▲▲

Santa Maria della Mercede in Fontana, Ischia (MM) ▲▲

Felsenhaus auf Ischia (MM) ▲

▲▲ Bizarre Steilküste bei Sant'Angelo, Ischia (MM)
▲ In Forio gesehen (MM)
▲ Appetitlich! (FES)

Cartaromana, Ischia (MM) ▲▲

San-Montano-Strand, Ischia (MM) ▲▲

Thermalquelle, Ischia (MM) ▲

▲ Corricella, Procida (IFM)

und Landbevölkerung von Pompeji gerade ihren alltäglichen Geschäften nach, als sich die Katastrophe ereignete, die wohl kaum jemand überlebte.

▸ **Der Untergang**: Mit dem plötzlichen Ausbruch des Vesuv verfinsterte sich der Himmel, und die vulkanischen Auswurfmassen prasselten auf die Stadt nieder. Als die Pompejaner die Gefahr begriffen hatten, rafften sie eilig ihre wertvollsten Habseligkeiten zusammen und flohen in Richtung Meer. Doch die meisten von ihnen schafften es nicht einmal bis zu den Stadttoren, sie erstickten in ihren Häusern oder auf den Straßen im Getöse der Auswurfmassen und einstürzenden Bauten:

"Im Hause des Fauns konnten sich die Eigentümer nicht dazu entschließen, ihre Schätze im Stich zu lassen. In aller Eile suchte die Hausherrin ihre kostbarsten Besitztümer zusammen: goldene Armreifen in Schlangenform, Haarnadeln, Ohrringe, einen silbernen Spiegel und eine mit Goldstücken gefüllte Börse; dann erst wandte sie sich zur Flucht. Aus Angst vor der Asche kehrte sie ins tablinum (Wohnraum zum Atrium hin ausgerichtet) zurück; kurz darauf stürzte das Dach ein und begrub die Unglückliche samt ihren Schätzen unter sich. Die anderen Hausbewohner erstickten in ihren Verstecken.
Die öffentlichen Gebäude und die Tempel boten ebensowenig Schutz wie die Privathäuser. Die Priester der Isis waren im triclinium (großer Speiseraum) um einen Tisch versammelt, der mit Brot, Wein, Geflügel, Eiern und Fisch bestellt war, und nahmen ihre Mahlzeit ein. Angesichts des Vulkanausbruchs beschlossen sie, einem aus ihrem Kreis den Tempelschatz anzuvertrauen: sie beluden ihn mit einem Sack, in den sie frisch geprägte Goldmünzen mit dem Bildnis des Titus, die Statuetten der Isis und Trinkschalen hineingepackt hatten; aber der Unglückliche kam trotz seiner Eile nicht weiter als bis zur Ecke der Via dell'Abbondanza; er stürzte, und der Inhalt seiner Bürde verstreute sich. Zwei seiner Begleiter wurden erschlagen, als ein Teil der Kolonnade des Forum triangolare zusammenbrach.
Die Gladiatorenkaserne wurde zu einer tödlichen Falle für ihre Bewohner. Der Tod ereilte dort dreiundsechzig Menschen, unter ihnen eine vornehme Dame von Pompeji, die herrlichen Schmuck trug: ein Smaragdkollier, Ohrringe und Armbänder. Sie war wohl gekommen, um einem Helden der Arena ihre Bewunderung auszudrücken." (aus: Robert Etienne, Pompeji → S. 69)

So oder so ähnlich jedenfalls muß sich der Tod in Pompeji ereignet haben. Und als die Vulkanasche erkaltet war, geriet diese verschüttete römische Kleinstadt, die im Getriebe des expandierenden Imperiums keine Rolle spielte, langsam in Vergessenheit, bis sie fast 1.700 Jahre später in allen Einzelheiten wieder ans Tageslicht kam. Heute veranschaulichen die Gipsabdrücke der Leichen das schreckliche Drama am eindrucksvollsten.

▸ **Gras über Pompeji**: Als Kaiser Titus alles, was nach dem Unglück noch aus der Vulkanasche emporragte, einebnen ließ, und nachdem die Plünderer ihre vergebliche Schatzsuche einstellten, wuchs das sprichwörtliche Gras bald im wahrsten Sinne des Wortes über die Stadt. Aber der Name Pompeji überdauerte die folgenden Jahrhunderte in den Schriften der Chronisten. Die Renaissance zeigte erstmals wieder Interesse am klassischen Altertum, und in antiken Texten stieß man u. a. auf den von Plinius verfaßten Bericht über den Vesuvausbruch des Jahres 79 (→ S. 16). Ganz nah, wenn auch zufällig, kam man dem untergegangenen Pompeji gegen Ende des 16. Jh., als eine unterirdische Wasserleitung vom Fluß Sarno ins heutige Torre Annunziata gelegt wurde. Obwohl die Bauarbeiten das Amphitheater und das Forum streiften, wußte man nichts mit den Entdeckungen anzufangen.

▶ **Grabungsgeschichte**: Erst Anfang des 18. Jh., als die Bourbonen in Neapel und Süditalien regierten, begann eine fieberhafte Suche, wobei Herculaneum (1709) und Pompeji (1748) durch systematische Grabungen wieder ans Tageslicht kamen. Weil die harten und dicken Schichten von Herculaneum die Freilegung der Stadt erheblich erschwerten, konzentrierten sich die Ausgrabungen bald auf Pompeji, wo die Erdschichten leichter und schneller abzutragen waren. Unter den staunenden Augen der Weltöffentlichkeit kam langsam ein authentisches Stück römischer Antike zum Vorschein. Doch man grub in dieser euphorischen ersten Stunde der Entdekkung blindlings drauf los und wußte nicht so recht, wie das Freigelegte richtig geschützt werden sollte. Das Grundprinzip bestand darin, Architekturfragmente, Säulen, Statuen, Bodenmosaiken, Wandfresken, Hausrat, Schmuck sowie andere kostbare und bewegliche Teile in die königlichen Paläste von Portici zu schaffen. Das Gelände diente dabei lediglich als Fundgrube. Erst mit der Etablierung der **klassischen Altertumswissenschaft** (Archäologie) setzte sich die weitsichtige Erkenntnis durch, besser alles an Ort und Stelle zu lassen, weil eine Konservierung der Ruinenstadt vor Ort anschaulicher und lehrreicher ist als ihre Plünderung für das mittlerweile eingerichtete Archäologische Nationalmuseum von Neapel. Diese Einsicht kam zwar spät, aber nicht zu spät, so daß ab der zweiten Hälfte des 19. Jh. das Freilichtmuseum Pompeji entstehen konnte, wo kaum noch Architekturfragmente, Malereien und Mosaiken von ihrem originalen Untergrund abgelöst wurden. Im Laufe der folgenden Jahrzehnte beseitigte man über 500.000 Kubikmeter Schutt, legte fast die gesamte Stadtanlage einschließlich der Stadtmauern frei und machte sie der Öffentlichkeit zugänglich. Außerdem wurden die Grabungen wissenschaftlich betreut und dokumentiert, so daß das Bild von der antiken Stadt Pompeji vor dem Zeitpunkt ihrer Zerstörung immer deutlicher und vollständiger wurde. Und überhaupt vergrößerte sich mit der detaillierten Wiederauferstehung Pompejis das allgemeine Wissen über die römische Antike, denn die vorwiegend auf schriftlichen Quellen beruhenden Erkenntnisse wurden jetzt transparent und gegenständlich wie nie zuvor.

## Pompeji/Architektur

Die Ansiedlung römischer Veteranen gegen Ende der römischen Republik und in der anschließenden frühen Kaiserzeit brachte eine verstärkte Bautä-

*Verwirrend – Bodenmosaik in Pompeji*

tigkeit mit sich. In dieser Zeit entstanden die für Pompeji charakteristischen Pflasterstraßen mit Wohnhäusern und Stadtvillen, die öffentlichen Gebäude am Forum sowie Tempel, Thermen und Theater. Die größten pompejanischen *Stadtvillen*, in denen die reichen Patrizierfamilien mit ihren Sklaven und Bediensteten lebten, hatten bis zu 3.000 qm Gesamtfläche. In der Regel gehörte eine Gartenanlage mit Brunnen zu einem städtischen Villengrundstück. Der Garten galt zu jener Zeit als die gestalterische Weiterentwicklung des Atriums, dem Herzstück eines vornehmen römischen Hauses. Die wesentlich kleineren *Atriumhäuser* der Mittelschicht, die den größten Häuseranteil in Pompeji bilden, besaßen natürlich keinen Garten, und der Wohnkomfort sowie die Ausstattung hielten sich in Grenzen. Die ärmlichste Behausung bildete die sogenannte *Pergula*, eine enge und finstere Einzimmerwohnung. Händler und kleine Kaufleute wohnten zumeist in *Ladenwohnungen* mit einer zur Straße hin geöffneten Verkaufstheke.

## Pompeji/Kunstgeschichte

Die reichen Pompejaner, die sich eine großzügige Stadtvilla leisten konnten, richteten sie selbstverständlich auch entsprechend würdig ein, wobei besondere Aufmerksamkeit auf die *Wandmalereien* gelegt wurde. Die vollständig ausgemalten, farbenfrohen Räume dieser Patriziervillen gehören heute zu den Höhepunkten eines Pompeji-Besuchs. Der zum Teil außerordentlich gute Erhaltungszustand der Wandmalereien ist ihrer raffinierten Herstellungstechnik zu verdanken, bei der der Kalk-Sand-Untergrund immer wieder mit Seife und Kreide gehärtet und geglättet werden mußte, bevor die wäßrige Farblösung mit Wachszusatz aufgetragen werden konnte. Nichts ist in Pompeji so gut erforscht wie der **pompejanische Malstil**, der hinsichtlich der Ausdrucksformen und der Motive in vier, zeitlich aufeinanderfolgende Stile unterschieden wird: *plastischer Stil* aus der vorrömischen Zeit; *perspektivisch-illusionistischer Stil* aus der republikanischen Zeit; *ornamental-ägyptischer Stil* aus der frühen Kaiserzeit; *dekorativ-räumlicher Stil* aus der Regierungszeit Neros. Aber egal um welchen Malstil und welche Motive es sich handelt, bei den vor Ort belassenen Wandmalereien springen einem zunächst die leuchtenden Farben ins Auge, das unverwechselbare pompejanische Rot, Gelb und Blau. Glanz und Intensität dieser Grundfarben Pompejis sind einfach einmalig. Die dekorative Ausgestaltung der Wohnräume mit wandfüllenden Malereien war eine künstlerische Ausdrucksform der Antike. Man schaffte sich damit eigene, imaginäre Welten in seinen privaten Räumlichkeiten, wobei die Motive und szenischen Darstellungen immer dem Geschmack der Zeit entsprachen. Häufige Darstellungen in den pompejanischen Patrizierhäusern sind exotische Landschaften, mythologische Themen, Phantasielandschaften und ornamentale Kompositionen. – Aber wie gesagt, die meisten Malereien dieser Art sind ins Archäologische Nationalmuseum von Neapel gewandert.

## Der endgültige Untergang?

Einzigartigkeit und Faszination Pompejis stehen leider in keinem Verhältnis zur Pflege und Erhaltung dieses antiken Freilichtmuseums. Eine vielfältige Mißwirtschaft und der inoffizielle Vorwurf des kriminellen Handels mit Fundstücken werfen seit Jahrzehnten einen langen Schatten auf das UNESCO-Weltkulturgut Pompeji. Die häufig gestellte Frage nach dem angemessenen Schutz des Ausgrabungsgeländes ist an der Schwelle ins dritte Jahrtausend anscheinend immer noch nicht zufriedenstellend beantwortet. Und täglich verfällt und verschwindet ein authentisches Stückchen Pompeji mehr. Auch die zwei bzw. vier Millionen Besucher (die Angaben schwanken), die sich jährlich durch die antike Ruinenstadt bewegen, zehren an der Substanz Pompejis, denn manche vergessen sogar ihre gute Erziehung und lassen etwas Marmor, eine Stuckecke oder ein Mosaiksteinchen mitgehen. Nicht selten kommt es vor, daß reumütige Souvenirdiebe ihre antike Scherbe nach Jahren zurückschicken, weil sie mit dem schlechten Gewissen nicht mehr leben können. Dem interessierten und aufmerksamen Pompeji-Besucher wird jedenfalls nicht entgehen, daß sich die Ruinenstadt insgesamt in einem bedenklichen Zustand befindet – und schreitet die Verwahrlosung mangels Schutz und Pflege weiter fort, so erleben wir den endgültigen Untergang Pompejis nicht als Naturkatastrophe, sondern als Menschenwerk.

Finanznot wird von offizieller Seite immer wieder als Ursache für die Tatenlosigkeit angeführt. Anscheinend verschwinden die millionenschweren Eintrittsgelder und internationalen Zuschüsse mit besorgniserregender Regelmäßigkeit im bürokratischen Sumpf. Einziger Hoffnungsschimmer ist der mittlerweile gegründete Verwaltungsrat zur Rettung Pompejis. Warten wir es ab, ob diese staatliche Einrichtung, kurz *Sibec* genannt, ihrem erklärten Ziel gerecht wird, die längst fälligen Restaurierungsarbeiten vorzunehmen und weitere Ausgrabungen voranzutreiben. Die dafür notwendigen Mittel belaufen sich angeblich auf gut 500 Millionen Mark. Um diese gewaltige Summe annähernd zu beschaffen, sollen u. a. Sponsoren aus der Wirtschaft gefunden sowie Bildrechte exklusiv verkauft werden. – Vorerst jedenfalls dauert der Niedergang Pompejis an.

## Pompeji/Besichtigung

**Eine ausgiebige Besichtigung Pompejis kann einen ganzen Tag dauern – schließlich handelt es sich um eine ganze Stadt. Wen die Anziehungskraft der antiken Ruinen packt, macht ständig neue Entdeckungen und die Begeisterung steigt dann von Minute zu Minute.**

Natürlich bewegt man sich nicht allein auf dem weitläufigen Ausgrabungsgelände, aber wer früh kommt (Einlaß 9 Uhr), erlebt vielleicht für einen Augenblick das menschenleere Pompeji mit der Silhouette des Vesuv. – Dann erwacht die Ruinenstadt langsam, das Bürgerforum und die von tiefen Spurrillen zerfurchten Pflasterstraßen bevölkern sich, die erhöhten "Zebrastreifen" an den Kreuzungen werden unsicheren Schrittes überquert und das *cave canem* in den Hauseingängen hält niemanden mehr zurück – jetzt beginnt die kollektive Besichtigungstour.

Im folgenden werden die Hauptattraktionen etwas näher beschrieben, wobei es vorkommen kann, daß man einige Häuser und Stadtvillen geschlossen vorfindet (Personalmangel, Einsturzgefahr, Ausbesserungsarbeiten etc.), während die öffentlichen Großbauten, Thermen, Tempel und Theater in der Regel immer geöffnet sind.

**Letzte Meldung**: *Pompeji mit Rundweg*. Besucher können jetzt erstmals rings um das Ausgrabungsgelände wandern. Der 3,5 km lange Rundweg entlang der Stadtmauer gewährt einen besonders schönen Blick auf die Stadt. Außerdem sind die jahrelang verschlossenen Überreste des Isis-Tempels, die Häuser des Bäckers und des Chirurgen sowie der Garten der Villa des Diomedes wieder zu besichtigen.

### Das Forum und angrenzende Gebäude

Vom Haupteingang gelangt man über die meerseitige Ausfallstraße Pompejis zum **Bürgerforum**, dem Zentrum und Knotenpunkt des öffentlichen Lebens einer altrömischen Stadt. An dem langgestreckten, rechteckigen Platz (38 x 142 m) stehen die wesentlichen öffentlichen Bauten, darunter die Basilika, die wichtigsten Tempel, die Amtsräume der obersten Beamten, das Wahllokal, die Stadtwaage etc. Einen großen Teil des Forums nehmen auch die Märkte ein (Getreide- und Gemüsemarkt, Fleisch- und Fischmarkt). Das Forum von Pompeji war das Herz der Stadt, hier trafen sich die Bürger, hier wurden politische Versammlungen abgehalten und wichtige Mitteilungen verkündet.

Der Platz mußte zweckmäßig, harmonisch und repräsentativ zugleich angelegt sein; zwei **Triumphbögen** dominierten seine Nordseite.

- **Portikus**: Der monumentale Säulengang aus gedrungenen dorischen Säulen umgab das Forum, darüber erhob sich ein Aufbau mit zierlichen ionischen Säulen. In den Zwischenräumen des doppelstökkigen Portikus standen die Ehrensäulen, auf denen die Bronze- und Marmorstatuen pompejanischer Persönlichkeiten ruhten (sämtliche Statuen sind verlorengegangen!). Am Portikus sowie am Zustand der angrenzenden Bauten konnten die Archäologen genau erkennen, daß die Erdbebenschäden von 62 am Forum zum Zeitpunkt des Vesuvausbruchs (79 n. Chr.) noch nicht vollständig beseitigt waren.

- An der Südseite des Forums befinden sich noch die drei **Amtsräume** der obersten Stadtverwaltung, deren Eingänge angeblich offen waren, damit die hohen Beamten das Geschehen auf dem Forum besser überwachen konnten.

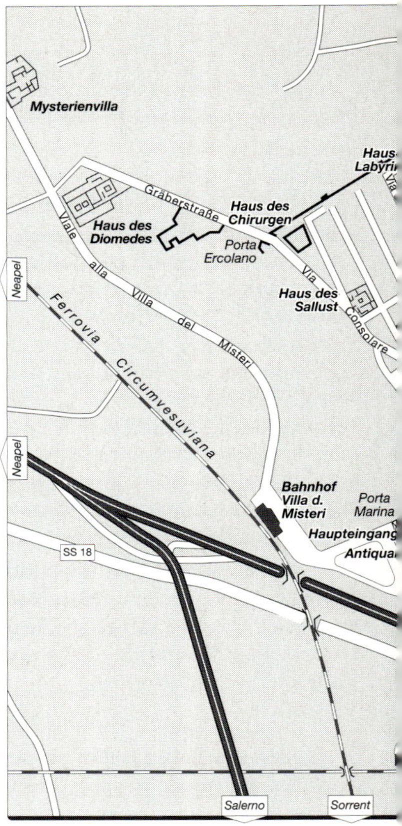


- **Comitium**: Das nicht überdachte Gebäude an der südöstlichen Ecke diente als Nebenraum des Forums, in ihm fanden (ganz nach römischem Vorbild) die Wahlen statt.

- **Basilika**: Dieses imposante, guterhaltene Bauwerk an der südwestlichen Forumsecke imitiert die Forumspiazza gewissermaßen architektonisch. Der rechteckige Grundriß wird von doppelstöckigen Säulenreihen gerahmt und an der Stirnseite erhebt sich eine *Tribuna* (bühnenartige Plattform), die mit sechs Säulen geschmückt war. Die pompejanische Basilika war in erster Linie der Ort der zivilen Rechtsprechung, der städtische Gerichtshof, auf dessen erhöhter Tribuna die Urteile öffentlich verkündet wurden. Die hallenartige Basilika, deren Dachkonstruktion von 28 Ziegelsteinsäulen getragen wurde, ist einer der größten Profanbauten Pompejis. Später diente die Grundform der altrömischen Basilika der christlichen Basilika als architektonische Vorlage.

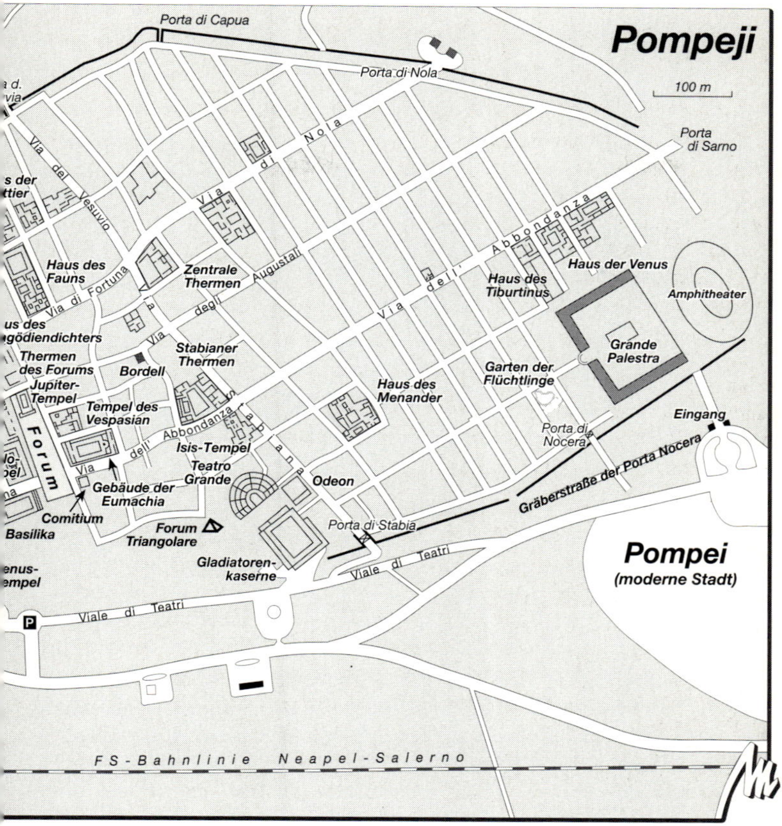


▸ **Gebäude der Eumachia**: Bei dem an der Forumspiazza/Ecke Via dell'Abbondanza gelegenen, eindrucksvollen Gebäude (60 x 40 m) handelt es sich vermutlich um den einzigen privaten Forumsbau. Heute fällt vor allem die marmorne Eingangsrahmung mit dem Travertinarchitrav ins Auge, der mit folgender Inschrift versehen ist: *"Eumachia, die Tochter des Lucius, öffentliche Priesterin, hat in ihrem Namen und im Namen ihres Sohnes Numistrius Fronto auf eigene Kosten eine Vorhalle, Kryptoportikus und einen Portikus errichten lassen und hat sie selbst zu Ehren der Concordia und der Pietas Augusta geweiht."* Die Priesterin *Eumachia* gehörte zur pompejanischen Familie der *Eumachii*, der vielleicht wohlhabendsten und einflußreichsten Familie der Stadt, wie dieser stattliche Forumsbau vermuten läßt. Wahrscheinlich waren die Eumachii maßgeblich und mit großem finanziellen Aufwand an der Beseitigung der Erdbebenschäden beteiligt. Offenbar verdienten sie ein

*Basilika – hier wurde Recht gesprochen*

Vermögen mit dem Weinexport und dem Wollhandelsmonopol, das sie besaßen. Es wird angenommen, daß es sich bei dem Gebäude der Eumachia um eine Art Woll- und Textilbörse gehandelt hat. In einer unscheinbaren Nische fand man die anmutige Statue der Eumachia.

▸ **Forumsmärkte**: In der nordöstlichen Forumsecke hatte der städtische Fleisch- und Fischmarkt *(Macellum)* seinen Platz. Auf dem säulenbestandenen, überdachten Markt wurden jedoch nicht nur Lebensmittel verkauft; hier befand sich auch ein Opferaltar, an dem ein religiöses Kollegium rituelle Mahlzeiten einnahm. Schräg gegenüber vom Macellum war der Getreide- und Gemüsemarkt untergebracht. Diese Nordwestecke fungiert heute als Lager für archäologische Fundstücke, darunter vor allem keramische Gebrauchsgegenstände.

▸ **Forumsthermen**: Die öffentliche Badeanstalt ist der Inbegriff römischer Hygiene. Wie wichtig die Thermen auch in Pompeji waren, das zeigt ihre Anzahl, neben den Forumsthermen gab es noch die Stabianer Thermen und die zentralen Thermen; einmal ganz abgesehen von den Badeanstalten der Umgebung und den Bädern der privaten Haushalte, die in den großen Stadtvillen oftmals sehr komfortabel und natürlich beheizt waren. Die öffentlichen Thermen des Forums (heute unter und neben dem Mensa-Restaurant nördlich der Forumspiazza gelegen) stammen aus der Zeit der Republik und sind die kleinsten der Stadt. Wie üblich gab es zwei Abteilungen, eine (größere) für Männer und eine für Frauen.

**Männerbad**: Von der Straße gelangt man zunächst ins *Apodyterium*, den Umkleideraum, der mit Bänken versehen war. Über dem angrenzenden, runden *Frigidarium* (Kaltbaderaum) mit Schwimmbecken wölbt sich eine stuckverzierte Kuppel; die Marmorstufen dienten als Sitzgelegenheiten. Das *Tepidarium* (temperierter Aufenthaltsraum) wurde noch mit einem großen Kohlebecken aus Bronze beheizt (alte Heizmethode). Die schöne Stuckdekoration zeigt athletische Atlanten an den Wänden, während ein bogenschießender Amor und ein delphinreitender Apoll von der Decke blikken. Das *Caldarium* (Warmbaderaum) mit seinen goldfarbenen Wänden und eleganten rötlichen Pilastern ist sehr gut erhalten; Marmorstufen führen in die beheizte Badewanne. In dem gegenüberliegenden Marmorbecken, dem *Labrum*, konnten sich die Badegäste zwischendurch mit kaltem Wasser erfrischen. Unbedingt mal auf die Stuckrillen an der gewölbten Decke achten, an denen der aufgestiegene Wasserdampf abkühlte und in Tropfen seitlich ablief. So verhinderte man, daß die Wassertropfen den Badegästen auf den Kopf prasselten! Vom Umkleideraum führte ein Verbindungsgang zum nicht überdachten Innenhof, der mit Bänken und anderen Sitzgelegenheiten ausgestattet war. In den Forumsthermen befinden sich auch einige effektvoll plazierte Gipsabdrücke der unglücklichen Opfer in Vitrinen.

*"Sie wünschen?" – Verkaufstheke eines Ladens*

## Der Tempelbezirk des Forums

Die Nordhälfte des Forums wird fast vollständig vom Tempelbezirk eingenommen, der sich aus dem *Apollotempel*, dem *Jupitertempel*, dem *Tempel des Vespasian* und dem *Heiligtum der Laren*, den Schutzgöttern der Stadt, zusammensetzt.

▸ **Apollotempel**: älteste und ehrwürdigste Kultstätte des Forums; einst von den Griechen gegründet, später von den Samniten und Römern übernommen.

*Forum – das Zentrum der Stadt*

Wie das ursprüngliche griechische Apolloheiligtum (6. Jh. v. Chr.) ausgesehen hat, ist unbekannt; bei diesem ausgegrabenen römischen Apollotempel handelt es sich um einen erhöhten Podiumstempel aus dem 2. Jh. v. Chr., der über eine breite Treppe zugänglich war. Die Kultstatue des Apollo stand im Zentrum des Tempels, in der *Cella*, die ganz von korinthischen Säulen umgeben war. Im großen Kolonnadenhof des Tempels steht ein bogenschießender *Bronzeapoll* (entwaffnet!) – eine der wenigen Statuen, die auf dem Ausgrabungsgelände verblieben sind.

▸ **Jupitertempel**: Der Podiumstempel des Jupiter mit der 3 m hohen Basis am Nordende des Platzes beherrscht das Forum. Seine exponierte Lage unterstreicht die Wichtigkeit der Kultstätte, in der neben dem Herrn des Olymp auch noch seine beiden Mitgottheiten *Juno* und *Minerva* verehrt wurden. Die wuchtigen Außenkolonnaden maßen über 8 m. Zum Tempelheiligtum selbst gelangte man über zwei schmale Freitreppen. In der Tempelmitte befand sich ein Altarraum, umgeben von ionischen und korinthischen Säulen; drei kleine Kammern boten Platz für die drei Götterbilder und die kultischen Handlungen, die hier von Priestern verrichtet wurden. Den auf dem Podium verbliebenen monumentalen *Jupiterkopf* ziert eine üppige Haar- und Barttracht.

▸ **Tempel des Vespasian**: vermutlich der jüngste Forumsbau und ganz im Zeichen des Kaiserkults errichtet, denn die pompejanische Kaiserverehrung übertraf alle anderen Kulte. Dabei stand die Beziehung der Pompejaner zu Kaiser Vespasian unter besonderen Vorzeichen. Vespasian war ihr Gott auf Erden, er bemühte sich nämlich – nach Neros schändlicher Tatenlosigkeit – ab 69 n. Chr. um die Belange der Stadt. Er schickte u. a. einen Katasterbeamten nach Pompeji, der die wichtige Aufgabe hatte, den

Grundbesitz wieder zu regeln, da sich Privatleute nach dem Erdbeben unrechtmäßig Grund und Boden im Stadtgebiet angeeignet hatten. Der für Vespasian errichtete Podiumstempel mit dem quadratischen Säulenhof muß wohl ebenfalls als kaiserliche Wiederaufbauhilfe betrachtet werden. Inmitten des Hofs lenkt ein heller *Marmoraltar* die Aufmerksamkeit auf sich. Das Altarrelief stellt eine Opferszene dar, in der dem Kaiser ein Stieropfer gebracht wird; Priester und Opferdiener vollziehen die rituelle Handlung vor dem Hintergrund der Tempelfassade.

- **Heiligtum der Laren**: Vor der Errichtung des Vespasiantempels erfüllte das angrenzende Larenheiligtum allein die Funktion der Götterbesänftigung. Zu den *Laren*, den städtischen Schutzgöttern, gehörten *Fortuna*, *Venus* und *Ceres* sowie *Herkules*, *Merkur* und *Bacchus*, deren Statuen in der Apsis des Larenhofs gestanden haben. In einigen pompejanischen Stadtvillen wurden auch private Lararien entdeckt.

## Stadtteil nördlich des Forums

- Gegenüber dem Eingang der Forumsthermen stößt man auf das **Haus des Tragödiendichters**, in dessen Eingangsbereich ein schwarzweißes *Cave-canem-Mosaik* vor der Bekanntschaft mit dem Wachhund warnt. Ansonsten ist dieses kleine Atriumhaus repräsentativ für die Wohnhäuser der frühen Kaiserzeit. Der Erbauer hat sich exakt an die Baupläne eines römischen Musterhauses gehalten, die der römische Architekturtheoretiker *Vitruv* im 1. Jh. v. Chr. entworfen hat.

- Zwei *Insulae* (Häuserblocks) weiter östlich dann das **Haus des Fauns**. Auf fast 3.000 qm Gesamtfläche erstreckt sich diese größte pompejanische Stadtvilla, die zum Zeitpunkt der Vesuv-Katastrophe vermutlich wegen Umbauarbeiten nicht bewohnt war. Das doppelte *Atrium*, die beiden beheizbaren Bäder sowie die zwei *Peristyle* (Säulenhöfe) mit Garten zeugen von allergrößtem Wohlstand. Die kostbare Ausstattung ist größtenteils ins Nationalmuseum gewandert, darunter das weltberühmte Bodenmosaik der *Alexanderschlacht* sowie die bronzene *Statue des Fauns*, nach der das Haus benannt worden ist. Auf dem Grundstück verblieben ist u. a. ein großflächiges farbiges Bodenmosaik aus rautenförmigen Steinchen mit dreidimensionalem Effekt. Bei der kleinen Faunsfigur vor Ort handelt es sich um eine Kopie.

*Bronzefaun*

- An der Straßenkreuzung *Via di Nola/Via Stabiana* trifft man auf die **zentralen Thermen**, einem "Neubau", der erst nach dem Erdbeben in Angriff genommen wurde. Diese größte der drei öffentlichen Badeanstalten war zum Zeitpunkt des Vesuvausbruchs allerdings noch nicht ganz fertiggestellt. Abgesehen von der imposanten Größe der Anlage sind einige zeitgemäße architektonische Neuerungen interessant: In der *Palästra* (Innenhof) war ein Schwimmbecken geplant, das an die Fensterfront der Baderäume anschloß. Die eigentliche Innovation steckte jedoch im Heizsystem: Eine ausgetüftelte *Hypokaustenheizung* sollte für hohe Temperaturen in den Baderäumen sorgen. Diese antike Heizanlage funktionierte mit Heißluft, die mit Hilfe von Röhren in sämtliche Böden und Wände geleitet werden konnte. Geplant waren auch Räumlichkeiten, in denen Masseure, Haarentferner, Parfümeure etc. für das Wohlbefinden der Badegäste sorgen sollten.

▶ Eine Querstraße weiter nordwestlich dann das **Haus der Vettier**, das eine halbe *Insula* (Häuserblock) einnimmt. Es ist wegen der am Fundort gelassenen, farbenfrohen *Wandmalereien* das vielleicht beeindruckendste pompejanische Stadthaus. Besonders das vollständig ausgemalte *Peristyl* (Säulenhof) mit seinen tiefroten und dottergelben Grundtönen hat nichts von seiner ursprünglichen Farbintensität verloren. Im *Vestibül* (Eingangshalle) dieser luxuriösen Kaufmannsvilla gibt eine Phallusdarstellung Anlaß für verlegenes bis heiteres Gekicher bei den Besuchern; ein Fruchtbarkeitsgott legt hier seinen monströsen Penis auf eine Waage – um das Unheil vom Haus fernzuhalten. Die zahlreichen erotischen Malereien und Objekte, die bei den Ausgrabungen in Pompeji gefunden wurden, hatten von Anfang an die Sittenwächter auf den Plan gerufen (→ "Eros in Pompeji", S. 109).

▶ Nebenan liegt das **Haus des Labyrinths** mit einigen großflächigen Bodenmosaiken und säulenbestandenen Sälen. Dieses prunkvolle Stadthaus besaß eine eigene Bäckerei im hinteren Gebäudetrakt, deren Backofen sowie Mahlsteine noch an Ort und Stelle stehen.

▶ An der *Via Consolare*, die zum nordwestlichen Stadttor *Porta Ercolano* führt, kann man die beiden ältesten Häuser Pompejis besichtigen. Das **Haus des Sallust** (3. Jh. v. Chr.) war kein reines Wohnhaus, die Besitzer betrieben eine Schenke, eine Bäckerei, einen Straßenverkauf und vermieteten wahrscheinlich auch Gästezimmer. Verglichen mit den proportionierten Atriumhäusern wirkt dieses Gebäude finster und eng. Das **Haus des Chirurgen**, kurz vor der Porta Ercolano, ist das älteste Haus der Stadt; es stammt noch aus vorrömischer Zeit (4. Jh. v. Chr.).

▶ Die **Porta Ercolano** ist eins von insgesamt acht Stadttoren; hinter jedem dieser Tore erstreckt sich eine antike **Nekropole** (Friedhof). Die leicht abschüssige Gräberstraße hinter der Porta Ercolano ist nahezu vollständig freigelegt und wird von Ruhestätten unterschiedlicher Machart gesäumt; es gibt große Marmorgrabstätten mit Altären, monumentale Grabhäuser mit Einfriedung, Gedenksteine, Grabstelen und sarkophagähnliche Einzeltumben. Die Toten wurden damals zumeist eingeäschert. Typisch für die pompejanische Gräberstraße ist, daß sie mit dem Stadtleben verbunden bleibt und nicht räumlich isoliert wird. Durch die Porta Ercolano verließen und betraten täglich unzählige Menschen die Stadt und kamen dabei wie selbstverständlich an der Nekropole vorbei. Zwischen den Gräbern mischten sich

Geschäfte, Herbergen und Landhäuser, während halbkreisförmig angelegte Steinbänke entlang der Straße zum Verweilen einluden. – Von hier öffnet sich tatsächlich ein herrlicher Blick hinüber zur Küste.

▶ **Mysterienvilla**: eine typische pompejanische Vorstadtvilla mit landwirtschaftlichem Betrieb. Erst Anfang dieses Jahrhunderts hat man den vornehmen Landsitz entdeckt, dessen insgesamt 90 Räume und Nischen sich auf fast 2.000 qm erstrecken. Die Villa wurde in Hanglage erbaut mit einer zur Küste hin ausgerichteten Eingangsfront, wobei einige architektonische Schwierigkeiten zu bewältigen waren. Zu besichtigen ist nur der vordere Gebäudetrakt um das große Atrium herum. In diesen Räumlichkeiten befinden sich die umfangreichsten und kunstgeschichtlich wertvollsten *Wandmalereien*, die man in Pompeji vor Ort gelassen hat. Als Grundfarbe dominiert das *pompejanische Rot*. Analysen haben ergeben, daß hier mit echtem, damals sehr teurem Zinnober gearbeitet wurde, der diesen unverwechselbaren leuchtenden Farbton erbrachte. Die Motive und Ausdrucksformen der Wandmalereien sind im perspektivisch-illusionistischen und ornamental-ägyptischen Stil gehalten (→ S. 143). Ein Beispiel für den Malstil in der frühen Kaiserzeit zeigt das große Atrium, wo u. a. Szenen der Nil-Landschaft nachgebildet sind. Sie entstanden zu der Zeit, als Kaiser Augustus Ägypten eroberte und ägyptische Motive modisch waren.
Im großen *Triclinium* (Speisezimmer) der Villa, dem **Mysteriensaal**, befindet sich der eindrucksvollste und zugleich rätselhafteste Freskenzyklus der pompejanischen Wandmalerei. Die ca. 17 m lange Bilderfolge auf rotem Hintergrund erzählt auf theatralische Weise eine Geschichte in zehn Szenen – aber welche? Die nahezu lebensgroßen Figuren werden von einigen Kunsthistorikern mit den Mysterien des Fruchtbarkeitsgottes Dionysos in Verbindung gebracht. Ein Teil der Bildergeschichte illustriert die Erziehung des jungen Dionysos sowie die Initiation der Ariadne, seiner späteren Gattin. Vermutlich ist der Zyklus ägyptisch-hellenistischer Herkunft und ein Beispiel für die Lehrmeinung, daß die altrömische Malerei im wesentlichen hellenistische Vorbilder und Bildwerke kopierte.

• *Anmarsch*: Die Mysterienvilla liegt am Ende der Gräberstraße, ist aber nicht immer über diese zu erreichen (Gittertor!). Vom Haupteingang (Porta Marina) führt jedoch eine Asphaltstraße außerhalb des Ausgrabungsgeländes hin (kein Fußweg, man geht am Straßenrand!). Die Randlage dieses pompejanischen Villenjuwels hat offenbar unerfreuliche Begleitumstände verursacht: Trotz gültiger Eintrittskarten wollte uns das Wachpersonal nicht auf das Grundstück lassen; so versuchen die Wächter ab und zu ein zweites Eintrittsgeld für sich zu kassieren – dagegen ist man ziemlich machtlos, da es keine wirkungsvolle Beschwerdemöglichkeit gibt. Dieser Vorfall ist leider kein Einzelfall, aber auch nicht die Regel. Vor allem während des hochsommerlichen Besucherandrangs können diese Methoden nicht ungeniert praktiziert werden; meist trifft es Einzelpersonen oder kleine Gruppen in der Nebensaison. Außerdem wird der Platz vor der Mysterienvilla oftmals von Leuten belagert, die Kopien antiker Keramiken etc. anbieten und manchmal auch zweifelhafte Originale.

## Stadtteil östlich des Forums

▶ In der südöstlichen Forumsecke beginnt die **Via dell'Abbondanza**, die Hauptstraße und der längste *Decumanus* der Stadt (*Decumanus* hießen alle von West nach Ost verlaufenden Straßen; *Cardo* hingegen alle Straßen in Nord-Süd-Richtung). Entlang dieser zentralen Wohn- und Geschäftsstraße standen öffentliche Gebäude, Wohnhäuser, gewerbliche Betriebe, Werkstätten und Ladenwohnungen. Besonders eindrucksvoll sind hier die zahlreichen steinernen Verkaufstheken mit den Resten dekorativer Wandfresken.

▶ Die **Stabianer Thermen**, die dritte öffentliche Badeanstalt Pompejis hatte ihren Haupteingang ebenfalls an der Via dell'Abbondanza. Durch das verzierte Tuffsteinportal betritt man zunächst die *Palästra*, den großen Kolonnadenhof. Den ältesten Teil der Anlage bildet der Nordflügel, der aus einem Korridor mit einer Reihe dunkler Räume besteht. Das Außenschwimmbekken (22 x 8 m) mit den angrenzenden Waschräumen und Sitzbädern diente zur gründlichen Körperreinigung; vor allem die mit Öl gesalbten Athleten, die die Palästra der Thermen für Turnübungen nutzten, reinigten sich hier vor dem Betreten des beheizten Badetrakts. Anfangs lief die gesamte Wasserversorgung der Badeanstalt über einen zentralen Brunnen, aus dem mit Hilfe eines Wasserrads geschöpft wurde. Erst später erhielten die Stabianer Thermen "moderne", zeitgemäße Wasserleitungen. Das Männerbad, das man vom Kolonnadenhof aus über eine Vorhalle betritt, ist besonders schmuckvoll ausgestattet; die Fußböden sind vollständig mit edlen Marmorsorten ausgelegt und farbige Stuckreliefs verzieren die Wände und Decken.

▶ Die Gasse vor den Stabianer Thermen führt zu einer Örtlichkeit, in der das älteste Gewerbe der Welt betrieben wurde. Dieses **Lupanar** (Bordell) ist keineswegs das einzige der Stadt gewesen, insgesamt soll es über 20 Etablissements in Pompeji gegeben haben. Zunächst wunderten wir uns über das Gekicher, mit dem eine japanische Mädchengruppen das Lupanar wieder verlassen hatte, dann erfuhren wir den Grund für die verschämte Heiterkeit: Über den Eingängen der kleinen Liebeskammern mit den steinernen Betten sind nämlich erotische Wandmalereien zu sehen, die recht deutlich zeigen, zu welchen Stellungen die Zimmerdamen damals bereit waren.

▶ Südlich der Stabianer Thermen erstreckt sich der große **Theater- und Tempelkomplex**, der an die Stadtmauer grenzt und dessen Zentrum das sehr gut erhaltene **große Theater** bildet. Es wurde im 2. Jh. v. Chr. im griechischen Stil erbaut und dann langsam in ein typisch römisches Theater umgebaut. Die *Cavea*, die halbrunde Zuschauertribüne, bot ca. 5.000 Besuchern Platz. Hinter der Bühne öffnet sich ein geräumiger *Kolonnadenhof*, in dem sich die Zuschauer in den Pausen und nach den Vorstellungen aufhalten konnten.

▶ Da Pompeji neben dem großen Theater auch noch über das benachbarte kleinere **Odeon** verfügte, muß die städtische Theatersaison ein besonders reichhaltiges Programm geboten haben. Das einst vollständig überdachte Odeon faßte ca. 1.300 Zuschauer und war in erster Linie für Musikveranstaltungen und Dichterlesungen bestimmt. Das Dach diente nicht etwa als Wetterschutz, sondern der Akustik.

▶ Hinter dem Kolonnadenhof des großen Theaters erstreckt sich die **Gladiatorenkaserne**, in der u. a. zahlreiche Waffen gefunden worden sind. Die

*"Vorsicht vor dem Hunde"*

unmittelbare Nähe dieser Kaserne zu den beiden Theatern sowie die direkten Verbindungswege zum großen Theater weisen darauf hin, daß nicht nur Tragödien, Komödien, volkstümliche Farcen, Mimen- und Pantomimenspiele zum pompejanischen Theaterprogramm gehörten, sondern auch athletische Schauspiele, die von den Gladiatoren aufgeführt wurden.

▸ An die Westseite des Theater- und Kasernenkomplexes grenzt das **Foro triangolare**; hier stand einst der neben dem Apollotempel älteste griechische Tempel Pompejis (6. Jh. v. Chr.). Von dem dorischen Monumentalbau sind allerdings nur noch kümmerliche Reste zu erkennen; anders als der Apollotempel am Forum wurde diese archaische Kultstätte im Lauf der Stadtgeschichte aufgegeben.

▸ Hinter der Zuschauertribüne des großen Theaters erhebt sich der **Tempel der Isis**. Diese ägyptische Göttin avancierte in Pompeji zu einer regelrechten Kultfigur, die von allen Bevölkerungsschichten verehrt wurde. Entsprechend großzügig und repräsentativ ist die Tempelarchitektur ausgefallen. In der Mitte des weitläufigen Kolonnadenhofs stand eine marmorne Isisstatue, umgeben von sechs Säulen. Insgesamt acht Altäre gehörten zum Tempelbezirk, auf denen eine Priesterschaft täglich mehrere Kulthandlungen verrichtete, darunter auch die Anbetung des heiligen Nilwassers, das tatsächlich aus dem Nil geschöpft worden war und in einem Altargefäß aufbewahrt wurde.

▸ Auf dem Weg zum Amphitheater dann das **Haus des Menander**; eine luxuriöse Stadtvilla mit Peristyl, Garten und eigenem kleinen Thermalbad. Die herrschaftlichen Räume rund um das Peristyl sind mit farbigen Fresken dekoriert. Der Besitzer des Hauses muß ein ausgesprochener Theaterliebhaber gewesen sein; denn die Wandmalereien zeigen u. a. Theaterszenen, Theatermasken und Porträts bekannter griechischer Dichter. Darunter ein Bild des *Menander*, einem griechischen Komödiendichter des 3. Jh. v. Chr. Vermutlich besaß der Hausherr auch eine umfangreiche Buchrollen-Bibliothek mit zeitgenössischen Theaterstücken.

▶ Fast am Ende der Via dell'Abbondanza stehen noch zwei stattliche Patrizierhäuser, jeweils mit geräumigem Peristyl und prächtigen Wandfresken. Das **Haus des Tiburtinus** (oder *Haus des Quartio*) erstreckt sich auf nahezu 3.000 qm und besticht neben den kunstvollen Malereien durch seine idyllische Gartenanlage mit Brunnen und Wasserspielen. Das benachbarte **Haus der Venus** zeigt ein fast schon an Protzerei grenzendes großes Wandbild, auf dem eine schöne Venus in einer Muschel schwimmt.

▶ Das pompejanische **Amphitheater** (140 x 105 m) am südöstlichen Stadtrand ist eine architektonische Rarität; es repräsentiert die Frühform der römischen Arena. Die damals revolutionäre Ausgangsidee, zwei halbkreisförmige Theater zu einem ovalen Amphitheater zu verbinden – um sie getrennt bzw. zusammen nutzen zu können – wurde hier bereits 70 v. Chr. realisiert mit allen Mängeln und Unzulänglichkeiten, die Pionierleistungen so mit sich bringen. Über Treppenrampen an den hohen Außenwänden gelangte das einfache Publikum auf die *Cavea* (Zuschauertribüne), während das vornehme Publikum die unteren Ränge durch die beiden abschüssigen monumentalen Eingänge erreichte, durch die auch die Gladiatoren und Tiere ins Arenaoval kamen. Ein verwirrendes Tunnelsystem durchzieht die Ränge des unteren Areals. Im Vergleich zu den architektonisch perfekten Amphitheatern der flavischen Kaiserzeit ist die pompejanische Vergnügungsstätte ein recht großes, aber äußerst unvollkommenes Bauwerk. Ein ruhiges Plätzchen findet man hier auf jeden Fall – um vom legendären Pink-Floyd-Konzert *Live in Pompeji* zu träumen. Ein Seitenausgang führt ins Kontrastprogramm, das benachbarte moderne Pompei (→ S. 137).

## Boscoreale

Agrarwirtschaftlich ausgerichtete Ortschaft am unteren Vesuvhang unweit von Pompeji. Hier befindet sich seit 1991 in der Via Settembrini 15 das **Antiquarium di Boscoreale**, ein interessantes Museum, das sich schwerpunktmäßig mit der Vesuvlandschaft in der Antike beschäftigt. Bekanntlich waren die Vesuvhänge zur Zeit der Vulkankatastrophe von 79 n. Chr. bewohnt und wurden landwirtschaftlich genutzt. Auf der Grundlage naturwissenschaftlicher Interpretationen sowie archäologischer Funde unterschiedlicher Art (Gebrauchsgegenstände, Werkzeuge, Pflanzen etc.) hat man versucht, die Vesuvlandschaft bildlich zu rekonstruieren. Ein ganzer Saal mit Landschaftsbildern und Rekonstruktionen widmet sich dem Thema "Mensch und Umwelt im Gebiet des Vesuv'". In einem zweiten Saal sind die wichtisten archäologischen Fundstücke aus der Gegend von Boscoreale zu sehen. (Tägl. 9–19 Uhr, Eintritt L. 4.000)

• Verbindungen/Anfahrt: **Pkw**, Ausschilderungen ab Pompei.

• Übernachten/Essen und Trinken: *** **La Giara**, in Boscoreale, Ortsteil Trecase,

*Farbige Marmorböden, leuchtende Fresken bietet die Villa Oplontis*

neueres Landhotel mit beliebtem Ausflugsrestaurant. Ganzjährig geöffnet, DZ L. 76.000 inkl. Frühstück. Ortsrandlage, Tel. 081/8581117.

## Villa Oplontis (Scavi di Oplonti) in Torre Annunziata

Aus antiken Schriften war den Pionieren der Archäologie, die Pompeji wiederentdeckt hatten, auch bekannt, daß die gesamte Golfküste ein bevorzugtes Wohngebiet reicher Römer war. Schon damals begehrten die Reichsten der Reichen großzügige Villengrundstücke direkt am Meer. Doch erst in den 60er Jahren dieses Jahrhunderts konnte eine der antiken Luxusvillen in ihrer ganzen Pracht von den vulkanischen Verschüttungsmassen befreit werden. *Scavi di Oplonti* liegt unweit von Pompeji im heutigen Torre Annunziata und bietet hinsichtlich der römischen Wohnkultur, gegenüber dem, was in Pompeji zu sehen ist, noch eine Steigerung. Wer z. B. die pompejanische Mysterienvilla besichtigt hat, wird im Vergleich beeindruckt feststellen, zu welchen Leistungen die römischen Architekten damals in der Lage waren, wenn es sich um wirklich exklusive Bauaufträge gehandelt hat. Die Villa Oplontis erstreckt sich auf einem 8.000 qm großen Küstengrundstück, wovon der eigentliche Wohnbereich ca. 3.000 qm einnimmt und sich aus zwei durch einen Korridor verbundene Baukomplexe zusammensetzt. Das *Atrium* bildet auch hier das Zentrum der herrschaftlichen Räume, die ganz mit farbigen Marmorfußböden und leuchtenden Wandfresken ausgestattet waren. Die gesamte Innenarchitektur zeigt Eleganz und Raffinesse. Ein beheizbares Thermalbad, das mit motivreicher Dekorationskunst und feinsten Materialien überzogen war, gehörte ebenfalls zum Wohnkomfort. In der weitläufigen *Gartenanlage*, die mit ihren verzweigten Säulengängen auf das Meer hin ausgerichtet war, hatte auch ein großes Außenschwimmbekken Platz. Leider sind die meisten Wandfresken der Villa Oplontis nur noch fragmentarisch erhalten, und von den zahlreich gefundenen Skulpturen ist bedauerlicherweise keine einzige auf dem Ausgrabungsgelände verblieben.

Lange Zeit blieb rätselhaft, von wem diese Prachtvilla am Meer seinerzeit bewohnt worden war. Erst Inschriften auf einigen gefundenen Gebrauchsgegenständen ließen die Vermutung aufkommen, daß hier zumindest zeitweise *Kaiserin Poppäa*, die zweite Frau Neros, gelebt hat. Sie stammte aus einer reichen pompejanischen Familie (→ S. 140). Waren ihre Eltern gar die Erbauer der Villa Oplontis? – Bedenkt man, daß entlang der Küstenlinie zahlreiche dieser luxuriösen Anwesen gestanden haben, von denen mit Sicherheit noch einige unter der Erde schlummern, erscheint einem die heutige triste Umgebung geradezu suspekt.

*Öffnungszeiten*: tägl. 9 Uhr bis 1 Std. vor Sonnenuntergang, Eintritt L. 4.000. Via Sepolcri, ausgeschildert an der Ortsdurchgangsstraße von Torre Annunziata.

## Castellammare di Stabia (ca. 70.000 Einwohner)

Hektische, industrialisierte Hafenstadt und das Tor zur bergigen Halbinsel von Sorrent. Castellammare selbst ist aus touristischer Sicht eher uninteressant; einzig die alten Thermalbäder und Hotels am Stadtrand locken noch Kurgäste aus Italien an. Eine schier endlose Uferpromenade zieht sich die sanft geschwungene Hafenbucht entlang.

**Stabiae** war der antike Name von Castellammare di Stabia. Der verheerende Vesuvausbruch von 79 n. Chr. begrub auch diese römische Siedlung unter einem meterdicken Eruptionsregen. Der mutige *Plinius d. Ä.* legte damals bei seinem Katastropheneinsatz am Ufer von Stabiae an (→ S. 17). Die archäologischen Ausgrabungen im Siedlungsgebiet des antiken Stabiae sind vom Umfang her längst nicht so bedeutend wie diejenigen in Pompeji und Herculaneum; sie beschränken sich auf die beiden Villen *Arianna* und *San Marco*.

### Castellamare/Sehenswertes und Umgebung

▶ Die **Scavi di Varano** – benannt nach dem städtischen Varano-Hügel, auf dem die beiden antiken Villen freigelegt wurden – sind nach jahrelanger Totalsperrung wieder zu besichtigen. **Villa Arianna** und **Villa San Marco** liegen ca. 500 m auseinander und bilden sozusagen zwei getrennte archäologische Einheiten. Wer Pompeji, Herculaneum und Oplontis bereits besichtigt hat, wird hier keine besonderen Entdeckungen hinsichtlich antiker Bauweise machen. Aber die Lage der beiden Villen ist wirklich atemberaubend: Wie auf einem natürlichen Balkon liegen sie über dem Häusermeer von Castellammare di Stabia, und in der Ferne zeigt sich der Vulkan von seiner vielleicht anmutigsten Seite.

- *Anfahrt*: **Pkw** unentbehrlich; am Ende des Autobahnzubringers auf Hinweisschilder "Scavi di Varano" achten.
- *Öffnungszeiten*: beide Villen tägl. von 9 Uhr bis 1 Std. vor Sonnenuntergang, Eintritt frei.

▶ **Monte Faito** (1.131 m): der Hausberg von Castellammare. Ein waldreiches Naherholungsgebiet, in dem sich an heißen Sommerwochenenden zahlreiche Ausflügler tummeln. Bis 1997 führte eine Serpentinenstraße von Castellammare direkt zum Gipfelbereich, doch ein Erdrutsch hat diese gebührenpflichtige Privatstraße vorläufig (vielleicht sogar für immer) lahm-

*Castellamare di Stabia – Blick vom Monte Faito*

gelegt. Von Castellammare läßt sich der Gipfel seitdem nur noch mit der Kabinenseilbahn, der *Funivia*, erreichen.

• *Verbindungen*: Die Talstation der **Kabinenseilbahn** auf den Monte Faito befindet neben dem Bahnhof der Ferrovia Circumvesuviana im Stadtzentrum; Betriebszeit: tägl. ca. 9-18 Uhr, Abfahrt alle 20 Min., Ticket hinauf L. 5.000, hin/zurück L. 8.000; schwindelfrei sollte man übrigens sein für diesen extremen Höhenflug.

Eine **Straßenverbindung** auf den Monte Faito gibt es nur noch vom Küstenort *Vico Equense* (→ S. 270).

Näheres über die zerklüftete Bergwelt des Monte Faito (Wandern, Übernachten etc.) siehe unter "Monte Faito/Wandern" (→ S. 270).

*Terra Murata – höchste Erhebung Procidas*

# Insel Procida

(ca. 12.000 Einwohner, 3,75 qkm)

**Kleinste der drei Inseln im Golf von Neapel und vom Tourismus weitgehend ignoriert. Procida besitzt keine sprudelnden Thermalquellen wie Ischia und nicht einen Hauch der Exklusivität Capris. Aber wer einen Zwischenstopp auf Procida plant, hat bestimmt schon von dem friedlichen Küstenort Corricella gehört, der mit seinen einzigartigen Würfelhäusern, seiner Farbenpracht und Fischerromantik geradezu jegliche Vorstellung von einem heutzutage noch authentischen Fischerort übertrifft.**

Außerdem gibt es noch die *Terra Murata* zu bewundern, die mittelalterliche Inselfestung mit dem ältesten Siedlungskern und der skurrilen Kirche *San Michele*. Ansonsten erweist sich die Insel als schwer zugänglich, Steilküste fast rundherum. Und wer sich gar eine gemütliche Inselrundwanderung vorgestellt hat, wird angesichts des rasanten Verkehrs auf den fußgängerfeindlichen, schmalen Straßen schnell enttäuscht sein; denn nicht zuletzt ist das kleine Procida mit seinen fast 12.000 Bewohnern auf nur 3,75 qkm die am dichtesten besiedelte Insel Italiens.

Obwohl Procida rein geologisch zur aktiven Vulkanlandschaft der Phlegräischen Felder gehört (→ S. 22), sind die Magmaschichten hier längst erstarrt. Es gibt keine heißen Quellen, keine Dämpfe, aber der Küstenverlauf zeigt dafür eindeutige vulkanische Formen: Die Buchten mit ihren dunklen Steilwänden lassen die Rundungen der abgesackten Vulkankrater deutlich erkennen.

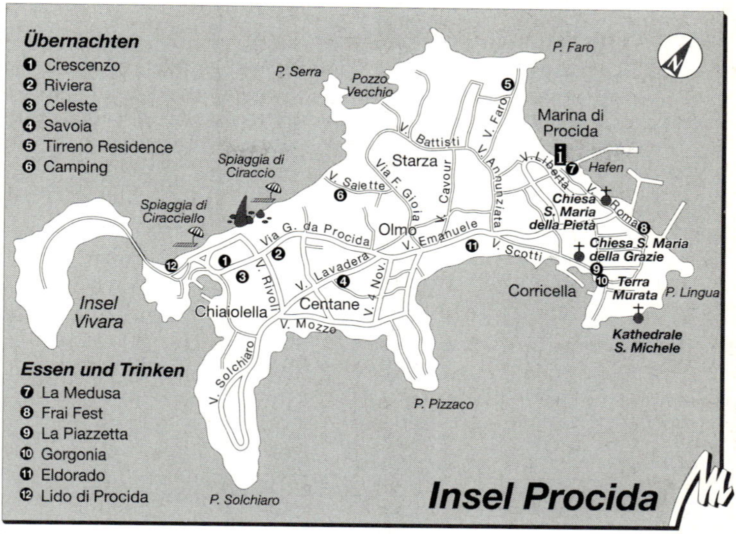


Die schmalen Strände dieser rundlichen Kraterbuchten bestehen zumeist aus dunklem Kies, nur der Hauptstrand der Insel, *La Spiaggia di Ciracciello*, ist mit hellem Sand durchmischt. Abgesehen vom Steilufer weist Procida kaum Höhenunterschiede auf, sondern gleicht eher einem Plateau, das mit fruchtbarer Vulkanerde bedeckt ist. Trotz der dichten Besiedlung zieren erstaunlich viele Landwirtschaftsflächen mit Zitrusfrüchten und Wein das Inselinnere. Nur der Südosten zeigt sich stellenweise rauh und urwüchsig mit Macchia, Riesenagaven und wuchernden Feigenkakteen. Vollständig unter Naturschutz steht die kleine vorgelagerte **Insel Vivara**, die nur im Rahmen genehmigungspflichtiger Exkursionen betreten werden darf.

## Information/Vorwahl

- *Information/Reisebüro*: offizielles **Informationsbüro** am Fährhafen neben den Fahrkartenschaltern der Reedereien. Schwankende Öffnungszeiten; Inselplan, Hotel- und Campingplatzverzeichnis, aktuelle Veranstaltungshinweise. Unmittelbar hinter dem Informationsbüro befindet sich das Reisebüro **Graziella Travel**, dort auch Hotelvermittlung gegen Gebühr, Via Roma 138, Tel. 081/8969594.
- *Vorwahl*: Tel. 081 für die ganze Insel. Seit 1998 muß auch bei Ortsgesprächen die Vorwahl immer mitgewählt werden.

## Anfahrt/Verbindungen

- *Anfahrt/Verbindungen*: ganzjährig **Fährverbindungen** vom Festland mit *Traghetti* der staatl. Gesellschaft Caremar, ab Neapel (Molo Beverello) 6-7 x tägl. zwischen ca. 6.30 und 22 Uhr, einfach ca. L. 7.000 pro Pers., auch Pkw. Traghetti auch ab Pozzuoli. Außerdem verkehren häufig *Aliscafi* (Schnellboote) mehrerer Gesellschaften ab Neapel (Molo Beverello und Mergellina) sowie ab Pozzuoli; einfach ab Napoli ca. L. 14.000 pro Pers. Fast alle Traghetti und Aliscafi laufen nach dem Zwischenstopp in Procida auch Ischia an.

**SEPSA-Inselbusse**: Einzelfahrschein zu L. 1.000, mehrere Linien durchkreuzen die Insel. Wichtigste Verbindungen ab Fähranleger: Linie C 2 hinauf zur Terra Murata, Linien L 1 und L 2 nach Chiaiolella.

## Übernachten/Camping

Wegen der begrenzten Hotelkapazitäten ist eine Reservierung unbedingt ratsam. Bei den Campingplätzen handelt es sich durchweg um kleine und sehr einfache Plätze.

*** **Crescenzo (1)**, in Chiaiolella, gepflegtes älteres Hafenhaus direkt an der Uferpromenade. Gut geführt, recht kleine, modern eingerichtete Zimmer, DZ L. 90.-116.000 inkl. Frühstück, gutes Hotelrestaurant. Via Marina Chiaiolella 33, Tel. 081/8967255.

** **Riviera (2)**, größtes Hotel Procidas, an der Inselhauptstraße Nähe Chiaiolella-Strand, DZ L. 70.-90.000, Frühstück L. 10.000, mit Restaurant. Via Giovanni da Procida 36, Tel. 081/8967197.

* **Celeste (3)**, im hinteren, oberen Ortsteil von Chiaiolella, äußerlich etwas heruntergekommen, DZ ca. L. 60.000. Via Rivoli 6, Tel. 081/8967488.

* **Savoia (4)**, einfache Pension im Grünen an der Hauptstraße zwischen Olmo und Centane. DZ nur ohne Bad L. 57.-62.000, Frühstück L. 8.000. Via Lavadera 32, Tel. 081/8967616.

**Tirreno Residence (5)**, ideal für einen längeren Aufenthalt, kleine Appartements mit Küche für Selbstversorger, in gepflegtem Landhaus, schöner Garten, allerdings abseits gelegen, Nähe Punta Faro, keine direkte Busverbindung, ca. L. 80.000 pro Tag. Via Faro 34, Tel. 081/8968341.

**Campingplätze (6)**: *Ciraccio* (Tel. 081/8969401), *Graziella* (Tel. 081/8967747) und *Il Gabbiano* (Tel. 081/8969209), alle an der Zufahrtsstraße Via Salette zum Ciraccio-Strand, kleine sehr einfache Plätze, viel Schatten. Sowohl jugendliche Camper als auch Wohnwagen-Jahresplätze.

## Essen und Trinken

**La Medusa (7)** , Marina di Procida, an der vorderen Hafenpromenade mitten im Hafenrummel. Alteingesessenes Fischrestaurant der freundlichen Familie Altafino, das Preis-Leistungs-Verhältnis stimmt hier. Via Roma 112, Tel. 081/8967481.

**Frai Fest (8)**, Marina di Procida, hintere Hafenpromenade, netter Familienbetrieb. Einfache Fischküche, Pizza. Auch Tische im Freien, akzeptable Preise. Via Roma 39, Tel. 081/8969020.

**La Piazzetta (9)**, Pizzeria an der luftigen Piazza-dei-Martiri, auf halbem Weg zur Terra Murata. Pizza nur abends, tagsüber Barbetrieb, Tische im Freien. Im Gegensatz zu den Hafen-Cafés trinkt man hier seinen Cappuccino in aller Ruhe.

**Gorgonia (10)**, Corricella, lauschiges Fischristorante an der (autofreien) Hafenpromenade. Gute Fischküche, leicht gehobene Preise, sehr beliebt wegen Lage und Qualität, vor allem an Wochenenden reservieren. Marina di Corricella, Tel. 081/ 8101060.

**Eldorado (11)**, mitten im Zitronenhain an der Hauptstraße zwischen Corricella und Olmo. Volkstümliches Inselrestaurant, rustikale Land- und Meeresküche, kleine Preise. Touristen sieht man hier kaum, sind aber herzlich willkommen. Vom Restaurantgarten direkter Zugang zum Kiesstrand Spiaggia della Chiaia. Via Vittorio Emanuele 228, Tel. 081/8968005.

**Crescenzo (1)**, Chiaiolella, Hotelrestaurant (→ "Übernachten") an der Uferpromenade, Tische draußen, beliebt bei Einheimischen und Touristen gleichermaßen. Leckere Fischküche, mal die Primo-Spezialität Seeigel-Spaghetti (al riccio) probieren oder Gnocchi alla sorrentina; akzeptable Preise.

**Lido di Procida (12)**, am Badestrand von Chiaiolella, Strandrestaurant, mensaartige Self-Service-Kantine und Snackbar, kleine Preise, vorwiegend von Jugendlichen frequentiert. Lungomare Cristoforo Colombo 6.

*Schöner Anblick – Marina di Procida*

## Marina di Procida

**Fährhafen (Porto) und größter Ort der Insel, trägt auch den Namen Sancio Cattolico. Schon vom Fährschiff aus ein herrlicher Anblick. An der langgestreckten Hafenpromenade reihen sich die pittoresk verwitterten Fassaden der alten Hafenhäuser aneinander.**

Unmittelbar davor herrscht den ganzen Tag über ein hektisches Treiben: Der Verkehr drängt bis dicht an den Hafenrand, ständig werden Schiffe be- und entladen, Waren verpackt, und wenn die Fischerboote gegen Abend einlaufen, warten schon ungeduldige Abnehmer auf den frischen Fang. In den zahlreichen Ufercafés geht es ebenso turbulent zu. Der Lärm und das Gedränge des Hafenbetriebs reichen bis an die Tische heran, an denen zumeist Einheimische ihre Wartezeiten verbringen und grüppchenweise zusammensitzen. Den ruhigen Mittelpunkt der belebten Hafenpromenade bildet die weiße Kuppelkirche *Santa Maria della Pietà*. Die wenigen Tagestouristen, die in Procida an Land gehen, halten sich eigentlich nicht lange am Hafen auf, sondern bewegen sich zielstrebig hinauf zur Terra Murata.

Der Weg dorthin ist mit *Abbazia San Michele* beschildert und führt durch die holprigen Pflastersteinstraßen von Sancio Cattolico. Auf halber Höhe des Aufstiegs zunächst die luftige *Piazza dei Martiri* mit dem *Antonio-Scialoia-Denkmal* (Staatsmann und Risorgimento-Anhänger) und der angrenzenden Barockkirche *Santa Maria delle Grazie*. Von der Terrassenpiazza ergibt sich ein erster herrlicher Blick auf die Bucht von Corricella. Dann weiterhin steiler Weg zur Terra Murata; wem der schweißtreibende Aufstieg zu anstrengend ist, kann direkt vom Fähranleger den Inselbus C 2 nehmen.

## Sehenswertes

▶ **Terra Murata** heißt wörtlich übersetzt "gemauerte Erde" und bezieht sich auf den dramatisch steilen Felsvorsprung, auf dem die mittelalterliche Inselfestung steht. Mit ihren fast senkrechten Steilwänden bildet die Terra Murata die höchste Erhebung (ca. 90 m) der Insel. Bereits im Hochmittelalter entstand hier der erste befestigte Siedlungskern, der im Lauf der Zeit zu einer wuchtigen Zitadelle ausgebaut worden ist. Anfangs schützte das massive Gemäuer die Inselbewohner vor sarazenischen Piraten, dann beherbergte es die Kardinäle und Vizekönige von Neapel während ihrer Inselausflüge, später wurden hier politische Gefangene und Häftlinge untergebracht, heute stehen die verwitternden Hauptgebäude weitgehend leer. Ein tiefes Bogentor führt in den Mauerring, und am höchsten Punkt steht standesgemäß die Kirche, die *Kathedrale San Michele*; allerdings kaum sichtbar, denn an ihrer Flanke wuchert ein dichtes Konglomerat aus Wohngebäuden, das das Kirchenschiff samt Eingang nahezu überlagert. Dieses älteste Wohnviertel der Insel ist noch heute vollständig bewohnt, und nicht selten kommt es vor, daß einem ein freundlicher Anwohner ungefragt den Weg zum etwas versteckten Kircheneingang weist. Aber vorher lohnt sich der Blick von der meerseitigen Aussichtsterrasse, wo man sieht, wie gerade und steil die Felswände der Terra Murata in die Tiefe stürzen – tatsächlich so, als seien sie gemauert.

▶ **Kathedrale San Michele**: Der Weg in die Kathedrale (14. Jh.) führt durch den privaten Wohnbereich des Kirchendieners zur Sakristei, in der überraschenderweise auch ein Souvenirladen betrieben wird, der voll und ganz dem Erzengel Michael verschrieben ist – wie die etwas finstere und verstaubte Kirche selber auch. Kitsch und Kunst liegen in den sakralen Räumen und Nischen von San Michele dicht beieinander: Heiligenbildchen, Votivgaben, Krippen, Statuen, Gemälde mit den Darstellungen der Heldentaten des Erzengels u. v. m. Kunstgeschichtlich wertvoll ist in dieser skurrilen Kathedrale wohl in erster Linie das barocke Deckengemälde des neapolitanischen Malers *Luca Giordano*, das in die goldüberzogene Kassettendecke eingelassen ist und den Erzengel zeigt.

▶ Aber so richtig skurril wird es erst in den **Katakomben** von San Michele. War der Blick in die Kathedrale noch gratis, so kostet die Besichtigung des unterirdischen Kirchenlabyrinths bescheidene L. 1000, zu zahlen in der Souvenirladen-Sakristei. Zunächst gelangt man bei spärlicher Beleuchtung auf steilen Steintreppen in die sogenannte *Biblioteca*, wo ein Heer von Folianten vor sich hin staubt, gemeinsam mit allerlei merkwürdigen Sakralgegenständen, darunter auch etliche Prozessionsfiguren samt Dekoration. Eine Kelleretage tiefer, in den Gewölben der kapellenartigen Vorgängerbauten der Kathedrale wird es dann etwas makaber. Hier lagern neben Kruzifixen und Särgen auch die Gebeine früherer Benediktinermönche. Wen es angesichts baumelnder Skelette und Totenschädel eilig aus den Katakomben treibt, sollte oben auf der zum Meer hin geöffneten Kirchenterrasse tief Luft holen – und dabei mal die alte Sonnenuhr bewundern; pünktlich auf die Minute, aber schwer auf Sommerzeit umzustellen!

### Karfreitagsprozession mit "Misteri"

Wer über Ostern am Golf von Neapel weilt, sollte sich die weithin bekannte Karfreitagsprozession von Procida nicht entgehen lassen, zu der von Neapel aus in aller Morgenfrühe sämtliche verfügbaren Ausflugsboote aufbrechen.

Der hiesige Umzug wurde erstmals 1627 von der Bruderschaft der *Turchini* veranstaltet, laut Überlieferung handelte es sich dabei um eine Art Selbstgeißelungsspektakel in aller Öffentlichkeit. Erst viel später nahm dieses ziemlich exzessive Ereignis den Charakter einer "ordentlichen" Prozession an. Zum Karfreitagszug gehören seitdem das Kruzifix sowie zahlreiche Prozessionsfiguren und religiöse Darstellungen, die sogenannten *Misteri*, wobei zwischen permanenten und veränderlichen Misteri unterschieden wird. Die veränderlichen Misteri werden jedes Jahr in der vorösterlichen Fastenzeit vorwiegend aus Holz neu angefertigt. Anfangs handelte es sich dabei ausschließlich um religiöse Figuren und Motive, heute mischen sich auch schon mal profane Protestfiguren – etwa die Karikaturen korrupter Politiker – unter die Prozession, ähnlich wie es bei den legendären neapolitanischen Weihnachtskrippenfiguren der Fall ist. Zur Karfreitagsprozession, die frühmorgens auf der *Terra Murata* beginnt, kommen alljährlich mehrere Tausend Menschen aus Procida und Umgebung zusammen. Traditionell gehören zum Trauerzug auch kulinarische Leckereien, die man auf weißgedeckten Festtafeln ausbreitet: gebratene Lämmer, Körbe mit Fischen und Meeresfrüchten, Gemüse- und Obstschüsseln, Brot, Gebäck etc.

## Corricella

**Eine wirklich malerische Fischersiedlung, mit Abstand der friedlichste und harmonischste Ort auf Procida. Hier stimmen Rhythmus, Proportionen und Farben. Alles funktioniert nach den bescheidenen Bedürfnissen der hier lebenden Fischerfamilien – und zwar seit Jahrhunderten.**

Der schönste und vollständigste Blick auf diese Idylle ergibt sich von der Aussichtsterrasse vor dem Torbogen zur Terra Murata. Besonders augenfällig aus dieser erhöhten Perspektive ist die unglaublich verschachtelte und weit verzweigte Architektur von Corricella, nennen wir sie phantasievolle Würfelhausarchitektur. Ein Merkmal dieser kompakten Bauweise, die keine Gesetzmäßigkeiten erkennen läßt, sind die rampenartigen Außentreppen, die in die einzelnen Wohnwürfel führen; eine platzsparende Einrichtung in diesem engen Wohnlabyrinth. Einen weichen Kontrast zu den kantigen, meist zweistöckigen Häusern bilden die runden Tür- und Loggiabögen. Charakteristisch ist auch das Flachdach, das manchmal leicht abgerundet ist, um das Regenwasser besser auffangen zu können. Und natürlich hat jeder Wohnwürfel seinen individuellen Farbanstrich. – Hinein in

diesen fußgängerfreundlichen, weil autofreien Fischerort gelangt man vom Hafen über die Piazza dei Martiri und dann den Treppenweg hinunter.

Mehrere Treppenwege führen durch den Ortskern hinunter zum Hafen; mit ein bißchen Glück trifft man einen der Inselbauern an, die mit ihren schwerbepackten Mulis von Tür zu Tür ziehen und ihre Erzeugnisse verkaufen. Mitten im Labyrinth, aus der Nähe betrachtet, verstärkt sich der Gesamteindruck einer willkürlichen, eher spontan gewachsenen Architektur mit zumeist engen Wohnverhältnissen. Erst am Hafen läuft Corricella zu voller Schönheit auf. Was sich an der langgestreckten Hafenpromenade abspielt, ist schlicht und ergreifend authentischer Fischeralltag: Boote dicht an dicht im Schutz der Wellenbrecher, Berge trocknender Fischernetze auf der Hafenmauer, freundliche, von Wind und Sonne gegerbte Seemannsgesichter, Fischgeruch und Arbeitsgeräusche, die aus den Lagergewölben unter den Treppenrampen dringen. Und dann wieder diese farbenfrohe Fassadenfront der einfachen Fischerhäuser. – Das einzige Zugeständnis an den Tourismus bzw. an die wenigen Tagesausflügler scheint hier das Hafenristorante *Gorgonia* zu sein (→ "Essen und Trinken"). – Nicht nur in puncto Verkehr, Hektik und Anmut unterscheidet sich Corricella vom Fährhafen Procida Marina, auch die Fischertradition ist eine völlig andere. Während die Porto-Fischer tagsüber fischen, fahren die Corricella-Fischer nachts hinaus und kommen morgens in den Hafen zurück. Der Fischeralltag, der hier tagsüber herrscht, läßt sich von den Tischen der kleinen Hafenbar *Graziella* am besten beobachten, und der sympathische Wirt weiß einiges zu erzählen, z. B. von den Dreharbeiten zum Kinofilm *Il Postino* (→ Kasten). Ein Ereignis, das den Einheimischen viel Abwechslung gebracht hat und an das sie sich gerne erinnern, zumal einige von ihnen als Statisten mitgewirkt haben. Es fällt nicht ganz leicht, diesen liebenswerten Ort wieder zu verlassen, zumal der Rest der Insel nichts annähernd Vergleichbares mehr bietet.

### Il Postino

Dieser Kinofilm von 1994 *(Regie: Michael Radford)*, der in Deutschland unter dem Titel *Der Postmann* lief, wurde teilweise auf Procida gedreht. Erzählt wird vom Exil des in seiner chilenischen Heimat politisch verfolgten Dichters *Pablo Neruda* (Philippe Noiret) auf einer kleinen italienischen Insel. Der schüchterne und weltfremde Inselbriefträger Mario (Massimo Troisi) freundet sich mit Neruda an und lernt von ihm die Magie der Worte kennen, die ihm zu seiner ersten Eroberung verhilft namens Beatrice Russo.

Die Bewohner von Corricella erinnern sich noch gut an die Dreharbeiten, als das Filmteam hier Quartier bezog und die Hafentrattoria, einer der Hauptschauplätze, eingerichtet wurde. Urlauber, die den Film mit Begeisterung gesehen haben, werden diesen Drehort, der längst wieder als Hafenschuppen und Werkstatt fungiert, selber aufspüren. Wer nicht fündig wird, kein Problem, häufig genug werden die Einheimischen von Cineasten danach gefragt und zeigen dann stolz auf die Filmtrattoria. Standfotos von den Filmaufnahmen werden in vielen Geschäften von Corricella (und Procida Marina) verkauft, auch in der Bar Graziella, die z. B. den neapolitanischen Schauspieler Massimo Troisi (→ S. 95) zeigen, wie er mit unvergleichlich sentimentaler Miene am Hafenrand von Corricella sitzt. – Massimo Troisi starb übrigens tragischerweise unmittelbar nach den Dreharbeiten an Herzinfarkt. – Ob es noch andere Postino-Schauplätze auf Procida gibt? Es gibt! Und zwar das Postamt, in dem Mario die zahlreichen Briefe an Neruda sortiert; es handelt sich dabei um den Obst- und Gemüseladen an der *Piazza dei Martiri.* Und wer sehen will, wo Philippe Noiret sein morgendliches Filmbad im Meer genommen hat, muß bis zur dunklen Kraterbucht *Pozzo Vecchio* laufen. Der dortige Kiesstrand heißt heute natürlich *Postino-Beach.*

## Von Corricella nach Chiaiolella

Am Ende der Hafenpromenade führt ein Treppenweg hinauf zur Inselstraße; sofort macht man wieder Bekanntschaft mit dem rasanten Inselverkehr. Deshalb sollte nur robuste Naturen nach Chiaiolella, dem größten Ort der Südhälfte Procidas, laufen (ansonsten den Inselbus nehmen). Die Straße läuft zunächst parallel zur Steilküste der **Spiaggia della Chiaia**, deren dunkler Kiesstrand nicht besonders einladend ist. Entlang der Straße gibt es dafür mehrere Gelegenheiten, einen Blick auf die üppigen Gärten der Insel zu werfen; z. B. beim Ristorante *Eldorado* (→ "Essen und Trinken"), das mitten in einem Zitronenhain liegt. Der Obst- und Gemüseanbau ist ein Haupterwerbszweig der Insulaner, dabei stehen die saftigen Zitrusfrüchte an erster Stelle. In **Olmo**, einem gesichtslosen Straßendorf, zweigt ein teilweise autofreier Weg nach Centane ab; an mehreren Stellen ergibt sich ein fotoreifer Rückblick auf Terra Murata und die Bucht von Corricella. Bei **Centane** dann freier Blick auf die Südspitze der Insel, die *Punta Solchiaro*, während landwärts ein deutlicher Vegetationswechsel zu beobachten ist; hier dominieren wildwachsende Feigenkakteen, Agaven und Macchiapflanzen. Hinunter nach Chiaiolella läuft man wieder im fast schon vertrauten Verkehr.

## Chiaiolella/Baden

Hübscher Sport- und Fischerhafen an einer fast kreisrunden Kraterbucht. Beschaulich ist die Ortschaft allerdings nur an der kurzen Uferpromenade, dahinter verzweigt sich das weitläufige und völlig reizlose Wohngebiet. Dennoch ist Chiaiolella in den Sommermonaten gut besucht, was jedoch ausschließlich am benachbarten Badestrand liegt. Diese **Spiaggia di Ciracciello** ist nämlich der einzige Sandstrand der Insel, schmal, aber dafür lang und vorwiegend von jungen Leuten frequentiert.

## Insel Vivara

Kleine, der Südwestspitze fast auf Rufweite vorgelagerte Felsinsel; seit 1959 durch eine Brücke mit Procida verbunden. Die bucklige, mit dichter

*Hafenbecken von Chiaiolella*

Vegetation überzogene Insel steht vollständig unter Naturschutz. Einst gehörte sie zum Jagdrevier des neapolitanischen Adels, dann wurde sie sogar landwirtschaftlich genutzt, heute wuchern dort Macchia- und Steineichenwäldchen. Das Naturerlebnis auf Vivara ist fast ausschließlich italienischen Schülergruppen vorbehalten – neugierige Touristen werden von verschlossenen Toren gebremst.

### "L'isola di Arturo" von Elsa Morante

Ein Literaturtip zur Einstimmung auf Procida bzw. zur anschließenden Vertiefung. Elsa Morante (1912–1985), die bekannte italienische Schriftstellerin, schrieb neben psychologischen Familienromanen auch Lyrik, Essays und Kinderbücher. Ihr Roman *Arturos Insel*, den sie zum Teil auch auf Procida schrieb, erzählt die Geschichte eines Jungen, der auf einer kleinen Insel aufwächst und langsam die vertrauten, aber sehr begrenzten Ausmaße seiner Umgebung zu überschreiten beginnt. Zwar findet man in der Romanhandlung keine konkreten Bezüge zu Procida, aber atmosphärisch ist die Geschichte hier deutlich spürbar angesiedelt. (Ital. Taschenbuchausgabe: Einaudi, L. 16.000; dt. Ausgabe: Fischer Taschenbuch, ca. 20 DM)

## Spiaggia di Ciraccio und Pozzo Vecchio/Baden

Für Tagesbesucher kaum zu schaffen; nur wer länger bleibt, wird auch bis zu diesem Teil der Steilküste mit den beiden dunklen Kiesstränden vorstoßen. Der Ciraccio-Strand wird vom Ciracciello-Strand durch imposante Klippenformationen getrennt; gute Schwimmer wechseln die Seiten schwimmend. An der *Via Salette*, der Zufahrtsstraße zum Ciraccio-Strand, befindet sich das Campingrevier Procidas mit drei kleinen Plätzen nebeneinander (→ "Übernachten"). Ein Stück weiter dann die begehbare **Punta della Serra** mit schwindelerregenden Steilwänden. Von dort hat man auch einen herrlichen Blick auf die finstere Kraterbucht namens Pozzo Vecchio (alter Brunnen). Den anläßlich der Dreharbeiten *Postino-Beach* getauften Strand der Kraterbucht erreichen Cineasten über die Straße neben dem Friedhof.

*Wahrzeichen der Insel – Castello Aragonese*

# Insel Ischia

(ca. 55.000 Einwohner, ca. 47 qkm)

**Eine Kurinsel, fest in deutscher Hand. Die mineralhaltigen Thermalquellen, die hier seit Menschengedenken sprudeln, verschaffen vor allem Linderung bei rheumatischen Erkrankungen. Aber man muß keineswegs von Schmerzen geplagt sein, um auf Ischia zu urlauben. Die gepflegten Thermalparks der Insel bringen, abgesehen vom Angebot an medizinisch-therapeutischen Anwendungen, auch sehr viel Bade- und Saunaspaß. Ansonsten besitzt Ischia alle charakteristischen Merkmale einer mediterranen Urlaubsinsel: bergig, vegetationsreich, klimatisch mild und Strände fast rundherum.**

Allgegenwärtig und landschaftsbestimmend ragt der **Monte Epomeo** aus der Inselmitte empor; sein zerklüfteter Gipfelbereich ist mit Abstand das schönste Wanderziel auf Ischia. Überraschend urwüchsig zeigt sich auch die südliche Inselhälfte, mit einer spektakulären Steilküste, die von bizarren Tuffsteinschluchten zerfurcht wird. Die überschaubaren Dörfer des Südens heben sich wohltuend von der weitgehend zersiedelten Nordküste ab. Ischia-Urlauber, die dem regen Kurbetrieb und seiner manchmal etwas gewöhnungsbedürftigen Stimmung entfliehen wollen, können das vor allem in den friedlichen Bergdörfern – und nicht zuletzt am schönsten Badeplatz der Insel, dem **Maronti-Strand**.

▶ **Geologisch** gehört Ischia zusammen mit *Procida* und den weiter nördlich gelegenen *Pontinischen Inseln* zur Vulkanlandschaft der Phlegräischen Felder

(→ S. 22). Der höchste Inselberg, der *Monte Epomeo*, wird häufig als Vulkan bezeichnet, aber das ist falsch, denn dazu fehlen ihm die signifikanten Merkmale eines Vulkans, nämlich der Krater und der Vulkankegel. Bei der geologischen Formation handelt es sich hingegen um einen sogenannten *vulkano-tektonischen Horst*, der sich im Zuge der apenninischen Faltung gebildet hat. Dabei hat sich eine unterseeische, etwa 1.000 m dicke Bruchscholle aus grünlichem *Epomeo-Tuff* – der erdgeschichtlich älter ist als alle anderen Tuffschichten dieser Region – unter vulkanischem Druck langsam quer gestellt und über den Meeresspiegel geschoben. Die höchste Spitze dieser Bruchscholle bildet der steilwandige Monte Epomeo (788 m). Er ist so gesehen ein ganz normaler Berg, allerdings mit einem darunterliegenden Magmaherd, der für die vulkanischen Tätigkeiten Ischias verantwortlich ist. Auch das Phänomen der bradyseismischen Oszillation (→ S. 23) ist auf Ischia meßbar; jährlich senkt sich die Insel um durchschnittlich 3 mm. Die Chronik verzeichnet die letzte Eruption im Jahr 1301, als sich der *Arso-Krater* im heutigen Fiaiano bildete, und Lavaströme den Nordosten der Insel verwüsteten. 1883 ereignete sich das letzte verheerende Erdbeben, wobei der Küstenort Casamicciola binnen kurzer Zeit in Schutt und Asche gelegt wurde. Seitdem schweigt das ischitanische Erdbebengebiet, und allein die friedlich sprudelnden Thermalquellen verweisen auf den vulkanischen Untergrund Ischias.

### Thermalquellen und Trinkwasser

**Schon in der Antike und im Mittelalter** sprudelten heilkräftige Thermalquellen auf Ischia und wurden laut Überlieferung eifrig genutzt. Heilte man in alten Zeiten neben Brüchen, Hautleiden und allgemeinen Beschwerden auch Schwermut, Hysterie und Unfruchtbarkeit, so bewegt sich das Spektrum der heutigen Anwendungen vorwiegend im Bereich rheumatisch-arthritischer Erkrankungen. Seit mittlerweile drei Jahrzehnten genießen überwiegend deutsche Kurgäste die gesundheitsfördernde Wirkung der heißen Quellen. Die ischitanische Bäderlandschaft wird alljährlich von Heerscharen zumeist älterer Kururlauber bevölkert. Die Hauptsaison dauert von Ostern bis November.

Schier unerschöpflich sind die mineralhaltigen **Thermalwasservorkommen** auf Ischia. Über 200 Quellen gibt es insgesamt, aus denen dieses für die Insel so kostbare Naß strömt. Teils handelt es sich dabei um natürliche Quellen, die den Weg an die Erdoberfläche selber gefunden haben, teils mußte tief gebohrt werden, um eine unterirdische Thermalader anzapfen zu können. Thermalwasser ist eine sekundäre Erscheinungsform des Vulkanismus: Ein Gemisch aus Regen und Meerwasser versickert kilometertief in die vulkanischen Schichten unter der Insel, wobei es sich mit den verschiedensten Mineralstoffen anreichert. In erhitztem Zustand gelangt es dann unter Druck wieder an die Oberfläche – im Idealfall als *Acqua bollente*, als kochend heißes Thermalwasser. Aber längst nicht alle ischitanischen Thermalquellen erreichen an der Erdoberfläche Temperaturen am Rand des Siedepunkts. Dabei gilt: Je niedriger die Temperatur, desto wertloser ist die Quelle für die therapeutischen Anwendungen.

Neben den mineralischen Substanzen reichert sich das Thermalwasser durch das Edelgas *Radon* auch mit **Radioaktivität** an. Diese sogenannte natürliche Radioaktivität soll ebenfalls eine Heilwirkung haben, sagt man, ohne es jedoch medizinisch beweisen zu können. Schädlich ist sie jedenfalls nicht, denn schon nach wenigen Stunden scheidet man den aufgenommenen Radongehalt aus, und die Strahlung pendelt sich wieder auf das stets im Körper vorhandene Maß an natürlicher Radioaktivität ein. – Ein Glück nur, daß sich das ischitanische Thermalwasser nicht auch noch mit Schwefelwasserstoffen anreichert, denn in diesem Fall würde stinkender Schwefelgeruch die Insel wohl längst zum menschenleeren Eiland gemacht haben.

Sprudelten die Thermalquellen in der Antike und im Mittelalter noch in der freien Natur und waren für jedermann frei zugänglich, so ist mittlerweile eine kaum mehr überschaubare **Bäderlandschaft** mit annähernd 100 Thermalanlagen entstanden, die alle ihren Preis haben. Die meisten Hotelanlagen verfügen über eigene Quellen und Thermalschwimmbecken und oftmals auch über eigene Kurabteilungen. Abgesehen von den hoteleigenen Einrichtungen gibt es auf Ischia mehrere öffentliche Thermalzentren, die *Gardini termali*. Diese gepflegten, parkähnlichen Thermalgärten bieten große und kleine Thermalwasserpools mit unterschiedlichen Temperaturen, Dampfsaunen und Meerwasserschwimmbecken sowie einen eigenen Strandabschnitt und natürlich therapeutische Anwendungen. Einen solchen Thermalgarten besucht man in der Regel einen ganzen Tag lang – eine Tageskarte kostet ca. L. 35.000 pro Person. Die **Poseidon-Gärten** südlich von Forio und die **Castiglione-Thermen** bei Casamicciola sind die größten Gardini termali der Insel. Eine vergnügliche Nutzung der öffentlichen Thermalparks bedeutet Bade- und Saunaspaß ohne Ende; aber Vorsicht, ein ausgiebiges Plätschern im heißen Thermalwasser und Dauerschwimmen in den Pools können den Kreislauf ganz schön durcheinander bringen. Die zunächst kräftigende Wirkung eines allzu langen Thermalwasserbads schlägt nicht selten in Erschöpfung um. Eigentlich gehört der Besuch eines öffentlichen Thermalgartens zum Pflichtprogramm eines längeren Ischia-Aufenthalts; aber besonders jungen Leuten sei gesagt, daß die etwas gesetzte Atmosphäre des dortigen Kurbetriebs samt Badekappenzwang doch arg gewöhnungsbedürftig ist.

**Einen freien Zugang** zu den Thermalquellen gibt es auf der gesamten Insel leider kaum noch. Ausnahmen bilden jedoch die Strandquellen in den Buchten von **Cartaromana** und **Sorgeto**; auch die Quellrinnsale am **Maronti-Strand** und die dortigen Fumarolen (Dampfquellen) gehören zu den wenigen naturbelassenen Thermalfreuden auf Ischia.

*Mehr zum Thema in den jeweiligen Ortskapiteln.*

Ganz im Gegensatz zum überall auf der Insel sprudelnden Thermalwasser mangelt es an **Trinkwasserquellen**. Die einzige, halbwegs ergiebige Süßwasserquelle ist die *Sorgente di Buceto* am Osthang des Monte Epomeo auf ca. 500 m Höhe. In früheren Zeiten sammelten die Insulaner fleißig

Regenwasser, um ihren Trinkwasserbedarf zu decken. Doch im Zuge der stetig wachsenden Population und der touristischen Erschließung war Ischia bald auf Wasserimporte per Schiff angewiesen. Seit 1958 besorgt eine über 30 km lange Pipeline vom Festland die gesamte Trink- und Brauchwasserversorgung der Insel. – Wegen der nach wie vor relativen Wasserknappheit hat die ischitanische Landbevölkerung einen alten Brauch beibehalten: Die Gemüsegärten und landwirtschaftlichen Nutzflächen werden zum Teil noch mit abgekühltem Thermalwasser bewässert. Welchen Effekt diese traditionelle Bewässerungsmethode auf das Wachstum und den Geschmack des Inselgemüses hat, vermochte uns allerdings niemand zu sagen.

▸ **Landschaft/Vegetation**: Jenseits des intensiven Thermalbetriebs und der zersiedelten Küstenorte bietet Ischia noch viel Raum für nachhaltige Naturerlebnisse. Wer abseits der asphaltierten Verkehrswege durch das Inselinnere streift, der erlebt die urwüchsige Seite der Insel. Gemeint sind z. B. die bizarren Tuffsteinschluchten der südlichen Inselhälfte. In diesen tiefen Einschnitten, die in den unterschiedlichsten Tuffsteinfarben schimmern, gedeiht eine seltene Inselflora. Durch die Wärme und Feuchtigkeit aufsteigender Dämpfe halten sich hier sogar tropische Pflanzen, darunter einige Farne mit meterlangen Wedeln und Papyruspflanzen. An anderen Stellen zeigt die urwüchsige Steilküste des Südens ihre immergrüne mediterrane Pracht: Die ganze Palette an genügsamen Macchiagewächsen zusammen mit großblättrigen Kaktusfeigen, meterhohen Agaven, Disteln und dornigen Aloen. Und wenn man sich von den küstennahen Schluchten und Steilhängen den unteren Hängen der vegetationsreichen Gebirgszone nähert, offenbart sich wiederum eine völlig andere Flora. Abgesehen von den landwirtschaftlichen Nutzflächen, auf denen vorwiegend Gemüse, Wein und Obst angebaut wird, trifft man dort auf Gebiete mit einem vielfältigen Baumbestand: Kastanien, Akazien, Eichen, Eschen und Pinien. Das Unterholz dieser Wälder ist ausgesprochen artenreich mit wilden Orchideen, Veilchen, Anemonen und blühenden Wildkräutern. Andere Höhenlagen des Inselinnern sind hingegen mit Strauchgewächsen wie Ginster und Oleander bedeckt. An einigen Stellen überziehen sogar Bergwiesen die karstigen Hänge. Weitgehend kahl wird es auf der grünen Insel erst im zerklüfteten Gipfelbereich des Monte Epomeo, wo überraschend schroffe Gesteinsformationen auftauchen.

Da die üppige Inselflora derartig vielfältig ist, kommen Naturliebhaber eigentlich zu jeder Jahreszeit auf ihre Kosten. – Aber, wie gesagt, die Schönheiten liegen nicht am Straßenrand, die muß man sich erlaufen, z. B. mit den Wandervorschlägen in diesem Buch.

▸ **Klima/Reisezeit**: Die statistischen Wetterdaten Ischias erscheinen auf den ersten Blick extrem. Da werden einerseits jährlich etwa 300 Sonnentage gezählt, andererseits entspricht die durchschnittliche Niederschlagsmenge ungefähr derjenigen Deutschlands. Betrachtet man die Jahreszeiten einzeln, relativiert sich das Bild: Der kurze Winter ist mit Abstand die ungemütlichste Jahreszeit auf Ischia; er ist zwar zumeist frostfrei, findet aber weitgehend als Regenzeit statt. Der anschließende Übergang zum Frühling gilt als die stürmischste Zeit im Jahr. Ende April beginnt dann allmählich der lange mediterrane Sommer. Für den Mai werden schon durchschnittliche Tagestemperaturen von 22 °C und Wassertemperaturen von 20 °C angegeben. Juli und August sind mit durchschnittlich 29 °C die heißesten Monate. Doch stickig heiß wird es wegen der ständigen Meeresbrise auch im Inselinnern nie. Turbulenzen bringen eigentlich nur die starken Winde, die als feuchtwarmer *Scirocco* von Afrika oder als kühler *Tramontana* von Norden herüberwehen. Der Herbst erweist sich als sonnenreiche Reisezeit für Genießer, mit angenehm milden Temperaturen (durchschnittlich 22 °C im Oktober) und einer schwachen nächtlichen Abkühlung. Doch seitdem das Wetter weltweit ziemlich verrückt spielt, und auch bisher stabile Klimazonen überraschende Wetterveränderungen mit zum Teil verheerenden Auswirkungen erleben, entwickelt sich das Wetter mehr und mehr zu einem unberechenbaren Faktor. Auch auf Ischia hat es, wie in ganz Italien, in den letzten Jahren schon verregnete Sommer gegeben. – Aber eine zuverlässige Faustregel ist auf der Insel nach wie vor gültig: Scheinen Capri und Procida zum Greifen nah, ändert sich das Wetter bald, sind die beiden Nachbarinseln hingegen dunstverschleiert, bleibt das Wetter, wie es ist.

▶ **Tourismus**: Kein Zweifel, Ischia wird seinem Ruf als "deutsche Kurinsel" gerecht. Fast 90 % der ausländischen Inselgäste kommen aus Deutschland. Viele der älteren Herrschaften sind seit Jahren Stammgäste, anfangs kurten sie hier mit Krankenkassenzuschüssen, mittlerweile kommen sie als Pauschaltouristen ganz und gar auf eigene Kosten – und zwar Jahr für Jahr. Sie prägen die Urlaubsatmosphäre von Ostern bis November. Überall auf der Insel begegnet man dem deutschen Kur-Touristen, in den gut temperierten Thermalgärten sowieso, mit Wanderschuhen und Wanderstock gerüstet erklimmt er sogar den Gipfel des Monte Epomeo, und in den Jacobs-Kaffeegärten einschlägiger Ausflugslokale fühlt er sich so richtig wohl. Aber die alljährliche Invasion der deutschen "Kurlauber" macht nur einen Teil der ischitanischen Urlaubsrealität aus. Wie authentisch italienisch die Insel geblieben ist, zeigt sich vor allem im Hochsommer, wenn Ischia vorwiegend von italienischen Urlaubern bevölkert wird. Dann herrscht eindeutig südliches Temperament vor, und die deutsche Kurinsel wandelt sich zur italienischen Ferieninsel für Jung und Alt.

## Geschichte

Vielerorts auf Ischia liest man auf gekachelten Schriftzügen die antiken Namen der Insel: *Pitecusa* oder *Aenaria*. Wer der Bedeutung Ischias in der Antike auf der Spur ist, für den klingen diese Bezeichnungen wie Schlüsselwörter, die direkt zu den Anfängen der glorreichen Besiedlungsgeschichte führen. (Mehr zur Geschichte des Golfgebiets finden Sie auf S. 25.)

Trotz der unberechenbaren vulkanischen Natur des Eilands ließen sich bereits in der ausgehenden Jungsteinzeit Menschen auf Ischia nieder und wurden seßhaft; Steinwerkzeuge und Tonscherben zeugen davon. Die bodenständigen

Nachfahren dieser frühen Bewohner Ischias erlebten im ersten vorchristlichen Jahrtausend einen regelrechten Kulturschock, als sie Bekanntschaft mit den expandierenden Griechenstämmen machten. Im 8. Jh. v. Chr. begann die Hellenisierung Unteritaliens, die kulturbringende Kolonialzeit *Magna Graecias*. Griechen aus Kleinasien und der Inselwelt des östlichen Mittelmeers gründeten entlang der süditalienischen Küste ihre Niederlassungen. Ischia bildete im Zuge dieser großgriechischen Expansion den nördlichsten geographischen Endpunkt. *Ionische Euböer* waren es, die wegen Überbevölkerung und sozialer Spannungen ihre Heimat verließen und auf Ischia die erste griechische Kolonie am Golf von Neapel gründeten namens **Pithekoussai** (ital. *Pitecusa*).

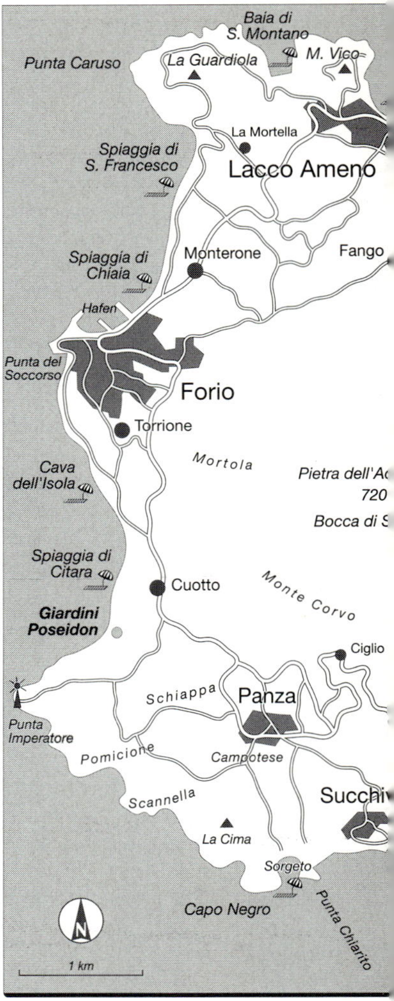


Während die Euböer aus dem Kerngebiet der antiken griechischen Hochkultur kamen und entsprechend zivilisiert waren, handelte es sich bei der ischitanischen Bevölkerung um relativ ungebildete Menschen, die vielleicht gerade einmal einen Hauch von der aufkommenden etruskischen Kultur mitbekommen hatten. Diese so unterschiedlichen Volksgruppen prallten nun am Anfang des 8. Jh. v. Chr. aufeinander – und lebten vermutlich in friedlicher Koexistenz, denn nur unter solchen Voraussetzungen war ein Kulturaustausch denkbar. Als Fernhändler bereisten die Euböer das gesamte östliche Mittelmeer und brachten Waren aus Ägypten, Phönizien, Rhodos, Kreta sowie aus ihrer Heimat Euböa mit nach Ischia. Leicht vorstellbar, was für ein Staunen die feinen Waren aus den unbekannten Gefilden bei den rückständigen Inselbewohnern ausgelöst haben müssen. Neben zum Teil kostbaren Gebrauchsgegenständen aus Keramik, Eisen, Bronze und Edelmetallen führten die Euböer auch bisher un-

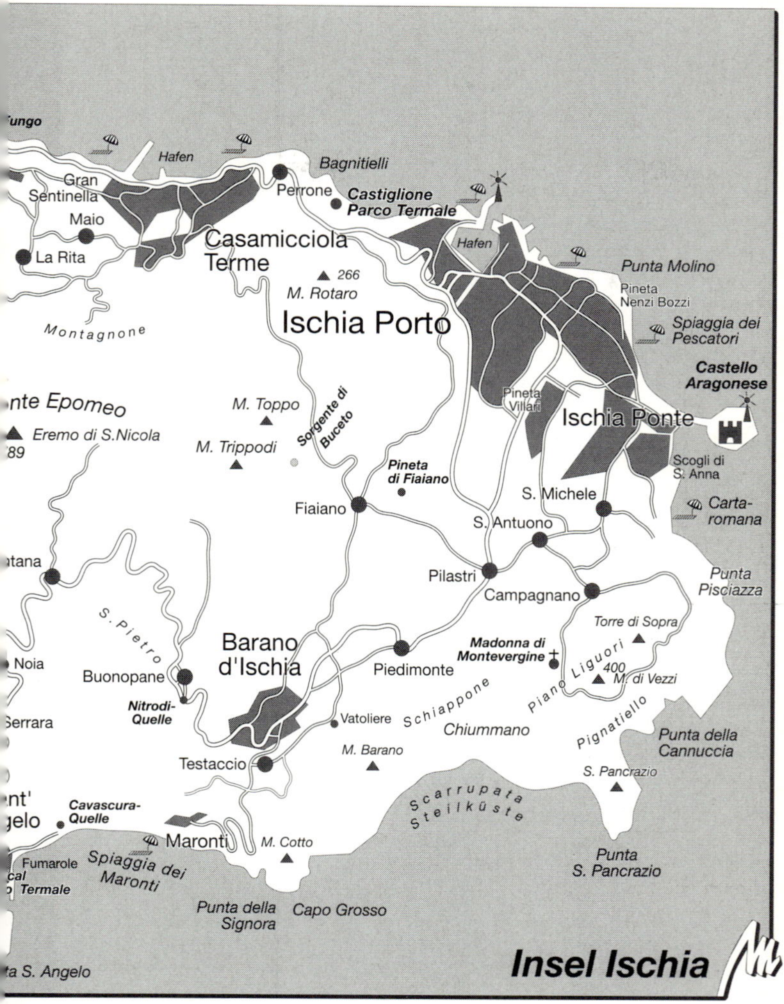


bekannte Nutzpflanzen wie Olivenbaum und Wein, ganz zu schweigen von den geistigen Errungenschaften des antiken Griechentums, dem Alphabet und der komplexen Religion.

Zunächst gründeten die Euböer eine Handelsniederlasssung auf Ischia, aber schon bald errichteten sie ihre *Akropolis*. Diese antike, typisch griechische Stadtburg befand sich auf dem *Monte Vico* bei Lacco Ameno (→ S. 203). Somit seßhaft geworden, verbreiteten sie schnell ihre fortgeschrittenen

Kenntnisse in der Keramikmanufaktur und der Eisenverhüttung, indem sie große Produktionsstätten errichteten. Vermutlich bildeten sie die einheimische Bevölkerung auch aus. Die Euböer betrieben damals also eine Art Entwicklungshilfe und vermarkteten ihr technisch-handwerkliches Fachwissen – und wählten mit Ischia einen idealen Wirtschaftsstandort, würde man heute sagen. Die Insel eignete sich wegen der hochwertigen Tonvorkommen besonders gut für die Produktion feiner Keramiken, die hier massenhaft hergestellt und verbreitet wurden, wie umfangreiche Ausgrabungsfunde belegen. Die pithekoussanisch-euböischen Keramikarbeiten kennzeichnet ein geometrischer Stil mit einer scharfen Gliederung der Gefäße nach Fuß, Bauch und Hals. Typisch war auch die dunkle Verzierung auf hellem Grund. Neben der Keramikmanufaktur errichteten die Euböer auch Verhüttungsanlagen auf Ischia, in denen vor allem Eisenerze von der etruskischen Insel Elba geschmolzen und verarbeitet worden. Außerdem waren sie Spezialisten in der Bearbeitung von Edel- und Feinmetallen.

### Pithekoussai: Insel der Vasen oder Insel der Affen?

Die Etymologie des griechischen Namens läßt beide Interpretationen zu. Die von den Euböern importierte Kunst der feinen Keramikproduktion, die auf Ischia wegen der großen Vorkommen an mergeligen Tonen geradezu manufakturartig betrieben wurde, spricht für die Lesart Insel der Vasen (Vase, griech. *Pithoi*). Weniger schön, aber nicht minder glaubwürdig, könnten die Euböer Ischia auch Insel der Affen genannt haben. Wie man in den Homerischen Schriften nachlesen kann, spotteten die Kolonialgriechen Magna Graecias über die Rückständigkeit und Ungebildetheit der Italiker. Hartnäckig hält sich vor diesem Hintergrund die Legende, daß die Siedler aus Euböa die ischitanischen Ureinwohner als Affen (griech. *Pithekoi*) bezeichneten, weil sie von diesen nachgeäfft wurden. Gemeint waren die anfänglichen stümperhaften Versuche der Inselbewohner, die bisher unbekannten griechischen Gebrauchsgegenstände zu kopieren und die perfekt konstruierten griechischen Schiffe nachzubauen.

Wie lange Ischia unter den Euböern hinsichtlich der Keramik- und Metallproduktion eine Monopolstellung im Golf von Neapel besaß, ist ungewiß. Mit Sicherheit weiß man jedoch, daß nachrückende griechische Siedler sich bereits Mitte des 8. Jh. v. Chr. auf dem benachbarten Festland niederließen und die Kolonien *Kyme*, *Dikaiarchia* und *Parthenope* gründeten. Der kulturbringende Kontakt mit dem antiken Griechentum, der auf *Pithekoussai* begann, verlagerte sich nun auf das Festland.

### Giorgio Buchner und der Becher des Nestor

Ein deutschstämmiger Archäologe aus Neapel entdeckte im 20. Jh. eine Nekropole der euböisch-griechischen Akropolis Pithekoussai. In den 50er Jahren erhielt der passionierte Archäologe Buchner eine Grabungserlaubnis auf dem Monte Vico bei Lacco Ameno, wo man das antike Pithekoussai vermutete – metertief verschüttet durch Erdbeben, Erosion und mehrfache Überbauung. Doch schon nach wenigen Grabungsmetern bekamen die offiziellen Schatzsucher im wahrsten Sinn des Wortes heiße Füße, denn auf Ischia erhöht sich die Erdtemperatur Meter für Meter. Dennoch konnte bei Temperaturen von über 50 °C ein wesentlicher Teil einer euböisch-pithekoussanischen Nekropole freigelegt werden. Die geöffneten Erdgräber und Grabhügel enthielten neben Urnen- und Knochenresten vor allem zahlreiche keramische Grabbeigaben. Dabei handelte es sich sowohl um einheimische, auf Ischia gefertigte Keramiken als auch um kostbare Gefäße aus dem östlichen Mittelmeerraum, die die Euböer seinerzeit importierten. Das Prunkstück der Ausgrabungen und der sensationellste Fund war der berühmte *Becher des Nestor*, der mit Inschriften aus der Homerischen Dichtung verziert ist. Außergewöhnlich an dieser Keramikschale ist ihr Alter, das mit der Entstehungszeit der Verse Homers übereinstimmt (ca. 750 v. Chr.).

Angesichts dieser bedeutsamen archäologischen Ausgrabungen, ist es unverständlich, daß die *Museumsvilla Arbusto* bei Lacco Ameno, in der die erwähnten Keramikfunde gelagert werden, der Öffentlichkeit nicht zugänglich ist. Neben dem *Becher des Nestor* warten dort insgesamt ca. 10.000 Exponate, zumeist aus den antiken Produktionsstätten der Insel stammend, vergeblich auf interessierte Besucher. – Ein Skandal!?

Die zweite Hälfte des vorchristlichen Jahrtausends war eine unruhige Zeit für die Golfregion von Neapel, bedingt durch Naturkatastrophen und Kriege. Auch Ischia blieb davon nicht verschont. Im 5. Jh. kämpfte die pithekoussanische Flotte zusammen mit griechischen Alliierten in einer entscheidenden Seeschlacht gegen das expandierende Etruskerreich. In diesem *Seekrieg von Cuma* (474 v. Chr.) befreite sich die großgriechische Golfregion von den verfeindeten Etruskern. In den darauffolgenden Jahrhunderten erschütternden mehrere Vulkanausbrüche und Erdbeben Ischia und führten sogar zur zeitweiligen Entvölkerung der gesamten Insel. – Erst in römischer Zeit wurde Ischia allmählich wieder flächendeckend besiedelt. Von luxuriösen römischen Villen und großartigen Thermalanlagen, wie sie an der gegenüberliegenden Festlandküste entstanden, gibt es auf Ischia zwar keinerlei Spuren, aber vermutlich gab es dennoch ähnlich bedeutende altrömische Großbauten auf der Insel wie seinerzeit in Bacoli, Baiae und Pozzuoli. Nachweislich siedelten Bauern und Hirten an den Hängen des Monte Epomeo, und die heute noch existierende *Nitrodi-Quelle* wurde als Quellheiligtum verehrt. Doch wo befand sich der städtische römische Siedlungskern auf Ischia, das überlieferte *Aenaria*? Erst sehr spät entdeckten Archäologen Überreste dieser römischen Hafenstadt in der *Cartaromana-Bucht* südlich des Castello Aragonese. Ein sensationeller Fund: Metertief unter der Wasseroberfläche ergaben Reste von Hafenmauern, gepflasterten Straßen und Marmorsäulen ein deutliches Bild der ischitanischen Römerstadt **Aenaria**. Anfangs wunderte man sich über die ebenfalls entdeckten Mengen an Bleibarren von unterschiedlicher Größe. – Der Stadtname lieferte eine Erklärung dafür:

Aenaria bedeutet Stadt des Metalls. Das Blei sowie andere Schwermetalle, die damals auf Ischia geschmolzen und verarbeitet wurden, waren vor allem für die römische Kriegsflotte bestimmt, die ihren Stützpunkt im nahen *Misenum* (→ S. 126) hatte. Wahrscheinlich versorgte die ischitanische Produktion sogar die gesamte Golfregion mit den unterschiedlichsten Metallen. Hatte Ischia sich unter den Euböern bereits zum bedeutenden Zentrum der Keramikmanufaktur und Metallverarbeitung entwickelt, so sorgte die römische Besiedlung zumindest für eine Fortsetzung dieser Rolle hinsichtlich der Metallproduktion.

Die glorreichen Zeit, die Ischia in der Antike als *Pithekoussai* und *Aenaria* erlebte, wurde am Ende der vorchristlichen Zeitrechnung ziemlich abrupt beendet, als *Kaiser Augustus* die Insel gegen Capri eintauschte. Aber vollständig erlosch die Bedeutung des römischen Aenaria erst im 2. Jh., als das Meer den Hafen verschlang.

## Information/Vorwahl

• *Information*: **Agenzia turismo**, direkt am Hafen von Ischia Porto (Nähe Fähranleger). Einziges offizielles Informationsbüro der Insel, gut bestückt mit Unterkunftsverzeichnis, Fahrplänen und Prospektmaterial; auch eine nützliche Inselkarte gibt es gratis. Großzügige Öffnungszeiten, tägl. 9-20 Uhr, Tel. 081/5074231, Banchina Porto Salvo.

Für spezielle Auskünfte kann man sich an das **Fremdenverkehrsamt AAST** wenden, ebenfalls Ischia Porto, Corso Vittoria Colonna 108, Tel. 081/5074211, Mo-Sa ca. 9-13 und 16-19 Uhr.

• *Vorwahl*: Tel. 081 für ganz Ischia. Seit 1998 muß auch bei Ortsgesprächen die Vorwahl immer mitgewählt werden.

## Fährverbindungen

Die Hauptfährhäfen Ischias sind **Ischia Porto** und **Casamicciola**. Ganzjährig und fast stündlich bestehen Fährverbindungen mit dem Festland. Es verkehren *Traghetti* bzw. *Navi* mit Autobeförderung und die schnellen *Aliscafi* (Personenfähren). Traghetti ab **Napoli/Molo Beverello** und **Pozzuoli**. Aliscafi ab **Napoli/Molo Beverello** und **Napoli/Mergellina**. Fahrtzeit der Traghetti ca. 1,5 Std.; Aliscafi ca. 45 Min. Man hat die Wahl zwischen der staatlichen Gesellschaft Caremar und mehreren privaten Reedereien (Lauro, Snav etc.); wesentliche Preisunterschiede gibt es nicht.

• *Caremar-Sommerfahrplan*: Auskunft Tel. 081/5513882 oder 081/991953. **Traghetti** (mit Autobeförderung) ab Napoli/Molo Beverello ca. 6.30, 9, 11, 14.30, 15.30, 17.30, 19.30 und 22 Uhr. **Aliscafi** ab Napoli/Molo Beverello ca. 8, 10, 13, 15, 18, 20 Uhr. Hinzu kommen weitere Traghetti- und Aliscafi-Verbindungen der privaten Reedereien (ab Molo Beverello und Mergellina sowie ab Pozzuoli).

• *Preise*: Napoli–Ischia einfach; Traghetto ca. L. 10.000 pro Pers., Auto ab L. 40.000, Aliscafo ca. L. 20.000 pro Pers.; Fahrkartenschalter an den jeweiligen Anlegestellen.

Preisgünstigste Fährverbindung mit Autobeförderung ab Pozzuoli (→ S. 120).

• *Buchen*: Aufgrund der häufigen Fährverbindungen besteht eigentlich keine Notwendigkeit die Autobeförderung zu reservieren. Wer auf Nummer Sicher gehen will, kann bei *Caremar* vorbuchen unter Fax 081/5522011. Bezahlung bei Abholung der Tickets.

• *Inselspringen*: Häufige Verbindungen zwischen den Golf-Inseln und der Halbinsel von Sorrent. Fahrpläne bei Bedarf am besten vor Ort besorgen an den Fähranlegestellen von Porto und Casamicciola.

## Unterwegs auf Ischia

• *Pkw*: hohes Verkehrsaufkommen vor allem in den Sommermonaten. Die Inselringstraße ist relativ gut ausgebaut; die Zentren der Küstenorte sind weitgehend verkehrsberuhigt. Der eigene Pkw ist nicht zuletzt wegen der guten Busverbindungen entbehrlich.

**Fahrverbot**: Um das sommerliche Verkehrsproblem auf der Insel einigermaßen in den Griff zu bekommen, ist ein Fahrverbot für alle in Napoli und Kampanien zugelassenen Autos erlassen worden; nur Ischitaner, Italiener aus anderen Regionen sowie Ausländer dürfen mit dem Auto auf die Insel. Eine Ausnahmeregelung gilt für Behinderte, seitdem floriert in Napoli angeblich das Geschäft mit gefälschten Behindertenausweisen.

**Parken**: gebührenpflichtige Parkplätze und Parkzonen in den Küstenorten; teure Parkplätze auch an den Zufahrtsstraßen einiger Strände; Sant'Angelo ist gänzlich autofrei.

**Mietfahrzeuge**: In jedem Küstenort gibt es mehrere *Autonoleggi* (Autovermieter). Neben Kleinwagen der Marke Fiat (Panda, Uno, Cinquecento) vermieten die meisten der Insel auch Vespas und kleine Motorräder; Mofas sind wegen der extremen Steigungen nicht geeignet. Die Preise sind mit ca. L. 50.000 pro Tag (ca. L. 300.000 pro Woche) inkl. Versicherung für italienische Verhältnisse geradezu günstig. Mieten kann man ab 18 gegen Vorlage des Führerscheins. Nicht vergessen: Die Parkgebühren summieren sich, und evtl. Bußgelder werden rigoros eingetrieben. Man darf die Insel mit dem Mietwagen nicht verlassen.

*Adressen:* Wir haben gute Erfahrungen gemacht mit **Autonoleggio Mazzella**, Porto Ischia, Via F. D'Avalos 14, Tel. 081/991141; der zitronengelbe Cinquecento war wirklich gut in Schuß.

Weitere Vermieter: **Auto e Scooter Ischia**, Porto Ischia, Via Alfredo De Luca 61 A, Tel. 081/992444. **D'Angelo**, Casamicciola, Via Monte della Misericordia, Tel. 081/900588.

• *Inselbusse*: vorbildliches Busnetz der SEPSA d'Ischia; insgesamt 12 Hauptlinien durchkreuzen die Insel zwischen ca. 5 und 24 Uhr. Einziger Nachteil: Zu den Stoßzeiten sind die Busse oftmals brechend voll – man hat das Nachsehen und wartet geduldig auf den nächsten Bus der hält.

*Außergewöhnlicher Parkschein*

Der zentrale **Busbahnhof** befindet sich in Porto am Hafen. Die **Busfrequenz** schwankt je nach Linie und Tageszeit zwischen 20 und 75 Min. **Bustickets** kauft man in Zeitungskiosken, Tabacchi/Bars und an den meisten Hotelrezeptionen; **Preis**: Einzelfahrt L. 1.500.

*Linien*: **Ringlinie CD**: Porto–Barano–Buonopane–Fontana–Serrara–Sant'Angelo–Forio–Lacco Ameno–Casamicciola–Porto. **Linie CS**: CD-Ringlinie in Gegenrichtung. **Linie 1**: Porto–Casamicciola–Lacco Ameno–Forio–Panza–Sant'Angelo und zurück. **Linie 1/1**: Porto–Casamicciola–Lacco Ameno–Forio–Citara und zurück. **Linie 3**: Porto–Casamicciola–Fango und zurück. **Linie 3/3**: Porto–Casamicciola–Fango–Forio–Citara und zurück. **Linie 5**: Porto–Piedimonte–Testaccio–Maronti und zurück. **Linie 6**: Porto–Piedimonte–Fiaiano und zurück. **Linie 7**: Porto–Ponte und zurück. **Linie 8**: Porto–San Antuono–Campagnano und zurück.

*Unterwegs mit dem Taxiboot*

**Linie C 12**: Porto–Cartaromana–Campagnano–San Antuono–Porto. **Linie C 13**: Linie C 12 in Gegenrichtung.

• *Taxi und Microtaxi*: Limousinen gibt es wenige; sie werden in der Regel telefonisch geordert (Telefonnummern in den jeweiligen Ortsabschnitten). Um so häufiger trifft man auf die dreirädrigen Microtaxi. Diese bunten, urigen Zwei-Takter-Bienen (ital. *Ape*) transportieren bis zu sechs Personen. Sie stehen an den zentralen Plätzen der Küstenorte. Der Preis ist immer Verhandlungssache.

**Taxiboote** verkehren in Sant'Angelo (→ S. 224)

## Ausflüge

Pompeji, Herculaneum, Paestum, Vesuv etc. – von Ischia aus lassen sich alle Hauptsehenswürdigkeiten am Golf von Neapel relativ gut erreichen. Ausflüge, auf eigene Faust unternommen, erfordern aber einen zum Teil nicht unerheblichen Organisationsaufwand (Fähren, Busse etc.). Ischitanische Agenturen bieten deshalb Gruppenausflüge zu allen interessanten Zielen am Golf an, die im Schnitt preiswerter sind als selbstorganisierte Touren. An den Rezeptionen der meisten Hotelbetriebe hängen diese Ausflugsangebote aus. Häufig werden auf einer Tagesfahrt mehrere Ziele miteinander kombiniert, z. B. Pompeji und Vesuv oder Neapel, Archäologisches Nationalmuseum und Herculaneum. Größter *Veranstalter* von Ausflugsfahrten ist **Il Quadrante**, Ischia Porto, Via Morgioni 48, Tel. 081/985083.

**Bootstouren**: Halbtägige Inselrundfahrt mit der *Calypso*, einem Motorschiff mit transparentem Boden. Ab Porto ca. 14 Uhr, 1 Std. Aufenthalt in Sant'Angelo, Rückkehr gegen 18.30 Uhr, ca. L. 27.000 pro Pers. Informationen und Reservierung Tel. 081/985080. Die gleiche Reederei bietet auch Tagesfahrten nach Capri, ca. L. 33.000 pro Pers.

## Sport und Freizeit

Eine besonders sportliche und jugendliche Insel ist Ischia nicht. Einzig das Tennisangebot ist auffallend groß; jeder größere Ort und jedes bessere Hotel verfügt über Tennisplätze. Golfen ist ebenso unbekannt wie Reiten und Klettern. Das sportliche Maß aller Dinge heißt auf Ischia: **Wandern auf eigene Faust** – auf eigene Faust deshalb, weil

Wegmarkierungen fast gänzlich fehlen! Radfahren ist aufgrund der extremen Steigungen eine Sache für trainierte Mountainbiker. Relativ gut hingegen ist das Wassersportangebot für Surfer, Segler und Taucher.

- *Tennis*: zahlreiche Clubs und Mietplätze in Porto, Forio und Lacco Ameno; z. B. **Tennis Club Pineta** im Pinienwald von Porto, Corso Vittoria Colonna, Tel. 081/ 993300,. **Tennis Club Cartaromana**, Ponte, Tel. 081/993622, oberhalb der Cartaromana-Bucht.
- *Fahrrad*: einziger Verleih bei **Autonoleggio D'Angelo**, Casamicciola, Via Monte della Misericordia, Tel. 081/ 900588
- *Surfen*: Surfschulen und Brettvermietung an den Stränden San Montano, San Francesco, Citara und Maronti.
- *Segeln*: Kontaktadresse für Segler, **Yacht Club**, Porto, Via Porto 86, Tel. 081/ 993416.
- *Tauchen*: Kontaktadresse für Taucher, **Ischia Diving Center**, Porto, Via Iasolino, Tel. 081/985008.
- *Wandern*: Wandervorschläge mit Wegbeschreibung finden Sie in den jeweiligen Abschnitten.

... oder dem Microtaxi

- *Baden*: Strände gibt es rund um die Insel herum, näheres dazu an den entsprechenden Stellen.

## Feste

Im folgenden eine kleine Auswahl aus der Fülle der ischitanischen Kirchen-, Heiligen-, Folklore- und Erntefeste. Zu den religiösen Feiern gehört in der Regel eine Prozession sowie ein Feuerwerk.

**Karfreitag**, *Kreuzwegprozession* von Ponte zur Kathedralenruine auf dem Castello Aragonese.

**Ostermontag**, *Madonnenfest* in Buonopane mit Darbietung des *Ndrezzata-Tanzes*.

**Mitte Mai**, dreitägiges *Santa-Restituta-Fest* in Lacco Ameno mit Prozession und Markt, am letzten Tag wird das Feuerwerk gezündet.

**13. Juni**, *San-Antonio-Fest* in Porto, Casamicciola und Fontana.

**24. Juni**, *Johannes-Fest* in Buonopane mit *Ndrezzata-Tanz*.

**26. Juli**, Fest zu Ehren der *Sant'Anna* in Ponte, Bootsprozession und "Castello in Flammen" mit bengalischem Feuer.

**15. August**, *Mariä Himmelfahrt* in Lacco Ameno und Forio.

**26. August**, *San-Alessandro-Fest* in Porto, eines der Hauptfeste mit eindrucksvollem Trachtenumzug.

**Ende August/Anfang September**, *Sagra dell'uva e del vino* in Panza, stimmungsvolles Weinfest.

**1. Septembersonntag**, *Schutzheiligenfest* in Ponte und Porto, ein Hauptfest, Bootsprozession und Feuerwerk.

**Ende September**, *Erzengel-Michael-Fest* in Sant'Angelo, ebenfalls ein Hauptfest mit Bootsprozession und Feuerwerk.

## Übernachten

Keine Frage, Ischia ist ein **Pauschalreiseziel**, d. h. Anreise mit dem Flugzeug, Transfer auf die Insel und mindestens 1 Woche Halbpension im Hotel. Preislich ist ein solches Pauschalangebot kaum zu unterbieten. Doch was machen Individualreisende, die nur einen Kurzaufenthalt von einigen Tagen eingeplant haben? Die Ankunft auf der Insel ohne vorherige Hotelreservierung ist zumindest in der Hauptreisezeit (Ostern bis Oktober) nicht ratsam. Also, am besten aus unseren Übernachtungstips wählen und rechtzeitig vorbuchen! Hotelunterkunft, egal wie lange, heißt in der Regel **Halbpension**, daran führt auf Ischia selten ein Weg vorbei; Hotels ohne Restaurant gibt es nur ganz wenige. Und nicht vergessen: Zwischen November und Ostern haben die meisten Hotels geschlossen.

• *Reiseveranstalter*: Wer sein festes Urlaubsdomizil auf Ischia aufzuschlagen gedenkt und von dort aus die gesamte Golfregion erschließen will, sollte auf die Kataloge einschlägiger Reiseveranstalter zurückgreifen. Ein Spezialveranstalter mit langjähriger Erfahrung ist **Ischia Tourist**, Wandsbeker Marktstraße 113, 22041 Hamburg, Tel. 040/686252. Viele Reisebüros haben die umfangreichen Ischia-Tourist-Kataloge vorrätig; außerdem gibt es spezielle Ischia-Kataloge von TUI und Jahn-Reisen. **Tip**: Pauschal lassen sich (bei Ischia Tourist) auch mehrere Ferienorte kombinieren; z. B. 1 Woche Ponte, anschließend 1 Woche Sant'Angelo und die 3. Woche Capri.

• *Privatzimmer*: findet man vor Ort mit Glück nur im ländlichen Süden der Insel, z. B. in Panza (→ S. 211).

• *Camping*: Insgesamt gibt es drei Campingplätze auf Ischia (zwei in Porto, einer am Maronti-Strand); alles empfehlenswerte Plätze, die ebenfalls vorgebucht werden sollten.

• *Ferienwohnungen*: werden wie Pauschalreisen von spezialisierten Veranstaltern (→ S. 52) über Reisebüros angeboten; mitunter wird man auch in den Privatanzeigen der überregionalen Tageszeitungen fündig.

## Essen und Trinken

Pizza, Pasta, Tomaten, frische Gemüsesorten, aromatische Wildkräuter und Käse, das sind wohl die wichtigsten Grundelemente der kampanischen Küche. Fleisch spielt eher eine untergeordnete Rolle. Ischia bereichert die einfache, aber schmackhafte Küche Kampaniens vor allem durch eine inseltypische Spezialität: **Coniglio alla cacciatora**, Wildkaninchen nach Art der Jägerin (geschmorte Kaninchenstücke mit einer eingekochten Soße aus Olivenöl, Knoblauch, Peperoncino, Petersilie, Weißwein und Tomaten). Dieses ischitanische Hauptgericht probiert man am besten in einem der ländlichen Ausflugsrestaurants.

**Bruschetta** (geröstete Weißbrotscheiben mit Olivenöl, Knoblauch und Tomatenstükken) gehört zu den herzhaften Leckereien der ischitanischen Landküche. Dieses Tomatenbrot ist eine ideale Zwischenmahlzeit; auf dem Epomeo-Berggasthof schmeckt sie besonders gut.

**Frischer Mittelmeerfisch** ist aus der authentischen Inselküche nicht wegzudenken. Der Fisch wird zumeist gegrillt oder aus dem Backofen serviert. Im folgenden eine kleine Hilfe, damit Sie sich in der Vielfalt des ischitanischen Fischangebots besser zurechtfinden: *L'acciuga* – Sardine, *il nasello* – Hechtdorsch, *il cefalo* – Meeräsche, *il branzino* – Seebarsch, *la cernia* – Wrackbarsch, *il dentice* – Zahnbrasse, *l'orata* – Goldbrasse, *il sarago* – Brasse, *la triglia* – Streifenbarbe, *la sogliola* – Seezunge, *il tonno* – Thunfisch, *il pescespada* – Schwertfisch.

In einer guten ischitanischen *Zuppa di pesce* (Fischsuppe) sind viele der oben genannten Fische enthalten, zusammen mit Muscheln und Krustentieren.

**Wein**: Griechische Siedler brachten den -Weinbau bereits im vorchristlichen Jahrtausend mit nach Ischia. Ende des 19. Jh. erreichte die Weinproduktion Ischias mit ca. 350.000 hl jährlich ihren Höchststand; seinerzeit war der Weinbau die Haupteinnahmequelle der Insel. Heute werden jährlich immerhin noch ca. 80.000 hl Wein auf einer Anbaufläche von insgesamt 1.100 ha produziert. Neben den exportorientierten Großwinzern der Insel (z. B. *Casa D'Ambra*) gibt es noch unzählige Kleinbauern, die ihren Hauswein selbst erzeugen.

Auf Ischia werden hauptsächlich leichte Weißweine erzeugt; sie sind zumeist trokken und haben einen frischen Geschmack. Der **Ischia Bianco** ist ein DOC-Qualitätswein und wird aus *Forastera*- und *Biancolella-Trauben* gekeltert. Wenn er bestimmten Anforderungen entspricht und einen Alkoholgrad von mindestens 12 % erreicht, darf er **Ischia Bianco Superiore** genannt werden. Der **Ischia Rosso** ist ein kontrollierter DOC-Rotwein; er wird aus *Guarnaccia*- und *Piedirosso-Trauben* gewonnen und paßt auch zu Fischgerichten.

# Der Osten

Im flachen Küstenbereich weitgehend zersiedelt und fast vollständig von den beiden ineinander übergehenden – aber sehr gegensätzlichen – Küstenorten *Ischia Porto* und *Ischia Ponte* eingenommen. Die touristische Hauptattraktion bildet das *Castello Aragonese*, das sich uneinnehmbar auf einer schroffen Felsinsel erstreckt. Badefreuden kommen vor allem am frei zugänglichen Strand *Cartaromana* auf, wo sich an einigen Stellen Thermalwasser und Meerwasser mischen. Das kleine Bergdorf *Campagnano* ist unbedingt einen Ausflug wert: phantastische Ausblicke auf den gesamten Nordosten der Insel und bei klarer Sicht auch hinüber nach Procida und zum Festland. Außerdem ist Campagnano Ausgangspunkt einer herrlichen Steiluferwanderung.

*Kreisrundes Hafenbecken – Ischia Porto*

## Ischia Porto

**Quirliger Hauptort der Insel; hier zeigt sich Ischia von seiner städtischen Seite, mit Geschäften, Boutiquen, Souvenirläden, Nachtleben und viel Hafenatmosphäre. Den idyllischen Mittelpunkt bildet der fast kreisrunde Kraterhafen, den Bourbonenkönig Ferdinand II. vor ca. 150 Jahren anlegen ließ.**

An der **Hafenpromenade Rive Droite** flaniert man tagsüber mit Blick auf den regen Hafenbetrieb und abends, wenn die Lichter der endlosen Gastronomie-Meile angehen, herrscht hier ein vergnügliches Gedränge, umhüllt

von Essensdüften und Mandolinenklängen – stimmungsvoll, romantisch, aber bisweilen auch etwas kitschig. Früher hieß die Promenade *Via Porto*, aber das hörte sich auf die Dauer wohl zu bescheiden und provinziell an; kurzerhand taufte man sie in Rive Droite um. Das klingt weltoffen und entspricht so ganz dem Erscheinungsbild dieser kurzen Hafenpromenade. Luxusjachten und Hochseesegler aus aller Welt reihen sich hier aneinander, dazwischen einige Fischerboote, während sich der Fähranleger etwas abseits am Scheitelpunkt des Hafenbeckens befindet.
Die pulsierende Schlagader der quirligen Innenstadt heißt **Via Roma/Corso Vittoria Colonna**, an deren östlichem Ende sich die grüne Lunge von Ischia Porto anschließt, die **Pineta**, ein vor über 100 Jahren angelegter Pinienwald mit Fußgängerwegen.

### Der Kraterhafen

Im Hafenbecken von Ischia Porto, wo heute kleine und große Fährschiffe nahezu ohne Unterbrechung an- und ablegen, befand sich vor ca. 150 Jahren noch ein stiller Kratersee; damals ein fischreiches Gewässer von nur 2 m Tiefe. Die einzige Verbindung zum Meer bestand in einer sogenannten Rohrschleuse, die nur von einheimischen Fischern passiert werden durfte. Mitte des 19. Jh., als Bourbonenkönig *Ferdinand II.* Ischia zu einem seiner beliebtesten Feriendomizile auserwählt hatte, entstand der heutige Hafen. In fast zweijähriger Bauzeit wurde das Becken auf eine Tiefe von 8 m ausgehoben und erhielt seine schmale Öffnung samt schützender Mole. Das königliche Projekt war damals bei der Bevölkerung willkommen, da zahlreiche verarmte Landarbeiter endlich wieder eine bezahlte Beschäftigung fanden, nachdem eine schlimme Reblausplage alle Weingärten der Insel vernichtet hatte. Am 17. September 1854 war es dann soweit: In Anwesenheit der königlichen Familie wurde der neue Hafen mit Böllerschüssen und Bootsparade eingeweiht. Damit war die Idylle der einstigen Fischersiedlung am stillen Kratersee unwiederbringlich dahin. – Schnell entwickelte sich Ischia Porto zum Hauptort des bald einsetzenden Thermaltourismus.
Heute bewältigt das relativ kleine Hafenbecken mit der schmalen Öffnung den intensiven touristischen Fährverkehr längst nicht mehr allein, Entlastungshafen ist Casamicciola Porto.

## Sehenswertes/Baden

Jenseits der Beschaulichkeit des Hafens gibt es relativ wenig zu sehen in Ischia Porto. Da auch die ehemalige **königliche Sommerresidenz** am Hafen (heute eine Thermalanstalt für Militärangehörige) für Touristen nicht zugänglich ist, bleiben eigentlich nur die Shopping- und Konsumfreuden entlang der lebhaften **Via Roma/Corso Vittoria Colanna**. Hier findet man alles, was das Herz begehrt: appetitliche Lebensmittelgeschäfte, bunte Souvenirkeramik, feine Boutiquen, prallvolle Antiquitätenläden, Gelaterie,

Straßencafés, Imbiß- und Backstuben u. v. m. Erholsam wird es erst wieder im **städtischen Pinienwald**, durch den sich so etwas wie ein *naturkundlicher Lehrpfad* zieht, mit Hinweisschildern auf die inseltypische Botanik sowie auf bizarre Lavaformationen, die noch an den letzten Vulkanausbruch von 1301 erinnern (Arso-Krater → S. 191).

Hinsichtlich der Badefreuden gibt es zwar schönere Strände auf der Insel als die drei **Stadtstrände** von Porto, aber die sind trotzdem immer gut frequentiert. Schönster und beliebtester Stadtstrand ist die *Spiaggia dei Pescatori* – mit Blick auf das wuchtige **Castello Aragonese** (→ S. 191).

## Adressen und Telefonnummern

• *Information*: **Agenzia turismo**, direkt am Hafen (Nähe Fähranleger). Einziges offizielles Informationsbüro der Insel, gut bestückt mit Unterkunftsverzeichnis, Fahrplänen und Prospektmaterial; auch eine nützliche Inselkarte gibt es gratis. Großzügige Öffnungszeiten, tägl. 9-20 Uhr, Tel. 081/5074231, Banchina Porto Salvo.

Für spezielle Auskünfte kann man sich an das **Fremdenverkehrsamt AAST** wenden, Corso Vittoria Colonna 108, Tel. 081/5074211, Mo-Sa ca. 9-13 und 16-19 Uhr.

• *Ärztliche Hilfe*: durch den den Erste-Hilfe-Dienst **Guardia medica turistica**, Tel. 081/983499.

• *Polizei*: **Polizia**, Tel. 081/991336 bzw. 081/991406 (Nummern gelten auch für Ponte).

• *Taxis*: am Fähranleger, Tel. 081/984998 und an der Piazza degli Eroi (Tel. 081/992550).

Für die blau gekennzeichneten Parkstreifen in Porto sind **Parkscheine** gebräuchlich, die man wie Bustickets in den Zeitungskiosken kauft. Diese Parkscheine sind sehr aufwendig in der Handhabung. Wie bei Rubbellosen kratzt man Jahr, Monat, Tag und Stunde frei und legt den Schein dann sichtbar hinter die Windschutzscheibe; 1 Std. L. 1.000 (Foto S. 181).

## Übernachten/Camping

Idealer Standort für Leute, die die quirlige Atmosphäre eines geschäftigen Urlaubsorts mögen. Großes Hotelangebot, alle Kategorien vom luxuriösen Kurhotel bis zur einfachen Familienpension. Zwei der insgesamt drei Insel-Campingplätze befinden sich am Stadtrand von Porto, beides gepflegte, empfehlenswerte Plätze.

***** **Punta Molino**, allererste Adresse in Porto, ruhige Lage direkt am Meer, inmitten eines großen Parkgrundstücks mit riesigen Schirmkiefern; schneeweißer Neubau und mehrere Nebengebäude; hoteleigene Thermaleinrichtungen, vornehmes Ristorante, komfortable Zimmer, DZ L. 420.-680.000, HP/VP L. 260.-375.000 pro Pers. Lungomare Cristoforo Colombo, Tel. 081/991544.

**** **Parco Aurora Terme**, zentrale Lage an der Strandpromenade, gepflegtes Großhotel, internationaler Standard, Thermaleinrichtungen, Restaurant, geräumige Zimmer, DZ L. 130.-170.000, HP/VP L. 125.-185.000 pro Pers. Via D'Avalos, Tel. 081/982022.

**** **Floridiana Terme**, mitten im Zentrum, stilvoller Palazzo, schattiges Parkgrundstück, Thermaleinrichtungen, Restaurant, DZ L. 85.-185.000, Frühstück L. 20.000, HP/VP L. 90.-205.000 pro Pers. Corso Vittoria Colonna 165, Tel. 081/991014.

**** **La Villarosa**, ebenfalls zentral, stattlicher Palazzo mit Garten und Dachgarten, Restaurant, teils historisches Mobiliar, familiäre Atmosphäre, Thermal-Pool, DZ L. 120.-220.000, Frühstück L. 10.000, HP/VP L. 100.-180.000 pro Pers. Via G. Gante 13, Tel. 081/991316.

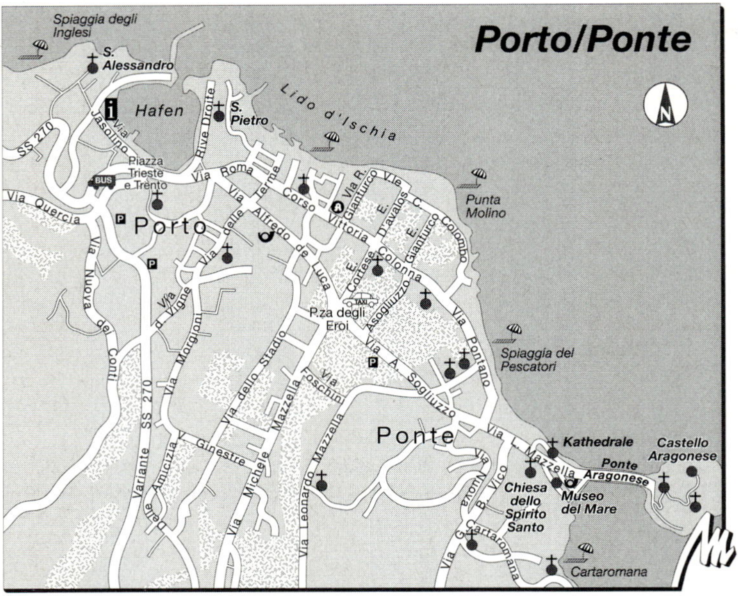


*** **Oriente**, architektonisch ansprechender Neubau im Zentrum, kleiner Palmengarten, unterschiedlich große Zimmer, Restaurant, Thermalpool, DZ L. 96.-180.000, Frühstück L. 5.000, HP/VP L. 88.-140.000 pro Pers. Via delle Terme 9, Tel. 081/991306.

** **Macri**, an der Hafenstraße, einfache, nette Familienpension, ohne Restaurant, DZ L. 55.-91.000, Frühstück L. 7.000. Via Jasolino 96, Tel. 081/992603.

* **Locanda sul Mare**, ebenfalls an der Hafenstraße, kleine preiswerte Einfachpension, keine Ansprüche stellen, DZ L. 30.-85.000. Via Jasolino 68, Tel. 081/981470.

• *Camping*: **Eurocamping dei Pini**, südöstlicher Stadtrand, Zelten im schattigen Pinienwald, gepflegtes Grundstück, ausreichend Sanitär, auch Bungalow-Vermietung, Sportplätze. Geöffnet von Apr.-Okt., im Juli/Aug. unbedingt rechtzeitig reservieren. Via delle Ginestre 28, Tel. 081/982069.

**Camping Internazionale**, ebenfalls ein gepflegter Campingplatz im Pinienwald, auch Bungalow-Vermietung, hinsichtlich Ausstattung und Preisniveau ungefähr wie der nahe Eurocamping; geöffnet von Mitte Apr. bis Mitte Okt. Via Foschini 1, Tel. 081/991449.

## *Essen und Trinken/Nachtleben*

Eindeutig am stimmungsvollsten sind die Hafenrestaurants am Rive Droite, vor allem die alteingesessenen mit Talent und Gefühl für Gastlichkeit, d. h. kommunikative nette Bedienung, allgegenwärtiger Padrone und ein bißchen Folklore.

**La Pantera Rosa**, für Stammgäste natürlich *Da Giorgio*, alteingesessener Familienbetrieb, rustikal und maritim eingerichtet, köstliche Fischsuppen und Fisch-Primi, auch große Pizza-Auswahl. Rive Droite 53, Tel. 081/992483.

**O Purticciull**, gemütliches Ambiente. Pino, der Eigentümer, kümmert sich allzeit einfühlsam um das Wohl seiner Gäste; eine Primo-Spezialität des Hauses sind Bucatini mit Miesmuscheln und Schafkäse, auch die Fisch-Secondi sind lecker zubereitet. Rive Droite 42, Tel. 081/993222.

**Da Umberto**, im Zentrum, nicht weit vom Hafen, am Scheitelpunkt der Fußgängerzone, typisch neapolitanische Pizzeria mit Riesenauswahl, aber auch Fischgerichte, sehr freundlich und sauber. Via Roma 83, Tel. 081/991581.

**Duilio**, an der Strandpromenade, leckeres Fischrestaurant, preislich im Rahmen. Lungomare Cristoforo Colombo, Tel. 081/991125.

**Dal Marinaio**, American Bar am Hafen, Cocktails, Bier, Wein und Snacks bei Kerzenlicht und neapolitanischer Volksmusik. Rive Droite 42.

**Da Dionisio**, American Bar und Disco-Bar, im Zentrum, oft voll, Eintritt frei. Corso Vittoria Colonna 146.

**Calise**, etwas abseits, große Garten-Bar, am Rande des städtischen Pinienwalds, Piazza degli Eroi, sehr beliebt bei den einheimischen Jugendlichen.

**Valentino**, Piano-Bar am Corso Vittoria Colonna, Eintritt.

**Charly**, Underground-Musik, junges Publikum, Eintritt. Via Gianturco, Nebenstraße des Corso Vittoria Colonna.

# Ischia Ponte

**Obwohl Ponte und und das geschäftige Porto nahtlos ineinander übergehen, liegen Welten dazwischen. Ponte (dt. Brücke), ein ehemaliges Fischerdorf, hat sich viel von seiner ursprünglichen Atmosphäre bewahren können, und dabei sind auch die Proportionen überschaubar geblieben. Noch gehört der intakte Ortskern seinen Bewohnern, sie prägen den Alltag. Touristen kommen vor allem wegen der Hauptsehenswürdigkeiten, allen voran das geschichtsträchtige Felscastello Aragonese, dann die Kathedrale der Assunta und nicht zuletzt das neueingerichtete Museo del Mare.**

Die alten Fischerhäuser der langgestreckten Ortschaft leuchten mit ihren frischen Kalkanstrichen aufs Meer, ohne dabei ihr trutziges Mauerwerk und die beengten Wohnverhältnisse zu verbergen. Während architektonische Harmonie den Ort kennzeichnet, ist Bescheidenheit ein Wesenszugs seiner freundlichen Bewohner. Entlang der Hauptgasse **Via Luigi Mazzella** bis hin zur kleinen Piazza vor dem Steindamm zum Castello, spielt sich das gesamte dörfliche Leben ab, tagsüber und abends sieht man die Einheimischen grüppchenweise beisammen, als hätten sie alle Zeit der Welt: Wettergegerbte Fischer gestikulieren mit rüstigen Rentnern, kinderreiche Familien machen ihre Besorgungen, alteingesessene Kaufleute sortieren ihre Waren. – Szenen eines intakten mediterranen Dorfalltags. Auch einige, mittlerweile betagte Künstlerexistenzen leben in Ponte, ihre Ateliers und Galerien findet man u. a. in der Via Luigi Mazzella ebenso wie die Kunstgewerbeläden, in denen man noch traditionelle Keramikarbeiten finden kann, die tatsächlich aus den Werkstätten der Insel stammen. Touristen fügen sich eher in das Ortsbild von Ponte, anstatt es wie in Porto zu dominieren. Auch auf leicht gestreßte Ischiaurlauber wird sich die mediterrane Gelassenheit, die hier herrscht, wohltuend übertragen. – Für mich einer der friedlichsten und authentischsten Orte Ischias – nur für das Badevergnügen ist Ponte absolut nicht geeignet.

• *Übernachten*: Im Ortskern von Ponte gibt es leider kaum Übernachtungsmöglichkeiten – nicht zuletzt ein Zeichen dafür, daß dieser sympathische Ort tatsächlich noch den Einheimischen gehört. An der Cartaromana-Bucht südlich von Ponte hingegen wieder ein gewohnt großes Hotelangebot (→ S. 193).

** **Il Monastero**, romantische Pension im historischen Gemäuer des ehemaligen Castello-Konvents; wegen der außergewöhnlichen Lage auf der Castello-Insel sehr beliebt und fast immer ausgebucht; relativ bescheidene Zimmer, aber sehr gepflegt; DZ L. 88.-93.000, Frühstück L. 10.000. Castello Aragonese, Tel. 081/992435.

** **Villa Antonio**, angenehme Familienpension direkt am zerklüfteten Südufer von Ponte, Blick auf das Castello Aragonese, auch hier rechtzeitig reservieren, geöffnet Apr.-Okt. DZ L. 120.-140.000, Frühstück L. 16.000. Via San Giuseppe della Croce, Tel. 081/982660.

** **Atlantic**, an der Durchgangsstraße, Richtung Porto, keine besonders schöne Lage, Hotelrestaurant, DZ L. 150.000, Frühstück L. 20.000. Via Luigi Mazzella 28,Tel. 081/991093.

• *Essen und Trinken*: Einige sehr stimmungsvolle Speiselokale findet man entlang der Via Luigi Mazzella; alles gemütliche, alteingesessene Familienbetriebe, die von Touristen und Einheimischen gleichermaßen frequentiert werden.

**Ciro e Caterina**, eine regelrechte Gastro-Institution am moosbewachsenen Brunnen der Via Luigi Mazzella; urgemütliches Ambiente mit kleinem Speiseraum und mehreren Tischen auf dem Trottoir; die Fischgerichte lassen nichts zu wünschen übrig und sind auch preislich im Rahmen. Nur mit der Bedienung muß man etwas Geduld haben, denn Ciro serviert zumeist alleine und hält unterwegs so manches Schwätzchen. Abends auch Pizza.

**Da Ciccio**, ebenfalls an der Durchgangsstraße (Nr. 32), sympathischer Familienbetrieb, leckere lokaltypische Fischküche und Pizza, insgesamt etwas vornehmer als bei Ciro und nur wenige Tische draußen.

**Cocò**, Piazzale Aragonese, direkt an der Dammbrücke zum Castello, eine weitere Gastro-Institution in Ponte. Ausgezeichnete Fischküche zu akzeptablen Preisen; große lauschige Restaurantterrasse mit Blick auf die Castello-Insel, oft voll, hier feiern die Einheimischen so manches Familienfest.

• *Nachtleben*: **Bar Cocò**, die volkstümliche Bar zum gleichnamigen Ristorante, schlicht, aber nicht ungemütlich. In den Abendstunden vorwiegend von Einheimischen besucht, wer keinen Sitzplatz mehr findet, gesellt sich derweil zu den Stehenden auf der Piazzale; Eis, Longdrinks, Bier vom Faß, offener Wein und Snacks.

**Bar d'Avalos**, ebenfalls an der Piazzale Aragonese, frisches jugendliches Ambiente, bequeme Bestuhlung, bunte Cocktails, internationale Musik, lange geöffnet.

**Castiglio d'Aragona**, Disco und Nightclub am Eingang zum Castello, luftige strohgedeckte Open-air-Terrasse mit Blick auf Ponte, nur im Juli/Aug. geöffnet, Eintritt.

## Sehenwertes

**Chiesa dello Spirito Santo**: An der Via Luigi Mazzella steht diese bescheidene Heiliggeistkirche; geweiht ist sie dem Schutzpatron aller Ischitaner, *San Giovan Giuseppe della Croce*. Dieser Giovan Giuseppe (bürgerlicher Name: Carlo Gaetano Calorsirto) wurde 1654 in Ponte geboren und 1839 heiliggesprochen. Sein Geburtshaus finden Sie in der Via Luigi Mazzella 34. Zeitlebens trug der Mönch die Kutte der Franziskaner und zwar immer ein und dieselbe, fast 64 Jahre lang, weshalb er als *Padre Centopezze* (Priester der hundert Flicken) in die Kirchengeschichte einging. Seine Reliquien werden in der Heiliggeistkirche verehrt, darunter befindet sich auch sein Marienbildchen, mit dem er angeblich kommunizierte.

**Kathedrale der Assunta**: gegenüber der Chiesa dello Spirito Santo. Diese aus dem 14. Jh. stammende Konventskirche der Augustiner wurde im 17. Jh. barockisiert. Nach der Zerstörung der Burgkathedrale erhob man sie zur Bischofskirche und zur neuen Kathedrale der Insel. Sie beherbergt einige Originalstücke, die aus der alten Castello-Kathedrale gerettet werden konnten: das Taufbecken mit den Trägerfiguren (14. Jh.) und das große romanische Holzkruzifix (13. Jh.), außerdem einige Gemälde neapolitanischer Meister des Barock.

**Museo del Mare/Palazzo dell'Orologio**: "Ausstellung antiker ischitanischer Meereskultur können Sie im Museo del Mare in Ischia Ponte Palazzo dell'Orologio bewundern" heißt es auf dem offiziellen Handzettel des neueingerichteten Museums. Allein schon das historische Gebäude, in dem dieses heimatkundliche Meeres-, Fischer- und Seefahrtsmuseum untergebracht wurde, ist sehenswert. Auf drei Etagen wimmelt es von interessanten Exponaten, darunter zahlreiche Fotografien und Schiffsmodelle, mit denen man sich stundenlang beschäftigen könnte. Einen Schwerpunkt der Ausstellung bildet der ischitanische Fischeralltag; hier sind sie zu sehen, die bärtigen ischitanischen Fischer mit ihren originellen Mützen, in denen sie u. a. ihre Tabakrationen bunkerten. – Ein Museum, das Spaß macht.

• *Öffnungszeiten*: tägl. 10-12.30 Uhr und 17-20 Uhr, Juli/Aug. tägl. 10-12.30 Uhr und 18.30-22 Uhr. Eintritt L. 3.000. Der Palazzo mit der Uhr in der Fassade befindet sich am Ende der Via Mazzella, der Eingang liegt in der Seitenstraße.

## Castello Aragonese

**Ein Wahrzeichen der Insel, mittlerweile sogar auf einer 100-Lire-Briefmarke verewigt. Die schroffe Felsinsel erhielt ihre allererste Befestigung bereits in vorchristlicher Zeit von den Kolonialgriechen Magna Graecias. Im 15. Jh. erfolgte der eigentliche Bau der Festungsanlage unter Alfons von Aragon. Neben ihrer militärischen Funktion diente die Inselfestung den Ischitanern stets als Zufluchtsort in Krisenzeiten. Anfang des 18. Jh. lebten fast 10.000 Menschen auf der nahezu vollständig ausgebauten und befestigten Burginsel. Seit Anfang dieses Jahrhunderts befindet sich das Castello Aragonese in Privatbesitz und kann besichtigt werden. (Foto s. S. 171)**

Aus den politischen Wirren des Spätmittelalters erwachte Ischia mit einem Paukenschlag, als *Alfons von Aragon* die Insel mit einigen Hundert Soldaten besetzte. Doch er verfolgte größere Ziele als die Inbesitznahme Ischias, er wollte das Königreich Neapel zurückerobern, und auf diesem Weg war Ischia nur ein kleines Etappenziel. 1439 beschoß Alfons von Aragon, die Burg völlig neu zu errichten und die Felsinsel bewohnbar zu machen. Zunächst ließ er den ca. 200 m langen Steindamm, *Il Ponte* bzw. *Pontinello*, anlegen; noch heute der einzige Zugang zum Castello. Bald standen auch die militärischen Kernbauten sowie das Kloster, die Kirchen, Wohnbauten, Werkstätten und Geschäfte inmitten der uneinnehmbaren Festungsmauern. 1442 setzte sich Alfons von Aragon dann an die Spitze des neapolitanischen Königreichs und hielt triumphalen Einzug in Neapel. Aber auch seinem ischitanischem Castello Aragonese standen noch Sternstunden bevor: 1509 heirateten *Vittoria Colonna* und *Ferrante d'Avalos* in der Burgkathedrale. Sie war eine der schillerndsten Frauengestalten der Renaissance und er einer größten Militärstrategen der Zeit. Nach Ferrantes Tod auf einem Schlachtfeld bei Pavia (1525) lebte Vittoria Colonna noch gut ein Jahrzehnt allein auf dem Castello Aragonese, wo sie im Laufe der Jahre einige der namhaftesten Persönlichkeiten ihrer Zeit empfing. Weniger Rühmliches ereignete sich Jahrhunderte später, als 1823 alle Bewohner von der Burginsel vertrieben wurden, und der amtierende Bourbonenkönig von Neapel das Castello zum Gefängnis degradierte; ab 1851 waren hier auch politische Gefangene untergebracht. Zu diesem Zeitpunkt war das stattliche Castello Aragonese bereits etwas lädiert, denn 1809 hatte die englische Flotte die Festung wegen der dort verschanzten Franzosen bombardiert. Zwar konnten diese Zerstörungen weitgehend behoben werden, aber die alte Burgkathedrale ist seitdem eine Ruine. Bombardierung und Gefängniseinrichtung waren auch die Gründe dafür, daß die ehemaligen Festungsbewohner nach Ponte übersiedelten und dort den neuen Hauptort der Insel einrichteten – bis Porto diese Rolle übernahm.

• *Öffnungszeiten/Konzerte*: tägl. 9 Uhr bis 1 Std. vor Sonnenuntergang. Eintritt L. 10.000. Extra-Eintritt für das Foltermuseum L. 5.000. Abends finden in der Ruine der Burgkathedrale regelmäßig Konzerte statt, ein wirklich stimmungsvolles Ereignis (Eintritt frei; auf Ankündigungsplakate achten!).

## Castello-Besichtigung

Auf den Burgberg führt heute ein moderner Fahrstuhl, sehr bequem – wer aber das labyrinthische Innenleben des Castello etwas genauer kennenlernen will, sollte den steilen **Treppenweg** nehmen. Er führt fast schon systematisch zu den einzelnen Gebäudekomplexen der Festung. Anfangs verschwindet der Treppenweg mit den herrlich abgewetzten Steinstufen in einer langen Galerie, die regelrecht in den Fels gegraben worden ist und durch deren schießschartenartige Öffnungen nur spärlich Licht eindringt; im oberen Teil befindet man sich fast ausschließlich im Freien. Den höchsten begehbaren Punkt bildet die Terrasse des Castello-Cafés, eine wirklich imposante Aussichtsplattform. Der Castello-Kerker und andere Gebäudeteile sowie das hintere Festungsgelände sind leider nicht zugänglich.

▶ **Chiesa della Immacolta**: die ehemalige Kirche des angeschlossenen Klarissinnenklosters. Heute wird dieser helle Kuppelbau für wechselnde Kunstausstellungen benutzt. Neben den Bildern von einheimischen Malern gab es dort auch schon "große" Kunst zu sehen, etwa Werke von Dalí, Picasso und De Chirico.

▶ **Konvent**: Im ehemaligen Klosterkomplex ist heute u. a. eine kleine Pension untergebracht (→ "Übernachten"). Zur Besichtigung freigegeben ist lediglich der etwas makabere **Nonnenfriedhof** des Konvents. Die dortigen Sitzgräber erinnern auf besonders grausame Weise an die Vergänglichkeit des Lebens. Diese in Stein gehauenen Sitze waren die letzte Ruhestätte der Nonnen, wo sie sitzend mumifizierten, also vollständig eintrockneten, bis ihre Überreste durch die Löcher der steinernen Sitzgräber fielen. – Ein wirklich makaberer Weg in die Ewigkeit. Im Angesicht ihrer dahingeschiedenen Schwestern trafen sich die Klarissinnen auf diesem Friedhof zum täglichen Gebet.

▶ **Foltermuseum**: In einem geräumigen Wachturm der Festung befindet sich dieses neueingerichtete Museum zum Thema Folter im späten Mittelalter. Die "Attraktion" unter den zahlreich ausgestellten Folterwerkzeugen, Rüstungen und Waffen ist der Hungerkäfig (Extra-Eintritt L. 5.000).

▶ **Burgkathedrale**: 1509 Schauplatz der Hochzeit von Vittoria Colonna und Ferrante d'Avalos, 1809 von Nelsons Flotte zur Ruine bombardiert. Ursprünglich ein romanischer Sakralbau, der bereits 1301 der Hl. Assunta geweiht wurde. Im 18. Jh. wurde die Kathedrale vollständig barockisiert. Einige kunstgeschichtlich wertvolle Stücke der ehemaligen Ausstattung befinden sich heute in der Kathedrale von Ponte. Vom Vorplatz der Kirchenruine hat man einen herrlichen Blick auf Ponte und Umgebung.

▶ **Krypta**: unmittelbar unterhalb der Kathedrale. Zu sehen sind mehrere kleine Altarnischen mit Freskenfragmenten. Trotz des fragmentarischen Zustands sehenswert, da sie aus dem Umfeld der Schule Giottos stammen.

▶ **Chiesa San Pietro a Pantaniello**: ehemalige, leere Kirche aus dem 17. Jh. mit ungewöhnlicher sechseckiger Grundform. Erhöhte Lage, toller Blick auf die Umgebung.

## Cartaromana/Baden

Die bizarre, klippenreiche Felsbucht liegt südlich von Ponte. Herrliche Steilküste mit zahlreichen Villengrundstücken in Hanglage, darunter auch mehrere Hotel- und Thermalanlagen. In der Cartaromana-Bucht wurden – metertief unter dem Meeresspiegel – die Überreste der altrömischen Hafenstadt *Aenaria* entdeckt (→ S. 179).

Am Strand der Cartaromana-Bucht mischen sich Thermalwasser und Meerwasser; eine der ganz wenigen Stellen der Insel, wo man das Thermalvergnügen noch in freier Natur genießen kann; und wegen der relativ schweren Zugänglichkeit des Strands (felsig, zum Teil auch sandige Stellen) ist diese Badestelle auch im Hochsommer selten überfüllt.

• *Verbindungen/Anmarsch*: Mit dem Inselbus (Linie 8) zur hoch über dem Ufer gelegenen Ortschaft **San Michele**, von dort führt ein gekennzeichneter, schmaler Pfad hinunter zum Strand (ca. 15 Min.). Oder mit dem Bus (Linie 8) bzw. zu Fuß bis ans Ende der **Via Nuova Cartaromana** (Stichstraße). Am Hotel Ninfe führt ein Treppenweg hinunter ans Ufer; bis zur Badestelle muß man noch ein Stück am Felsufer entlanglaufen, aber Vorsicht, auch bei leichter Brandung bleibt man nicht unbedingt trocken! **Tip**: In Ponte an der Piazzale zum Castello Aragonese organisieren einige Fischer und Bootsbesitzer tageweise einen Pendelverkehr zwischen Ponte und dem Cartaromana-Strand; der Preis für diesen privaten Taxiboot-Service ist Verhandlungssache.

• *Essen und Trinken*: **Da Maria**, hölzerne Imbißbude auf Stelzen direkt am Cartaromana-Strand, Snacks und Fisch-Leckereien tagsüber, kleine Preise.

• *Übernachten*: *****Giardino delle Ninfe**, Steilküstenlage oberhalb der Cartaromana-Bucht, am Ende der Stichstraße; ansprechender Flachbau mit Arkadenfassade, Thermaleinrichtungen, Hotelrestaurant. DZ L. 150.-230.000, HP/VP L. 98.-170.000 pro Pers. Via Nuova Cartaromana, Tel. 081/992161.

*** **Strandhotel Delfini**, ebenfalls am Ende der Via Nuova Cartaromana ins Steilufer gebaute moderne Hotelanlage, gepflegter Garten mit mehreren Thermalpools, Hotelrestaurant. DZ L. 130.-196.000, Frühstück L. 16.000, HP/VP L. 156.-202.000 pro Pers. Tel. 081/981341.

** **Don Felipe**, kleine Hotelanlage in Hanglage oberhalb der Cartaromana-Bucht. Gartenterrasse mit Blick auf die Castello-Insel, familiäre Atmosphäre, deftige Küche. DZ L. 100.-130.000, HP/VP L. 70.-90.000 pro Pers. Via Nuova Cartaromana, Tel. 081/993899.

**Giardino Eden**, stilvolles Apartmenthotel mit gepflegtem Thermalgarten am Klippenufer der Cartaromana-Bucht. Viel exotische Vegetation, Zugang zum Meer, Bootssteg, Hotelrestaurant, Bar. DZ ca.

L. 150.000, Apartment (4 Pers.) ca. L. 400.000 pro Tag, Tageskarte nur für den **Thermalgarten** ca. L. 20.000. Via Nuova Cartaromana 50, Tel. 081/993909.

## Im östlichen Inselinneren

- **San Michele** und **San Antuono**: beides nahezu menschenleere Bergdörfer ohne erkennbaren Ortskern. Keinerlei touristische Insignien, ringsherum nichts als Bauernland.
- **Pilastri**: Ein Straßendorf direkt an der viel befahrenen Inselhauptstraße. Hier befindet sich ein Teilstück des ehemaligen **Aquädukts**, damals ein mehrere Kilometer langes Bauwerk aus grauem Bruchstein. Diese zweistöckige Bogenkonstruktion leitete das Wasser aus der einzigen Trinkwasserquelle der Insel *(Buceto-Quelle)* nach Ponte und Porto. Als Bauzeit gibt die Inselchronik das 16. und 17. Jh. an; ob ein vergleichbares Aquädukt bereits in der Antike das altrömische *Aenaria* mit Frischwasser aus der Buceto-Quelle versorgte, ist reine Spekulation – aber angesichts der genialen Wasserbautechnik der Römer nicht undenkbar. Jedenfalls lohnt ein Abstecher zu diesem mehrere hundert Meter langen Teilstück trotz verkehrsgeplagter Lage.

*Aquädukt von Pilastri*

### Campagnano

Friedliches Bergdorf in imposanter Höhenlage mit herrlichem Panoramablick über den gesamten Nordosten der Insel und hinüber zum Festland. Den dörflichen Mittelpunkt bildet die **Chiesa dell'Annunziata** (17. Jh.) mit den bunten Majolikakacheln im oberen Teil der Fassade sowie auf der Spitze des linken Glockenturms. Iim Kircheninnern befinden sich zahlreiche Votivgaben. In Campagnano leben viele Winzerfamilien, die die umliegenden Weinfelder bewirtschaften. Zur Erntezeit herrscht hier Hochbetrieb, dann sieht man die kleinen traktorähnlichen Transportfahrzeuge mit dem kostbaren Lesegut überall, und der fruchtige Mostgeruch dringt aus den örtlichen Weinkellern. Das Bergdorf hat sich in den letzten Jahren zu einem beliebten touristischen Anlaufpunkt entwickelt, mit zwei – allerdings sehr unterschiedlichen – Ausflugslokalen und einem privaten Muschelmuseum. Doch in erster Linie ist Campagnano Ausgangspunkt einer Rundwanderung hoch über der Küste durch eine vegetationsreiche Natur- und Kulturlandschaft.

• *Übernachten/Essen/Sehenswertes*: **La Capannina**, Ausflugsrestaurant in extremer Steilhanglage am meerseitigen Ortsrand von Campagnano. Panoramaterrasse mit Blick auf die Castello-Insel und die nordöstliche Inselküste. Einfaches rustikales Ambiente, authentische ischitanische Landküche, spätestens hier sollte man das hiesige Wildkaninchengericht *Coniglio alla cacciatora* probieren, außerdem leckere Grillspezialitäten und Pizza. Große Portionen und ehrliche Preise; auch **Zimmervermietung**. Zugang über den Treppenweg links neben der Dorfkirche, Tel. 081/901017.

**Barracuda**, Ausflugslokal mit Panoramaterrasse, ganz auf deutsche Kurgäste eingestellt mit Filterkaffee und Tortenstückchen. Barrucuda-Gäste erhalten Zutritt zum privaten **Muschel- und Korallenmuseum** mit einer umfangreichen Sammlung, die sich vor allem Liebhaber dieser Materie nicht entgehen lassen sollten. An der Ortsdurchgangsstraße, Tel. 081/902046.

▸ **Campagnano/Rundwanderung**: Ausgangspunkt dieser Wanderung (ca. 3 Std.) ist die Piazzetta von Campagnano (Endstation der Buslinien 8 und C 12). Rechts neben der Dorfkirche gelangt man auf den Steilküstenweg; zunächst sanfter Anstieg auf einer schmalen gepflasterten Straße; entlang der Strecke Privatgrundstücke, meerseitig hingegen ungetrübter Blick in die Ferne. Am Ende der Straße befindet sich ein ehemaliges Kloster mit ruhigem Innenhof (heute Privatwohnungen); von dort ergibt sich u. a. ein fotoreifer Blick auf den weit unten liegenden Cartaromana-Strand. Jetzt führt der Weg die Steilküste in Richtung Punta San Pancrazio entlang, um die beiden Erhebungen *Torre di Sopra* und *Il Torrone* (Hügelkuppen mit Wachturmruinen) herum. Man geht durch eine vegetationsreiche Landschaft mit Weinfeldern, Nutzgärten, Macchia- und Waldflächen. Der mehr oder weniger gut gekennzeichnete Pfad führt dann an einer alten Zisterne vorbei, wo er in Richtung Campagnano abknickt; leicht abschüssig geht es über die Via Torre vorbei an der Casa Mazzella zum Ausgangspunkt zurück.

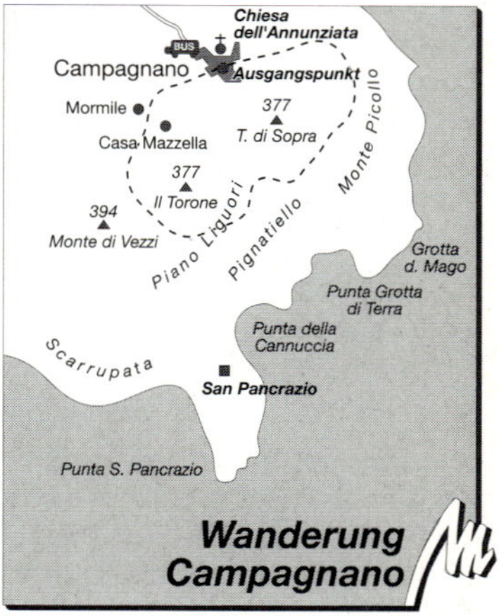


# Der Norden – Ischias Kur- und Thermalpark

Im Norden und Nordwesten Ischias liegen die drei Inselgemeinden *Casamicciola Terme*, *Lacco Ameno* und *Forio*, deren Ortszentren sich in den Küstenniederungen ausdehnen. An einigen Stellen der Nordwestküste bäumt sich die Uferzone zu einer unzugänglichen Steilküste auf, während das Hinterland sanft und sattgrün gegen den Gipfel des *Monte Epomeo* ansteigt. Nur die Berghänge im Rücken von Forio bilden da eine Ausnahme, sie sind weitgehend schroff und bedingt durch Erosion stellenweise völlig kahl. Auch klimatisch unterscheidet sich die Westküste von der milderen Nordküste, sie bekommt deutlich mehr Wind ab und ist zu allen Jahreszeiten spürbar trockener, weshalb sich Forio auch mehr und mehr zu einem Winterkurort entwickelt. Von allen Gemeinden der Insel ist Casamicciola Terme das unbestrittene Thermalzentrum mit den meisten und ältesten Kureinrichtungen, dem ausgeglichensten Inselklima und der artenreichsten Vegetation; hier fühlen sich vor allem ältere deutsche Kurgäste wohl, bei denen allein schon der Klang des Namens *Fango* (Ortschaft oberhalb von Lacco Ameno) Wohlbefinden verursacht. Von Ostern bis November boomt der Thermaltourismus im *Castiglione Parco Termale* bei Casamicciola und in den *Giardini Poseidon* südlich von Forio, den beiden größten und modernsten öffentlichen Thermalparks der Insel, wo sich täglich Hunderte von Kur- und Badegästen tummeln, und wo auch so manche Fangopackung verabreicht wird. Strandvergnügen pur hingegen bietet die Nordwestküste mit den beiden langen und feinsandigen Stränden von Forio: *Spiaggia di Citara* und *Spiaggia di San Francesco*. Vergleichsweise ruhig und gemächlich spielt sich das Strandleben in der kleinen geschützten Badebucht *Baia di San Montano* ab.

## Casamicciola Terme

**Ein Thermalkurort par excellence mit einem unüberschaubaren Hotel- und Bäderangebot, einem eigenen Fährhafen und dem weitaus größten Anteil an gesetzten Kurgästen aus Deutschland. An der Uferpromenade und an der weit ins Meer ragenden Hafenmole herrscht eher hektische Betriebsamkeit, während die Oberstadt mit den weitläufigen Ortsteilen Bagni, Gran Sentinella, Maio und La Rita für entdeckungsfreudige Urlauber noch einige beschauliche Winkel und Plätze bereithält. Die dichtbewaldete Hügelkuppe des Monte Rotaro ist ein lohnendes Wanderziel für Naturliebhaber.**

Im 19. Jh., als Ischia sich langsam zur internationalen Kurinsel entwickelte, hatte Casamicciola gegenüber den Nachbargemeinden bereits die Nase vorn, denn hier befanden sich die meisten erschlossenen Thermalquellen. Einige davon wurden vermutlich schon in der Antike genutzt, sicher aber im späten Mittelalter. Bis in die heutige Zeit machen sich die Einheimischen selbst recht wenig aus den Heilquellen; die eifrigsten Nutzer kamen stets vom Festland. Einer der zahlreichen illustren Inselgäste des 19. Jh., der in Casamicciola logierte, war *Henrik Ibsen*; er schrieb hier an seinem Theaterstück "Nora oder Ein Puppenheim". Ein weiterer Prominenter war der italienische Freiheitsheld *Giuseppe Garibaldi*; er kurierte seine Wunden aus den Unabhängigkeitskriegen im Heilwasser von Casamicciola. In jener Zeit konzentrierte sich der Thermalbetrieb noch auf die ältesten und weithin bekannten Quellen *La Rita*, *Bagni* und *Gurgitello*. Doch am Abend des 28. Juli

*Vorzeigekurort – Casamicciola Terme*

1883 schien alles unwiederbringlich vorbei zu sein, denn ein schweres Erdbeben erschütterte Casamicciola, und ca. 3.000 Menschen starben unter den Trümmern. Große Teile der Ortschaft mußten von Grund auf neu errichtet werden, weshalb Casamicciola heute auch das modernste Stadtbild der Insel besitzt. Nachhaltig gelitten hat vor allem die Unterstadt, die einschließlich Hafen und Uferzone vorwiegend nach funktionalen Gesichtspunkten neu gestaltet wurde. – Die langestreckte *Piazzia Marina* läßt jedenfalls keine mediterrane Piazzastimmung aufkommen. Anders hingegen die baumbestandene *Piazza Bagni* der Oberstadt, die noch viel Atmosphäre versprüht.

## Adressen und Telefonnummern

- *Ärztliche Hilfe*: Bei gesundheitlichen Beschwerden wenden Sie sich am besten zunächst an den Erste-Hilfe-Dienst **Guardia medica turistica**, Tel. 081/ 983499.
- *Polizei (Polizia)*: Tel. 081/994480.
- *Taxis*: an der Piazza Marina; Tel. 081/994800.

## Übernachten

Idealer Standort für Kururlauber, viel gesetztes Publikum. Das Kurhotelviertel befindet sich in der Oberstadt. Die meisten Hotelanlagen verfügen über eigene Thermaleinrichtungen; das durchschnittliche Preisniveau liegt leicht unter dem der Nachbarorte.

**** **Elma Terme**, supermodernes Kurhotel mit mehreren Nebengebäuden. Hanglage, Thermalhallenbad und Außenbecken, große Sonnenterrasse, vornehmes Hotelrestaurant, DZ L. 240.-330.000; Frühstück L. 35.000, HP/VP L. 195.-335.000 pro Pers. Corso Vittorio Emanuele, Tel. 081/994122.

*** **Monte Tabor**, am Ortsanfang (von Porto kommend), architektonisch ansprechender weißer Flachbau, ruhige Lage, viel Grün, Thermalpools, Restaurant, DZ L. 100.-130.000; Frühstück L. 15.000, HP/VP L. 80.-110.000 pro Pers. Traversa Mortito 13, Tel. 081/994261.

*** **Villa Flavio**, kleine gepflegte Pension im Ortsteil La Rita, familiäre Atmosphäre, kleines Thermalbecken, Restaurant, DZ L. 70.-100.000 inkl. Frühstück, HP/VP L. 60.-85.000 pro Pers. Via Casa Capezza, Tel. 081/994870.

** **Villa Teresa**, ebenfalls kleine familiäre Pension, im Ortsteil Maio. Thermalpool, Restaurant, DZ L. 70.-85.000 inkl. Frühstück, HP/VP L. 50.-70.000 pro Pers. Via Castanito 40, Tel. 081/994388.

** **Villa Angelina**, an der Uferpromenade, gepflegte Familienpension, DZ L. 75.-85.000; Frühstück L. 10.000, HP/VP L. 65.-80.000 pro Pers. Via S. Girardi 20, Tel. 081/994103.

* **Parco MareMonte**, ruhige Lage in der Oberstadt, Ortsteil Molara, am Anfang der Straße nach Fiaiano, viel Grün, hoteleigene Thermalquelle, Dampfsauna im Freien und Pool, Restaurant, DZ L. 82.-92.000 inkl. Frühstück, HP/VP L. 66.-76.000 pro Pers. Via Cretaio, Tel. 081/995355.

### *Essen und Trinken/Nachtleben*

Wer eine Abwechslung zur Hotelküche sucht, wird an der Hafenpiazza Marina fündig; dort gibt es einige alteingesessene Restaurants mit Hausmannskost und einfache Pizzerie.

• *Essen und Trinken*: **Il Gardino**, an der Hafenpiazza, etwas versteckt in einem dichtbegrünten Innenhof gelegen. Leckere Fischküche und Pizza, gutes Preis-Qualitäts-Verhältnis, beliebt bei jungen Leuten. Piazza Marina 34.

**Mareblù**, Nähe Hafenpiazza, fast am Ende der Uferstraße, gemütliche kleine Pizzeria. Neben Pizza auch einige hausgemachte Nudel- und Hauptgerichte; Einheimische verbringen hier ihre Mittagspause, Pizza auch mittags. Via T. Morgera 37.

**Monfalcone**, bescheidene kleine Trattoria, sehr volkstümlich, deftige Hausmannskost, Fisch wird hier vor allem frittiert serviert, ehrliche Preise. Corso L. Manzi 3, neben Il Gardino an der Hafenpiazza.

**Calise**, gemütliches Straßencafè und eine der besten *Pasticcerie* (Konditoreien) der Insel, große Auswahl an *Dolci, Salati e Gelato* (Gebäck, Kuchen, Kanapees, Eis). Der morgendliche Ansturm ist gewaltig, der ganze Ort scheint hier seinen ersten *Cappuccino* trinken zu wollen; und abends zur Aperitif-Zeit wiederholt sich der Andrang. Piazza Marina.

• *Nachtleben*: **Il Capriccio**, mitten auf der Piazza Marina, Piano-Bar, Disco und Pizzeria zugleich, ein regelrechter Tummelplatz der einheimischen Jugendlichen; ansonsten herrscht in Casamicciola eher Nachtruhe.

### *Kunsthandwerk/Souvenirs*

Am Ortseingang (aus Porto kommend) steht unübersehbar eine der größten **Keramikwerkstätten** der Insel; von der dekorativen Kachel mit Hausnummer bis hin zur überdimensionalen Gartenfigur reicht die Auswahl. Wie in einem Supermarkt darf man sich in der großen Ausstellungshalle samt Vorplatz bewegen, auch ein Blick in die Werkstatt ist erlaubt: **Fratelli Mennella**, Via S. Girardi 47, tägl. (außer So) 9-13 Uhr und 16-20 Uhr.

## Thermalanlagen/Baden

Auf den ersten Blick erscheinen sie alle gleich, die Thermaleinrichtungen von Casamicciola Terme. Doch dieser Eindruck täuscht gewaltig. Wie vielfältig die Bäderlandschaft tatsächlich ist, läßt sich am besten durch einen Blick auf die Extreme veranschaulichen: Einerseits gibt es da *La Rita*, das älteste noch aktive örtliche Heilbad, andererseits den modernen Thermalpark *Castiglione*.

▶ **La Rita**: oberster Ortsteil der Gemeinde Casamicciola, in extremer Hanglage. In einer tiefen Schlucht sprudelt die *La-Rita-Quelle* seit Ewigkeiten, mit 94 °C eine der heißesten Thermalquellen der Insel. Laut Überlieferung

*Ältestes Heilbad von Casamicciola – Terme La Rita*

war sie bereits den alten Römern bekannt. Das baufällige Gebäude, das über dem Austritt der Quelle errichtet wurde, ist jedenfalls der älteste Kurbetrieb von Casamicciola. Fast gespenstisch wehen die gräulichen Laken zum Trocknen auf dem Dach, und die Risse im Mauerwerk stammen vermutlich noch vom verheerenden Erdbeben des Jahrs 1883. Man traut sich kaum hinein in das verlassen wirkende Heilbad. Doch im Innern plätschert aufgrund der hohen Temperatur und der mineralischen Substanzen so ziemlich das heilsamste Thermalwasser der Insel. Wer wenigstens einmal die Wirkung einer medizinischen Thermalanwendung erleben möchte, sollte es hier versuchen. – Anwendungen nur vormittags nach Anmeldung am Empfang.

• *Anmarsch*: Vom Hafen zunächst hinauf in die Oberstadt zur Piazza Bagni und von dort weiter zur Piazza Maio, dann dem gelben Hinweisschild mit dem Brunnenmotiv und der Aufschrift La Rita folgen bis zur kleinen Piazza von La Rita mit gleichnamiger kleiner Bar. Von dort führt eine gepflasterte Serpentinenstraße steil hinunter zum Heilbad.

▶ **Castiglione Parco Termale**: östlich von Casamicciola an der Küstenstraße nach Porto. Das fast 40.000 qm große Gelände dieses öffentlichen Thermalparks zieht sich den Steilhang hinunter bis ans Ufer. Eine Drahtseilbahn ist die bequeme Alternative zum steilen Abstieg. Auf dem üppig begrünten Terrassengelände befinden sich insgesamt sieben unterschiedlich temperierte Thermal- und Meerwasserbecken sowie Dampfsaunen und natürlich Kureinrichtungen. Ein Treppenweg führt hinunter ans Meer zum Badesteg. Doch zunächst sucht man sich ein möglichst schattiges Plätzchen mit Liegestuhl und schlägt sein Quartier auf; jetzt kann der Bade- und Saunaspaß beginnen und einen ganzen Tag lang andauern zusammen mit Alt und Jung.

• *Öffnungszeiten*: Von Anfang Apr. bis Mitte Okt. tägl. 9-19 Uhr, Tageskarte L. 31.000, Nachmittagskarte L. 27.000, Badekappen sind Pflicht. *Mensarestaurant* und unten am Strand ein empfehlenswertes *einfaches Fisch-Ristorante*.

### Monte Rotaro

Der dichtbewaldete Hügel (266 m) südwestlich von Casamicciola ist schon von weitem ein herrlicher Anblick – ein Pinienwaldteppich, der sich über die sanfte Hügelkuppe zieht. Wandernd läßt sich der Monte Rotaro mit seinen interessanten Naturschätzen am besten erkunden. Abgesehen vom dichten mediterranen Nadelwald gibt es dort noch einige Dampfquellen (Fumarolen) in freier Natur zu sehen im sogenannten **Fondo d'Oglio**, einem Krater am Südhang des Monte Rotaro. Im Schutz dieser ca. 40 °C heißen Fumarolen gedeihen sogar einige tropische Gräser. – Nichts Spektakuläres, aber insgesamt ein lohnendes Wanderziel.

• *Anmarsch*: Einen gekennzeichneten Wanderweg zu den Fumarolen des Monte Rotaro gibt es nicht; der Fondo d'Oglio-Krater liegt an der Verbindungsstraße zwischen Casamicciola und Fiaiano; von der Straße führen mehrere Pfade in das Waldgebiet.

## Lacco Ameno

**"Liebliche Ebene", so nannten schon die ersten Griechen, die auf dem Monte Vico siedelten, den Ort. Und tatsächlich, sanft klettert die Küstenniederung die grünen Hänge des Monte Epomeo hinauf – eine wirklich imposante Naturkulisse. Davor breitet sich die Ortschaft weitläufig aus; den auffälligsten architektonischen Akzent setzt der Glockenturm der Pfarrkirche Santa Maria delle Grazie, ein schneeweißes Minarett mit abschließender Kuppel.**

In den 50er und 60er Jahren war Lacco Ameno ein bevorzugter Ferienort des italienischen Jet-sets; bis heute ist das örtliche Hotelangebot klein, aber fein geblieben. Während der bizarre Tuffstein-Pilz **Fungo**, der vor dem Hafenbecken aus dem Wasser ragt, zum Wahrzeichen erhoben wurde, hat das Bergdorf **Fango**, oberhalb von Lacco Ameno, Weltruf erlangt. Kulturgeschichtliches zwischen Fungo und Fango hält das kleine Museum in der Santa-Restituta-Kirche bereit, wo die ältesten Ausgrabungsfunde Ischias für Interessierte ausgestellt sind. Das eigentliche archäologische Museum, die Villa Arbusto, ist skandalöserweise seit Jahren geschlossen (→ S. 179).

#### *Adressen und Telefonnummern*

• *Ärztliche Hilfe*: Bei gesundheitlichen Beschwerden wenden Sie sich am besten zunächst an den Erste-Hilfe-Dienst **Guardia medica turistica**, Tel. 081/ 998989.

• *Taxis*: an der Piazza Santa Restituta; Tel. 081/986014.

#### *Übernachten*

Vor allem ein relativ hohes Preisniveau kennzeichnet die Hotelsituation in Lacco Ameno. Wer exklusive Abgeschiedenheit bevorzugt, ist hier am richtigen Ort.

***** **Regina Isabella, Royal Sporting Terme**, luxuriöses Kurhotel, der Terme Regina Isabella angeschlossen, mit eigenem Yachthafen. Nobler geht's nicht in Lacco Ameno, DZ L. 320.-840.000, HP/VP L. 270.-530.000 pro Pers. Piazza Santa Re-

Casa Malaparte, Capri (MM) ▲▲

Arco Naturale, Capri (MM) ▲▲

Blick vom Monte Solaro, Capri (MM) ▲

▲▲ Capri-Ort (MM)
▲ Gedränge am Eingang der Blauen Grotte, Capri (MM)

Via Krupp, Capri (MM) ▲▲

I Faraglioni, Capri (MM) ▲▲

▲ Schuster in Anacapri (MM)

stituta, Tel. 081/994322.

**** **Grande Albergo Mezzatorre**, Luxushotel im alten Festungsturm an der Nordspitze des Felsenkaps, absolut ruhige und abgeschiedene Felsuferlage, Thermaleinrichtungen. DZ L. 300.-420.000; Frühstück L. 20.000, HP/VP L. 290.-380.000 pro Pers. Via Mezzatorre, Tel. 081/986111.

**** **Parco Terme Michelangelo**, in der Ortschaft Fango, moderne große Hotelanlage, architektonisch ansprechend in die Landschaft gesetzt, nicht luxuriös, aber stilvoll, Thermaleinrichtungen. DZ L. 180.-245.000; Frühstück L. 30.000, HP/VP L. 155.-240.00 pro Pers. Via Fango, Tel. 081/995134.

*** **La Sirenella**, kleines Strandhotel direkt am Stadtstrand, bescheidene Mittelklasse, Restaurant (s. u.), DZ L. 99.-114.000; HP/VP L. 95.-110.000 pro Pers. Corso A. Rizzoli 41, Tel. 081/994743.

*** **Villa Svizzera**, an der Küstenstraße. Ältere herrschaftliche Villa mit mehreren Nebengebäuden, riesige Dattelpalmen erfreuen das Auge, Thermaleinrichtungen. Preislich unschlagbar, DZ L. 80.000; Frühstück L. 6.000, HP/VP L. 120.-130.000 pro Pers. Via Litoranea, Tel. 081/994263.

### *Essen und Trinken*

Die Fischrestaurants beim Stadtstrand am *Corso A. Rizzoli* sind regelrechte Touristenmagneten, aber das Preis-Qualitäts-Verhältnis stimmt trotzdem.

**La Lanterna**, am Stadtstrand. Ein ausgesprochener Meerestempel, weit über 100 Fisch- und Krustentier-Variationen hält die Küche bereit. Corso A. Rizzoli 90, Tel. 081/995637.

**Al Delfino**, ebenfalls an der Strandpromenade, große Speiseterrasse mit Hafenblick, leckere Meeresküche, große Auswahl. Corso A. Rizzoli, Tel. 081/900252.

**La Sirenella**, Strandristorante des gleichnamigen Hotels, lauschige Terrasse. Neben Fisch und Krustentieren auch Pizza. Corso A. Rizzoli 41, Tel. 081/994743.

**Mamma Teresa**, in der Ortschaft Fango, ein zuverlässiger Tip für gute Hausmannskost. Sowohl Meeres- als auch Landküche, z. B. Bucatini al coniglio oder Linguine con scampi, ehrliche Preise, am besten reservieren. Via Borbonica 38, Tel. 081/995935.

## Sehenswertes

Ein Streifzug durch den Ortskern könnte an der belebten Uferpromenade beginnen, die von mehreren kleinen Strandflächen und einigen gemütlichen Strandrestaurants gesäumt wird.

▶ Im Rücken des beschaulichen Stadtstrands ragt der minarettartige Glockenturm der **Chiesa Santa Maria delle Grazie** auf. Dieser orientalisch anmutende Kuppelbau beherbergt eine kunstgeschichtlich wertvolle Herkulessäule aus dem 1. Jh. v. Chr. Wer jetzt – von Herkules in Löwengestalt angeregt – tiefer und intensiver in die christliche und vorchristliche Vergangenheit des Orts eintauchen möchte, sollte sich zur folgenden Kirche begeben.

▶ **Chiesa Santa Restituta**: an der gleichnamigen Piazza am nordwestlichen Ende der Uferpromenade. In erster Linie ist die Restituta-Kirche das Domizil der Schutzpatronin von Lacco Ameno; doch das angegliederte **archäologische Museum** macht einen Besuch doppelt interessant.

Der Legende nach stammt die Heilige aus dem nordafrikanischen Karthago, wo sie im 2. Jh. aufgrund ihrer eifrigen Missionstätigkeit zum Tode verurteilt wurde. Nachdem ihre Häscher sie gefoltert hatten, wurde sie sterbend in ein Boot gelegt, das weit draußen auf dem Meer angezündet werden sollte. Doch die Mächte des Himmels schickten die Folterer in den Flammentod, während die Märtyrerin in ihrem Boot bis nach Ischia in die San-Montano-Bucht trieb, wo sie tot geborgen wurde. Ein Ölbilder-Zyklus im Deckengewölbe der Kirche erzählt die Leidensgeschichte der Heiligen.

Zur Zeit, als *Giorgio Buchner* am Hang des Monte Vico nach der verschütteten euböisch-griechischen Akropolis Pithekoussai grub (→ S. 178), schickte sich auch der Pfarrer *Don Pietro Monti* an, unter dem Fußboden seiner Pfarrkirche Santa Restituta nach frühchristlichen und antiken Spuren zu suchen, und er wurde fündig. Zunächst legte er die Fundamente eines Baptisteriums samt Friedhof frei, die die Anwesenheit einer frühchristlichen Gemeinde auf Ischia belegen. Darunter tauchten noch ältere Besiedlungsspuren auf. Eigenhändig förderte der Priester antike Keramik- und Metallgegenstände sowohl römischer als auch griechischer Herkunft zutage. Sortiert und beschildert sind die zahlreichen Fundstücke heute in dem kleinen archäologischen Kirchenmuseum zu sehen; u. a. ein großer altgriechischer Krug, ein sogenannter Schwanenkrater, in dem einst Wein mit Wasser gemischt wurde.

*Öffnungszeiten/Museum*: tägl. 9.30-12.30 Uhr und 17-19 Uhr, Sonntagnachmittag geschlossen, Eintritt ca. L. 3.000.

▶ **Gardini La Mortella**: Westlich von Lacco Ameno liegt der obligatorische Anlaufpunkt für Liebhaber seltener Pflanzen. Die moderne Gartenanlage La Mortella wurde von dem britischen Komponisten *William Walton* (1902-1983) angelegt; er ließ sich zu Lebzeiten hier inspirieren. Die Pflanzenvielfalt in diesem kleinen, gepflegten Park ist enorm – fast 50 verschiedene Kamelienarten und so exotische Pflanzen wie die Lotusblume.

• *Verbindungen/Öffnungszeiten*: La Mortella liegt an der Hauptstraße zwischen Lacco Ameno und Forio, den Busfahrer bitten, an der entsprechenden Kreuzung zu halten. Geöffnet Di, Do, Sa, So 9-19 Uhr, Eintritt L. 8.000.

## Thermalanlagen/Baden

▶ **Terme Regina Isabella**: Mit diesem Heilbad besitzt Lacco Ameno eine der exklusivsten Thermalanlagen der Insel. Gleich hinter der Kirchenpiazza Restituta erstreckt sich dieser große Komplex mit der klassizistischen Säulenfassade. Das Regina-Isabella-Thermalwasser weist einen sehr hohen Gehalt an natürlicher Radioaktivität auf und besitzt deshalb einen besonderen therapeutischen Wert.

▶ **San-Montano-Bucht**: Der helle, feinsandige Strand wird regelrecht eingerahmt von den Steilhängen des Monte Vico und des norwestlichen Felskaps. In den Sommermonaten ist der Badebetrieb bis auf den letzten Quadratmeter durchorganisiert und gebührenpflichtig. Erst in der Nachsaison, wenn das Strandbad mit seinen Kabinen, Sonnenschirmen und Liegestühlen verschwunden ist, verwandelt sich auch die San-Montano-Bucht wieder weitgehend in ihren Naturzustand zurück, so daß man mit gutem Gewissen von einer friedlichen, abgeschiedenen Badebucht mit schützender Bergkulisse sprechen kann.

Oberhalb des Strandes sprudelt eine ergiebige Thermalquelle, und rundherum erstreckt sich das weitläufige Gelände des öffentlichen **Thermalparks Negombo**: phantastische Lage mit prächtiger Vegetation, 11 Becken mit Thermal- und Meerwasser (Tageskarte ca. L. 30.000).

• *Anfahrt/Eintritt*: Zufahrtsstraße von Lacco Ameno aus, obligatorischer Parkplatz L. 5.000, Eintritt zum Strand L. 3.000, Strandbar und -restaurant.

*Steinpilz von Lacco Ameno*

## Spazierengehen/Wandern

▸ **Monte Vico**: Dieser Hausberg von Lacco Ameno, der über 100 m in die Höhe ragt, bietet dem Ort einen natürlichen Schutzschild. Durch Erdbeben, Erosion und Überbauung bedingt, liegen die Trümmer und Scherben der altgriechischen Stadtburg, die einst auf der Hügelkuppe des Monte Vico stand, metertief verschüttet. Von der Piazza Santa Restituta führt ein steiler Treppenweg hinauf auf den Küstenberg. Ein empfehlenswerter Spazierweg, der zu einer Panorama-Plattform führt und dann weiter zum alten Küstenwachturm neben dem Friedhofsgelände.

▸ **Zur Punta Caruso**: Ein leichter Wanderweg führt um dieses nordwestliche Felskap der Insel Ischia herum. Ausgangspunkt dieser Wanderung ist der steinerne Torbogen oberhalb der San-Montano-Bucht. Eine leicht ansteigende Asphaltstraße zieht sich zunächst durch ein Waldgebiet mit einigen herrschaftlichen Privatgrundstücken; mehrfach schöner Blick auf die Badebucht San Montano und den Monte Vico im Hintergrund. Dann geht die Straße in einen Waldweg über und führt bald an einer kleinen Madonnen-Andachtsstätte vorbei. Nach ca. 1 km schiebt sich plötzlich die Westküste mit Forio und den langen Stränden ins Bild. An der Straßengabelung geht man entweder hinunter in den Küstenort *San Francesco* oder setzt den Weg in Richtung Insel-Hauptstraße fort, wo man auf die sehenswerte Gartenanlage *La Mortella* trifft (→ S. 202).

## Fango

Ein Name, der bei Rheumatikern wahrscheinlich sofort Wohlbefinden erzeugt. – Aus Fango, dem unscheinbaren Bergdorf oberhalb von Lacco

Ameno, stammt der weltweit bekannte Heilschlamm ursprünglich. Noch heute ist die Ortschaft die größte Kurschlammgrube der Insel. Die Schlammgewinnung erfolgt seit Jahr und Tag auf dieselbe Weise: In den Wintermonaten prasseln ergiebige Regenfälle gegen die Nordwesthänge des **Monte Nuovo** oberhalb von Fango. Das Wasser wäscht die hellen Tuffsteinflanken des Berges aus, und das damit angereicherte Regenwasser sammelt sich auf der Höhe von Fango in natürlichen und künstlich angelegten Filterbecken, wo sich die Schlammschichten langsam absetzen. Eimerweise wird der helle Schlamm aus zermahlenem Tuff den Sammelbecken entnommen und in den jeweiligen Heilbädern mit Thermalwasser durchtränkt, bevor er als *Fangopackung* auf die leidenden Körperstellen gerieben wird.

Hotel- und Restaurantadressen finden Sie in den jeweiligen Abschnitten von Lacco Ameno.

## Forio

**Zweitgrößte Gemeinde der Insel und das städtische Zentrum der Westküste. Die hübsche Ortschaft zieht sich über einen sanften Küstenhügel und wird sowohl im Norden als auch im Süden von langen Sandstränden begrenzt. Im Hintergrund zeigt die zerklüftete Epomeo-Flanke der Stadt ihre kalte Schulter – sie ist nahezu vegetationslos, nur die unteren Sonnenhänge sind mit ertragreichen Wein- und Gartenterrassen kultiviert.**

Von der schützenden Hafenmole aus erfaßt man das Stadtbild auf einen Blick und erkennt sofort einige der markanten Bauten Forios. Auffallend sind die zahlreichen Kirchendächer und vor allem die eckigen und runden Küstenwachtürme, die aus dem bunten Häusermeer wehrhaft und gezackt herausragen.

Vorwiegend deutsche Kurgäste bevölkern den nach wie vor behaglichen Ortskern und tummeln sich in den zahlreichen Straßencafés des *Corso Umberto*, wo es neben Cappuccino natürlich auch deutschen Filterkaffee und "Apelstrudel" mit Sahne gibt. Ganz im Trend des florierenden Thermaltourismus setzt Forio neuerdings verstärkt auf eine Zukunft als Winterkurort.

In den 40er und 50er Jahren bevölkerten noch die malenden, schreibenden und komponierenden Künstler den Ort, auch wenn sie kaum Spuren hinterlassen haben. Angezogen fühlten sie sich wahrscheinlich von der dörflichen Atmosphäre und der farbenfrohen Küstenlandschaft. Zur Künstlerkolonie von Forio gehörte seinerzeit auch der Maler *Eduard Bargheer* aus Hamburg-Finkenwerder, der ab 1939 auf Ischia lebte und vorwiegend Landschaftsaquarelle malte. Weder einige von Bargheers Ischia-Bildern noch die seiner mehr oder weniger bekannten Malerkollegen wie *Luigi De Angelis* oder *Lelò Fiaux* sind heute in Forio zu sehen. Ähnlich spurlos verschwunden ist auch das legendäre Künstler-Café *Internazionale*, das damals ganz nach großstädtischem Vorbild den Mittelpunkt der hiesigen Künstlerszene bildete. In späteren Jahren gehörte auch der deutsche Komponist *Hans Werner Henze* dazu, der sich mittlerweile längst in Rom etabliert hat und zu den erfolgreichsten modernen Opernkomponisten gehört.

### Adressen und Telefonnummern

- *Ärztliche Hilfe*: Bei gesundheitlichen Beschwerden wenden Sie sich am besten zunächst an den Erste-Hilfe-Dienst **Guardia medica turistica**, Tel. 081/998655.
- *Polizei (Polizia)*: Tel. 081/998729.
- *Taxis*: an der Piazza Madraglia. d'Oro; Tel. 081/ 997085.

### Übernachten

Die Gemeinde Forio erstreckt sich über die gesamte Westküste, entsprechend ist auch das überdurchschnittlich große Hotelangebot gestreut.

**** **La Bagatella**, luxuriöse Hotelanlage, Nähe San-Francesco-Strand, maurische Architekturelemente, exotische Vegetation, Thermaleinrichtungen, vornehmes Ristorante. DZ L. 220.-260.000, HP/VP L. 170.-190.000 pro Pers. Via Cigliano, Tel. 081/ 986072.

**** **Punta del Sole**, im Ort selbst, flache weitläufige Hotelanlage mit Haupt- und Nebengebäuden, Thermaleinrichtungen, viel Grün. DZ L. 115.-160.000, HP/VP L. 105.-165.000 pro Pers. Piazza Maltese, Tel. 081/989156.

**** **Carlo Magno**, an der Via Borbonica nach Fango, stilvolle Hotelanlage im Grünen, ruhige Lage, Thermaleinrichtungen, Pensionspflicht, HP/VP L. 100.-185.000 pro Pers. Via Baiola, Tel. 081/900098.

*** **Lord Byron**, am Ortsrand von Forio, großzügig ausgestattete Appartementanlage, gepflegter Garten, Thermaleinrichtungen. DZ L. 120.-210.000; Frühstück L. 10.000, HP/VP L. 110.-155.000 pro Pers. Via Castellaccio 28, Tel. 081/997518.

** **Zi Carmela**, zentral, am Hafenbecken von Forio. Älterer Hafen-Palazzo mit modernen Nebengebäuden, beliebt bei jüngeren Leuten, Thermaleinrichtungen, Hotelrestaurant (s. u.). DZ L. 110.-160.000, HP/VP L. 90.-120.000 pro Pers. Via Cava delle Pezze, Tel. 081/998423.

** **Villa Al Parco**, kleines Landhaus bei der Ortschaft San Francesco, etwas abseits gelegen, inmitten eines großen Nutzgartens, familiäre Atmosphäre, Thermaleinrichtungen. DZ L. 93.000, HP/VP L. 92.000 pro Pers. Via Sciavica, Tel. 081/987642.

### Essen und Trinken/Nachtleben

**La Romantica**, unterhalb des Rundturms am Hafen, recht vornehmes Fisch-Ristorante, klimatisierter Speiseraum, auch Tische im Freien. Große Primi-Auswahl, Fisch vom Grill und aus dem Ofen, akzeptables Preis-Qualitäts-Verhältnis. Via Marina 46, Tel. 081/997345.

**La Boheme**, ebenfalls am Hafen, kleine geschlossene Holzveranda, rustikales Ambiente, einige Tische draußen. Einfache Meeres- und Landküche, ehrliche Preise. Via Marina 18, Tel. 081/997540.

**Zi Carmela**, Hotelrestaurant, separates Gebäude, appetitanregende Auslagen, sehr beliebt wegen des reichhaltigen Antipasto-Büfetts, überwiegend jüngeres Publikum. Adresse s. o.

**Umberto a Mare**, alteingesessenes Fischrestaurant, seit 1936 am Felskap der Soccorso-Kirche, gemütliche Speiseterrasse über dem Meer, Fisch in allen Variationen, Preise im Rahmen. Via Soccorso, Tel. 081/ 997171.

**Re del Caffé**, lauschiges Straßencafé, am moosbewachsenen Brunnen des Corso Umberto, Eis, leckere Backwaren, Snacks, Cocktails, abends lange geöffnet.

**Bar Mimi**, Straßencafé, ebenfalls am Corso Umberto, an der Kirchenpiazza, vorwiegend jüngeres Publikum. Piazza Medaglia d'Oro.

**Moon Light**, Disco, Live Music, Kabarett und Kneipe, am Ortsrand, ab 21 Uhr geöffnet, Eintritt.

## Sehenswertes

Wer sich von der Hafenmole aus einen ersten Gesamteindruck verschafft hat, kann jetzt den sehenswerten Dingen einzeln auf den Grund gehen:

▶ Zunächst bietet sich da der runde **Torrione** (Küstenwachturm) hinter dem Hafenstrand an, dessen Außentreppe man auch tatsächlich besteigen kann.

Nach der umfangreichen Restaurierung soll dieser Turm auch innen zugänglich gemacht werden. Er ist einer von insgesamt neun Wachtürmen, die die Bevölkerung von Forio im späten Mittelalter vor Überfällen sarazenischer Piraten schützten. Oben angelangt, ergibt sich ein herrlicher Blick in Richtung Punta Caruso.

▸ **Santa Maria Visitapoveri/Chiesa San Francesco**: Nur ein paar Schritte weiter, an der Uferstraße *Cristoforo Colombo*, stehen gleich zwei der zahlreichen Kirchen von Forio. Die kleine Bruderschaftskirche ist insofern interessant, als sie die vier hölzernen Prozessionsstatuen beherbergt, die am Ostersonntag durch die Stadt getragen werden. Die Figuren (Engel, Maria, Jesus und Johannes) befinden sich in der Sakristei hinter Glas. Nebenan lohnt ein Blick in die Franziskus-Kirche, wo Fragmente eines bunten Majolikafußbodens erhalten sind; ansonsten dominiert barocker Kirchenschmuck.

▸ **Chiesa Santa Maria del Soccorso**: Die faszinierendste Kirche Forios steht auf einem wuchtigen Felsvorsprung hoch über dem Meer. Schneeweiß und anmutig strahlt sie in alle Himmelsrichtungen. Santa Maria del Soccorso ist die Schutzpatronin der Seefahrer und Fischer von Forio. Eine breite Freitreppe führt hinauf zum schlichten Renaissanceportal aus dunklem Vulkangestein. Den hellen Innenraum zieren einige Modellsegelschiffe, wie es auch in den Seefahrerkirchen Ostpreußens üblich ist. Das sakrale Prunkstück ist jedoch ein Holzkruzifix, das der Erzählung nach im Jahr 1500 hier angespült wurde.

▸ Auf der **Piazza** der Soccorso-Kirche geht es oftmals lebhaft zu; fotografierende Urlauber warten mitunter lange auf den richtigen Moment, um das fotogene Gotteshaus abzulichten; und viele, viele Tage im Jahr sitzt dort auch die alte Frau im Schatten des gekachelten Steinkreuzsockels und bastelt ihre Körbchen, Fächer und Untersetzer aus Stroh. Stroharbeiten haben eine lange Tradition auf Ischia; früher wurden allerdings vorwiegend kunstvolle Hüte geflochten, die sogar in den Modehäusern der europäischen Hauptstädte zu haben waren.
Wer hier den Sonnenuntergang abwartet, erlebt – vielleicht – den *grünen Strahl*, wie ihn die Einheimischen nennen. Denn manchmal, wenn die Sonne hinter der Soccorso-Kirche verschwindet, blitzt plötzlich ein intensives grünes Leuchten auf.

## Umgebung/Baden/Thermalanlagen

▸ **Spiaggia di Chiaia und Spiaggia di San Francesco**: Diese beiden hellen Sandstrände nördlich von Forio gehen ineinander über und bilden zusammen den längsten Badestrand der Insel. Parallel zum Chiaia-Strand verläuft die befahrbare Uferstraße, an der sich etliche einfache Strandbars und Restaurants befinden. In der Ebene dahinter breitet sich die Ortschaft *San Francesco* aus. Die Strandfläche ist weitgehend frei zugänglich, die ansonsten übliche Bade-Infrastruktur, gebührenpflichtige *Bagni* mit Kabinen, Liegestühlen und Sonnenschirmen, fehlt fast vollständig. Im Hochsommer ist hier jedoch die sprichwörtliche Hölle los, während man gegen Ende der Badesaison viel Platz für sich und die Seinen hat. Gute Schwimmer machen

*Hoch über dem Meer – Santa Maria del Soccorso*

es den Einheimischen nach und schwimmen bis zu den unterseeischen Thermalquellen, die dem San-Francesco-Strand vorgelagert sind.

• *Essen und Trinken*: **Marechiaia** und **La Ruota**, zwei typische Strandbuden an der Spiaggia di Chiaia, sie fungieren als Bar, Ristorante, Pizzeria, Weinstube und Gelateria zugleich. Der Andrang ist groß, die Bedienung ist auf Zack, und die Preise sind niedrig. Vor allem abends sehr stimmungsvoll, falls man einen der begehrten Tische direkt am Strand ergattert. Uferstraße Via Chiaia 62 und 64.

▸ **Cava dell'Isola**: südlich von Forio. Der Cava-Strand ist wegen der Steiluferlage relativ schwer von der Küstenstraße aus zugänglich, und da keine bequemen Treppenwege den Abstieg in diese Badebucht erleichtern, wird sie vor allem von meist einheimischen Jugendlichen bevölkert.

▸ **Spiaggia di Citara**: Der anschließende Strand ist im Hochsommer mit Abstand die trubeligste Badestelle der Insel; er zieht sich entlang der Zufahrtsstraße bis zu den Poseidon-Gärten (s. u.) entlang. Hier stehen die Buden der Schnellimbisse und Bars dicht an dicht, und dazwischen tummeln sich Scharen fliegender Händler und bieten ihre bunten Strandutensilien feil – ein regelrechter Jahrmarkt. Der Strand selbst ist relativ schmal und mit feinem, dunklen Vulkanschotter durchmischt. Man findet sowohl freie Liegeflächen als auch gebührenpflichtige kleine *Bagni*.

▸ **Giardini Poseidon**: größte öffentliche Thermalanlage Ischias, am südlichen Ende des Citara-Strandes. 60.000 qm terrassierter Küstenhang und ein halber Kilometer Meeresstrand. Exotische Vegetation, 25 Kur- und Badebecken mit unterschiedlichen Temperaturen, thermaltherapeutische Anwendungen – einfach alles, was das Kurlauber-Herz begehrt, ist vorhanden. Dieser gepflegte Mega-Thermalpark befindet sich, hinsichtlich Leitung und Klientel fest in deutscher Hand.

*Öffnungszeiten*: Apr.-Okt. tägl. 8-19 Uhr, Tageskarte L. 40.000. Busverbindung (Linie 1).

## Cuotto

Ein langgestrecktes Straßendorf hoch oberhalb des Citara-Strands. Mehrere Hotelanlagen im Einzugsbereich der Poseidon-Gärten. Nur an der südlichen Ortsausfahrt erinnern noch Weinfelder an die fast vergangene bäuerliche Tradition Cuottos. Ein wenig ländliche Idylle von einst strahlt auch der verwitterte Winzer-Gutshof mit der Olivenbaumallee aus; diese *Cantina Calitto* (privat) steht inmitten einer alten Weinplantage an der Hauptstraße nach Panza.

▸ **Wanderung von Cuotto zum Faro (Leuchtturm) der Punta Imperatore**: ein häufig empfohlener Spazierweg; in Wirklichkeit aber eine Enttäuschung, da man fast durchweg auf einer schmalen Asphaltstraße zwischen hohen Mauern geht, und obendrein ständig dem Anwohnerverkehr ausweichen muß. Phantastisch ist allerdings der Aussichtspunkt oberhalb des modernen Leuchtturms.

*Blick vom Monte Epomeo auf die Nordwestspitze der Insel*

# Der Süden

Weitaus urwüchsiger als der nördliche Teil der Insel. Die extreme Steilküste hat die Besiedelung der südlichen Uferzone nahezu vollständig verhindert. Einziger Küstenort ist *Sant'Angelo*, ein ehemaliges Fischerdorf, dessen farbenfrohe Würfelhäuser sich über das zerklüftete Felsufer zieht. Erst in den Höhenlagen, auf 250 bis 450 m gibt es wieder eine Kette von Dörfern. Diese Siedlungen unterhalb des *Monte Epomeo* stehen noch voll und ganz in ihrer bäuerlichen Tradition. In den Gemeinden *Serrara, Fontana* und *Barano* lebt die ischitanische Landbevölkerung; den quirligen Touristenstrom kennen sie nur als Durchgangsverkehr auf dem Weg ins pittoreske *Sant'Angelo* und zum schönsten aller ischitanischen Strände, dem *Maronti-Strand*. Ansonsten ist der Süden Ischias Bauernland geblieben. Trotz der schroffen Berghänge bestimmen Nutzgärten, kleine Felder und vor allem Weinterrassen das Landschaftsbild. Individualisten bietet dieser vergleichsweise einsame Teil der Insel noch genügend Raum für Entdeckungen. Aber wer die bizarren Tuffsteinschluchten erkunden oder den Epomeo-Gipfel auf Nebenwegen erstürmen will, muß schon gut zu Fuß sein und seinen Weg manchmal auch ohne Wegmarkierung finden. – Selbstverständlich sprudelt im Süden Ischias das Thermalwasser ebenso reichlich und reichhaltig wie im Norden: Die *Nitrodi-Quelle* bei *Buonopane* ist die älteste bekannte Thermalquelle der Insel. Sie wurde nachweislich schon in der römischen Antike genutzt und befindet sich wie die *Cavascura-Quelle* noch weitgehend im Naturzustand. Thermalvergnügen im Freien bieten auch die *Sorgeto-Bucht* und der Strand von Sant'Angelo. Wer hingegen einen gepflegten öffentlichen Thermalgarten bevorzugt, kommt in den *Aphrodite-Apollon-Gärten* bzw. den *Tropical-Gärten* in Sant'Angelo auf seine Kosten.

## Würfelhäuser, Felsenhäuser, Weinkeller und Schneegruben

Auf der Südhälfte Ischias findet man noch besonders viele Beispiele der inseltypischen Architektur. Der Küstenort *Sant'Angelo* besteht aus einem dicht gestapelten Konglomerat von bunten **Würfelhäusern**; geradezu ein Lehrbeispiel aus dem Bilderbuch, was die mediterrane Bauweise anbetrifft. In Sant'Angelo besitzt nahezu jedes ältere Wohnhaus die auffälligen Merkmale des ischitanischen Würfelhauses: kubische Grundform, Kuppeldach und Fassadengewölbe. Das solide Mauerwerk besteht in der Regel aus Tuffstein, der in großen Mengen auf der Insel vorkommt. Er ist leicht zu bearbeiten und dennoch von harter Konsistenz, also ein idealer Baustoff. Das kubische Gebäude hat zumeist eine leicht gewölbte Abdeckung, ein flaches Kuppeldach, das ebenfalls gemauert ist und im Idealfall mit wasserdichtem Pozzuolan-Mörtel abgedichtet wurde. Das Kuppeldach dient zum Sammeln von Regenwasser, das vom Dachrand über ein Abflußrohr in die Zisterne läuft, von wo es dann bei Bedarf als Trink- oder Brauchwasser geschöpft wird. Trotz der guten Trinkwasserversorgung vom Festland tun die meisten ischitanischen Kuppeldächer noch ihren Dienst. Ein weiteres Grundmerkmal des Würfelhauses bilden die Fassadengewölbe in den oberen Stockwerken. Diese Bögen, Loggien und Balkone stehen oftmals auf vorkragenden Hartsteinkonsolen. In Sant'Angelo ist die Gewölbearchitektur sehr stark ausgeprägt; und ein farbiger Kalkanstrich – ockergelb, ziegelrot oder amarantrosa – verschönert den Anblick der dortigen Fassaden. Wenn die ischitanischen Wohnhäuser Außentreppen besitzen, sind ihre Stufen häufig aus hellgrauem Lavastein; neben Tuff und Bims ebenfalls ein inseltypisches Baumaterial. Nur wer auf Ischia ein Mauerwerk aus gelblichem Tuffstein erspäht, kann sicher sein, daß es sich dabei um eine moderne Konstruktion handelt, denn mittlerweile werden die Bausteine vom neapolitanischen Festland importiert, und dort sind die Tuffvorkommen vorwiegend gelblich.

Die bäuerliche Architektur findet im dem sogenannten **Felsenhaus** ihre auffälligste und interessanteste Variante. Um regelrechte Höhlenwohnungen handelt es sich bei diesen steinzeitlich anmutenden Behausungen. Als Baumaterial dienten riesige Tuffsteinbrocken und -vorsprünge, die in der Landschaft standen, und nur noch ausgehöhlt werden mußten. Die natürliche, äußere Form ist dabei weitgehend unverändert geblieben. In *Ciglio*, oberhalb von Panza, stehen einige dieser urigen ischitanischen Felsenhäuser direkt an der Hauptstraße. – Ihre Entstehungszeit entspricht allerdings keineswegs ihrem steinzeitlichen Aussehen!

Auf die gleiche Weise wie die Felsenhäuser sind auch die bäuerlichen **Weinkeller** entstanden. In der Nähe ihrer Weinterrassen haben die Bauern zumeist auch ihre Lagerräume gegraben, und zwar direkt in die weichen Tuffsteinhänge. An den Straßenrändern der südlichen Inselhälfte findet man diese typisch ischitanischen Weinkeller zuhauf. Die meiste Zeit im Jahr versperren stabile Gittertüren den Zugang; aber zur Erntezeit, wenn auch die Weinproduktion auf Hochtouren läuft, kann man die Weinbauern dabei beobachten, wie sie ihre Kellergewölbe in regelrechte Laboratorien verwandeln – mit Weinpressen, Fässern und großen Korbflaschen.

Eine weitere Besonderheit der ländlichen Architektur Ischias sind die Eiskeller bzw. **Schneegruben** in den Kastanienwäldern der *Falanga*, an den Westhängen des Monte Epomeo. Bei diesen *Fosse della neve* handelt es sich um trichterförmige gemauerte Gruben, in denen die Bauern früher im Winter den spärlichen Schnee sammelten und zu Eis stampften. In den Sommermonaten war dieses Eis ein unentbehrliches Kühlmittel für verderbliche Lebensmittel. In den Falanga-Wäldern findet man noch einige dieser Schneegruben, die eine Tiefe von ca. 4,5 m und einen Durchmesser von über 5 m hatten.

## Die Bergdörfer des Monte Epomeo

**Panza, Ciglio, Serrara, Fontana, Buonopane, Barano und auch Piedimonte bilden eine Kette von Dörfern entlang der zerfurchten Südhänge des allgegenwärtigen Monte Epomeo. Diese bäuerlichen Ortschaften haben noch überschaubare dörfliche Ausmaße und sind weitgehend vom ländlichen Alltagsrhythmus geprägt.**

Die Inselhauptstraße frißt sich im Süden mühselig durch die schroffen Täler und Schluchten, und verbindet alle Bergdörfer miteinander. Stellenweise öffnen sich wirklich atemberaubende Aussichten auf die Steilküste sowie den zerklüfteten Gipfelbereich des Epomeo. Am höchsten liegt Fontana (ca. 450 m); der bevorzugte Ausgangspunkt für den Gipfelsturm. Überhaupt sind diese auf halber Höhe liegenden Dörfer ideale Ausgangspunkte für ausgedehnte Wanderungen: etwa von Panza steil hinunter in die Sorgeto-Bucht oder von Serrara durch bizarre Tuffsteinschluchten zum Maronti-

Strand bzw. auf landschaftlich reizvollen Pfaden über die Südwestflanke hinauf auf den Epomeo. – Touristisch haben die friedlichen Bergdörfer keinen Anschluß an die Entwicklung an der Küste gefunden; Übernachtungsmöglichkeiten und Ausflugsrestaurants gibt es hier nur in bescheidenen Ausmaßen. Gäbe es die intakten Bergdörfer des Südens nicht, dann wäre Ischia dem zweifelhaften Zustand einer touristischen Monokultur sehr nah.

## Panza

**Hübsche, angenehm lebendige Ortschaft im Südwesten, ungefähr 150 m über dem Meeresspiegel. Der Touristenstrom, der Sant'Angelo kontinuierlich überschwemmt, streift auch das dörfliche Panza, das unmittelbar an der einzigen Zufahrtsstraße nach Sant'Angelo liegt. Die örtlichen Bars, Läden, Geschäfte und kleinen Supermärkte profitieren zwar von den Touristen, die hier einen Zwischenstopp einlegen, aber den Ton geben in Panza immer noch die Einheimischen an.**

Den architektonischen Mittelpunkt bildet die ummauerte **Barockkirche San Leonardo** (18. Jh.), deren Fassadendekoration Anfang dieses Jahrhunderts von ausgewanderten Dörflern gestiftet wurde. Gegenüber der Kirche ragt ein bewohnter, spätmittelalterlicher **Verteidigungsturm** aus dem Ortskern. Viel mehr gibt es nicht zu sehen in diesem freundlichen, sympathischen Ort. Aber Ende August/Anfang September findet in Panza das stimmungsvollste Weinfest der Insel statt, dann ist Kirmes, **Sagra dell'uva e del vino**, und die Gemeinde stimmt sich schon mal auf die bevorstehende Erntezeit ein. Ein Blick auf die ausgedehnten Weinterrassen der Umgebung macht es deutlich: Weinbau ist das Maß aller Dinge in Panza. Verkosten und kaufen kann man den hiesigen Wein u. a. beim örtlichen Weinproduzenten *Casa D'Ambra*, auf dessen Betriebsgelände sich auch ein kleines landwirtschaftliches Museum befindet (→ S. 212) Ansonsten bieten sich noch zwei abenteuerliche Abstecher zur Küste an, nach *Sorgeto* und *Scannella*.

### *Übernachten*

Einige ältere sowie moderne Hotelanlagen befinden sich in der unmittelbaren Umgebung von Panza. Im Ort selbst bieten Einheimische Privatzimmer und kleine Apartments an, sie machen zum Teil mit Schilder *(Affittasi-Camera)* auf sich aufmerksam. Wer in den örtlichen Bars und Geschäften nach privaten Vermietern fragt, wird garantiert fündig; aber die angebotenen Zimmer/Wohnungen liegen selten im Ort, sondern in der nahen Umgebung.

*** **La Ginestra**, südöstlicher Ortsrand, direkt an der Verbindungsstraße nach Sant'Angelo. Moderne mittelgroße Hotelanlage hinter dichter Vegetation, Thermaleinrichtungen. DZ L. 100.-110.00; Frühstück L. 5.000, HP/VP L. 95.-110.000 pro Pers. Via Succhivo 14, Tel. 081/907032.

*** **Maremonti**, südlicher Ortsrand, moderner, etwas betagter Bau, ruhige Lage im Grünen, Thermaleinrichtungen. DZ L. 80.-105.000, HP/VP L. 60.-155.000 pro Pers. Via Fumerie, Tel. 081/907275.

*** **San Nicola**, stilvolle Hotelanlage am oberen Ortsrand, herrlicher Blick auf Sant'Angelo und die Küste, Garten, Thermaleinrichtungen. DZ L. 120.000, VP L. 140.000 pro Pers. Via D'Abbundo 15, Tel. 081/907247.

** **Al Bosco**, etwas abseits am südwestlichen Ortsrand, kleine Hotelanlage mit lauschiger Gartenterrasse und Thermalschwimmbecken, DZ L. 100.-140.000; Frühstück .10.000, HP/VP L. 80.-120.000 pro Pers. Via San Gennaro, Tel. 081/ 909132.

** **Mare Luna**, unterhalb vom Al Bosco, kleine gepflegte Pension, familiäre Atmosphäre, Restaurant. DZ L. 50.-100.000, Frühstück L. 6.000, HP/VP L. 50.-80.000. Via San Gennaro, Tel. 081/907183.

* **Miriam**, einfache Pension im Ort, sehr familiär, preisgünstig, deftige Küche. DZ L. 28.-30.000; HP/VP L. 55.-70.000 pro Pers. Via D'Abbundo 72, Tel. 081/907501.

### Essen und Trinken

Im Ort haben wir keine empfehlenswerte Gastronomie entdeckt, außerhalb jedoch um so mehr.

**L'Oasi**, am südlichen Ortsrand (Hinweisschilder), großes Ausflugs-Ristorante, auch Pizzeria. Panoramaterrasse, gemütlich-rustikaler Speiseraum, großes Antipasti-Büfett, leckeres selbstgemachtes Brot, Land- und Fischküche vom Grill und aus dem Ofen, akzeptable Preise. Via Scannella, Tel. 081/907253.

**Da Leopoldo**, ebenfalls großes Ausflugsrestaurant, unterhalb des L'Oasi, Panoramaterrasse, beliebt wegen der ausgezeichneten Hausmannskost, leckere Primi, z. B. Pasta e fagioli con cozze (Nudeln mit Bohnen und Miesmuscheln). Via Scannella, Tel. 081/907086.

**L'Arca**, unübersehbar an der Straße zwischen Panza und Ciglio, kurz vor Ciglio, spektakuläre Lage auf einem überbauten Tuffsteinvorsprung, neu eröffnet, einzigartige Aussicht. Mal den Nudel-Primo mit Wildkaninchenragout probieren, abends auch Pizza. Via Ciglio, Tel. 081/904226.

**Luca**, hemdsärmelige Pizzeria im Zentrum, hier verkehrt die Dorfjugend, 30 verschiedene Pizzavariationen aus dem Holzofen, offener Wein.

**Bar Mike**, kleine Bar/Pasticceria im Ort, Nähe Kirche San Leonardo, leckeres Gebäck und echter Cappuccino.

## Umgebung

▶ **Museo contadino dell'Isola d'Ischia**: Bei diesem 1993 eingerichteten Landwirtschaftsmuseum handelt es sich um eine private Initiative des örtlichen Weinproduzenten *Casa D'Ambra*. Einen Schwerpunkt der Ausstellung bildet die Geschichte des Weinbaus auf Ischia. Zu sehen gibt es u. a. uralte Weinpressen, Trester-Drehsteine, Tongefäße, Fässer und allerlei landwirtschaftliche Gerätschaften. Insgesamt ein interessantes kleines Museum mit zahlreichen Großaufnahmen und Lithographien sowie einer detaillierten geologischen Karte der Insel. Die Weine des Hauses D'Ambra können verkostet werden, ein Kaufzwang besteht selbstverständlich nicht.

Lage/Öffnungszeiten: oberhalb von Panza, an der Hauptstraße zwischen Serrara und Cuotto, wochentags durchgehend geöffnet, Eintritt frei.

▶ **Scannella/Grotta del Mavone**: Scannella heißt die schroffe Landzunge zwischen dem Capo Negro und der Punta Imperatore. Hier befindet sich auch die ominöse Mavone-Höhle, über die sehr unterschiedliche Geschichten geschrieben wurden. Mal ist die Rede von einem natürlichen Höhlenlabyrinth oder gar von prähistorischen Höhlenbehausungen, auch wird dort "heiße Fumarolenluft" vermutet. Meine Recherche hat hingegen ein wesentlich nüchterneres Resultat erbracht. Demnach handelt es sich bei der Grotta del Mavone um von Menschenhand gegrabene Schächte. Abgebaut wurde vor allem im 19. Jh. vulkanisches Lockermaterial, das als Baumaterial diente – u. a. für die flachen Kuppeldächer der ischitanischen Würfelhäuser. Mit Booten wurde der Baustoff damals abtransportiert. Sieht man sich das schroffe Ufer einmal genauer an, erkennt man deutlich, daß es sich nicht um Felsgestein, sondern um kompakte Lockermaterial-Schichten han-

*Die Felsenhäuser in Ciglio sind einen Besuch wert*

delt – es zerbröselt förmlich in den Händen. Die längst aufgegebenen Schächte sind von der Landseite nicht zu erreichen; zu sehen sind die Eingänge nur vom Meer.

• *Anmarsch*: Von Panza dem Hotel-Wegweiser "Leonard" folgen, vorbei an den Restaurants L'Oasi und Da Leopoldo (→ S. 212), ca. 2-3 km Asphaltstraße. Dann links neben dem Hotel Leonard hinunter (kein Hinweisschild nach Scannella!); zunächst geht man auf einem breiten Fahrweg, dann schließt ein steiler Treppenweg an; plötzlich tauchen die Gebäude des Scannella-Clubs auf.

• *Übernachten/Essen und Trinken*: **Club Scannella**, ein **Tip** für Individualisten. Nur wochenweise und nicht ganz billig; absolut isolierte Lage am Scannella-Ufer; kleine gepflegte Hotelanlage mit höhlenartigen Apartments. 1 Woche VP pro Pers. L. 630.-980.000 inkl. Zubringerdienst von und nach Sant'Angelo. Tel. u. Fax 081/907181.

**Bar, Restaurant** und **Bagno** (Eintritt) des Scannella-Clubs stehen auch Tagesausflüglern zur Verfügung.

## Umgebung/Baden

▶ **Sorgeto-Bucht**: schmale Felsbucht zwischen den Steilwänden der *Punta Chiarito* und des *Capo Negro*. Im Uferbereich mischen sich Meerwasser und heißes Thermalwasser. Lange Zeit war die natürliche Badestelle ein Geheimtip; aber seitdem auch die Taxiboote von Sant'Angelo hierher pendeln, ist es weitgehend aus mit den Thermalfreuden in aller Einsamkeit. Steiniges Ufer, kein Sand, kein Kies, jedoch sorgt in den Sommermonaten ein Barbetrieb auf dem Bootssteg für die Verpflegung.

• *Anmarsch*: Hinweisschilder schon im Zentrum von Panza. Steile Asphaltstraße hinunter zum Parkplatz mit Barbetrieb (leckere Panini); von dort steiler Treppenweg ans Wasser.

*Serrara – Heiligenfiguren in Santa Maria del Carmine*

## Ciglio

Bergdorf oberhalb von Panza an der Straße nach Serrara. Hier stehen die spektakulärsten **Felsenhäuser** der Insel (→ S. 210) direkt an der Straße. Besonders fotogen ist das *Ristorante L'Arca* (→ S. 212), das wie ein steinernes Schiff aus dem zerklüfteten Berghang ragt – anschauen und staunen!

## Serrara

Der Balkon Ischias. Das **Belvedere**, die breite Aussichtsterrasse von Serrara bietet von allen Bergdörfern mit Abstand den schönsten Panoramablick auf die zerklüftete Südküste. Weit unterhalb erstreckt sich Sant'Angelo mit der vorgelagerten Felsinsel. Die Belvedere-Piazza mit der markanten Schirmpinie ist durch einen wuchtigen Torbogen mit der Hauptstraße verbunden. Auf der Piazza steht ein dichtes Gebäudekonglomerat mit Rathaus, **Chiesa Santa Maria del Carmine** sowie den unterschiedlichsten Zweckbauten. Der obere Ortsteil von Serrara gehört voll und ganz den Einheimischen: einfache Wohnhäuser, Nutzgärten, Hundegebell, und um die Mittagszeit ist dort kaum eine Menschenseele unterwegs.

• *Essen und Trinken*: **Sorriso D'Aurora**, Bar, Ristorante, Pizzeria, Gelaterie und mehr; direkt an der Belvedere-Piazza und auf den touristischen Durchgangsverkehr eingestellt. Am Bartresen werden auch einige hausgemachte ischitanische Spezialitäten verkauft, z. B. getrocknete Feigen mit Lorbeer und Fenchelblüten.

• *Ärztliche Hilfe*: durch den Erste-Hilfe-Dienst **Guardia medica turistica**, Tel. 081/997080.

• *Polizei (Polizia)*: Tel. 081/999797.

▶ **Wanderung von Serrara über die Cavascura-Quelle zum Maronti-Strand**: Gehzeit ca. 1 Std. Schöner, aber streckenweise extrem steiler Weg durch die Tuffsteinschluchten der Steilküste vorbei an einer der ältesten Thermalquellen Ischias (Wegbeschreibung → S. 220).

### Fontana

Höchstes Bergdorf der Insel, auf ca. 450 m. Sehenswert sind die beiden Kirchen an den jeweiligen Ortseingängen, die **Chiesa Sant'Antonio** mit der baumbestandenen Piazza und **Santa Maria della Mercede** mit der anmutigen Marienstatue vor der leuchtend hellen Kirchenfassade. Doch in erster Linie ist Fontana der bevorzugte Ausgangspunkt für die (kürzeste) Epomeo-Besteigung; ein regelrechter Trampelpfad, ca. 2 km lang, den man von hier aus auch auf dem Maultierrücken bewältigen kann. Eine ernsthafte Wanderalternative zu diesem überlaufenen Weg führt über Pietra dell'Acqua auf den Gipfel (→ S. 216).

• *Essen und Trinken*: **La Fonte**, rustikale Dorftrattoria, Nähe Chiesa Sant'Antonio, Aussichtsterrasse, deftige Landküche, z. B. Salsicce alla brace, hausgemachte Würste vom Holzkohlengrill, kleine Preise, offener Wein. Piazza IV Novembre.

## Monte Epomeo (788 m)

**Der stark zerklüftete Gipfelbereich des Monte Epomeo ist zweifellos das schönste Wanderziel auf Ischia. An klaren Tagen bringt der Aufstieg besonders viel Spaß und bietet außerdem überraschende Naturerlebnisse und Ausblicke – vor allem wenn man den Trampelpfad von Fontana meidet, und dafür den längeren, anstrengenderen Gipfelsturm auf Nebenwegen vorzieht.**

Die Abgeschiedenheit von Berggipfeln zieht seit Menschengedenken Eremiten an. Nachweislich wurde die erste Einsiedelei auf der Spitze des Epomeo Mitte des 15. Jh. errichtet, als auch das noch vorhandene Kirchlein **San Nicola** entstand. Im 16. Jh. lebte hier oben sogar eine kleine Klostergemeinschaft. Zu den letzten Einsiedlern, die die Epomeo-Chronik verzeichnet, gehörte auch ein namentlich bekannter deutscher Pilger aus Mainz: Dieser Michael Oberle lebte im 18. Jh. angeblich über 30 Jahre auf dem Gipfel.

Doch die Eremiten-Ruhe auf dem Epomeo gehört der Vergangenheit an, spätestens seitdem zwei Ausflugslokale den bizarr zerfurchten Gipfelbereich zum bequemen Aufenthaltsort für Wanderer gemacht haben. Waghalsig kleben die betonierten Aussichtsterrassen der Restaurants an den schroffen Gesteinsformationen; schwindelfrei sollte schon sein, wer hier seine Jause hält.

Den höchsten begehbaren Gipfelpunkt bildet eine schmale Felsspitze mit in den Stein gehauenen Bänken, auf denen nur eine Handvoll Menschen gleichzeitig Platz findet. An klaren Tagen genießt man hier oben ein komplettes, faszinierendes Golfpanorama.

• *Übernachten/Essen und Trinken*: **La Grotta**, auf dem Epomeo-Gipfel. Berggasthof im Alpenstil, mehrere spektakuläre Aussichtsterrassen, deftige Küche, große Portionen für hungrige Wanderer, spätestens hier mal die sättigende *Bruschetta*

*Epomeo – von Nordwesten betrachtet*

probieren; akzeptable Preise. Übernachtungsmöglichkeit in den ehemaligen Mönchskammern auf Anfrage. Tel. 081/ 999521.

▶ **Wanderung auf den Monte Epomeo**, Gehzeit ca. 3,5 Std. Ausgangspunkt ist die Bushaltestelle *Via Falanga* zwischen Fontana und Serrara. Von dort aus zunächst dem gelben Hinweisschild "Ristorante Il Bracconiere" folgen, links am Friedhofsgelände vorbei, dann die Asphaltstraße hinauf zum erwähnten Ausflugsrestaurant (ca. 3 km nach oben). Links und rechts vereinzelt Bauernhäuser, Weinterrassen, Gärten, kleine Felder, aber stellenweise auch dichte Macchia.

Beim Restaurant der Asphaltstraße bis zum Ende folgen, vorbei am Gipfel der **Bocca di Serra** (566 m), am Ende der Straße befindet sich ein Bergbauernhof. Hier beginnt der eigentliche Wanderweg; da dieser holprige Pfad nicht beschildert ist, muß man sich weitgehend an der Natur orientieren. Linkerseits schiebt sich erstmals die südliche Bucht von Forio ins Bild. Weiter geht es auf einem gut ausgetretenen Eselspfad hinauf zum höchsten Punkt der Umgebung, der Pietra dell'Acqua (720 m), am Wegesrand viele Ginsterbüsche zwischen teils riesigen Felsbrocken. Bei Weggabelungen immer rechts halten! Bald kommt man durch einen kleinen Mischwald mit verwitterten Treppenwegen und langen Trockenmauern. – Diese überraschenden Pflasterungen und Stützmauern wurden zur Zeit des Faschismus im Rahmen eines Beschäftigungsprogramms angelegt; die Bergregion der Insel sollte auf diese Weise erschlossen werden. – Am Ende des Mischwalds steht man plötzlich vor einer bizarr ausgewaschenen Steilwand (sog. Balze); ganz in der Nähe befinden sich auch einige eingestürzte Schneegruben (→ S. 210). Ein Stück oberhalb erkennt man das Eisenkreuz der **Pietra dell'Acqua**; ein herrlicher Panoramapunkt. Jetzt weiter aufwärts, vorbei an einem plötzlich auftauchendem Feld, bis der schmale Pfad auf einen breiten Weg trifft. Dieser Transportweg der Gipfelrestaurants führt, langsam ansteigend und exakt auf dem Berggrat verlaufend, zum längst sichtbaren Epomeo-Gipfel. Immer wieder ergeben sich Ausblicke auf die Nordwest- und Südostküste. Wir haben diesen Wegabschnitt Brombeerweg getauft wegen der zahlreichen Brombeersträucher (eine willkommene Versorgungsvegetation!). Nach ca. 1 km steht man vor einem verschlossenen, grünen Gittertor; rechts davor zweigt ein schmaler Pfad ab. Das allerletzte Wegstück ist eine in den Tuff gefräste "Gehhilfe"; man befindet sich bereits auf dem Trampelpfad aus Richtung Fontana. Jetzt auf zur Gipfelerkundung samt Jause! – Zurück am bequemsten nach Fontana.

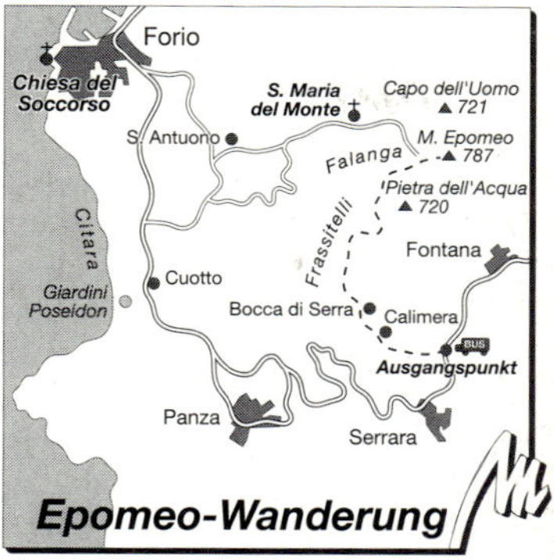


• _Essen und Trinken_: **Il Bracconiere** (→ Wanderung), beliebtes Ausflugsrestaurant, ausgezeichnete Landküche, Kaninchen auf ischitanische Art und vieles mehr. In den Sommermonaten tägl. 13-15 Uhr und 19.30-24 Uhr. Für Wanderer die letzte "Gelegenheit" vor dem Gipfel. Via Falanga, Tel. 081/999436.

## Buonopane

Langgestrecktes, friedliches Straßendorf auf etwa 290 m. Das Zentrum der **Ndrezzata**. – Dabei handelt es sich nicht etwa um die örtliche Mafia, sondern um einen folkloristischen Schäfertanz! Wer keine Gelegenheit hat, diesen schwungvollen Fechttanz der Männer von Buonopane am Fest zu Ehren des Dorfheiligen Johannes des Täufers (23. bzw. 24. Juni) zu erleben, findet im Ortskern zumindest bunte Ndrezzata-Darstellungen auf den Kachelbildern einiger Hauswände.

Unterhalb der Ortschaft, an der schmalen Brücke über die Schlucht, zweigt ein kurzer, aber steiler Fußweg zur **Nitrodi-Quelle** ab. Zur Römerzeit wurde diese recht hoch gelegene Thermalquelle nachweislich als Quellheiligtum verehrt. Eher zufällig fand man hier im 18. Jh. kleine, unversehrte Votivtafeln, die vermutlich von römischen Pilgern stammen. Wahrscheinlich suchten diese Pilger der Antike Erlösung von unheilbaren Krankheiten. Heute jedenfalls kommen die Einheimischen und Urlauber vorwiegend zur Schönheitspflege hierher: An manchen Tagen stehen die Leute regelrecht Schlange, um sich das Gesicht begießen zu können. Hautkranke baden ihren Körper gleich vollständig im Quellwasser – gegen Entgelt. Abgesehen von den gemauerten Badebecken befindet sich die Nitrodi-Quelle weitgehend im Naturzustand.

• _Essen und Trinken_: **La Cantina**, am Fußweg zur Quelle, rustikale bäuerliche Trattoria, Pasta, Bruschetta und allerlei Deftiges vom Holzkohlengrill, vorwiegend Mittagstisch.
**Nitrodi-Bar**, direkt an der Quelle, Snacks und Erfrischungsgetränke.

## Barano und Umgebung

Barano bildet zusammen mit den Nachbarorten **Piedimonte**, **Casabona** und **Vatoliere** ein nahezu ineinander übergehendes Siedlungsgebiet. Strahlender Mittelpunkt von Barano ist die barocke *Chiesa San Sebastiano*. Wer die Ortschaft sowie die angrenzenden Nachbarorte nicht besichtigt, hat nicht unbedingt etwas versäumt; hinsichtlich der Atmosphäre bieten die Bergdörfer Buonopane, Fontana, Serrara und Panza wesentlich mehr.

▸ **Wanderung von Vatoliere über Schiappone nach Campagnano**: ein Vorschlag für erfahrene Wanderer, Gehzeit ca. 3,5 Std. Ausgangspunkt ist die Bushaltestelle in Vatoliere. Zunächst auf schmaler Asphaltstraße durch die Streusiedlung **Terone** zum Weiler **Schiappone** auf ca. 200 m Höhe, wo die weithin sichtbare **Chiesa Madonna Montevergine** steht. Diese anmutige, weißgekalkte Wallfahrtskirche ist leider zumeist verschlossen, aber auf der balkonartigen Kirchenpiazza läßt es sich eine Weile aushalten. Jetzt beginnt der vielleicht einsamste Wanderweg der Insel. Er führt um den bewaldeten **Monte di Vezzi** (400 m) herum, oberhalb der imposanten *Scarrupata-Steilküste* vorbei an landwirtschaftlichen Nutzflächen, teils verlassenen Landhäusern und steinernen Schutzhütten. Am Scheitelpunkt des Wegs erstreckt sich weit unterhalb die Felszunge der **Punta San Pancrazio** (Abstecher möglich). Auf dem Höhenweg bleibend, geht es weiter in Richtung **Campagnano**. Zwei Wege führen dorthin: an der Weggabelung entweder über die *Via Torre* landeinwärts oder den Steiluferweg entlang.

## Testaccio

Unterhalb von Barano, an der Zufahrtsstraße zum Maronti-Strand. Wie ein bebauter Treppenabsatz klebt die Ortschaft am Hang ca. 150 m über dem Meeresspiegel. Einziger Blickfang ist die kleine **Chiesa Santa Maria delle Grazie** jenseits der baumbestandenen Durchgangsstraße. Von der Kirche führt ein bequemer, teils gepflasterter Treppenweg hinunter zum Strand. Diese *Scalone di Testaccio* wurde Ende des 18. Jh. angelegt und sollte den damaligen Kurgästen sowie den Einheimischen den Weg zum Strand erleichtern. Nur eine knappe Viertelstunde dauert der aussichtsreiche Abstieg zur Maronti-Piazza.

## Maronti-Strand (Spiaggia dei Maronti)

**Ischias schönster Strand. Bereits von der steilen Zufahrtsstraße ein herrlicher Anblick. Pures Badevergnügen auf ungefähr 2 km mit einfachen Strandbars und Restaurants auf Stelzen und viel freier Liegefläche auch im Sommer. Das Wasser ist glasklar und wird angeblich durch untermeerische Thermalquellen leicht erwärmt, aber allein schon die sonnige Südlage macht die Spiaggia dei Maronti zum wärmsten aller ischitanischen Strände.**

Der Strand selbst besteht größtenteils aus feinem Vulkanschotter, der in Richtung Sant'Angelo mehr und mehr mit Sand durchmischt ist. In letzter Zeit wird die Strandfläche im Südwesten immer schmaler, während sie im Südosten stetig wächst. Doch seit Jahrzehnten verändert sich das Ufer kontinuierlich, sagen die Einheimischen; als Sant'Angelo noch nicht mit der vorgelagerten Felsinsel verbunden war, war die Strandfläche erheblich breiter als heute. Ebenfalls vor langer Zeit teilte ein Erdrutsch den Maronti-Strand in drei Abschnitte; erst beim Bau der Aphrodite-Apollon-Thermalgärten in Sant'Angelo wurde er wieder begradigt. Damals entstand auch die mittlerweile halb verfallene Stahlbetontrasse, die sich wie eine mißglückte Uferpromenade über den Strand zieht.

Zwischenfrage: Kann man eigentlich am Strandufer bis nach Sant'Angelo laufen? Theoretisch ja, ist offiziell aber wegen der sehr ernst zu nehmenden Steinschlaggefahr verboten. Der reguläre Verbindungsweg nach Sant'Angelo führt über die wuchtige Tuffsteilwand (ab Albergo Angelino).

### Übernachten/Camping

Mehrere Strandhotels stehen zur Auswahl, von recht preiswert bis luxuriös. Außerdem gibt es einen empfehlenswerten Strandcampingplatz.

**** **Parco Smeraldo Terme**, First-class-Hotel direkt am Zugang zum Strand, stilvoller Flachbau, tropischer Garten, großes Thermalschwimmbecken, hoteleigener Strandabschnitt, vornehmes Restaurant; DZ L. 180.-330.000; Frühstück L. 27.000, HP/VP L. 147.-206.000 pro Pers. Via Maronti 29, Tel. 081/990127.

*** **San Giorgio Terme**, flacher Neubau oberhalb des mittleren Strandabschnitts, internationaler 3-Sterne-Standard, insgesamt etwas steril, Thermaleinrichtungen, hoteleigener Strandabschnitt. DZ L. 160.-190.000; Frühstück L. 25.000, HP/VP L. 104.-140.000 pro Pers. Via Maronti 42, Tel 081/990098.

** **La Gondola**, beliebtes, etwas betagtes Strandhotel, Terrassen-Architektur, Gäste und Gepäck erreichen das Hotel per Boot, vorwiegend jüngeres Publikum, kleiner Thermalpool. DZ L. 80.-100.000, HP/VP L. 90.-110.000 pro Pers. Tel. 081/990076.

** **Vittorio**, ganz am Ende des Strands, teilweise in die Tuffsteilwand hineingebaut, Balkonzimmer, Thermalschwimmbecken, eigener Strandabschnitt, Bootsservice. DZ L. 90.100.000; Frühstück L. 10.000, HP/VP L. 80.-100.000 pro Pers. Via Maronti 25, Tel. 081/990079.

* **Albergo Angelino**, einfaches, kleines Strandhotel, fast am Ende des Strands, freundlicher Familienbetrieb, alle Zimmer mit Meeresblick; DZ L. 50.000, HP/VP L. 65.-75.000 pro Pers. Via Maronti 34, Tel. 081/905742.

**Camping Mirage**, direkt am Strand, vorwiegend Wohnmobile und Wohnwagen, nur wenig Baumschatten, aber genügend Strohmattenabdeckungen, Minimarket, Bar und rustikales Restaurant; auch Bungalowvermietung. Via Maronti 37, Tel./Fax 081/990551.

*Essen und Trinken*

**Al Paradise**, Restaurant, Pizzeria, Bar – weit oberhalb vom Strand, hängt wie ein Adlernest an der oberen Haarnadelkurve der Zufahrtsstraße, Aussichtsterrasse, herrlicher Blick bis nach Sant'Angelo, gute Land- und Meeresküche, große Auswahl, akzeptable Preise. Via Maronti, Tel. 081/905614.

**Ottomano**, typisches Maronti-Strandrestaurant auf Stelzen, innen etwas finster, aber der bärbeißig wirkende Wirt hat Humor. Leckere Fischgerichte und -Primi, preislich o. k. Tel. 081/905403.

**Di Iorio**, Stelzenrestaurant, etwas vornehmer als die Konkurrenz, Land- und Meeresküche, schnelle Bedienung, gutes Preis-Qualitäts-Verhältnis. Tel. 081/990003.

**Nuovo Tropical**, einfache Stelzenbaracke, von sympathischen jungen Leuten geführt, beliebter Surfer-Treff, Snacks, aber auch komplette Gerichte aus der Garküche. Tel. 081/990574.

▸ **Wanderung von Serrara über die Cavascura-Quelle zum Maronti-Strand**: Gehzeit ca. 1 Std. Schöner, aber streckenweise extrem steiler Weg durch die Tuffsteinschluchten der Steilküste; feste Schuhe nicht vergessen. Ausgangspunkt ist die Belvedere-Piazza von Serrara. Vis-à-vis vom Kircheneingang geht es hinunter, zunächst auf der Asphaltstraße durch ein Wohngebiet, dann weiter auf dem Feldweg; links und rechts Wein- und Nutzgärten. Linkerhand öffnet sich langsam die tief eingeschnittene *Cavascura-Schlucht* mit wulstigen Gesteinsformationen und dichter mediterraner sowie tropischer Vegetation. Anschließend wird es etwas abenteuerlich, denn der Weg führt durch eine sehr enge Schlucht. Unterwegs ein ganz einfacher Bauernhof mit Einkehrmöglichkeit ("Emilio lädt ein zu Essen und Wein"), dort wo der Weg das Bauernhaus unterquert. Am Ende des steilen Abstiegs geht es links zur *Cavascura-Quelle*. Eine der ältesten **Thermalquellen** Ischias, und noch weitgehend unverbaut: Nur einige gemauerte Dusch- und Badebecken sowie eine Dampfsauna in der Felsspalte (Eintritt!). Im Hintergrund erkennt man die jahrhundertealten, natürlichen Thermalgrotten. Jetzt führt der Weg am Thermalwasser-Rinnsal entlang zum Maronti-Strand, vorbei an einigen originellen bäuerlichen Garküchen.

## Sant'Angelo

**Zweifellos der feinste ischitanische Küstenort. Vom ehemaligen Fischerdorf ist allerdings nur noch die pittoreske Kulisse geblieben. Das mondäne Capri, so scheint es, ist nicht nur in Sichtweite, sondern hinsichtlich Exklusivität bereits angelandet.**

Der penibel gepflegte Ortskern ist absolut autofrei; geräuschlose Elektrokarren besorgen den Transport von Mensch, Gepäck und Waren jeglicher Art. Scharen von Tagestouristen fallen pünktlich mit den ersten Inselbussen über den adretten Urlaubsort her; man flaniert, stöbert in den teuren Boutiquen, und trinkt ganz unten auf der Bilderbuch-Piazza seinen Cappuccino. Von dort führt die Promenade hinüber zur vorgelagerten Felsinsel; rechts der Badestrand, links das kleine Hafenbecken, alles fein säuberlich getrennt. Erst auf der Insel erfaßt man das anmutig verwinkelte Treppenviertel mit seinen gestapelten Würfelhäusern auf einen Blick: farbenfrohe, stets frisch gestrichene Fassaden mit den inseltypischen Arkaden, Balkonen

*Maronti-Strand aus der Vogelperspektive*

und flachen Kuppeldächern. Im oberen Teil verzweigt sich Sant'Angelo dann; schmale Treppenwege führen zu den zahlreichen Hotelanlagen und privaten Ferienwohnungen. Wer nicht zu den Tagesbesuchern gehört, wird die langen Abende genießen, treppauf, treppab in der autofreien Idylle, und immer wieder landet man in einem der drei Piazza-Cafés am Hafen.

## Ärztliche Hilfe/Polizei

• *Ärztliche Hilfe*: Bei gesundheitlichen Beschwerden wenden Sie sich am besten zunächst an den Erste-Hilfe-Dienst **Guardia medica turistica**, Tel. 081/997080.

• *Polizei (Polizia)*: Tel. 081/999797.

## Übernachten

Die Idylle von Sant'Angelo hat natürlich ihren Preis; die Hotelpreise liegen leicht über dem Inseldurchschnitt. Man findet sowohl kleine familiäre Pensionen im Ort als auch weitläufige Hotelanlagen am Ortsrand. Fast alle Hotels bieten ermäßigten Eintritt für die öffentlichen Thermalgärten Aphrodite-Apollon oder Tropical.

**** **Miramare**, zentral, langgestreckte Hotelanlage am Felsufer, allererste Adresse in Sant'Angelo, vornehmes Restaurant, Badesteg am Ufer. DZ L. 240.-270.000; Frühstück L. 19.000, HP/VP L. 210.-270.000 pro Pers. Via Maddalena 29, Tel. 081/999219.

*** **San Michele**, weißer Flachbau, im oberen Ortsteil, herrliche Panoramalage, exotische Vegetation, Thermaleinrichtungen. DZ L. 210.-230.000, HP/VP L. 190.-210.000 pro Pers. Via Sant'Angelo, Tel. 081/999276.

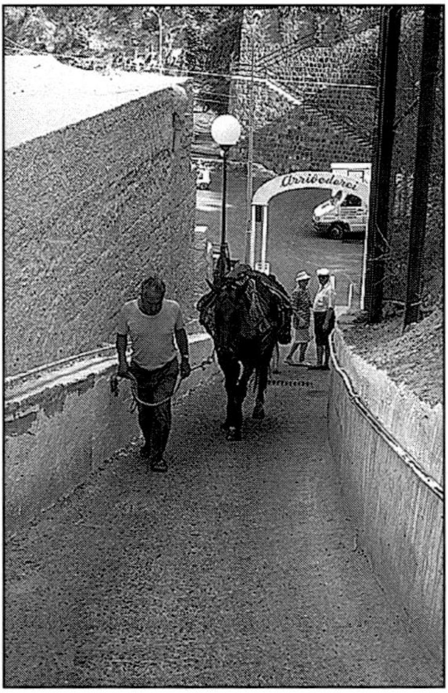

*** **Casa Rosa**, am östlichen Ortsrand, größter Hotelkomplex von Sant'Angelo, gut geführt, kleines Thermalbecken, Strandzugang, viel Vegetation, gute Küche. DZ L. 135.-190.000; Frühstück L. 15.000, HP/VP L. 110.-160.000 pro Pers. Via Fondolillo, Tel. 081/999622.

*** **La Palma**, zentral, ortstypisches Würfelhaus mit weißer Arkadenfassade und Balkonen, recht stilvoll eingerichtet, Hotelrestaurant, Benutzung der Tropical-Gärten im Preis inbegriffen, DZ 61.-120.000, Frühstück L. 35.000!, HP/VP L. 140.-195.000 pro Pers. Via Maddalena 15, Tel. 081/999215.

** **Casa Celestino**, am Ortseingang, Felsuferlage, Blick auf die Felsinsel, beliebtes Hotelrestaurant, DZ L. 140.-160.000, HP/VP L. 160.-175.000 pro Pers. Via Chiaia delle Rose 28, Tel. 081/999213.

** **Conte**, auf der Felsinsel am Hafen, Blick auf Sant'Angelo, schlichter moderner Bau, insgesamt etwas steril. DZ L. 140.-150.000; Frühstück L. 10.000, HP/VP L. 100.-105.000 pro Pers. Via Sauro 44, Tel. 081/999214.

* **La Conchiglia**, kleine familiäre Pension in unmittelbarer Piazza-Nähe, einfache saubere Zimmer, nicht alle mit Meeresblick, ausgezeichnetes Hotelrestaurant. DZ L. 110.-130.000; Frühstück L. 7.000, HP/VP L. 90.-100.000 pro Pers. Via Chiaia delle Rose 3, Tel. 081/999270.

* **Casa Garibaldi**, im oberen Ortsteil, einfache Pension, freundlicher Familienbetrieb, Garten, kein Restaurant, DZ L. 90.-110.000, Frühstück L. 7.000 pro Pers. Via Madonnella 52, Tel. 081/999420.

*Sant'Angelo – eine echte Schönheit*

*Essen und Trinken*

**Dal Pescatore**, an der Piazza, vornehmes Fisch-Ristorante, einige Tische draußen, gehobene Preise, Spitzenweine. Piazza Ottorino Troia 7, Tel. 081/999206.

**La Conchiglia**, ausgezeichnetes Hotelrestaurant, heller Speisesaal, kleine Terrasse, raffinierte Hausmannskost, vorwiegend Fischgerichte, akzeptable Preise. Via Chiaia delle Rose 3, Tel. 081/999270.

**Peppino**, auf der Felsinsel von Sant'Angelo, seit Jahren ein zuverlässiger Tip für authentische Fischküche und unverfälschte Atmosphäre. Hier speisen die Einheimischen, sie lassen sich die aktuellen Tagesgerichte empfehlen und die Fische vor der Zubereitung zeigen. Die Fischsuppe ist ein Renner und obendrein sättigend. Um einen guten Platz auf der Holzterrasse zu ergattern, muß man früh kommen bzw. reservieren; angemessene Preise. Tel. 081/999283.

**Da Pasquale**, Pizzeria und Ristorante, etwas versteckt im Ortskern gelegen, rustikal und preiswert, einfache Landküche, große Pizza-Auswahl. Via San Angelo 79, Tel. 081/904208.

**Emanuela**, rustikales Strandrestaurant am östlichen Ortsrand neben den Dampfquellen ("Fumarole", → S. 224), leckere Fischküche, ehrliche Preise, auch Zimmervermietung. Via Fondolillo, Tel. 081/999697.

**Il Pirata**, **Ridente** und **Il Pescatore**, die drei stimmungsvollen Bars an der Piazza am Hafen, abends lange geöffnet.

## Thermalanlagen/Baden

▶ **Giardini Tropical**: neuer öffentlicher Thermalgarten in Hanglage oberhalb von Sant'Angelo. Mehrere Thermal- und Meerwasserbecken, Dampfsauna, FKK-Terrasse, Bar-Restaurant.

*Öffnungszeiten*: Apr.-Okt. tägl. 8-18 Uhr, Tageskarte L. 35.000. Zubringerbus von der Haltestelle des Linienbusses.

▶ **Giardini Aphrodite-Apollon**: ebenfalls öffentlicher Thermalgarten im oberen Ortsteil, terrassiert und dicht begrünt. Thermal- und Meerwasserbecken, Dampfgrotten, Strandzugang, Bar-Restaurant.

*Öffnungszeiten*: Apr.-Okt. tägl. 8-18 Uhr, Tageskarte L. 32.000.

## Ausflüge/Umgebung

- Im kleinen Hafenbecken dümpeln nicht nur schicke Segel- und Motorjachten, dort befinden sich auch die **Taxiboote**. Vorwiegend ehemalige Fischer sind es, die jetzt Touristen zu den Hauptattraktionen der nahen Umgebung schippern: Fumarolen/Cavascura L. 3000, Maronti-Strand L. 4.000, Sorgeto-Bucht L. 10.000 (pro Pers., einfach).
- **Zu Fuß von Sant'Angelo zum Maronti-Strand**: Die Treppenwege Via San Angelo und Via Fondolillo führen aus dem Ortskern heraus zu den Dampfquellen am Strand, vorbei am Hotelkomplex Casa Rosa und den Gardini Aphrodite-Apollon. Neben dem Strandrestaurant Emanuela befinden sich die frei zugänglichen **Fumarolen**. Diese heißen Dampfquellen erhitzen einen Teil der Strandfläche sowie die aufgeschichteten Felsbrocken. Man saunt auf den Steinen und kühlt sich im Meer wieder ab. Besonders abends, wenn der Andrang nachläßt, ein unvergleichliches Vergnügen.

*Der Stranduferweg von den Fumarolen hinüber zum Maronti-Strand ist zwar durchgängig begehbar, aber wegen Steinschlaggefahr offiziell verboten!*

**Alternative**: Es führt jedoch ein – sicherer – Steiluferweg zum Maronti-Strand; vorbei an den **Grotte romane** (jahrhundertealte, halboffene Badebecken; sie gehören zum angrenzenden Hotelkomplex). Anschließend ansteigender Pfad über das Steilufer. Hinter dem höchsten Punkt führt ein in den Tuff gegrabener Tunnel hinunter zum Maronti-Strand (→ S. 219).

*Dampfquellen erhitzen den Strand von Sant'Angelo*

*Capri – Blick vom Monte Solaro auf die Faraglioni-Klippen*

# Insel Capri

(13.000 Einwohner, ca. 10 qkm)

**Sprachlosigkeit schon beim ersten Anblick angesichts dieser steil aufragenden Naturschönheit. Eine Mittelmeerinsel aus dem Bilderbuch, die alle Erwartungen übertrifft. Keineswegs sanft und geduckt, sondern von einer majestätischen Steilwand beherrscht, wie sie ansonsten nur in alpinen Gegenden vorkommt. Konsequent spaltet die schroffe Felswand die langgestreckte Insel in zwei gleich große Hälften und Gemeinden: das mondäne Capri einerseits und das provinzielle Anacapri andererseits – verbunden nur durch eine abenteuerliche Serpentinenstraße.**

Längst hat die kleine Felsinsel ihre Unschuld verloren; sie ist weltweit bekannt und ein regelrechter Magnet. Bis zu 15.000 Touristen sind es an "guten" Tagen. Die eiligen Tagesbesucher sind zielstrebig und haben alle das gleiche Programm: *Blaue Grotte*, *Piazzetta*, *Villa Jovis*, *Villa San Michele* und mit dem Sessellift auf den *Monte Solaro*. Wer sich nicht ranhält, schafft nicht mal die Capri-Highlights. Am Fährhafen *Marina Grande* herrscht von morgens bis abends Hochbetrieb, dort starten auch die Boote zur *Blauen Grotte* und die Inselrundfahrten. Die bildhübsche *Piazzetta* von Capri erreicht man hingegen in wenigen Minuten mit der *Funicolare*, vorausgesetzt es hat sich am Eingang zur Standseilbahn kein Stau gebildet. Weiter geht es durch die schmale *Via delle Botteghe* hinauf zur Ruine der altrömischen *Tiberius-Villa* und anschließend mit dem Inselbus hinüber nach Anacapri zur *Munthe-*

*Villa*. Für einen Blick vom 589 m hohen *Monte Solaro* bleibt oftmals kaum noch Zeit. – Ein solches Tagesprogramm ist der pure Streß und hinterläßt nicht selten das enttäuschende Gefühl, nichts von Capri gesehen zu haben.
Nur wer ein paar Tage bleibt, wird erleben, wie faszinierend, erholsam und vielstimmig die Insel wirklich ist. Etwaige Vorurteile hinsichtlich kitschiger Sonnenuntergangsromantik ("Wenn bei Capri die rote Sonne im Meer versinkt") oder exhibitionistischer Jet-set-Allüren ("Capri, die Insel der exzentrischen Reichen und Schönen") relativieren sich schon nach kurzer Zeit. Eine Anleitung zur Erschließung der Insel könnte lauten: Möglichst viel zu Fuß unternehmen, dabei auch die entlegensten Ecken aufsuchen, und bei der Besichtigung der Hauptattraktionen auf jeden Fall die Stoßzeiten der Tagestouristen-Invasion meiden; wer morgens schon gegen 9 Uhr die Ruinen der Tiberius-Villa bzw. die Museumsvilla San Michele besichtigt, hat viel mehr davon.
Ansonsten wird so manche Inselwanderung zum reinen Naturerlebnis; angefangen mit dem Steiluferweg von Capri, wo der bizarre Felsbogen *Arco naturale* und die schroffen Klippen namens *Faraglioni* aufragen. Alles andere als ein touristischer Trampelpfad ist der Wanderweg von Anacapri zum einsamsten Aussichtspunkt der Insel, dem *Belvedere di Migliera*. Und wußten Sie schon, daß erfahrene Wanderer vom Gipfel des *Monte Solaro* nach Capri laufen können, und zwar über den *Passetiello*, einen schmalen Paß in der ansonsten unbezwingbaren Steilwand? Diesen schwindelerregenden Pfad nahmen auch die napoleonischen Franzosen, als sie im Jahr 1808 die in Capri stationierten Engländer angriffen. Das glatte Gegenteil eines Geheimtips und dennoch garantiert unvergeßlich bleibt die Besichtigung der weltberühmten *Blauen Grotte*, in die ihr Wiederentdecker *August Kopisch* einst staunend hineinschwamm.

## Geschichte und Tourismus

▸ **Griechisches Erbe und römische Kaiserinsel**: Der testamentarische Haupterbe *Julius Caesars* war dessen Großneffe *Gaius Octavian*. Dieser übernahm, mit dem ehrenden Beinamen *Augustus Caesar* geschmückt, 27 v. Chr. die Herrschaft im Römischen Reich und überführte es von der Republik zum Kaiserreich. Zu dieser Zeit gehörte die Insel Capri noch zu Neapel und war noch ganz vom Griechentum geprägt. Die Kolonialgriechen am Golf von Neapel unterhielten beispielsweise einst eine *Epheben-Schule* auf Capri, in der junge wehrpflichtige Männer zwischen 18 und 20 Jahren eine militärische und sportliche Ausbildung erhielten. Der deutsche Historiker *Ferdinand Gregorovius* (→ S. 69) berichtet darüber:

> "Noch Augustus erfreute sich an den gymnastischen Spielen der Jünglinge Capris, denn zu seiner Zeit hatte diese Insel noch hellenisches Wesen. Er liebte Capri. Er trat den Neapolitanern, welchen sie damals gehörte, das Eiland Ischia ab und tauschte dafür diesen klassisch geformten Felsen ein. Als er nämlich hier am Strande aus dem Schiff stieg, brachte man ihm

> als gute Vorbedeutung die Nachricht, daß eine altersdürre Steineiche plötzlich frisch zu grünen begonnen habe. Dies erfreute den Kaiser so, daß er jenen Tausch beschloß. Die balsamische Luft der kühlen Insel, die seltene Schönheit der Felsform wie der griechische Charakter des Volkes behagten Augustus; er baute sich in Capri eine Villa und Gärten."

Die **Kaiservilla Palazzo a mare**, die Augustus sich auf Capri errichten ließ, war das erste monumentale römische Bauwerk auf der Insel. Dieser Palazzo befand sich direkt am Nordufer; heute heißt die Stelle *Bagni di Tiberio*, und es gibt dort noch viel authentisches römisches Mauerwerk zu bewundern.

▶ **Kaiser Tiberius, der Schlüssel zur Vergangenheit Capris**: Augustus selbst war es, der seinen Nachfolger *Tiberius* mit auf die Insel brachte. Während der Imperator Augustus auf Capri lediglich Mußestunden verbrachte, ansonsten sein Reich aber von Rom aus dirigierte, verlegte Tiberius auch die Amtsgeschäfte hierher und machte die kleine Felseninsel damit elf Jahre lang (26–37 n. Chr.) zum Mittelpunkt der Welt. Um Kaiser Tiberius ranken sich zahlreiche Geschichten und Legenden, die weitgehend auf die Schriften der damaligen Chronisten *Tacitus* und *Sueton* zurückgehen. Noch heute ist das Thema Tiberius ein regelrechtes Schlachtfeld für Altertumsforscher. Wer war dieser römische Kaiser, der insgesamt zwölf Göttervillen auf Capri besaß und selbst die prunkvollste davon bewohnte, die **Villa Jovis** (Villa des Zeus), deren mächtige Ruinen noch heute auf der Felshöhe von Capri thronen? Zum umstrittenen Charakter von Tiberius ein deutliches Zitat von *Bruce Chatwin* (→ S. 69):

> "War er – wie Norman Douglas glaubte – der schüchterne, genügsame, gelehrte Asket, der den Pöbel haßte und die Künste liebte und der seine griechischen Philosophenfreunde mit der Frage, welche Lieder die Sirenen sangen, verunsicherte, der glaubte, dem Regieren nur gewachsen zu sein, wenn er sich in seine luftigen Villen zurückzog, um mit seinen Gedanken und seinen Büchern allein zu sein?
> Oder war er – wie Suetonius ihn beschrieb – der widerliche alte Päderast, dessen linke Hand so stark war, daß er mit einem Finger einen unverdorbenen, frisch gepflückten Apfel oder den Schädel eines Knaben oder eines jungen Mannes durchbohren konnte?
> Holte er sexuelle Athleten aus dem ganzen Reich zu sich? Schwamm er mit verderbten Kindern in den Grotten? Spielte er mit seinen Opfern seine Spielchen, bevor er sie vom Salto di Tiberio tausend Fuß tief ins Meer hinunterstoßen ließ?
> In Anbetracht der dünnen Linie zwischen den Extremen von Askese und Sinnlichkeit sind der 'gute' und der 'schlechte' Tiberius wahrscheinlich ein und derselbe."

Zweifellos hatte Tiberius Capri seinerzeit in einen prachtvollen Lustgarten verwandelt, in dem auch hemmungslose Orgien veranstaltet wurden. Aber was war daran schon ungewöhnlich, wenn man bedenkt, daß das römische Zeitalter im Schatten seiner imperialen Größe stets lasterhaft war. Vermutlich regierte Tiberius das Reich trotz seiner Ausschweifungen mit starker Hand, denn er galt als besonnener und vollendeter Diplomat. Neidisch blickte damals nur die Hauptstadt Rom auf die Kaiserinsel Capri; sie beklagte lautstark den Anwesenheitsverlust des Imperators in der Ewigen Stadt. Erfanden die Römer aus Verärgerung über das kaiserliche Inselexil gar Lügengeschichten über Tiberius, die dann von Tacitus und Sueton überliefert wurden? – Nach Tiberius Tod verfiel die Pracht Capris jedenfalls schnell. Die prunkvollen Bauten wurden zum Teil sogar niedergerissen, und wie zur Strafe geriet die kleine Felseninsel eine halbe Ewigkeit in Vergessenheit.

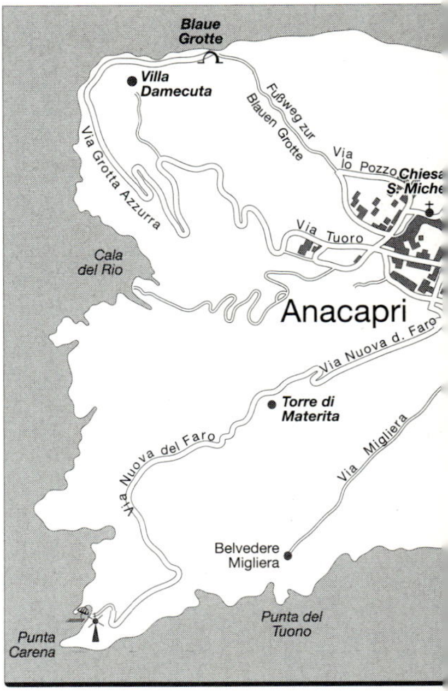


▶ **Illustre Inselgäste des 19. und 20. Jahrhunderts**: Erst knapp zwei Jahrtausende später erwachte Capri aus seinem Dornröschenschlaf. Ab Mitte des 19. Jh. wurde die Insel plötzlich romantisches Reiseziel und Wohnort einer wahren Flut von Ausländern. Wer den Anfang machte, läßt sich wohl kaum noch nachvollziehen; jedenfalls waren es hauptsächlich Briten, Deutsche, Skandinavier, Russen und später auch Amerikaner – vorwiegend Künstler und romantische Naturen –, die auf Capri weilten. Der deutsche Schriftsteller *August Kopisch* war einer der ersten, und er machte zusammen mit dem deutschen Maler *Ernst Fries* 1826 eine folgenschwere Entdeckung: die **Blaue Grotte**. Der Historiker *Ferdinand Gregorovius* traf 1853 noch Augenzeugen auf Capri an, die ihm von diesem Ereignis berichteten: Kopisch und Fries schwammen damals in die – den Einheimischen bereits bekannte – Grotte und brachen angesichts dieses blau leuchtenden Naturwunders in Jubel und Jauchzen aus. Kopisch eilte daraufhin sofort nach Neapel und holte seine Freunde herbei. Die Nachricht von der Entdeckung der Wundergrotte verbreitete sich wie ein Lauffeuer und zog unzählige neugierige Nordländer an. Doch erst der Roman "Der Improvisator" (1835) von *Hans Christian Andersen* machte die *Grotta Azzurra* so richtig weltbekannt. Im Zuge dieser bis heute anhaltenden Grottenfaszination avancierte Capri zu einem Mekka der europäischen Dichter, Denker, Maler, Komponisten, Künstler, Lebenskünst-

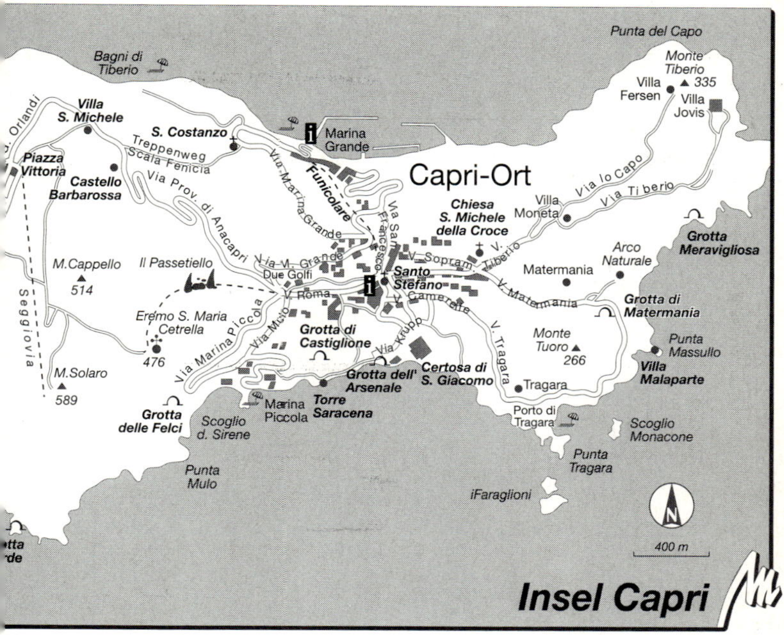


ler und Exzentriker. Erstmals seit Tiberius' Zeiten stand die kleine Felsinsel wieder im Blickpunkt der Weltöffentlichkeit.

▸ **Alle Namen der illustren Capri-Gäste** aufzuzählen, wäre sicherlich langweilig, deshalb im folgenden einige Zitate und Anekdoten von den prominentesten der Prominenten:

**Johann Wolfgang von Goethe**, um es gleich vorweg zu nehmen, hat Capri nie betreten und konnte es folglich auch nicht besingen. Als er den Golf von Neapel bereiste, beschränkte er sich auf die Erkundung der Küstenregion.

**Oscar Wilde**, der englische Schriftsteller irischer Herkunft, der 1895 zu einer zweijährigen Zuchthausstrafe wegen Homophilie verurteilt wurde, erholte sich nach seinem Gefängnisaufenthalt auf der freizügigen Insel, wo ihn sein adliger Freund **Lord Alfred Douglas** erwartete.

Der große Historiker und Italienreisende **Ferdinand Gregorovius** wurde auf Capri vor allem für seine unangenehmen Erfahrungen in Neapel entschädigt: "Die Abgeschiedenheit von der Welt hat die Milde seiner Sitte bewahrt und den Zauber der Natur erhalten. Man weiß hier nichts von den Verbrechen der Zivilisation, es gibt nur Frieden, Armut und Tätigkeit. Der Fremde wird wie ein Bekannter empfangen und fühlt sich gleich heimisch, und wahrlich, einen grellern Gegensatz als den zwischen der Welt in Capri und jener Neapels kann es nimmer geben."

Der russische Dichter **Iwan Turgenjew** empfand Capri als eine makellose Inkarnation der Schönheit.

**Maxim Gorki** schrieb hier das Schauspiel "Die Mutter", während sein Landsmann **Lenin** mit den Einheimischen auf Fischfang ging. Lenin, den die Fischer von Capri bewundernd "Signor Drindrin" nannten, war der einzige Gast, dem die Insel ein Denkmal setzte.

Dem Lenin-Denkmal zu Füßen schlängelt sich die *Via Krupp* zum Ufer hinab; sie erinnert an den tragischen Aufenthalt des deutschen Rüstungsindustriellen **Fritz Krupp**: "Der Kanonenkönig, der sich auf einem Felsen eine Junggesellenwohnung einrichtete – nur um Selbstmord zu begehen, als eine neapolitanische Zeitung das Gerücht über seine Homosexualität verbreitete" (Bruce Chatwin).

Der **Marquis de Sade** war einer derjenigen, die von finsteren Gedanken an Kaiser Tiberius heimgesucht wurden. Von sexuellen Ausschweifungen und Grausamkeiten erzählt sein Roman "Justine und Juliette".

Der deutsche Komponist **Felix Mendelssohn-Bartholdy** hatte eher ein heiteres Gemüt und ließ sich von den bizarren Felsformationen der Insel sogar zu einer Klavierkomposition inspirieren.

Viele der internationalen Inselgäste ließen sich nur kurzzeitig von der natürlichen Schönheit Capris berauschen, andere hingegen jahrelang und immer wieder, wiederum andere wurden gar bodenständig und setzten sich selbst architektonische Denkmäler wie *Munthe*, *Malaparte* und *Fersen*.

Ihren Ruf einer mondänen Urlaubsenklave hat die Insel allerdings einem ganz anderen Menschenschlag von Capri-Begeisterten zu verdanken. Gemeint sind die Schönen und Reichen der internationalen Mode-, Film- und Finanzwelt. Sie besitzen teilweise festungsartige Luxusvillen auf der Insel oder streifen nur gelegentlich in der Luxusfarbe Weiß durch Capri-Ort und kaufen die Edel-Boutiquen leer – wie einst auch *Dianas* Freund *Dodi*.

## Information/Vorwahl

• *Information*: Die **Azienda Turismo Isola di Capri Azienda Turismo** unterhält insgesamt drei Fremdenverkehrsbüros auf der Insel, die in der HS durchgehend von 9-19 Uhr geöffnet sind. Erhältlich ist ein sehr nützlicher, detaillierter Stadtplan (L. 1.000) sowie ein Hotel- und Restaurantverzeichnis. Wer länger bleibt, sollte sich auch nach aktuellen Ausstellungen und Veranstaltungen erkundigen, die vorwiegend in der Certosa von Capri stattfinden (Konzerte, Kunstausstellungen etc.).

*Informationsbüros*: in **Marina Grande**, direkt an der Hafenmole, Tel. 081/8370634. In **Capri-Ort** im Glockenturm an der Piazza Umberto, so klein, daß immer nur eine Person hineinpaßt, Tel. 081/8370686. In **Anacapri** an der Hauptgeschäftsstraße Via G. Orlandi 59, Tel. 081/8371524.

• *Vorwahl*: Tel. 081 für ganz Capri. Seit 1998 muß auch bei Ortsgesprächen die Vorwahl immer mitgewählt werden.

## Fährverbindungen

Effiziente Fährverbindungen zwischen Capri und dem Festland mit der staatl. Gesellschaft Caremar sowie mit verschiedenen privaten Reedereien (Lineajet, Alilauro und Snav), wesentliche Preisunterschiede bestehen nicht. Einziger Fährhafen auf Capri ist **Marina Grande**. Es verkehren *Traghetti* (Fährschiffe) und *Aliscafi* (Schnellboote). In Neapel starten die ersten Fähren gegen 6.30 Uhr; letzte Fähre zurück gegen 19 Uhr.

• *Verbindungen von/nach*: **Napoli/Molo Beverello**: *Traghetti* (Caremar) ca. 5x tägl., Fahrtzeit 75 Min., ca. L. 10.000 pro Pers., mit Autobeförderung. *Aliscafi* (Caremar, Lineajet) ca. 20x tägl., Fahrtzeit 40 Min., ca. L. 20.000 pro Pers.**Napoli/Mergellina**: *Aliscafi* (Snav) ca. 13x tägl., Fahrtzeit 40 Min., ca. L. 20.000 pro Pers.

**Ischia**: *Traghetti* ca. 2x tägl., Fahrtzeit 90 Min., ca. L. 10.000 pro Pers. *Aliscafi* nur 1x tägl., Fahrtzeit 40 Min., ca. L. 20.000 pro Pers.

**Sorrento**: *Traghetti* ca. 9x tägl., Fahrtzeit 50 Min., ca. L. 6.000 pro Pers. *Aliscafi* ca. 10 mal tägl., Fahrtzeit 20 Min., ca. L. 12.000 pro Pers.

**Positano/Amalfi/Salerno**: *Traghetti* 2x tägl.; *Aliscafi* ca. 3 mal tägl. (z. B. Fahrtzeit Capri–Amalfi 50 Min., L. 19.000 pro Pers.).

• *Fahrpläne und Tickets*: erhält man an den jeweiligen Anlegestellen. Es gibt keine kombinierten Hin- und Rückfahrtickets.

Die Fahrpläne ändern sich oft, deshalb die gewünschte Fähre immer bestätigen lassen.

- *Telefon. Auskünfte auf Capri*: Caremar Tel. 081/8370700, Lineajet Tel. 081/ 8370819, Alilauro Tel. 081/8376995, Snav Tel. 081/8377577.

**Gepäckaufbewahrung**: *Deposito bagagli* für Tagestouristen. Diese sinnvolle Einrichtung gibt es 2x auf Capri, in Marina Grande an der Hafenmole und in Capri-Ort an der Bergstation der Funicolare (8-20 Uhr, L. 2.500 pro Gepäckstück).

## Unterwegs auf Capri

**Pkw**: Im Gegensatz zu den italienischen Staatsbürgern dürfen Ausländer ihr Fahrzeug grundsätzlich mit auf die Insel nehmen (Traghetti mit Autobeförderung ab Napoli/Molo Beverello). In Anbetracht der Größe der Insel sowie der Straßen- und Parksituation, wäre es jedoch ein völlig unsinniger Transport! **Tip**: Pkw-Reisende sollten sich in Sorrent einen bewachten Parkplatz nehmen, ca. L. 20.000 pro Tag.

**Inselbusse**: vorbildliches Busnetz; von frühmorgens bis Mitternacht; Verbindungen zwischen *Marina Grande*, *Capri-Ort*, *Marina Piccola*, *Anacapri* (Umsteigestelle: Der kleine Busbahnhof von Anacapri befindet sich ca. 300 m von der Piazza Vittoria entfernt an der Via De Tommaso), *Faro (Punta Carena)* und *Grotta Azzurra*. Die Tickets werden im Bus gelöst – eine absolute Ausnahme in Italien! Einzelfahrschein L. 1.500.

**Funicolare (Standseilbahn)**: zwischen Marina Grande (Hafenpiazza) und Capri-Ort (Piazzetta). In der HS von früh morgens bis 24.30 Uhr, ab Sept. nur bis 21.30 Uhr; Einzelfahrschein L. 1.500.

**Seggiovia (Sessellift)**: von Anacapri (Piazza Vittoria) auf den Monte Solaro. März-Okt. tägl. von 9.30 Uhr bis Sonnenuntergang, Nov.-Feb. tägl. (außer Di) 10.30-15 Uhr. Rückfahrticket L. 7.000, einfach L. 5.000 pro Pers.

**Taxi**: Von den legendären knallbunten Fiat-Limousinen und Cabrios der 50er und 60er Jahre gibt es nur noch einige wenige auf der Insel; mittlerweile verkehren vorwiegend moderne Pkw. **Taxi-Standplätze**: Marina Grande (Hafenpiazza), Capri (Piazza Martiri d'Ungheria) und Anacapri (Piazza Vittoria). Die auf Ischia verbreiteten Microtaxi (dreirädrige Zweitakter) gibt es auf Capri wegen der teilweise extremen Steigungen nicht.

**Capri kurios**: Im September '97 erhöhte die Gemeinde Capri den Preis für eine Busfahrt kurzfristig von L. 1.500 auf L. 1.650; die Gemeinde Anacapri wehrte sich gegen diese einseitige Erhöhung, zog vor Gericht und bewirkte innerhalb von drei Tagen eine einstweilige Verfügung, woraufhin die Gemeinde Capri die Fahrpreiserhöhung wieder rückgängig machen mußte.

## Bootsausflüge

**Bootstouren zur Blauen Grotte**: ab Marina Grande, L. 23.000 pro Pers. Da die beiden Inselgemeinden Capri und Anacapri gemeinsam am Big-Grotten-Business beteiligt sind, setzt sich der Preis folgendermaßen zusammen: hin und zurück mit dem Motorboot L. 8.000 für die Gemeinde Capri, Ruderboot in die Grotte L. 7.000 und Eintritt Grotte L. 8.000 (am Kassenboot) für Anacapri.

**Inselrundfahrten**: ebenfalls ab Marina Grande, ca. L. 20.000 pro Pers. Eine unbedingt empfehlenswerte Angelegenheit, denn anders läßt sich die grotten- und klippenreiche Felsküste der Insel nicht erschließen.

**Tauchfahrten**: werden neuerdings ab Marina Grande mit einem grellgelben *U-Boot* angeboten. Tauchtiefe 50 m im Bereich der Faraglioni-Klippen. Auskünfte und Buchung im *Informationsbüro* bzw. direkt beim Veranstalter *Gorgonia*, Tel. 081/ 8086618.

**Motorboot- und Kanuvermietung**: in Marina Piccola, *Servizi al mare*, Via Mulo 63, Tel. 081/8370221.

## Übernachten

• *Hotelangebot*: Es konzentriert sich mit über 40 Häusern auf die weitläufige Gemeinde Capri; in Anacapri gibt es insgesamt nur 8 Hotels. Es handelt sich zumeist um alteingesessene **Familienbetriebe**, die traditionsbewußt und mit Stil geführt werden. Alle Kategorien (1–5 Sterne) sind vertreten; DZ unter L. 100.000 gibt es so gut wie gar nicht. Die Preisunterschiede zwischen der HS (Ostern und Juni-Sept.) und der NS sind nicht sehr groß; viele Häuser haben sogar nur einen ganzjährigen Einheitspreis. Erfreulich ist hingegen, daß kaum eine Verpflichtung zur Halb- bzw. Vollpension besteht. Die Frühstückspreise werden jedoch häufig extra berechnet – das treibt die Preise hoch. Die Fremdenverkehrsbüros dürfen (wie in ganz Italien) per Gesetz keine Hotelzimmer vermitteln und auch keine näheren Angaben über Hotelbetriebe erteilen. **Wichtig**: In der HS auf keinen Fall ohne Hotelreservierung anreisen. Die meisten Hotels schließen im Winter für einige Monate. Unsere Übernachtungstips finden Sie in den jeweiligen Ortskapiteln.

• *Gepäck*: Bei einigen Hotels der gehobenen Kategorie ist ein **Abholservice** vom Hafen im Preis enthalten; ansonsten helfen nur Taxi, Bus oder Funicolare ab Marina Grande. Außerdem sind in Capri-Ort noch eine Menge **Facchini (Gepäckträger)** aktiv. Wer sein Hotel also in Capri-Ort gebucht hat, findet an der Bergstation der Funicolare in der Regel wartende, uniformierte Gepäckträger vor, die Koffer und schwere Reisetaschen bis zum Hotel buckeln. Ist niemand zur Stelle, wählt man Tel. 081/8370179 und wartet auf den bestellten Facchino. Pro Gepäckstück werden ca. L. 10.000 verlangt.

## Essen und Trinken

**Inselküche**: Wer kennt ihn nicht, den Antipasto-Renner *Mozzarella caprese*, der in den Nationalfarben serviert wird. Aber besser als anderswo in Italien schmeckt diese patriotische Tomaten-, Mozzarella- und Basilikum-Kreation auf Capri nicht. Ansonsten viele authentische kampanische Pasta-, Gemüse-, Fleisch- und Fischgerichte. Mit Abstand am besten und preisgünstigsten ißt man in den ländlichen Ausflugslokalen der Insel (Mehr dazu in den jeweiligen Ortskapiteln). Ein wirklicher Hochgenuß sind die feinen **Backwaren**, die in den appetitlichen Backstuben und Pasticcerie (Konditoreien) von Capri-Ort angeboten werden.

Der **Weinbau** hat auch auf Capri eine lange Tradition. Der steinige Boden bringt zwar gute Weine hervor, die Erträge sind jedoch bescheiden. Eine Flasche Capri DOC-Qualitätswein bianco oder rosso ist nur sehr schwer aufzutreiben. Offene Weine, die in den Restaurants angeboten werden, kommen selten von der Insel.

## Einkaufen/Souvenirs

Die Spatzen pfeifen es von den Dächern: Shopping ist auf Capri ein Vergnügen der besonderen Art, zumal für alle, die das nötige Kleingeld dazu haben. Denn alles, was in Sachen Mode, Design, Schmuck und Luxusartikel einen internationalen Namen hat, führt in Capri-Ort eine Filiale in der Via Vittorio Emanuele bzw. der Via Camerelle.

**Keramik**: Zahlreiche Geschäfte in Capri-Ort haben sich auf bunte Gebrauchs- und Souvenirkeramik spezialisiert; die Ware kommt fast ausschließlich vom benachbarten Festland.

**Der Duft von Capri**: Insgesamt gibt es auf Capri drei kleine Duftfabriken; die älteste heißt *Carthusia – Profumi di Capri*. In ihrem Duft-Laboratorium, Via Matteotti 2 (Nähe Certosa) darf ohne Kaufzwang geschnuppert werden. Die Eau de toilette, Cremes, Seifen und Parfüms sind vorwiegend auf Zitronenbasis hergestellt.

# Marina Grande

Der hektische Fährhafen Capris; hier legen die Schnellboote und Fährschiffe im Eiltempo an und wieder ab. Eigentlich gibt es keinen Grund, sich

*Blick von der Scala Fenicia auf Marina Grande*

lange in Marina Grande aufzuhalten. Eilig zieht es die meisten Ankömmlinge sofort hinauf nach Capri-Ort. Und am schnellsten geht das mit der Standseilbahn, der *Funicolare*, deren Eingang sich vis-à-vis der Anlegestelle befindet (→ "Unterwegs auf Capri"). Als *Ferdinand Gregorovius* im Jahr 1853 in Marina Grande ankam, war alles noch ganz anders:

"An einem Sonntag, es war die heiterste Frühe, stiegen wir in Sorrento in die Barke und ließen uns nach Capri hinüberrudern [...]. Capri stand vor uns groß und ernst, klippenstarr und felszackengepanzert [...] oben auf dem gebogenen Rücken des Eilandes ein heiteres Städtchen mit weißen gewölbten Häusern [...] unten an der schmalen Marina der Hafen der Schiffer [...] auf dem Ufer stand ein Fischermädchen, die Holzbank haltend, welche sie gleich in die Wellen hineinschob, als das Boot landete, damit wir trockenen Fußes ans Land kämen [. . .]. Alles war still und verschwiegen, kaum ein Fischer war zu sehen, nur ein paar badende Kinder an einer Klippe [...]. Und nun ging es von der Marina gleich aufwärts auf einem steilen und mühsamen Pfade zwischen Gartenmauern nach der Stadt Capri."

Bei dem steilen und mühsamen Pfad, von dem der Reisende des 19. Jh. schreibt, handelt es sich um die *Via San Francesco*. Dieser breite Treppenweg führt durch das Wohnviertel von Marina Grande, kreuzt dann zweimal die Fahrstraße und mündet schließlich parallel zur Funicolare im Zentrum von Capri-Ort.

## Sehenswertes/Baden

▶ **Chiesa di San Costanzo**: Bei dieser Pfarrkirche, deren ältester Baukern byzantinisch ist und aus dem 11. Jh. stammt, handelt es sich um das einzige Gebäude, das vom frühmittelalterlichen Capri nach der Zerstörung durch die Sarazenen übriggeblieben ist. San Costanzo befindet sich oberhalb von Marina Grande an der Fahrstraße. *Ferdinand Gregorovius* beschrieb die ehemalige Bischofskirche als klein, plump und gänzlich dörflich; aber mittlerweile ist sie gründlich restauriert worden und erstrahlt im neuen Glanz. Einmal im Jahr, am 14. Mai, ist **Kirchenfest**, dann wird die silberne Statue des Hl. Konstanz zur Prozession nach Marina Grande herausgeholt.

▶ **Scala Fenicia**: Lange Zeit war diese Phönizische Treppe die einzige Verbindung zwischen Marina Grande und Anacapri. Sie wurde vermutlich schon von den Kolonialgriechen angelegt. Bis ins späte 19. Jh. diente diese weitgehend in den Fels gemeißelte Treppe als Transportweg. Auf historischen Fotografien sieht man die Männer und Frauen von Anacapri mit schweren Lasten bepackt auf den steilen Stufen. Der langsame Verfall der Scala Fenicia begann vor über 100 Jahren mit dem waghalsigen Bau der Fahrstraße zwischen Capri und Anacapri. Die Stufen und Stützmauern bröckelten, und die Zugänge mußten schließlich aus Sicherheitsgründen gesperrt werden. Nach Restaurierungsarbeiten ist die rund 2.500 Jahre alte Scale Fenicia seit 1998 wieder ohne Gefahr in voller Länge begehbar, allerdings ist der Aufstieg nach wie vor beschwerlich, immerhin beträgt der Höhenunterschied ca. 250 m. 560 Stufen zählte Gregorovius seinerzeit bis zum alten Stadttor von Anacapri neben der Munthe-Villa, das entdeckungsfreudige Wanderer heute wieder passieren läßt. Direkt am Treppenweg liegt die kleine **Bergkapelle San Antonio** (herrliche Aussicht), auch die imposanten Stützkonstruktionen der abenteuerlichen Serpentinenstraße kann man aus nächster Nähe bewundern.

▶ **Bagni di Tiberio**: Dieser felsige Küstenabschnitt nordwestlich von Marina Grande bezeichnet die Stelle, an der Kaiser Augustus seinen **Palazzo a mare** errichten ließ, den ersten monumentalen Bau der römischen Antike auf Capri (→ S. 227). Altertumsinteressierte Urlauber können hier angesichts der Ruinen ihre Phantasie spielen lassen. Zu sehen sind wuchtige Säulenfragmente unter Wasser, Mauerreste sowie eine große apsisartige Wölbung, die deutlich in altrömischer Mauertechnik angelegt ist. Im angrenzenden Uferbereich vermuten Archäologen Reste eines kleinen römischen Hafens mit Werft und Zisternen. Heute hat sich auf diesem antiken Ruinenfeld ein modernes *Bagno* ausgebreitet (Eintritt!), mit Barbetrieb, Liegestühlen und Sonnenschirmen. Von Juni bis August tummeln sich hier Badegäste; aber ab September ist man hier weitgehend allein und kann die Ruinen ungestört erkunden.

• *Anmarsch*: Von der Hafenpiazza Vittoria die Fahrstraße hoch, vorbei am kleinen Hafenstrand bis zum Sportplatz (am Scheitelpunkt der Straße). Von dort dann der gekachelten Ausschilderung "Bagni" bzw. dem Restaurant-Hinweis "Da Paolino" folgen. Der Weg führt durch eine ländliche Streusiedlung mit vielen Nutzgärten.

• *Essen und Trinken*: **Da Paolino**, unterwegs, ungefähr auf halber Strecke zu den

*Die weltberühmte Piazzetta in Capri*

Bagni di Tiberio mitten im duftenden Zitronenhain. Freundlicher Familienbetrieb, herzhafte Landküche, Fisch- und Fleischgerichte vom Grill, leckere Gemüse-Contorni, ehrliche Preise. Der Weg lohnt sich. Tel. 081/8376102; Mittwoch Ruhetag.

## Capri-Ort

**Ohne Übertreibung: Eine schönere Piazzetta gibt es wohl in ganz Italien nicht. Die kleine Piazza Umberto I. bildet den anmutigen Mittelpunkt der weitläufigen Ortschaft; hier münden alle größeren Gassen, Treppenwege und sogar die Funicolare. Dicht drängen sich die schmalbrüstigen Gebäude um den fast quadratischen Platz. Alles ist makellos in Schuß und glänzt.**

Die Stirnseite der Piazzetta wird von den Seitenfassaden der *Chiesa Santo Stefano* und des *Palazzo Cerio* gebildet, dazwischen verlaufen die breiten Treppenstufen des erhöht liegenden Kirchenvorplatzes, und gegenüber ziert die ockergelbe Fassade des *Municipio* (Rathaus) den Platz. Mehr kann man zwischen den bunten Markisen, Sonnenschirmen und Korbsesseln der vier feinen Piazza-Cafés nicht erkennen, abgesehen natürlich vom fast alles überragenden Glockenturm mit der farbigen Kacheluhr. Ihre weltberühmte Piazzetta nennen die Einheimischen kurz *Chiazza*, was soviel wie Fleck bedeutet. Doch wenn man diesen atmosphärisch dichten Fleck am Glockenturm verläßt und auf die angrenzende säulengesäumte *Terrazza* tritt, dann tut sich plötzlich ein weites Landschaftsbild auf, so als würde man das Panoramafenster eines kleinen Raums öffnen – einfach umwerfend.

Morgens ist die Welt im Zentrum von Capri noch in Ordnung, da gehört die Piazzetta Umberto I. noch den Anwohnern; man sieht sie, mit der obligatorischen Tageszeitung in der Hand im Stehen ein Schwätzchen halten. Vor dem Kiosk am Glockenturm herrscht Hochbetrieb, das Rathaus öffnet seine Pforte, und die warenbepackten Elektrokarren schleichen im Fußgängertempo über den belebten Platz. Ein ganz normaler Dorfalltag, doch der ist nicht von Dauer, denn sobald die ersten Fährboote eintreffen, beginnt die Tagesbesucher-Invasion und verändert die morgendliche Piazza-Atmosphäre. Die Einheimischen räumen das Feld, und unzählige Touristen verteilen sich begeistert auf der Piazzetta samt angrenzender Panorama-Terrazza. Man macht es sich in den Korbsesseln der teuren Cafés bequem oder bevölkert die Kirchenstufen und die wenigen Steinbänke auf der Terrazza. Den ganzen Tag lang bildet die Piazzetta das Nadelöhr der ruhelos über die Insel strömenden Besucher. Erst abends, wenn die letzte Fähre abgelegt hat, kommt die vornehme, fast schon legendäre Piazzetta-Stimmung auf: Den Anfang machen die Besitzer der angrenzenden feinen Geschäfte, die sich zum obligatorischen Aperitif einfinden; dann kommen die ersten, herausgeputzten Gäste der Edelherbergen dazu, und im Lauf des Abends läßt sich so manche prominente Inselgesellschaft, in der Luxusfarbe Weiß gekleidet, auf der Piazzetta nieder. Man zeigt sich und will gesehen werden. Geschäftstüchtige Fotografen lauern auf das zustimmende Nicken der Reichen und Schönen, um sie gegen gute Bezahlung auf dem Platz aller Plätze ablichten zu dürfen. Der durchschnittliche Urlauber merkt schnell, daß er nicht dazugehört. Aber wenigstens einmal sollte jeder das allabendliche Szenario der exhibitionistischen Piazzetta-Gesellschaft von Capri aus der Korbsessel-Perspektive beobachten – das muß sein!

## *Übernachten*

***** **Quisisana**, Grandhotel mit Prachtfassade und Tradition. Allerfeinste Adresse im Zentrum von Capri-Ort, prunkvolle Aufenthaltsräume, stilvolle Zimmer, parkähnlicher Garten mit Pool, vornehmes Ristorante, Pianobar und gut frequentiertes Terrassencafé. DZ L. 400.-800.000 inkl. Frühstück. Via Camerelle 2, Tel. 081/8370788.

**** **La Palma**, Luxushotel mit mächtiger Palme vor dem Eingang, (Nähe Piazzetta). Nostalgikern noch als Hotel Pagano bekannt, im 19. und frühen 20. Jh. logierten hier alle illustren Inselgäste. Heute vollständig modernisiert und luxuriös ausgestattet. DZ L. 189.-420.000. Via Vittorio Emanuele, Tel. 081/8370133.

**** **A Pazziella**, Nähe Piazzetta im Altstadtviertel der Via Le Botteghe, kleines Luxushotel mit familiärer Atmosphäre, stilvolles Ambiente, kein Hotelrestaurant; DZ L. 165.-330.000, Frühstück L. 35.000. Via Fuorlovado, Tel. 081/8370044.

**** **Mamela**, relativ neues Luxushotel, mit viel Marmor ausgestattet, Nähe Certosa. Meeresblick, Garten mit Pool, ebenfalls ohne Hotelrestaurant. DZ L. 250.-390.000 inkl. Frühstück. Via Campo di Teste, Tel. 081/8375255.

**** **Punta Tragara**, etwas außerhalb, ruhige Lage am Belvedere di Tragara. Architektenhaus (von *Le Corbusier* entworfen) mit geschwungenen Formen. Blick auf die Südküste mit den Faraglioni, sehr stilvoll ausgestattet, Garten und Pool in Hanglage. DZ L. 380.-800.000 inkl. Frühstück. Via Tragara, Tel. 081/8370844.

*** **La Floridiana**, gepflegtes Mittelklassehotel mit gutem Restaurant, Nähe Certosa, ruhige Lage, ohne Garten, ohne Pool. Unbedingt Zimmer mit Meeresblick verlangen. DZ L. 138.-274.000, Frühstück L. 35.000. Via Campo di Teste, Tel. 081/8370166.

** **Florida**, einfache Pension im Altstadtviertel rund um die Via Le Botteghe, lockere Atmosphäre, junges internationales Publikum, Restaurant. DZ L. 120.-170.000, Frühstück L. 31.000. Via Fuorlovado, Tel. 081/8370710.

** **Villa Krupp**, ältere herrschaftliche Villa in herrlicher Lage oberhalb der Augustus-Gärten. Zimmer mit Meeresblick, familiäre

Atmosphäre; DZ L. 140.-200.000, Frühstück L. 15.000. Via Matteotti, Tel. 081/8370362.

** **Belsito**, kleines Albergo, etwas außerhalb, am Weg zum Arco naturale, solide eingerichtet, herrliche Panoramaterrasse, ausgezeichnetes Hotelrestaurant. DZ L. 120.-200.000 inkl. Frühstück. Via Matermania, Tel. 081/8370969.

* **La Prora**, gepflegte, familiäre Altstadtpension, am Ende der Kasbah-Gasse Via Madre Serafina, freundliche kleine Zimmer; DZ L. 180.-200.000 inkl. Frühstück. Via Castello 6, Tel. 081/8370281.

### *Essen und Trinken*

**La Capannina**, gemütliches Altstadt-Ristorante, seit Jahren die allererste kulinarische Adresse in Capri-Ort, ausgezeichnete Land- und Meeresküche, schickes Publikum, gehobene Preise. Via Le Botteghe 14, Tel. 081/8370732.

**Casanova**, einfaches Altstadt-Restaurant, etwas versteckt gelegen, freundlicher Familienbetrieb, leckere capresische Land- und Meeresküche, kleines, dafür aber häufig wechselndes Angebot, akzeptable Preise. Via Le Botteghe 46 (Ecke Vico Sella Orta), Tel. 081/8377642.

**Sollievo**, helles Terrassen-Ristorante, ganz am Ende der Via Le Botteghe, kämpft mit viel Freundlichkeit um Kundschaft, großes Antipasti-Büfett, reichliche Primi-Auswahl, auch Pizza, preislich o. k. Via Fuorlovado 36, Tel. 081/8370665.

**Faraglioni**, sehr beliebtes Ristorante, fast am Ende der Via Camerelle, gemütliches Ambiente, Tische auch draußen, schmackhafte Fisch- und Fleischgerichte vom Grill, preislich im Rahmen. Via Camerelle 75, Tel. 081/8370320.

**Da Gemma**, stimmungsvolles rustikales Altstadtrestaurant in der Kasbah-Gasse, alteingesessener Familienbetrieb, oft voll, Farbfotos der Stammgäste zieren das ansonsten etwas finstere Gewölbe, am schönsten sitzt man im verglasten Wintergarten, ausgezeichnete Fischküche nach traditionellen Rezepten, leckere Pizza, ehrliche Preise. Via Madre Serafina 6, Tel. 081/8370461.

**La Cisterna**, ebenfalls in der Kasbah-Gasse, eifert dem benachbarten Da Gemma eher erfolglos nach – die Pizza ist dennoch empfehlenswert. Via Madre Serafina 5, Tel. 081/8375620.

### *Cafés/Bars/Nachtleben*

Ob Café, Cappuccino, Gelato, Aperitif, Cocktail, Bier oder Soft Drink, wer sich in einer capresischen Café-Bar am Tisch bedienen läßt, muß erheblich tiefer in die Tasche greifen als am Tresen.

**Gran Caffé**, die feinste der vier Piazzetta-Bars; hier, nebenan oder gegenüber, sollte man – wie gesagt – wenigsten einmal gesessen haben.

**Bar Piazza Diaz**, volkstümliche Bar auf der Terrassenpiazza oberhalb der Funicolare-Station; hier kann man dem Sonnenuntergang entgegenfiebern.

**Embassy**, Straßencafé an der Via Camerelle zwischen den eleganten Boutiquen; leckeres Eis.

**Blu Bar**, Außenposten der schicken capresischen Bars am Ende der Via Camerelle, lauschige Tischreihe auf dem schmalen Fußweg.

**La Capannina**, die stilvolle Altstadtbar des gleichnamigen Ristorante, erlesene Weine und Grappe.

**Medi Pub**, unmittelbare Piazzetta-Nähe, eine der interessantesten Bars in Capri-Ort, helles Ambiente, junges Publikum, coole Musik, lange geöffnet, kleine Preise. Via Oratorio 9, gleich neben der Chiesa Santo Stefano.

## Sehenswertes

▸ **Chiesa Santo Stefano:** Die ehemalige Kathedrale grenzt unmittelbar an die Piazzetta Umberto I. Ein dichtes Konglomerat von unterschiedlich großen Kuppeln und Gewölbebögen schmückt das weiße Kirchendach; weiß strahlt auch die barocke Fassade. Im frühen Mittelalter stand an dieser Stelle ein Benediktinerkloster; 1685 wurde die heutige Kirche errichtet. Im

Innern dominiert eine gemäßigte Barockausschmückung mit mehreren Seitenkapellen und Grabmälern. Der Fußboden um den Hauptaltar ist mit Marmorfragmenten aus der altrömischen Villa Jovis angefertigt worden. Das hölzerne Kruzifix wird alljährlich zur Karfreitagsprozession aus der Kirche geholt. Übrigens: Im Gewölbe des Piazza-Cafés Tiberio befand sich einst das Beinhaus der Kirche.

- **Palazzo Cerio**: vis-à-vis der Santo-Stefano-Kirche. Dieser schlichte mittelalterliche Palazzo gehört zu den örtlichen Vorzeigebauten des 14. Jh., 1689 wurde er erweitert und erhielt er sein heutiges Aussehen. Der Palazzo beherbergt u. a. das von dem Heimatforscher *Ignazio Cerio* angelegte **Capri-Archiv** samt Fossiliensammlung, das der Öffentlichkeit allerdings nicht zugänglich ist.
- **Via Madre Serafina**: Am oberen Ende des kleinen Kirchenvorplatzes öffnet sich das schmale Bogentor zur "orientalischen Kasbah" von Capri. Architektonisch gleicht die Altstadt entlang der Via Madre Serafina tatsächlich einer nordafrikanischen Kasbah. Finstere Tunnelgänge und Gassen führen durch ein unübersichtliches Wohnviertel mit zahlreichen Kellerläden und traditionellen Altstadtrestaurants. Im Gegensatz zur touristischen Umgebung der Piazzetta scheint dieser Bezirk noch voll und ganz in der Hand der Einheimischen zu sein. Am Ende der Kasbah-Gasse Madre Serafina öffnet sich plötzlich eine lichte Terrassenpiazza, an der die **Klosterkirche Santissimo Salvatore** steht. Wer seinen Streifzug durch die anschließende Tunnelgasse fortsetzt, gelangt auf die Via Castello, die durch ein weitläufiges Wohngebiet hinauf zum **Belvedere Cannone** führt. Dieser herrliche Aussichtspunkt gibt den Blick auf die zerklüftete Südküste frei.
- **Via Le Botteghe**: Nahezu unscheinbar beginnt diese enge Ladengasse an der Piazzetta Umberto I. gleich neben dem Municipio (Rathaus). Auch nach Jahrhunderten herrschen hier noch mittelalterliche Platzverhältnisse; an manchen Stellen ist die Altstadtgasse so schmal, daß die Menschen kaum aneinander vorbei passen. Seit ihrer Entstehung im späten Mittelalter säumen Werkstätten, Backstuben, Metzgereien und Läden aller Art die Via Le Botteghe. Wer sich für guterhaltenes mittelalterliches Mauerwerk begeistern kann, sollte auch in den Quergassen des angrenzenden Wohnviertels auf Spurensuche gehen.
- **Via Vittorio Emanuele/Via Camerelle**: die noble Flanier- und Einkaufsmeile von Capri-Ort. Auch wer es gewohnt ist, in den schicken Einkaufspassagen der heimatlichen Großstädte einzukaufen, wird von dem luxuriösen Glanz dieser superfeinen Geschäftsstraße geblendet sein. Juweliergeschäfte, Antiquitätenläden, Edelboutiquen dicht an dicht. Alles wird peinlich sauber gehalten, kein Schandfleck weit und breit, der das privilegierte Kaufvergnügen trüben könnte. Den Blickfang entlang der Via Vittorio Emanuele bilden auch die beiden ältesten und vornehmsten Grandhotels Capris, das *Quisisana* und das *La Palma*.
- **Certosa di San Giacomo**: gewaltiger Klosterkomplex; abgesehen von den Wandfresken in der ehemaligen Klosterkirche und der Seitenkapelle ohne

christliche Insignien. Den schönsten Anblick bietet die wuchtige Anlage von einem erhöhten Standpunkt aus (z. B. Giardini di Augusto), von dem man das ungleichmäßige Dächermeer aus unzähligen Kuppeln und Gewölben überblicken kann.

Im späten 14. Jh. wurde das ehemalige Kartäuserkloster nach dem Vorbild der Kartause von Neapel errichtet. Anfang des 19. Jh. säkularisierten es die napoleonischen Franzosen und funktionierten es zu einer Kaserne um. Anschließend fungierte es lange Zeit als Gefängnis und Militärkrankenhaus. 1924 wurde die Anlage grundlegend restauriert. Seitdem ist der schmucklose, gänzlich nackt wirkende Gebäudekomplex weitgehend ungenutzt. In den Sommermonaten organisiert jedoch die Gemeinde wechselnde **Ausstellungen** und öffentliche **Konzertabende** in der Certosa.

Aus touristischer Sicht ist das in der Certosa untergebrachte **Diefenbach-Museum** zumindest erwähnenswert. Der deutsche Maler *Karl Wilhelm Diefenbach* lebte um die Jahrhundertwende auf Capri und widmete sich dort in seinen späten Lebensjahren einer finsteren Variante des Symbolismus. Seine großflächigen Phantasielandschaften driften in dunkle Sphären ab und tragen nicht gerade zur Erheiterung des Gemüts bei. Zu Lebzeiten soll Diefenbach, ein Anhänger esoterischer Lehren, im Jesus-Outfit über die Insel gewandelt sein.

*Öffnungszeiten*: Certosa und Diefenbach-Museum tägl. (außer Mo) 9-14 Uhr, Eintritt frei.

▸ **Giardini di Augusto**: Diese kleine, erholsame Parkanlage befindet sich oberhalb der Certosa am höchsten Punkt der Via G. Matteotti. Der deutsche Rüstungsindustrielle *Friedrich Krupp* ließ sie seinerzeit anlegen und vermachte sie der Gemeinde. Wer sich nicht für die artenreiche Vegetation der Augustus-Gärten interessiert, sollte zumindest den ungetrübten Blick auf die Umgebung genießen.

▸ An der Aussichtsterrasse oberhalb der *Via Krupp* (→ S. 246) steht auch das bereits erwähnte **Lenin-Denkmal** (→ S. 229), eine kantige weiße Marmorplastik mit dem Profil des großen Revolutionärs. Das Denkmal ist ein Werk des italienischen Bildhauers *Giacomo Manzù*.

## Spaziergänge in der Umgebung

Wie weitläufig die nahezu autofreie Gemeinde Capri bebaut ist, merkt man erst, wenn man durch die Umgebung der Ortschaft streift. Die mittelalterliche Enge der Altstadt geht schon bald in eine großzügige Hangbebauung über. Vom östlichen Ortsrand bis weit auf die Felsanhöhe hinauf ziehen sich die ummauerten Villengrundstücke und Gärten. Viele der **Sehenswürdigkeiten** von Capri lassen sich gut auf einem Spaziergang miteinander verbinden.

### Spaziergang zur Villa Jovis

Auf dem Weg zur Villa Jovis bzw. Villa Fersen erfreuen vor allem die üppigen Zier- und Nutzgärten sowie die dichte Inselvegetation das Auge. Schon *Gregorovius* notierte begeistert:

"Reichlich wachsen die Eichen, die Maulbeerbäume in großer Zahl; stark und fruchtgesegnet der Ölbaum; sparsam die Zypresse und die Pinie; groß und mächtig der Johannisbrotbaum; überaus fruchtreich und in Menge die Feige; häufig der Mandelbaum; kärglicher die Kastanie und der Nußbaum, aber reichlich die Orange und die Limone, die man in den Gärten in erstaunlicher Kraft findet und deren Früchte oft die Größe eines Kindeskopfs erreichen. Die Rebe wächst hier zwar nicht so üppig wie in Campanien, aber sie trägt schwere Trauben."

Zu ergänzen bleibt da nur noch die farbenfrohe Pracht blühender Sträucher und Büsche, von weißen, lila und feuerroten Bougainvilleen über den Hibiskus bis hin zu exotischen Pflanzen und vereinzelten Dattelpalmen.

- **Chiesa San Michele della Croce**: Die kleine unscheinbare Kirche aus dem 14. Jh. ist der Ausgangspunkt des Spazierwegs. Der malerisch verwitterte Bau aus Bruchstein beherbergt zwei anmutige Tafelgemälde, die sich zeitlich schwer einordnen lassen: Sie zeigen die Madonna mit dem Kind und den Erzengel Michael, der im Begriff ist, das Böse mit dem Speer zu töten.
- **Villa Moneta**: Ein Stück weiter entlang die Via Tiberio steht die auffällige Villa inmitten eines Parks mit uraltem Baumbestand. Über diesen verwitterten, jahrhundertealten Landsitz wird viel spekuliert, z. B. soll an dieser Stelle eine römische Münzprägestätte (Moneta = Münze) gestanden haben. Heute befindet sich das idyllische Anwesen in Privatbesitz und ist zumeist verschlossen (Gittertor).

*Kirchlein San Michele della Croce*

*Wurden hier römische Münzen gepägt? – Landvilla Moneta*

• <u>*Essen und Trinken*</u>: **La Savardina**, Ristorante und Pizzeria, an der Weggabelung Via Tiberio/Via Lo Capo (Hinweisschilder); dieses ländliche Ausflugslokal liegt inmitten eines Orangen-, Zitronen- und Weingartens und wird von einer sympathischen Bauernfamilie geführt. Einfache, schnörkellose Landküche, Fleisch vom Holzkohlengrill, kleine Preise, der Weg lohnt sich. Via Lo Capo 8, Tel. Tel. 081/8376300.

▸ **Villa Fersen**: die Via Lo Capo, der Abzweig von der Via Tiberio, führt schließlich zu diesem mysteriösen Gebäude. Diesen herrschaftlichen Landsitz unterhalb der Villa Jovis ließ sich der exzentrische Schriftsteller *Baron Jacques Adelswärd-Fersen* Anfang des 20. Jh. errichten. Heute befindet sich das stattliche Anwesen im Besitz der Gemeinde und wird restauriert. Bisweilen stößt man am Bauzaun auf Neugierige, die die Hälse recken. Vermutlich haben sie über das unzüchtige Leben des französischen Barons etwas gehört oder sogar den Roman "Exil in Capri" gelesen, in dem der Autor *Roger Peyrefitte* die Lebensgeschichte Fersens mit viel Phantasie und Übertreibung erzählt.

### Wer war Jacques Adelswärd-Fersen?

Dazu einige Zitate aus einem Essay des englischen Schriftstellern *Bruce Chatwin* (→ S. 69):

"Er wuchs in den neunziger Jahren in Paris heran [...] und war immer übertrieben elegant gekleidet. Sein erster Gedichtband wurde in ehrbaren Häusern herumgereicht, ungeachtet des morbiden Tonfalls und der Vorliebe des Dichters für rosa Rosen [...]. Vor Gericht gestellt [wegen Päderastie], verurteilt und danach freigelassen, floh Fersen nach Italien, wo er zwei amerikanischen Damen begegnete [...], die ihn in ihre Villa auf

Capri einluden. Dann beschloß er [...], sein eigenes Traumhaus zu bauen; und als Norman Douglas ihm den Platz unterhalb von Monte Tiberio zeigte, sagte Fersen: Hier könnte man Gedichte schreiben. Er ließ sich auch nicht abschrecken, als er gewarnt wurde, daß diese Stelle im Winter nicht mehr als zwei Stunden Sonne am Tag abbekomme. Während das Haus gebaut wurde, reiste er nach Ceylon, wo er sich das Rauchen von Opium angewöhnte. Dann gewöhnte er sich in Rom an einen Zeitungsjungen und nahm ihn als seinen Sekretär nach Capri mit [...]. Er verbot Nino, mit jungen Mädchen zu flirten, bestand jedoch darauf, ihn auf der Insel zu paradieren, als wäre er eine antike Apollostatue aus Bronze .. Und zuletzt – wenn die Geschichte wahr ist – inszenierte er ein vorgetäuschtes Menschenopfer in der Mithrasgrotte von Matromania mit Nino als Opfer, und beide wurden von der Insel gejagt."

Fersen durfte letztlich in seine Villa zurückkehren, wo er an einer Überdosis Opium verschied.

## Villa Jovis

**Die römische Kaiservilla ist die größte archäologische Ausgrabungsstätte der Insel. Majestätisch thront die kolossale Ruine auf der äußersten Spitze der macchiaüberwucherten Felsenhöhe Lo Capo. Das letzte Wegstück der Via Tiberio dorthin führt durch eine wahre Macchia-Bilderbuchlandschaft.**

Welch eine extreme und zugleich imposante Lage hatte sich *Kaiser Tiberius* 26 n. Chr. für den Bau seines 7.000 qm großen Herrscherpalasts ausgesucht! Die zu bebauende Fläche am Rande einer über 300 m hohen Steilküste war felsig und zerklüftet, und der Höhenunterschied von der Eingangshalle bis zur höchsten bebauten Stelle betrug ungefähr 40 m. Die architektonischen Anforderungen waren enorm. Außerdem handelte es sich um den Wohn- und Regierungssitz des römischen Kaisers, der außerdem allerhöchste Ansprüche an Komfort und Ausstattung stellte. Der Bau muß seinerzeit alle anderen Villen des Römischen Reichs an Herrlichkeit übertroffen haben. Obwohl von der einstigen Pracht nur noch die labyrinthischen Fundamente übriggeblieben sind, verfallen Bildungsreisende hier stets ins Schwärmen.

Traurige Tatsache ist, daß dieses antike Trümmerfeld dem interessierten Besucher fast ausschließlich Mauerwerk zu bieten hat. Das schmückende Beiwerk in Form von Marmorsäulen, Statuen, Mosaiken, Wandmalereien etc. ist längst verschwunden, denn lange bevor die offiziellen Ausgrabungen und Freilegungen begannen, wurde die Ruine systematisch geplündert. Vieles schafften die Kunsträuber des 18. und 19. Jh. aufs Festland und außer Landes. Außerdem dienten die Trümmer der kaiserlichen Villa den Einheimischen und den Neu-Capresen bis ins 20. Jh. hinein als Steinbruch und Fundgrube für den Bau eigener Villen. Demnach befinden sich unzählige Originalfragmente aus der Villa Jovis in capresischen Privathäusern und öffentlichen Gebäuden, wie z. B. der Marmorfußboden in der örtlichen *Chiesa Santo Stefano.*

*Villa Jovis – Ruine des Kaiserpalasts*

- *Öffnungszeiten*: tägl. 9 Uhr bis 1 Std. vor Sonnenuntergang, Eintritt L. 4.000.
- *Essen und Tinken*: **Bar Jovis**, am Weg zum Ausgrabungsgelände, kleiner Barbetrieb mit Gartenterrasse, Blick auf das Nordufer mit Marina Grande, Getränke und Snacks zu leicht überhöhten Preisen.

## Villa Jovis/Besichtigung

**Salto di Tiberio**: gleich am Eingang befindet sich der extreme Steilabhang über der Meeresbrandung. Angeblich hat hier Kaiser Tiberius seine Opfer aus blankem Sadismus in die Tiefe springen lassen.

Ein paar Schritte höher, hinter dem Kassenhäuschen, stand einer der höchsten **Leuchttürme** der Antike, der laut Überlieferung an die Größe des Weltwunder-Leuchtturms von Alexandria heranreichte.

Das Ausgrabungsgelände selbst läßt die Ausmaße des **Palasts** deutlich erkennen. Gut kann man auch die verschiedenen Mauertechniken der alten Römer studieren. Zweifellos am imposantesten sind die riesigen Gewölbe der **Zisternen** im zentralen Bereich der ehemaligen Herrscherresidenz. An Wasser durfte es damals nicht fehlen in den kaiserlichen Bädern und Brunnenanlagen. Im hinteren Teil, mit Blick auf Neapel, befand sich die über 100 m lange **Wandelhalle** des Tiberius; hier mochte er seine politischen Ränke geschmiedet haben.

Am höchsten Punkt steht heute die kleine Wallfahrtskirche **Santa Maria del Soccorso** (19. Jh.). Die überlebensgroße Bronzestatue der Madonna mit Kind wurde 1979 mit einem Hubschrauber hierhergeflogen, nachdem sie zuvor in Rom vom Papst geweiht worden war.

*Arco naturale – ein Naturphänomen*

## Spaziergang am Steiluferweg

▶ **Arco naturale**: Der Weg hierher führt über die Via Matermania durch den villenbestandenen Ortsteil *La Croce*; über einen abschüssigen Treppenweg erreicht man schließlich dieses kuriose Werk der Natur. Man fragt sich verwundert, wie der bizarre Felsbogen entstehen konnte: Erdbeben, Winderosion?

• *Essen und Trinken*: **Le Grottelle**, oben am Stichweg zum Arco naturale; kleine Trattoria in einer ausgebauten Felshöhle, mit Panoramaterrasse; einfache Land- und Meeresküche, auch Pizza. Akzeptables Preis-Qualitäts-Verhältnis trotz der magnetischen Lage am Trampelpfad zum Arco. Tel. 081/8375719.

▶ Unmittelbar vor der Trattoria *Le Grottelle* führt ein steiler Treppenweg hinunter zur **Grotta di Matermania** am tiefsten Punkt des Weges. Dieses enorme Höhlengewölbe weist Bebauungsspuren aus altrömischer Zeit auf und wird u. a. als Mithrastempel gedeutet. Im 1. Jh. n. Chr. erlangte der indoiranische *Mithraskult*, dem immer wieder Menschenopfer nachgesagt wurden, auch im Römischen Reich Bedeutung. Aber daß Kaiser Tiberius hier in einer dämonischen Stunde seinen Lieblingsknaben der Sonne geopfert haben soll, ist reine Spekulation. In einer etwas harmloseren Deutung der Grotte ist von einem *Nymphäum*, einem Monumentalbrunnen, die Rede.

▶ **Villa Malaparte**: Nach der Grotte steigt der Uferweg wieder an und führt durch eine herrliche Küstenmacchia und uralte Steineichenwälder. Auf dem Felsvorsprung der Punta Massullo erkennt man die ochsenblutrote Villa des Insel-Narzißten *Malaparte*, eines der sonderbarsten Gebäude der Insel. Die Architektur regt nach wie vor die Phantasie der Betrachter an: Die Beschreibungen reichen von "Bügeleisen" bis "aztekischer Pyramidentempel".

Heute wird die Villa von einer Stiftung verwaltet, die auch Stipendien an junge Maler vergibt. – Betreten verboten.

### Kurt Erich Suckert alias Curzio Malaparte

Sohn eines deutschen Textilfabrikanten und einer Florentinerin; er wurde 1898 in Prato (Toskana) geboren. Schriftsteller, Journalist, Kriegsberichterstatter, Dandy und "professioneller Possenreißer". In Anlehnung an *Bonaparte* änderte er seinen bürgerlichen Nachnamen in *Malaparte* um. Schon im zarten Alter von 15 Jahren trieb er sich in den Literatencafés von Florenz herum. Im 1. Weltkrieg trat er in die italienische Garibaldi-Legion ein. Von 1928–31 war er Leiter der Tageszeitung *La Stampa*. Anfangs sympathisierte er mit den Faschisten und beteiligte sich an deren Marsch auf Rom. Später verhafteten ihn die Faschisten wegen antifaschistischer Betätigung im Ausland und verbannten ihn einige Jahre auf die Insel Lipari vor Sizilien. In einem Artikel verunglimpfte Malaparte Hitler, der daraufhin seinen Kopf forderte. Auch Mussolini wurde von Malaparte verhöhnt. Dieser lud ihn zur Maßregelung sogar in sein Amtszimmer im Palazzo Venezia vor, bewies letztlich jedoch Humor. Während des 2. Weltkriegs baute Malaparte auf Capri seine Villa, die er *Casa come me* (ein Haus wie ich) nannte. Hier schrieb Malaparte seine umstrittenen Bücher "Kaputt" und "Die Haut", in denen er in expressionistischen Bildern Szenen menschlicher Erniedrigung beschrieb. Später bekannte er sich zum Kommunismus, reiste in die Sowjetunion und nach China. Die Casa come me vermachte Malaparte, der 1957 in Rom starb, der Volksrepublik China, die das Geschenk aus Kostengründen höflich zurückwies.

- **Faraglioni-Klippen**: Ein Stück weiter auf diesem Weg ragen die spektakulären Klippen aus dem Meer; über 100 m messen die beiden höchsten Felsfinger. Jeder hat sie vorher schon einmal gesehen auf den zahlreichen Abbildungen, die es von ihnen gibt; längst sind sie zu Wahrzeichen Capris geworden. Auf diesen unzugänglichen Felstürmen vermuteten Archäologen lange Zeit antike Grabmäler, doch diese kühne Vermutung bewahrheitete sich nicht. Aber Zoologen fanden dafür eine endemische Eidechse auf dem äußeren Faraglione – immerhin! Am interessantesten ist jedoch der mittlere Faraglione: Man kann ihn mit dem Boot durchfahren. Aber längst nicht alle Inselrundfahrten passieren dieses natürliche Nadelöhr. Für Abenteuernaturen werden mittlerweile sogar Faraglioni-Trips mit dem U-Boot angeboten (→ "Bootsausflüge", S. 231).
- **Porto di Tragara/Baden**: Vom Uferweg führt ein steiler Treppenweg hinunter. Erst unten erkennt man die geschützte Lage dieses Naturhafens, dessen glatte Felswände geradezu beängstigend wirken. Kaiser Tiberius diente diese Stelle wahrscheinlich als Fluchthafen. Heute ist das Felsufer des Porto di Tragara eine beliebte Badestelle, allerdings verschwindet die Sonne früh! Die teils betonierte Uferfläche wird fast vollständig von zwei *Bagni* mit Bar und Restaurant eingenommen.

*Porto di Tragara – beliebte Badestelle*

**Da Luigi**, Bagno/Bar/Ristorante, Bagno-Eintritt L. 13.000. Im Hafenbecken gelegen, Tel. 081/8370591.

**Fontelina**, Bagno/Bar/Ristorante, Bagno-Eintritt L. 17.000, an der Rückseite des Porto gelegen, Blick auf Marina Piccola, schroffes Ufer, mit viel Zement begehbar gemacht. Tel. 081/8370845.

▸ **Belvedere di Tragara**: An diesem baumbestandenen Aussichtpunkt endet der Steiluferweg; von hier führt die Via Tragara zurück nach Capri-Ort.

## Spaziergang nach Marina Piccola

▸ **Via Krupp**: Dieser nach seinem Finanzier benannte Serpentinenweg führt von den *Giardini di Augusto* (→ 239) zunächst steil hinunter zur *Grotta dell'Arsenale* und von dort weiter zum kleinen Badeort Marina Piccola. Arbeitsaufwendig wurde die schmale Via Krupp 1902 in den Steilhang gehauen und gemauert, ein wahres Kunstwerk des deutschen Ingenieurs E. Mayer. Wegen Steinschlaggefahr ist das Betreten dieses spektakulären Wegs seit Jahren offiziell verboten; aber auf eigene Gefahr kann man die Absperrung überwinden und den Weg begehen.

▸ Unterhalb der Serpentinen öffnet sich, vom Weg aus kaum sichtbar, die **Grotta dell'Arsenale**. Ein steiler Naturpfad führt hinunter zum Felsufer. Schon Gregorovius vermutete in dieser schwer zugänglichen Erdhöhle, an deren Wänden römisches Mauerwerk sichtbar ist, ein Vorratshaus der kaiserlichen Marine oder eine antike Werft.

• *Badetip für Individualisten*: Das Ufer bei der *Grotta dell'Arsenale* zählt zu einer der wenigen frei zugänglichen und naturbelassenen Badestellen der Insel. Den Abzweig dorthin nicht mit dem Treppenweg zum exklusiven *Bagno Saraceni* verwechseln!

▸ Setzt man den Weg auf der Via Krupp fort, sieht man kurz vor den ersten Häusern von Marina Piccola oben die Öffnung der **Grotta di Castiglione**, eine der größten Felsenhöhlen Capris. Darüber thront in einsamer Abgeschiedenheit eine überbaute Festungsruine namens *Il Castiglione* (Privatbesitz).

▸ **Via Mulo**: Treppenweg nach *Marina Piccola*; Alternative zur offiziell verbotenen Via Krupp. Der Weg beginnt am capresischen Verkehrsknotenpunkt *Largo Due Golfi*. Bequem geht es auf breiten Ziegelsteintreppen durch ein vornehmes Wohngebiet mit gepflegten Gärten. Am Weg befindet sich auch die herrschaftliche Exil-Villa *Maxim Gorkis* (nicht zu besichtigen).

### Marina Piccola

Winziger Badeort auf der Sonnenseite der Insel. Den Mittelpunkt der Ortschaft bildet die kleine **Chiesa San Andrea** an der Bushaltestelle. Links und rechts neben der Kirche führen Treppenwege hinunter zur hoffnungslos verbauten Badebucht. Mehrere *Bagni* und Restaurants teilen sich das kostbare Ufer-Terrain; nur die beiden winzigen Kiesstrände sind gebührenfrei zugänglich. Hat man sich im Meer abgekühlt (am besten an der Bootsanlegestelle), öffnet der Blick nach oben eine ganz andere Perspektive: Steil ragt die nackte Felswand in die Höhe – ein Bild wie aus dem Hochgebirge; unterhalb dann schicke Villen im mediterranen Grün.

- *Übernachten*: *** **Nautilus**, Ufernähe, moderner Flachbau, gepflegter Garten, komfortabel ausgestattet, ohne Restaurant. DZ L. 90.-250.000, Frühstück L. 20.000. Via Marina Piccola 98, Tel. 081/8375322.
- *Essen und Trinken*: **Le Sirene**, kleine Strandbar mit Terrasse über dem Kiesstrand, Getränke und Snacks, preislich im Rahmen.

**Ciro a Mare**, gepflegtes Strandrestaurant, leckere Meeresküche zu leicht gehobenen Preisen. Tel. 081/8370264.

**La Piazzetta**, Ristorante oberhalb der Bushaltestelle, mit Panoramaterrasse, auch in der NS geöffnet, ebenfalls leckere Meeresküche, gutes Preis-Qualitäts-Verhältnis.

## Anacapri

**Hier tut sich eine ganz andere Insel- und Urlaubswelt auf. Von Capri aus unsichtbar erstreckt sich die Gemeinde Anacapri hinter der majestätischen Felswand, die die Insel in zwei Hälften teilt.**

Wie eine Nabelschnur verbindet die steile Serpentinenstraße die beiden ungleichen Gemeinden miteinander. Über diese Nabelschnur wird Anacapri gewissermaßen versorgt – auch touristisch. Gäbe es die bequeme Straßenverbindung nicht, wäre Anacapri völlig isoliert, regelrecht abgeschnitten von der ungeliebten Nachbargemeinde, dem gemeinsamen Inselhafen, überhaupt von der gesamten Außenwelt.

Auf einer schroffen Hochebene breitet sich die 6.000-Seelen-Gemeinde friedlich aus; im Kern städtisch, aber rundherum gänzlich bäuerlich-ländlich, noch die kleinste Parzelle wird bewirtschaftet. Zugang zum Meer gibt es nur an ganz wenigen Stellen, und zum Bau eines eigenen Hafens fehlt seit jeher der geeignete Platz. Der Touristenstrom, der in vollgestopften Bussen von Capri hoch nach Anacapri kommt, streift die ländliche Idylle dieser weitläufigen Gemeinde nur am Rand – obwohl es einiges zu entdekken gibt.

*Capri in Miniatur*

• *Übernachten*: **** **Europa Palace**, an der Piazza Vittoria in unmittelbarer Nähe der Talstation der Seggiovia (Sessellift); modernes Luxushotel, komfortabel ausgestattet, mit Garten, Pool und Beautyfarm, Hotelrestaurant; auch das angrenzende **Mode-Outlet-Kaufhaus La Mariorita** gehört zum Hotel. DZ L. 320.-530.000 inkl. Frühstück. Via Capodimonte, Tel. 081/8373800.

*** **San Michele**, älteres, komfortables Großhotel in Hanglage, Park mit uralten Bäumen, Blick auf Marina Grande, Panoramaterrasse, teilweise Balkonzimmer, großer Pool, Hotelrestaurant. DZ L. 160.-240.000 inkl. Frühstück. Via G. Orlandi, Tel. 081/8371427.

** **Biancamaria**, im Ort, Fußgängerzone, gepflegtes Albergo mit weißer Arkadenfassade, ohne Restaurant. DZ L. 150.-240.000. Via G. Orlandi, Tel. 081/8371000.

** **Casa Caprile**, ältere, herrschaftliche Landvilla am südwestlichen Ortsrand, großer Garten, geschmackvoll eingerichtet, teils historisches Mobiliar, ohne Restaurant. DZ L. 100.-200.000 inkl. Frühstück. Via Follicara, Tel. 081/8373948.

• *Essen und Trinken*: **Mamma Giovanna**, Trattoria an der Kirchenpiazza Diaz, urgemütliches Kellergewölbe, leckere capresische Land- und Meeresküche, vom Antipasto bis zum Dolce alles garantiert hausgemacht, einige Tische auch draußen, ehrliche Preise. Via Boffe 3, Tel. 081/8372057.

**Materita**, Pizzeria, ebenfalls an der Kirchenpiazza, große Pizza-Auswahl, preisgünstig, Tische auch im Freien. Piazza Diaz, Tel. 081/8373375.

**Saraceno**, sehr einfache, volkstümliche Trattoria, deftige Bauernküche, kleine Preise, Tische auch im Vorgarten, Seitenstraße der Via Boffe, Via Trieste e Trento 18, Tel. 081/8372099.

## Sehenswertes

Dreh- und Angelpunkt von Anacapri ist die *Piazza Vittoria*; dort beginnt auch die **Fußgängerzone** der *Via G. Orlandi*. Diese Bummelgasse führt direkt in den Ortskern; anfangs säumen bunte Souvenirläden, Boutiquen und Einzelhandelsgeschäfte den Weg. Darunter auch der Laden des sympathischen Schuhmachers *Antonio Viva*, der sich auf die Herstellung von Ledersandalen spezialisiert hat: Im Gegensatz zu Capri-Ort, wo es nur superschicke Schuhboutiquen gibt, werden die Schuhe in Anacapri noch mit der Hand gemacht – ein bezeichnender Unterschied!

- **Casa Rossa**: Ein Stück weiter dann die auffällige **Casa Rossa**. Dieses mittelalterliche Turmhaus erwarb ein amerikanischer Capri-Enthusiast namens *J. C. MacKowen* gegen Ende des 19. Jh. und stattete es mit allerlei archäologischen Fundstücken von der Insel aus. Eine Innenbesichtigung ist nicht möglich.

- **Capri in Miniatur**: Die gesamte Insel im Kleinformat aus Ton und Keramik. Ein wahres Kunstwerk auf einer Fläche von 18 x 9 m, geschaffen von dem anacapresischen Maler und Bildhauer *Sergio Rubino*. Alle wichtigen Gebäude der Insel sind in Form und Farbe originalgetreu nachgebildet; sogar einige Episoden aus der Geschichte Capris hat der Keramikkünstler nachgestellt. Begrünt ist diese sehenswerte Miniaturinsel mit echter Bonsai-Vegetation; der Untergrund besteht aus Dolomitfelsbrocken – ganz dem Original entsprechend.

• Öffnungszeiten: tägl. 9-17 Uhr, Eintritt L. 6.000, Erklärungen auch deutsch bzw. englisch. Via G. Orlandi 103, schräg gegenüber der Casa Rossa.

• Weitere Aktivitäten: Die Capri-in-Miniatur-Initiative betreibt im selben Gebäudekomplex auch eine **Bar** sowie ein **Kino** mit internationalem Programm. Und jeden Samstag wird das Kino zur beliebten **Disco Zeus** umgebaut.

- **Chiesa monumentale di San Michele**: barocke Pfarrkirche von Anacapri; der Kirchenschatz besteht aus einem bunten Majolika-Fußboden, der fast den gesamten Boden ausfüllt. Dargestellt ist die Vertreibung aus dem Paradies: Ein riesiges, kunsthistorisch wertvolles Kachel-Puzzle mit Motiven aus Brehms Tierleben. Eine schmale Treppe führt auf die Galerie, von dort hat man den besten Blick auf das Kunstwerk.

  Öffnungszeiten: tägl. 9 -19 Uhr, Eintritt L. 2.000. Das gekachelte Hinweisschild zur Kirche an der Via G. Orlandi ist nicht zu übersehen.

*Fußboden in der Chiesa di San Michele*

- **Chiesa di Santa Sofia**: Die Bummelgasse mündet an der lauschigen Kirchenpiazza, die von einigen gekachelten Sitzbänken geschmückt wird. Falls die Kirche verschlossen ist, was sie meistens ist, muß man sich mit der anmutigen Sofia-Statue in der Barockfassade begnügen, die in der Machart an afrikanische Ebenholzfiguren erinnert. Ansonsten lädt der Kirchenvorplatz – der Treffpunkt der Einheimischen – zum Verweilen ein (→ "Essen und Trinken").

## Villa San Michele (Museo Axel Munthe)

**Eine der Hauptsehenswürdigkeiten der Insel, und schon der Weg hierher wird von unvergleichlichen Stapeln von Kitsch und Souvenirs gesäumt. Zumeist begleitet von dicht aufeinanderfolgenden Reisegruppen, erreicht man die weltbekannte Munthe-Villa, die in wirklich phantastischer Lage am Rande des Abgrunds schwebt.**

Ist der Andrang zu groß, sollte man sich zunächst eine Besichtigung verkneifen, und dafür den herrlichen Panoramablick am Ende des Zubringerweges genießen, der mit der *Scala Fenicia* (→ S. 234) verbunden ist.

Öffnungszeiten: tägl., Mai-Sept. 9-18 Uhr, März/Apr. und Okt. 9.30-17 Uhr, Nov.-Jan. 10.30-15.30 Uhr, Eintritt L. 6.000.

### Axel Munthe

1857 in der schwedischen Provinz geboren, im biblischen Alter von 91 Jahren 1949 in Stockholm verstorben, Modearzt und Bestseller-Autor. Mit 18 Jahren nach Italien gereist, um eine Lungenkrankheit auszukurieren. *Bruce Chatwin* (→ S. 69) berichtet weiter:

"Als er zufällig einen Tag in Anacapri verbrachte, entdeckte er eine verlassene Kapelle und daneben einen Garten, dessen Besitzer, Mastro Vincenzo, den Mosaikfußboden einer römischen Villa und eine Menge antiker Marmorfragmente ausgegraben hatte – *roba di Tiberio* oder *Zeug von Tiberius*, wie es einheimische Bauern nannten. Munthe erkannte in dem Ort eine von Tiberius' zwölf Villen, und wenn man ihm glaubt, fühlte er sich an Ort und Stelle zu der Mission berufen, ihn zu besitzen. Warum sollte ich nicht Mastro Vincenzos Haus kaufen, schrieb er im *Buch von San Michele*, und Haus und Kapelle durch Rebengewinde und Zypressengänge verbinden, mit weißen Loggien, auf Säulen ruhend, mit Marmorbildern von Göttern und Bronzestatuen von Kaisern."

Und so geschah es, Munthe realisierte sein Traumhaus, eine schneeweiße, lichtdurchflutete Villa im sarazenisch-romanischen Stil mit antiken Marmorfragmenten im Mauerwerk "Nüsse im Nougat".

Als Arzt beschäftigte sich Axel Munthe besonders mit Nervenkrankheiten und ihrer Heilung durch Hypnose. Seine Villa glich zeitweise einer Heilanstalt für schwermütige Königinnen und Kaiserinnen. Darunter war z. B. auch Königin Victoria von Schweden, die der Mediziner laut Chatwin "durch gutes Zureden länger am Leben hielt, als sie es offensichtlich beabsichtigt hatte." Später vermachte Munthe die Villa dem schwedischen Königshaus. Sein autobiographischer Roman von 1931, "Das Buch von San Michele", ist in annähernd 50 Sprachen übersetzt und millionenfach verkauft worden, und es verrät dem Leser, daß Munthe geradezu besessen von Kaiser Tiberius war.

## Besichtigung

Die Räume des Munthe-Museums sind prall gefüllt mit Antiquitäten und archäologischen Fundstücken, ein Sammelsurium, sehenswert, aber ohne

Konzept. Besonders skurril wirkt Munthes **Schlafzimmer** im Stil eines Kirchengewölbes mit Kruzifix!

- Über einen Säulengang, der mit Kopien antiker Skulpturen bestanden ist, erreicht man die **Sphinx-Terrasse** – mit atemberaubenden Blick über den Golf von Neapel.
- Im exotisch-mediterranen Garten steht die **Kapelle von San Michele**, die Munthe in eine Art "Paschapavillon" umwandeln ließ; von hier hatte er die Ruinen der gegenüberliegenden Villa Jovis stets im Blick.
- Im **naturkundlichen Gartenpavillon** lernt man die Inselfauna etwas näher kennen und erfährt u. a. von der Wachtel-Geschichte Capris: Bis 1880 exportierte Capri jährlich ca. 50.000 Wachteln. Das bevorzugte Wachtelgericht hieß damals *Quaglie su Crostone di polenta*, zu dem Vesuvwein gereicht wurde. Hintergrund: Im Herbst und im Frühjahr ließen sich einst Schwärme von Vögeln auf der Insel nieder, hauptsächlich Wachteln; die vom Flug erschöpften Vögel waren leichte Beute, sie wurden einfach gegriffen oder in Schlingen gefangen. Noch zu Munthes Zeiten war die Wachteljagd auf Capri verbreitet. Der Tierliebhaber Munthe intervenierte, und konnte Mussolini persönlich davon überzeugen, die Zugvögel unter Naturschutz zu stellen. – Seit den 50er Jahren arbeitet übrigens ein ornithologisches Institut in dem Naturschutzgebiet oberhalb der Villa San Michele.

*Villa San Michele – Geschmacksache*

## Castello Barbarossa

Oberhalb der Munthe-Villa befinden sich die Ruinen einer Wehranlage aus dem 12. Jh. Die Festung wurde 1535 von dem berüchtigten türkischen Flottenadmiral *Chair Ad Din*, besser bekannt als *Barbarossa*, zerstört. Die Munthe-Verwaltung bietet von Mai bis Oktober Führungen (engl./ital.) zur Festung an, die einzige Möglichkeit, das Castello zu besichtigen.

Führungen: jeden Do um 16.45 Uhr, max. 20 Pers., kostenlos. Anmeldung unter Tel. 081/8371401.

# Monte Solaro (589 m)

An der *Piazza Vittoria* befindet sich die Talstation der *Seggiovia* (Betriebszeiten und Preise → S. 231). Schwindelfrei sollte man schon sein, um den 10-minütigen Flug im Sessellift über den grünen Nordhang des höchsten Inselbergs genießen zu können. Gemächlich schwebt man in seinem Sitz über die Gärten und kleinen Parzellengrundstücke hinweg, vereinzelt ragen Pinien und Steineichen auf, und stellenweise bedeckt dichte Macchia den felsigen Boden. – Lohnenswert ist der bequeme Gipfelsturm natürlich nur bei klarer Sicht.

Oben öffnet sich ein großartiges Panorama, ungetrübt kann der Blick in alle Richtungen schweifen, und senkrecht stürzt der steile Südhang ins Meer. Die Reste der mittelalterlichen Gipfelfestung sind mittlerweile zu einem Barbetrieb mit Terrasse ausgebaut worden. Eine lebensgroße *Tiberius-Statue* weist den Weg nach Capri – zu Fuß über den Passetiello!

## Wanderungen vom Monte Solaro

- **Über den Passetiello nach Capri-Ort**: Gehzeit ca. 1,5 Std., ein Naturpfad für schwindelfreie Wanderer mit Bergerfahrung.
Vom Gipfel zunächst dem Wegweiser "Anacapri/Cetrella" folgen, man läuft ein Stück parallel zur Seggiovia (Sessellift) und biegt dann durch einen Misch- und Kastanienwald ab. Wenig später taucht rechts eine ausgedehnte Ginsterfläche auf, anschließend Niedrigvegetation bis zur Wegkreuzung mit den drei Kiefern. Dort dem Kachelschild "Cetrella/Eremo" folgen; jetzt immer an der geschichteten Steinmauer entlang bis zum **Eremo Santa Maria Cetrella**. Diese kleine Klosteranlage ist leider zumeist verschlossen, aber einen Blick über die Mauer kann man wagen.
Am Kloster das Kachelschild "Per il Passetiello" nicht verpassen! Jetzt beginnt ein schmaler Naturpfad über Stock und Stein, leicht ansteigend; er endet am Scheitelpunkt der Steilwand. Herrlicher Blick hinunter nach Capri-Ort, Marina Piccola, Marina Grande und die Fahrstraße nach Anacapri. Jetzt beginnt der steile, etwas anstrengende Abstieg (rot markiert). Bald erreicht man den eigentlichen **Passetiello**, die Stelle zwischen zwei wuchtigen Felsnasen, die auf einem treppenartigen Absatz überwunden werden muß. Unmittelbar danach überwuchert dichte Vegetation den steil bleibenden Pfad (kaum noch Ausblicke). Später läuft man durch einen kleinen Mischwald; am Maschendrahtzaun dann rechts weiter. Jetzt beginnt ein schönes Wegstück direkt unterhalb der kahlen Steilwand. Bevor man die Zivilisation wieder erreicht, links noch einmal ein Panoramapunkt (am Olivenbaum). Über die Via Torina gelangt man zum Verkehrsknotenpunkt Largo Due Golfi (→ S. 247).

- **Alternativen**: Wer sich den steilen Abstieg hinunter nach Capri nicht zumuten möchte, sollte den oben beschriebenen Wanderweg nur bis zur kleinen Klosterkapelle *Santa Maria Cetrella* und von dort wieder zurück zum Sessellift laufen. Außerdem führt ein gekennzeichneter Wanderweg mittleren Schwierigkeitsgrads vom Gipfel des Monte Solaro hinunter nach Anacapri zur Piazza Vittoria/Villa San Michele.

*Kassenboote vor der Blauen Grotte*

## Blaue Grotte (Grotta Azzurra)

**Die weltbekannte Blaue Grotte befindet sich an der Nordwestspitze der Insel. Die spitz zulaufende Grottenöffnung liegt größtenteils unter Wasser, Einlaß gewährt nur ein kleiner, ca. 1,5 m hoher Spalt in der Felswand – und dann wird man selbst Zeuge des magischen blauen Feuers.**

Bereits zu Tiberius' Zeiten war die leuchtendblaue Grotte bekannt und wurde wahrscheinlich als Grottenheiligtum genutzt. Tatsache ist, daß auf dem Grottenboden antike Marmorstatuen gefunden und geborgen wurden. Außerdem entdeckte man im hinteren Teil des Grottengewölbes einen Stollen, der mehrere hundert Meter weit in den Fels führte, vermutlich bis hinauf zur römischen *Villa Gradola*, die sich über dem Grotteneingang befand. Von dort dürfte es einen bequemen Verbindungsweg zur kaiserlichen *Villa Damecuta* (→ S. 254) gegeben haben. Alles Fakten, die die Phantasie anregen, auch *Ferdinand Gregorovius* erlag dem Zauber des geheimnisvollen schönen Orts:

> "Ja, ich glaube wohl, daß Tiberius hier badete und unter den schönen Mädchen seines Harems umherschwamm, wie Sueton erzählt. In dieser wollüstig strömenden Phosphorflut glühten dann die Mädchenleiber wie strahlende Leiber von Meerfeen, und nicht hat hier Sirenengesang und Flötenspiel gefehlt, um solches Bad zu einem unsagbaren Wollustspiel zu machen."

Später geriet die Grotte in Vergessenheit, den Einheimischen galt sie sogar als verhext. Ihre Wiederentdeckung durch *August Kopisch*, am 17. August 1826, hatte ungeahnte Folgen: Das blaue Grottenwunder von Capri avancierte zur touristischen Weltsensation. Kopisch, der damals in die Grotte hineinschwamm, gab ihr übrigens auch den Namen *Grotta azzurra.*

• *Mit dem Boot*: **Motorboote** pendeln ab Marina Grande ständig zur Grotte, aber wegen des großen Andrangs müssen sie dort oft schauklige Warterunden drehen. Vor dem Grotteneingang erfolgt das Umsteigen in kleine **Ruderboote**, die höchstens fünf Personen fassen; man kauert am Boden, und der wettergegerbte Bootsführer zieht das Bötchen an einer Kette in die Grotte. Je nach Andrang und nach Laune des Bootsführers verweilt man ca. 5 Min. im Grotteninnern, das ist zu wenig, um die Augen vollständig an die Dunkelheit zu gewöhnen, aber für ein unvergeßliches Erlebnis reicht es allemal. – Ein Trinkgeld erhöht in der Regel die Aufenthaltsdauer in der Grotte. Bei unruhiger See keine Besichtigung! **Preise** etc. → "Bootsausflüge", S. 231.

• *Landweg zur Grotte*: mit dem **Inselbus** bzw. **zu Fuß** (von Anacapri ca. 45 Min). Der Weg führt durch das weitläufige Wohn- und Parzellengebiet von Anacapri, ist stark abschüssig und nicht ganz leicht zu finden. Hinter der Kirchenpiazza Diaz beginnt die Via Cava, die bald in die Via Lo Pozzo übergeht, an deren Ende stößt man auf die Via Vigna. An der Ecke zur Via Veterino dann dem Hinweisschild "Grotta azzurra" folgen. Am Ende der Via Vecchia Grotta Azzurra hört die Asphaltierung auf; dort beginnt ein steiler Naturpfad hinunter zur Hauptstraße und zum Parkplatz mit Bushaltestelle. Vom Parkplatz führt dann ein Treppenweg zum Grotteneingang, wo sich eine kleine Anlegestelle befindet; dort kann man direkt in die Ruderboote steigen und spart den Motorboot-Transfer von Marina Grande.

• *Baden*: Abends, wenn der Ruderboot-Service ganz eingestellt worden ist, finden sich immer ein paar mutige Schwimmer ein, die wie einst *August Kopisch* in die Grotte hineinschwimmen.

• *Essen und Trinken*: **Bar Nettuno**, an der Bushaltestelle, Snacks und Getränke. Der Barbetrieb verfügt auch über einen **Swimmingpool**: Bagno-Eintritt L. 15.000. Via Grotta Azzurra, Tel. 081/8371362.

**Add'o Riccio**, beliebtes Terrassen-Ristorante über den Klippen, Blick auf den Grottenverkehr, ausgezeichnete Fischküche, preislich im Rahmen. Via Grotta Azzurra, Tel. 081/8371380.

## Villa Damecuta

Eine der zwölf Göttervillen des Tiberius, an der Nordwestspitze der Insel gelegen. Sie erlebte das gleiche Schicksal wie die Villa Jovis und die anderen altrömischen Monumentalbauten auf Capri: Sie wurde zerstört, geplündert und anschließend als Steinbruch benutzt. Zu sehen sind heute nur noch Mauerfundamente; wer die Villa Jovis ausgiebig besichtigt hat, kann sich die Damecuta sparen. Auf dem Gelände steht auch der **Torre Damecuta**, dabei handelt es sich allerdings um einen mittelalterlichen Rundturm.

• *Anfahrt*: **Inselbus** Anacapri–Grotta Azzurra, Haltestelle Damecuta; von dort ca. 1 km Küstenpanoramaweg (Via A. Maiuri) am *Eliporto* (Hubschrauberlandeplatz) vorbei. Von der Villa Damecuta gibt es keinen direkten Fußweg hinunter zur Blauen Grotte, man muß also zurück zur Bushaltestelle.

• *Öffnungszeiten*: tägl. 9 Uhr bis 1 Std. vor Sonnenuntergang, Eintritt frei.

## Punta Carena/Baden

Der südwestlichste Zipfel der Insel wird von einem macchiabegrünten Felsfinger geformt, auf dessen Spitze ein wuchtiger Leuchtturm steht. Dieser **Faro**, eine Konstruktion aus dem späten 19. Jh., ist einer der potentesten

*Punta Carena – abgelegene Badestelle*

Leuchttürme Italiens, er strahlt über 50 km weit und bildet einen Orientierungspunkt entlang der Nordafrikaroute. Unten öffnet sich eine kleine Felsbucht, eingerahmt von bizarren Gesteinsformationen; für mich die schönste und friedlichste Badestelle der Insel. Bunte Fischerboote dekorieren das Felsufer und eine Betonplattform erleichtert den Weg ins Wasser.

- *Anfahrt*: **Inselbus** Anacapri–Faro (Punta Carena).
- *Sehenswertes unterwegs*: An der Hauptstraße Via Nuova del Faro befindet sich der **Torre di Materita**; in diesem Wehrturm (14. Jh.) beendete *Axel Munthe* (→ S. 250) angeblich seinen Erfolgsroman, nachdem ihn eine Augenkrankheit zwang, seine lichtdurchflutete Villa gegen die finsteren Räume dieses mittelalterlichen Wohnturms einzutauschen. Am letzten Knick der Hauptstraße mal auf das große *Eulengesicht* in der Felswand achten, mit ein bißchen Phantasie erkennt man ihre Augenhöhlen, Nase und spitzen Ohren.
- *Baden/Tauchen*: frei zugängliche Uferzone, ideale Bucht zum Schwimmen, Schnorcheln und Tauchen. Außerdem **Bagno Lido del Faro** mit Pool, Liegestühlen und Sonnenschirmen, Eintritt L. 10.000. An der Bucht befindet sich auch die Tauchschule **Capri Diving Club**, Kurse und Leihgeräte, Tel. 081/8373487.
- *Essen und Trinken*: mehrere Barbetriebe unmittelbar an der Bucht, Snacks und Getränke, teils auch Liegestuhlvermietung. **Lido del Faro**, gepflegtes Terrassen-Ristorante über den Klippen, Fischküche, Tel. 081/8371798.

## Belvedere di Migliera

Eine wirklich herrliche Aussichtsterrasse; der Blick schweift über die extrem schroffe Steilküste bis zum Faro. Ein Stück oberhalb befindet sich ein zweiter Aussichtspunkt, von dem aus sogar die *Faraglioni-Klippen* zu erkennen sind. Der Fußweg zum Belvedere beginnt an der Talstation des Sessellifts und führt auf der schmalen Via Caposcuro/Via Migliera durch ein weitläufiges Wohn- und Parzellengebiet.

Seit 1997 erinnert eine kleine Bronzegedenktafel an *Willy Kluck*, Bildhauer, Maler und Philosoph. Während des 2. Weltkriegs ließ sich der Eremit Kluck auf Capri nieder, wo er ein Landhaus in der Nähe des Belvedere bewohnte. 90jährig verstarb er hier, und da keine deutschen Angehörigen mehr ausfindig gemacht werden konnten, versteigerten die italienischen Behörden seinen Nachlaß, der überwiegend aus Bildern bestand. Von dem Erlös konnte die Beerdigung bezahlt werden. Zu Lebzeiten hatte Kluck Verbindung zur Gastronomenfamilie *Da Gelsomina*, die auch die Bronzetafel stiftete.

• *Übernachten/Essen und Trinken*: **Da Gelsomina**, fast am Endes des Wegs zum Belvedere, beliebtes Ausflugslokal, sehr sympathischer Familienbetrieb, authentische capresische Land- und Fischküche, leckere Nachspeisen, Fleisch, Gemüse, Salat und Wein aus eigener Produktion, ehrliche Preise. Von der lauschigen Speiseterrasse blickt man hinüber nach Ischia. Ein Swimmingpool (Eintritt) steht zur Verfügung. In einem ruhig gelegenen Nebengebäude sind sechs komfortable DZ eingerichtet worden, mit kleiner Terrasse und Vorgarten. DZ L. 120.-160.000 inkl. Frühstück und Poolbenutzung. Via Migliera 72, Tel. 081/8371499.

*Mediterrane Dachkonstruktion – nützlich und schön*

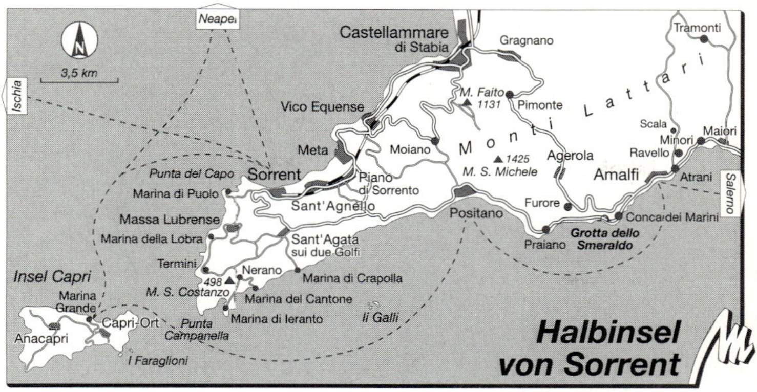


# Halbinsel von Sorrent

Den südlichen Abschluß des Golfs von Neapel bildet die großartige Sorrentiner Halbinsel. Der steile und vegetationsreiche Küstenabschnitt zwischen *Castellammare di Stabia* und der *Punta Campanella* repräsentiert mit Abstand den landschaftlich schönsten Teil der Golfbucht. Angesichts des dramatischen Küstenverlaufs und der paradiesischen Zitruskulturen vergißt man das unwirtliche Vorstadtchaos von Neapel schnell. – Überragt wird die Sorrentiner Steilküste von dem wuchtigen Kalksteinmassiv der **Monti Lattari**, das mit seinen bizarr zerklüfteten Gipfeln (bis 1.444 m hoch) eine fast alpine Kulisse bildet. Die zerfurchte Bergkette der Monti Lattari prägt aber vor allem den Verlauf der südlich anschließenden Amalfitanischen Küste, der **Costiera Amalfitana** (ab S. 276), eine der aufregendsten und steilsten Küstenlandschaften des gesamten italienischen Mittelmeers und die krönende Fortsetzung des Golfo di Napoli.

## Sorrent (Sorrento)

**Die Stadt erstreckt sich auf einem fruchtbaren Tuffsteinplateau, das abrupt und spektakulär ins Meer abfällt. Die Abbruchkante verläuft exakt 50 m über dem Meeresspiegel – ein atemberaubender Anblick sowohl vom Meer als auch vom Land.**

Zugang zum Wasser gibt es nur an wenigen Stellen, dort wo steile Treppen und Tunnelgänge den beachtlichen Höhenunterschied überwinden; selbst die beiden Häfen von Sorrento, *Marina piccola* und *Marina grande*, lassen sich nur mühsam über enge Serpentinenstraßen und Treppenwege erreichen. Oben auf der Steilkante posieren die herrschaftlichen Uferpalazzi, zumeist Villen aus dem 18. und 19. Jh., heute größtenteils luxuriöse Hotelbetriebe.

## Zitrusküste

Orangen, Mandarinen und Zitronen die im Sonnenlicht leuchten – ein herrlicher Anblick. Nirgendwo sonst am Golf von Neapel sind die Zitruskulturen üppiger und auffälliger als an der Sorrentiner Küste: Meterhohe Haine zieren die Landschaft, oftmals von Palisaden umzäunt und mit schwarzen Netzen vor zuviel Sonne geschützt. Die immergrünen Pflanzen tragen das ganze Jahr über Früchte, die Haupterntezeit fällt jedoch in die Wintermonate, dann ist die Qualität der Früchte am besten und der Ertrag am größten. Die hiesigen Zitronen haben zum Teil einen ungewohnt großen Umfang, während die Orangen eher klein sind. Die großen Zitronensorten werden sogar als Obst gegessen bzw. zu Fruchtsaft gepreßt, da sie einen geringeren Säuregehalt haben als die Durchschnittszitrone. – Der Ladenpreis pro Kilo beträgt übrigens ca. L. 2.000.

*Sorrentiner Hotelgarten*

Im Mittelmeerraum werden Zitronen, die ursprünglich aus Vorderindien und China stammen, bereits seit Jahrhunderten angebaut, aber an der Sorrentiner Küste gibt es sie als landwirtschaftliches Haupterzeugnis erst seit dem 19. Jh. Der Grund umfangreicher Zitrusanpflanzungen war die weitgehende Vernichtung der alten Kulturpflanze Weinstock durch eine Reblausplage.

Landeinwärts jenseits dieser prächtigen Küstenarchitektur, ist die Stadt enorm angewachsen. Zusammen mit den Gemeinden *Sant'Agnello*, *Piano* und *Meta* erstreckt sie sich über das gesamte Tuffsteinplateau; ein dichtes Konglomerat aus alten und neuen Wohn- und Zweckbauten, das bis an die mächtigen Ausläufer der *Monti Lattari* reicht. Doch überall grünt und blüht es: Gepflegte Parks, üppige Nutzgärten und vor allem die meterhohen Zitrushaine sind es, die das Auge in Sorrent und Umgebung erfreuen.

Seit weit über einem Jahrhundert ist das sonnige Sorrent ein Urlaubsort par excellence, der bevorzugt von Briten und Deutschen frequentiert wird. Alte Urlaubstraditionen mischen sich heute mit modernen Formen des Reisens: eleganter Luxusurlaub, Reisebusfahrten, Low-Budget-Tourismus,

*Im Hof der Villa Correale*

pauschal oder individuell. Sorrent läßt ein großes Spektrum an Möglichkeiten zu und empfiehlt sich nicht zuletzt auch als ausgezeichnetes Campingrevier. Insgesamt ein ideales Standquartier für Ausflüge im gesamten Golfgebiet und entlang der Amalfitanischen Küste.

**Geschichte**: Wie die gesamte Golfbucht so hat auch Sorrent eine griechisch-römische Vergangenheit. Im Zuge der griechischen Kolonisation Unteritaliens (Magna Graecia) gründeten griechische Teleboer die Stadt *Sirenum* im 7. vorchristlichen Jahrhundert. Namengebend waren vermutlich die mythischen Sirenen, da die Gegend in der griechischen Antike als der Aufenthaltsort der sagenumwobenen Gestalten galt. Aus dieser fernen Gründungszeit sind auch einige Kultstätten überliefert, so z. B. der griechische Tempel der Göttin *Athena*, der sich auf der Punta Campanella befunden haben soll. Doch anders als die großen Griechenstädte am Golf von Neapel, *Pithekoussai*, *Dikaiarchia* und *Parthenope* (→ S. 26), blieb das griechische Sorrent vergleichsweise unbedeutend. Erst als die Römer den Ort besiedelten und ihn zur Militärkolonie **Surrentum** ausbauten, beginnt eine glanzvolle Periode. Surrentum erhielt eine typisch römische Stadtanlage mit Forum, Stadtmauer und befestigten Stadttoren, wovon heute nur noch ein Teil des *Arco romano* zu sehen ist. In der Umgebung siedelten die Römer damals verdienstvolle Kriegsveteranen und Patrizier an, die sich entlang der Küste prachtvolle Villen errichteten. Auch *Kaiser Augustus* soll hier eine Sommerresidenz besessen haben. Aus dieser glanzvollen Römerzeit sind einzig die Ruinen der *Villa des Pollius Felix* geblieben, die sich auf der Sorrentiner Punta del Capo befinden. Darüber hinaus bietet Sorrent altertumswissenschaftlich Interessierten nichts Nennenswertes; aber bekanntlich liegen die berühmten griechisch-römischen Ausgrabungen (Pompeji, Herculaneum, Baia, Cuma etc.) ja in greifbarer Nähe.

### Torquato Tasso

Der berühmteste Sohn der Stadt, Dichter und Historiograph, wurde 1544 in Sorrent geboren. Sein überlebensgroßes Denkmal steht auf der gleichnamigen Sorrentiner Hauptpiazza.

Torquato Tasso verfaßte bereits als 18jähriger Student sein Ritterepos "Rinaldo", das als erster Versuch gilt, die italienische Ritterdichtung in Anlehnung an antike Vorbilder (z. B. *Vergil*) zu erneuern.

Mit 21 Jahren verließ er Sorrent und lebte im Dienste der Adelsfamilie *Este* in der norditalienischen Stadt *Ferrara*, wo er u. a. sein Hauptwerk, das Kreuzzugsepos "Das befreite Jerusalem" vollendete. Das handlungsreiche Werk, das die Eroberung Jerusalems unter Gottfried von Bouillon schildert, diente als Muster für zahlreiche Epen der Barockzeit. Auch Tassos lyrische Dichtungen und Schäferspiele waren bahnbrechend für die Dichtung der Zeit.

Im Zustand geistiger Verwirrung flüchtete Tasso überstürzt aus Ferrara und lebte 1575 wieder einige Monate in Sorrent. Dann ging er auf unstete Wanderschaft, litt an Verfolgungswahn und wurde wegen Gewalttätigkeit sogar zeitweise inhaftiert. Er starb 1595 in Rom, wo ihn Papst Clemens VIII. später zum Dichterfürsten ernannte. Werke über Tasso verfaßten u. a. *Goethe* ("Torquato Tasso", 1790, ein Drama) sowie *Carlo Goldoni* und *Lord Byron*.

Das Sorrentiner Torquato-Tasso-Haus, **Casa del Tasso**, befindet sich ganz unscheinbar am Altstadtrand (Nähe Piazza della Vittoria). Es handelt sich um ein kleines verwittertes, mittelalterliches Stadthaus mit einer marmornen Gedenktafel über dem Eingang.

▶ **Tourismus**: Im 18. und 19. Jh. strömte eine Schar von betuchten Nordländern an die Gestade des Golfs von Neapel und entdeckte damit die landschaftlichen Reize der Sorrentiner Steilküste. Ähnlich wie auf Capri ließen sich auch zahlreiche illustre Gäste in Sorrent nieder, kauften hier eine Villa oder quartierten sich vorzugsweise in den milden Wintermonaten in den ersten Luxusherbergen ein. Den Anfang machten die reiselustigen Engländer, die ihrem naßkalten Inselklima allzu gerne entflohen, gefolgt von Russen, Deutschen und Skandinaviern, zumeist Dichter und Denker, viele blaublütig und wohlhabend. Das Register der prominenten Namen, die in alten Hotelgästebüchern und Stadtchroniken verzeichnet sind, ist lang. *Lord Byron*, *John Keats*, *Percy Shelley*, *Walter Scott*, *Charles Dickens* gehörten ebenso dazu wie *Goethe*, *Stendhal* und *Platen*. *Wagner* und *Nietzsche* begegneten sich in Sorrent, und *Ibsen* verfaßte hier seine "Gespenster". Auch im frühen 20. Jh. riß die Anziehungskraft auf namhafte Reisende nicht ab, wie z. B. der langjährige Aufenthalt von *Maxim Gorki* belegt. Erst die faschistischen Umtriebe der 30er Jahre und der anschließende 2. Weltkrieg unterbrachen die europäische Reiselust.

Heutzutage sind es in erster Linie wieder Briten, die ihre Italiensehnsucht in Sorrent stillen. Das zweitgrößte Touristenkontingent kommt mittler-

Kathedrale von Amalfi (FES) ▲▲

Drei Teilansichten der Amalfitanischen Küste (FES)

Salerno, Altstadt (FES) ▲▲
Marina Grande, Sorrento (IFM) ▲

▲▲ Friedliche Badestelle (FES)

▲ Marina und Vallone di Furore (FES)

▲ Marina di Praia (FES)

weile aus den USA. Dann erst hat das statistische Fremdenverkehrsamt die Deutschen ermittelt, immerhin noch über 45.000 deutsche Urlauber sind es pro Jahr, die zusammengenommen ca. 250.000 Tage bleiben. Kein Wunder, daß Sorrent angesichts dieser Touristenstatistik zweisprachig geworden ist – so what!

## Information/Telefonnummern

- *Information*: **Azienda di Soggiorno e Turismo**: Via L. De Maio 35 (Nähe Piazza Antonino), im Gebäude des *Circolo dei Forestieri* (→ "Nachtleben")). Vorbildlich organisiertes Informationsbüro, qualifiziertes, mehrsprachiges Personal, großzügige Öffnungszeiten, Tel. 081/8074033. Das Büro ist auch bei der Unterkunftssuche vor Ort behilflich.
- *Vorwahl*: Tel. 081 für Sorrent und Umgebung. Seit 1998 muß auch bei Ortsgesprächen die Vorwahl immer mitgewählt werden.
- *Ärztliche Hilfe*: durch den den Erste-Hilfe-Dienst **Guardia medica**, Tel. 081/8088919.
- *Polizei*: **Vigili urbani** (Stadtpolizei), Tel. 081/8074433, bzw. **Polizia**, Tel. 113.

## Anfahrt/Verbindungen/Unterwegs

**Pkw**: Autobahn A 3 von Napoli bis Abfahrt Castellammare, dann Autobahnzubringer bis Castellammare-Stadt, dort am besten über *Scansano* zur Küstenstraße und nicht durch die verkehrsgeplagte Innenstadt von Castellammare. Danach ist die Küstenstraße über *Vico Equense* nach Sorrento nicht nur im Hochsommer ein chronisch verstopftes Nadelöhr, über diese S 145 rollt die gesamte Versorgung der Sorrentiner Küste samt Urlaubsverkehr. Vor allem an Wochenenden muß man viel Geduld im Stop-and-go-Verkehr mitbringen. Bei einem kurzen Zwischenstopp in Sorrento am besten die gebührenpflichtigen **Parkplätze** benutzten (1 Std. bis zu L. 3.000). Hotel-Dauerparkplätze findet man im Zentrum von Sorrent schon ab L. 10.000 pro Tag.

Außerhalb des zusammengewachsenen Stadtgebiets Sorrent/Sant'Agnello/Piano/Meta bewegt man sich mit dem Pkw recht problemlos, d. h. Ausflüge nach Massa Lubrense, Nerano, Sant'Agata und zu den Bergdörfern kann man bestens unternehmen; auch die Straßenverhältnisse sind durchweg gut.

**Bahn**: Die *Ferrovia Circumvesuviana* verbindet Neapel mit Sorrent (Fahrtzeit ca. 1,5 Std., häufige Verbindungen). Hinter Vico Equense verschwindet der Zug zweimal für längere Zeit im Gebirgstunnel, ansonsten immer wieder herrlicher Blick auf die Küste. Die Bahnhöfe in Sant'Agnello und Sorrent liegen relativ zentral. Die Schnellbahn ist außerdem ideal für Tagesausflüge nach Pompeji, Herculaneum und Neapel.

**Busse**: effizientes Busnetz in Sorrent und Umgebung. Der Busbahnhof befindet sich am Circumvesuviana-Bahnhof, dort hängen auch die Fahrpläne aus, Tickets kauft man u. a. im Bahnhofskiosk. Die orangefarbenen **Stadtbusse** verkehren nur im Stadtgebiet zwischen Meta und Sorrento/Capo, Einzelfahrt L. 1.500. Die blauen **SITA-Busse** bedienen das gesamte Hinterland samt Monte Faito und Costiera Amalfitana, Einzelfahrt z. B. Sorrent–Positano L. 2.200.

**Fähren**: Einziger Fährhafen von Sorrent ist *Marina piccola*; von dort ganzjährig häufige Verbindungen mit verschiedenen Reedereien nach **Capri**, **Ischia**, **Napoli** und **Castellammare**. Fähren nach **Positano/Amalfi** verkehren nur in der HS! Im Einsatz sind Aliscafi (Schnellboote) und Traghetti (Fähren mit Autobeförderung). Preisbeispiele (Aliscafo): nach Napoli/Molo Beverello L. 12.000, nach Capri L. 9.000. Die Ticketschalter findet man unten am Hafen, Preisunterschiede zwischen den verschiedenen Gesellschaften gibt es nicht. Stadtbusse pendeln zwischen Marina piccola und dem 50 m (!) höher gelegenen Zentrum; der Treppenweg zum Hafen beginnt an der Piazza Tasso.

**Taxi**: eine recht teure Angelegenheit, man startet mit L. 6.000 auf dem Taxameter; zentraler Taxiplatz an der Piazza Tasso.

**Mietfahrzeuge**: Die Vespa ist ein geeignetes Gefährt, um die Küste näher zu erkunden. Wen es z. B. auf den Monte Faito zieht, fährt besser mit dem Auto. *Rent a car*, Corso Italia 210, Tel. 081/8781386,

Auto- und Vespa-Verleih, gepflegte Fahrzeuge. Kleine Vespa L. 50.000 pro Tag, große Vespa L. 70.000, Kleinwagen L. 100.-140.000.

*Jolly*, Via Fuorimura 29, ein Stück oberhalb der Piazza Tasso, Tel. 081/ 8781719, Motorrad- und Vespa-Verleih.

## Baden/Motorboote/Wandern

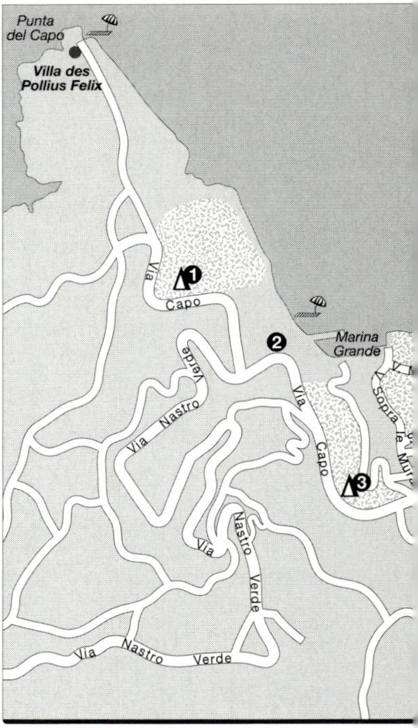


**Baden**: Am städtischen Steilufer und an der Marina grande befinden sich einige gebührenpflichtige *Bagni*, es herrschen beengte Platzverhältnisse aufgrund des extremen Ufers. Bretterstege führen ins Wasser, die Wasserqualität ist mäßig. Schönere Badestellen und frei zugängliche Strände findet man südwestlich von Sorrent an der *Punta del Capo*, in *Marina di Puolo*, *Marina di Lobra* und *Marina del Cantone* (im Buch unter den jeweiligen Orten).

**Motorbootverleih**: *Rent a Boat*, das Angebot reicht vom schnellen Sportboot bis zur kleinen Motoryacht, eine tolle Sache, aber auch ein teurer Spaß.

*Nautica Sic-sic*, Marina grande, Tel. 081/ 8072283.

**Wandern**: Reizvolle Wandermöglichkeiten gibt es einige in der Umgebung von Sorrent. Mehrere landschaftlich eindrucksvolle Wanderwege führen hinunter zur Küste, z. B. von *Sorrento/Capo* zur *Punta del Capo*, von *Termini* zur *Punta Campanella* und von *Nerano* zur *Marina di Ieranto*; die genannten Wege sind gut erschlossen und weisen keine besonderen Schwierigkeitsgrade auf (Näheres bei den jeweiligen Wanderbeschreibungen).

Wer ernsthafte sportliche Herausforderungen sucht und einige Etappen des **Höhenwegs** der *Monti Lattari* ablaufen möchte, zu dem auch das Wandergebiet des *Monte Faito* gehört, sollte unbedingt Kontakt mit der örtlichen Initiative *Sun Trek* aufnehmen. Sie veranstaltet Gruppenwanderungen und Exkursionen in dieses Gebiet und gibt Tips.

*Adresse*: Sun Trek, Sorrento, c/o Hotel Nice, Corso Italia 257, Tel. 081/ 8072530.

## Einkaufen/Souvenirs

Die gesamte Altstadt von Sorrent ist verkehrsberuhigt und präsentiert sich als touristenfreundliche Fußgängerzone mit Läden und Geschäften dicht an dicht. Hauptbummelgasse ist die *Via Cesareo* und deren Verlängerung *Via Fuoro*, aber auch in den Nebengassen findet man zahlreiche, geschmackvoll dekorierte *Botteghe*: Lebensmittelgeschäfte, Bäckereien, *Enoteche* (Wein- und Spirituosenhandlungen), Antiquitäten- und Souvenirläden, kleine Handwerksbetriebe, Gebrauchsartikel u. v. m. Insgesamt viel fürs Auge, hier kann man ausgiebig stöbern, Kitschboutiquen gibt es so gut wie gar nicht. Wer sich für traditionelles Kunsthandwerk interessiert, stößt in den Altstadtgassen zwangsläufig auf kleine **Kunsttischlereien**, in denen seit Generationen hochwertige Intarsienarbeiten ausgeführt werden. Die kunstvollen und zum Teil filigranen Einlegearbeiten treffen vor allem den Geschmack der britischen Urlauber, vielleicht hat sich diese eher seltene Kunstfertigkeit auch deshalb

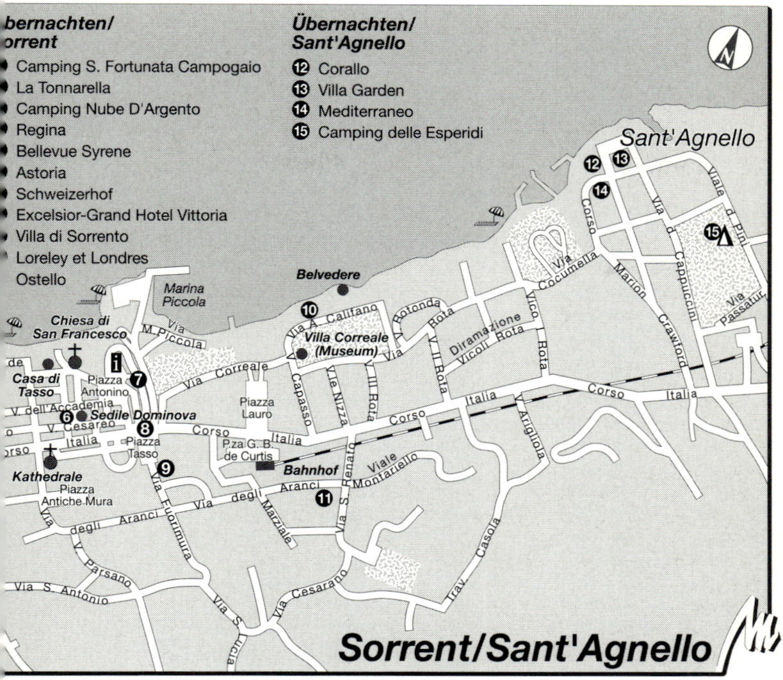


so lange in Sorrent halten können. Eine altehrwürdige Adresse für Intarsienarbeiten (auch Anfertigungen nach Wunsch): *Cuomo's Lucky Store*, Piazza Antiche Mura 2/7 (Nähe Kathedrale).

## Feste und Veranstaltungen

Als Urlaubsort mit Tradition legt Sorrent auch viel Wert auf ein gut organisiertes Unterhaltungsprogramm. Das ganze Jahr über finden Feste und Veranstaltungen der unterschiedlichsten Art statt. Der Weg ins Informationsbüro lohnt sich, um die genauen Termine und Highlights zu erfragen. Im folgenden nur eine Auswahl:

**Sorrento inverno**, um ihre Wintergäste bei Laune zu halten, bietet die Stadt von Dezember bis Februar sogar ein kostenloses Ausflugs- und Unterhaltungsprogramm an.

**Festa patronale**, Mitte Februar, Fest des Schutzheiligen Antonio.

**Motoraduno**, Mai, internationales Oldtimer-Treffen. Abends parken die auf Hochglanz polierten Oldtimer auf dem Corso Italia und können bewundert werden.

**Festa di Sant'Anna**, 1. Julisonntag, Kirchenfest mit Bootsprozession.

**Giornate Antiquariato**, Juli, alljährliche Antiquitätenmesse.

**Sagra del mare**, Juli, Kirmes rund ums Meer und den Fisch, in Marina grande.

**Estate musicale**, Juli/August, renommiertes internationales Musikfestival, Konzerte u. a. im Kreuzgang der Chiesa di San Francesco.

**Festa della Madonna**, 15. und 16. August, großes Marienfest.

**Incontri internazionali del cinema**, November, internationales Filmfest.

## Übernachten/Camping

In Sorrento/Sant'Agnello ballt sich ein Großteil des Golftourismus, entsprechend vielfältig ist das Übernachtungsangebot. Nach Ischia weist Sorrent die höchste Hoteldichte am Golf auf. Pauschalurlauber und Reisebusgesellschaften bilden eindeutig das Hauptkontingent der Hotelgäste, was Individualisten aber keinesfalls abschrecken sollte, denn es gibt genügend Pensionen und Hotelbetriebe, die nicht fest in der Hand von Pauschalreiseveranstaltern sind. Insgesamt ist Sorrent ein ideales Standquartier für Ausflüge im gesamten Golfgebiet samt Costiera Amalfitana. Die Hotelauswahl reicht vom luxuriösen Uferpalazzo aus dem 19. Jh. bis hin zum billigen Ostello für Rucksack-Traveller. Außerdem gibt es entlang der Sorrentiner Steilküste mehrere empfehlenswerte Campingplätze.

• *In Sorrent*: **** **Excelsior – Grand Hotel Vittoria (8)**, altehrwürdiger Uferpalazzo, posiert unmittelbar über dem Fährhafen Marina piccola. Versprüht noch viel Atmosphäre vergangener Tage, nicht nur äußerlich eine nostalgische Luxusherberge, im Innern dominiert der Charme der Jahrhundertwende. Zentral gelegen, schmales Parkgrundstück, Swimmingpool, Hotelrestaurant, DZ L. 352.-563.000 inkl. Frühstück, HP L. 362.-447.000 pro Pers. Piazza Tasso 34, Tel. 081/8071044.

**** **Bellevue Syrene (5)**, ebenfalls ein stilvolles Grandhotel-Relikt aus dem letzten Jahrhundert, klassizistische Architektur, dezent modernisiert. Steiluferlage, idyllische Säulenterrasse, hoteleigener Strand mit Aufzug, Restaurant. DZ L. 250.-500.000 inkl. Frühstück. Piazza della Vittoria 5, Tel. 081/8781024.

*** **Regina (4)**, neben dem Hotel Syrene (s. o.), ruhige Lage, geschmackvoller Neubau, gut geführt, viel Grün, Hotelgarage, eins der besten dieser Kategorie. DZ L. 135.-165.000, Frühstück L. 22.000 pro Pers. Via Marina grande 3, Tel. 081/8782722.

*** **Villa di Sorrento (9)**, kleines, zentrales Stadthotel (Nähe Piazza Tasso), modern eingerichtet, kein Restaurant. DZ L. 115.-165.000, Frühstück L. 20.000 pro Pers. Via Fuorimura 4, Tel. 081/8781068.

** **Loreley et Londres (10)**, älterer kleiner Uferpalazzo, Nähe Museums-Villa Correale, herrliche Lage, kleiner Garten, insgesamt schlicht ausgestattet. Unbedingt Zimmer mit Meeresblick verlangen! DZ L. 85.-100.000; Frühstück L. 10.000, HP L. 95.-105.000 pro Pers. Via Califano 2, Tel. 081/8073187.

** **La Tonnarella (2)**, unser **Tip!** Ruhige Stadtrandlage oberhalb der Marina grande, Zufahrt von der Küstenstraße. Thront wie ein kleines Tuffsteinschlößchen auf der Steiluferkante, Familienbetrieb mit Tradition, traumhafte Lage und ganz Sorrent im Blick; gutes Ristorante, DZ L. 90.-170.000; Frühstück L. 15.000, HP L. 100.-150.000 pro Pers. Via Capo 31, Tel. 081/8781153.

** **Astoria (6)**, familiäres Altstadthotel, mitten im Geschehen, freundliche Atmosphäre, begrünter Innenhof, gemütliche kleine Zimmer, Restaurant, DZ L. 100.-135.000; Frühstück L. 15.000 pro Pers. Via S. Maria delle Grazie 24, Tel. 081/8074030.

* **Schweizerhof (7)**, jüngst wiedereröffnetes Einfachhotel am Altstadtrand (Nähe Piazza Antonino), mit Restaurant. DZ L. 42.000; HP L. 75.000 pro Pers. Via S. Antonino 26, Tel. 081/8781385.

**Ostello – Youth Hostel (11)**, **Tip** für Low-Budget-Traveller, einzige, privat geführte Jugendherberge in Sorrent, auch ältere "Jugendliche" sind willkommen! Bahnhofsnähe, im Neubau, insgesamt ca. 50 Schlafplätze, DZ und 8-Bett-Zimmer, teils mit Bad im Zimmer, kleiner Aufenthalts- und Frühstücksraum, von 7-24 Uhr geöffnet, Übernachtung inkl. Frühstück L. 25.000 pro Pers. Via degli Aranci 160 (neben der Bar La Caffetteria), Tel. 081/8072925 und 081/8771371.

**Camping Nube D'Argento (3)**, **Tip!** Stadtnah, oberhalb der Marina grande, tolle Hanglage, steile Zufahrt von der Küstenstraße, großes terrassiertes Gelände, viel Grün, ausreichend Olivenbaumschatten, kleiner Pool, Bar, Pizzeria und Ristorante, Treppenweg zur Marina grande, 10 Min. zu Fuß zur Altstadt, ganzjährig geöffnet, auch Bungalowvermietung. Via Capo 21, Tel. 081/8781344.

**Camping Santa Fortunata Campogaio (1)**, etwas abseits, an der Küstenstraße zur Punta del Capo, großes Hanggrundstück mit Öl- und Zitrusbäumen, Zugang zum

Ufer, auch Bungalowvermietung. Via Capo 41, Tel. 081/8073579.

• *In Sant'Agnello*: *** **Mediterraneo (14)**, oberhalb des kleinen Stadtstrands Marinella, gepflegter, wuchtiger Uferpalazzo mit Charme, Blick aufs Meer und auf Sorrent, eins der schönsten 3-Sterne-Hotels, mit Restaurant. DZ L. 90.-180.000; Frühstück L. 10.000, HP L. 95.-175.000 pro Pers. Via Crawford 85, Tel. 081/8073070.

**** **Hotel Corallo (12)**, ebenfalls an der Marinella, geschmackvoll renovierter Palazzo, schöne Lage direkt am Steilufer (angrenzend eine prächtige Küstenvilla, pittoresk verwittert, jedermanns Traumhaus), Restaurant. DZ L. 170.-300.000, Frühstück L. 20.000 pro Pers. Rione Cappuccini 12, Tel. 081/8073355.

**** **Villa Garden (13)**, hinter dem Kapuzinerkloster, kleiner Uferpalazzo in Rotweiß, familiäre Atmosphäre, sehr ruhig gelegen. DZ L. 194.-275.000 inkl. Frühstück. Rione Cappuccini 7, Tel. 081/8781387.

**Camping delle Esperidi (15)**, Ortsrandlage, flacher, relativ kleiner Platz im schattigen Orangenhain, angrenzendes Wohngebiet, vorwiegend Bungalows und Wohnwagen. Viale dei Pini, Tel. 081/8783255.

## Essen und Trinken

Die Sorrentiner Küche hält einige sättigende lokale Primo-Spezialitäten bereit: *Gnocchi alla sorrentina* (mit Tomaten-Käse-Sauce) und *Scialatielli di basilico alla sorrentina*. In der Altstadt konkurrieren zahlreiche Ristoranti und Trattorie. Das Preisniveau ist insgesamt relativ hoch, die Unterschiede liegen mehr im Ambiente als in der Kochkunst. Selten habe ich in Italien so viele Gäste über zu deftige und große Portionen stöhnen gehört.

Dem appetitlichen Angebot der *Pasticcerie* (Konditoreien) dürften Leckermäuler kaum widerstehen können; eine örtliche Spezialität sind die *Delizie al limone* (Zitronenkuchen und -gebäck). Der leckere *Limoncello* (Zitronenlikör) wird übrigens auch in den Konditoreien verkauft.

**O'Canonico**, an der lebhaften Piazza Tasso, ein **Tip!** Alteingesessener Familienbetrieb, solide, schmackhafte Küche, leckere Gnocchi alla sorrentina, ausgezeichnete Fleisch- und Fischqualität, offener Wein, Preise im Rahmen, Tische auch draußen. Piazza Tasso 5/7, Tel. 081/ 8783277.

**La Forestiera**, das Ristorante des *Circolo dei Forestieri* (→ "Nachtleben"), einfache, regionale und internationale Küche, freundliche Bedienung, kleine Preise. Via L. De Maio 35, Tel. 081/8773263.

**Da Emilia** bzw. **S. Anna**, volkstümliche Hafentrattoria in Marina grande, ein **Tip!** Lauschige Speiseterrasse direkt am Wasser, leckere Primi, z. B. Gnocchi di Mamma und Lasagne, fangfrischer Fisch vom Grill und aus dem Ofen, reichhaltige Frittura di pesce, offener lokaler Wein, ehrliche Preise. Via Marina grande 62, Tel. 081/ 8781489.

**Il Pozzo**, im hinteren Teil der Altstadt, gepflegtes kleines Ristorante, nur wenige Tische vor der Tür, Fisch- und Fleischküche, auch Pizza, akzeptables Preis-Qualitätsverhältnis. Via dell'Accademia 31, Tel. 081/ 8073124.

**Taverna dell' 800**, gegenüber von Il Pozzo, rustikale Keller-Taverna, einfache, schnörkellose Küche, großer Weinkeller, stimmungsvoll, stets Live-Musik, keine überzogenen Preise. Via dell'Accademia 29, Tel. 081/8785970.

**The Garden**, lauschiges Gartenlokal im Centro storico, mit Zitrus-Pergola, appetitliche Antipasti-Auslagen. Via Tasso 2, Tel. 081/8781195.

**Da Gigno**, Altstadt, Nähe Piazza Antonino, sehr beliebt, macht die beste Pizza im Centro storico. Via degli Archi 15, Tel. 081/ 8781927.

**S. Antonino**, großes Gartenlokal in der Altstadt, ein regelrechter Touristenmagnet, Riesenauswahl an Antipasti, Primi und Secondi, auch Pizza, preislich im Rahmen. Via S. Maria delle Grazie 6, Tel. 081/ 8771200.

**L'Antica Trattoria**, gepflegtes Altstadt-Ristorante mit gutem Ruf und Speiseterrasse, hübsch nach Urlaubergeschmack aufgemacht, ein Mandolinenspieler säuselt durch die Tischreihen. Gehobene Preise, doch deftige Portionen ersetzen raffinierte Kochkunst. Via Giuliani 33, Tel. 081/ 8071082.

• *Konditoreien/Eisdielen*: Eine Empfehlung für alle, die die köstlichen Gebäckspezialitäten probieren wollen, ist die **Pasticceria**

**Primavera**, Corso Italia 142. Das beste Eis der Stadt macht unumstritten die **Gelateria Davide** (Altstadtgasse Via Giuliani und Neustadtpiazza Lauro).

*Nachtleben*

Gegen Abend bevölkern sich die Straßencafés der Altstadt, der absolute Renner ist die **Fauno Bar** an der Piazza Tasso. Recht lebhaft gestaltet sich auch das Nachtleben, die Auswahl an Discos, Piano-Bars und Pubs ist groß. Die vielen Pubs nach englischem Vorbild sind wohl eine Konzession an den Geschmack der zahlreichen Urlauber von der naßkalten Insel; für wen das schwere, dunkle Bier ohne Schaum nicht das Maß aller Dinge ist, findet Alternativen. Liebhaber folkloristischer Unterhaltung sollten sich die *Tarantella*, den hiesigen Taranteltanz, nicht entgehen lassen, den zwei Nachtlokale regelmäßig veranstalten.

**Circolo dei Forestieri**, Via L. De Maio 35 (Nähe Piazza Antonino), Dieser Club der Fremden wurde vom örtlichen Fremdenverkehrsamt ins Leben gerufen und wendet sich ausdrücklich an Touristen. Herrliche Lage über der Steilküste, große Terrasse, Snacks und Getränke, kleine Preise; Piano-Bar und häufig Musikveranstaltungen.

**English Inn**, Corso Italia 55, einer der beliebtesten Pubs.

**Fauno Notte Club**, Piazza Tasso, der Nachtclub des Piazza-Cafés Fauno, hier findet regelmäßig Tarantella-Folklore statt.

**La Mela 2**, Corso Italia 263, auch hier steht der Taranteltanz auf dem Programm.

## Sehenswertes

### In der Altstadt

Ein rechtwinklig angelegtes Gassengeflecht mit viel mittelalterlicher Bausubstanz; pulsierender Mittelpunkt des öffentlichen Lebens und touristische Bummelzone zugleich.

Mitten im *Centro storico* steht der interessante **Sedile Dominova** (15. Jh.), einst Versammlungsort des Sorrentiner Stadtadels. Diese Loggia mit der kunstvollen Majolikakuppel und den farbenfrohen Wandfresken (18. Jh.) ist heute Versammlungsort der einfachen Leute, vor allem ältere Männer treffen sich hier täglich und verbringen viel Zeit beim Gespräch und Kartenspiel ganz unbeeindruckt vom quirligen Touristenstrom – ein amüsanter Kontrast.

Am oberen Altstadtrand (Corso Italia) befindet sich die **Kathedrale** (15. Jh.) mit dem barocken *Campanile* (Glockenturm). Der mehrfach umgebaute Duomo besitzt eine neogotische Fassade, ist im Innern jedoch voll und ganz barockisiert. Kunstgeschichtlich bedeutend sind u. a. Kanzel und Bischofsthron, in die antike Architekturfragmente eingearbeitet wurden.

Die zweite städtische Hauptkirche ist die **Chiesa di San Francesco**, eine ehemalige Konventskirche. Bewundernswert ist hier vor allem der angrenzende **Kreuzgang** mit den orientalisch anmutenden Arkadenbögen.

### Villa Correale (Museo Correale di Terranova)

Diese herrschaftliche Museumsvilla am östlichen Ortsrand ist der ganze Stolz von Sorrent. Der Palazzo aus dem 18. Jh. mit der umfangreichen Kunstsammlung ist ein Geschenk der Adelsfamilie Correale an die Stadt.

*Stilvoller Treffpunkt – Sedile Dominova*

**Besichtigung**: Im Erdgeschoß befindet sich zunächst die archäologische Sammlung mit ägyptischen, griechischen und römischen Architekturfragmenten, Säulen, Statuen, Sarkophagen und Reliefs. Angrenzend die Hauskapelle und die Privatbibliothek mit zwei Manuskripten von *Torquato Tasso* sowie einer Totenmaske des Dichters.

Im ersten und zweiten Stock dann die große Gemälde- und Möbelsammlung mit seltenen Liebhaberstücken, darunter Stilleben, Porträts, Intarsientische und Kommoden. Besonders beeindruckend sind die zumeist kleinformatigen Ölbilder und Aquarelle mit Landschaftsmotiven, auf denen auch viele historisch bedeutende Orte der Golfküste abgebildet sind – von Cuma und Baia über Napoli bis Sorrent. Ansonsten gibt es wertvolle Kleinkunst sowie Kunsthandwerk in Hülle und Fülle zu sehen. Im Dachgeschoß schließlich die Majolika- und Porzellanabteilung mit Sammlerstücken aus allen bedeutenden Manufakturen Europas. – Insgesamt ein Genuß für Kunstinteressierte.

Zum Villengrundstück gehört ein schmaler Zier- und Nutzgarten mit uraltem Bäumen, der zum *Belvedere* führt, einem schwindelerregenden Balkon auf einer hervorspringenden Spitze des Steilufers.

*Öffnungszeiten*: tägl. (außer Di) 9-14 Uhr, Eintritt L. 8.000; Via Correale 50.

## Marina grande

Der Fischer- und Sporthafen von Sorrent ist aufgrund des extremen Höhenunterschieds weitgehend isoliert vom Rest der Stadt. Ein Treppenweg sowie eine schmale Stichstraße (Busverbindung) führen hinunter zur beschaulichen Hafenbucht. Pittoresk verwitterte Hafenhäuser säumen das Ufer, der Fischeralltag ist allgegenwärtig. Und sogar eine Werft gibt es noch, wo der legendäre *Gozzo sorrentino* gebaut wird: ein robustes und elegantes Holzboot, das vollständig in Handarbeit hergestellt wird von den "Maestri d'ascia" (Axt-Künstlern) unter Verwendung edelster Harthölzer. Die Werft heißt *Aprea Mare* (Via Santa Lucia 15). Am hinteren Ende der Marina grande belegt ein gebührenpflichtiges *Bagno* den schmalen Strand, Bretterstege führen ins Wasser.

## Punta del Capo

Nordwestliche Felsspitze von Sorrent; ein landschaftlich eindrucksvoller Spazierweg führt dorthin. Am flachen Felsufer des Capo befinden sich die Ruinen der altrömischen **Villa des Pollius Felix**. Sie ist das einzige Relikt der antiken Küstenbebauung, die einst die Sorrentiner Steilküste förmlich überzog. Der Ort wird auch *Bagno della regina Giovanna* (Bad der Königin Johanna) genannt, weil sich die neapolitanisch-anjouvinische Königin hier häufig aufhielt, um in einem von der Natur geschaffenen Wasserbecken zu baden. Auch heute ist das königliche Bagno noch eine beliebte Badestelle. Gute Schwimmer erreichen dieses dreieckige Naturschwimmbecken vom Meer aus durch einen offenen Felsbogen (vom Land aus unzugänglich).

• *Anfahrt/Anmarsch*: Mit dem Stadtbus zur Endstation Capo di Sorrento; unmittelbar an der Bushaltestelle beginnt der einfache Wanderweg hinunter zur Punta del Capo. Bei längerem Aufenthalt Verpflegung nicht vergessen.

*Marina grande*

# Nordöstlich von Sorrent

## Meta/Baden

Äußerster Vorort des zusammengewachsenen Stadtgebiets Sorrento/ Sant'Agnello/Piano/Meta. Zwischen der dichten Bebauung gibt es auch hier immer wieder landwirtschaftlich genutzte Flächen und Gärten. Doch nicht die spärlichen Überreste einer ländlichen Idylle sind es, die Meta vor allem an Wochenenden zum beliebten Ausflugsziel werden lassen. Hier befindet sich für viele nämlich der ultimative Badestrand der Sorrentiner Küste, der für hiesige Küstenverhältnisse geradezu große **Sandstrand La Conca**.

Eine unscheinbare Stichstraße führt hinunter zur **Marina di Meta**. An der Uferstraße findet man Parkmöglichkeiten, Bars, Ristoranti und auch einen Campingplatz. Trubel, Strand und Wasser haben mich allerdings nicht überzeugt; für meinen Geschmack gibt es wesentlich schönere Badebuchten südwestlich von Sorrent.

*Übernachten*: **Camping Blue Village**, gepflegter terrassierter Küstencampingplatz, Sportangebot, auch Bungalowvermietung. Marina di Meta/Alimura, Tel. 081/8786557.

## Vico Equense

Dieser größere Küstenort besitzt einige architektonische Lichtblicke; ansonsten erstickt alles im ohrenbetäubenden Durchgangsverkehr. Entdeckungsfreudige Küstenbummler sollten sich die **Marina di Vico Equense** aber nicht entgehen lassen. Eine schmale, gepflasterte Serpentinenstraße führt hinunter zu dieser winzigen Fischerbucht.

• *Essen und Trinken*: **Cuccurullo**, Fisch-Ristorante und Pizzeria unten an der Fischerbucht. Mit Speiseterrasse am Wasser, einfache, schmackhafte Fischküche, kleine Preise. Marina di Vico Equense, Tel. 081/8799484.

## Monte Faito/Wandern

Landeinwärts erhebt sich der Monte Faito (1.131 m) mit seinem zerklüfteten Gipfelbereich. Aus dem Stadtzentrum von Vico führt eine landschaftlich reizvolle Straße auf den Hausberg von Castellammare di Stabia (→ S. 158); die Küstenhektik läßt man schnell hinter sich. Bis auf ca. 500 m ist das Hinterland besiedelt, Bauernhöfe und eine ausgeprägte Landwirtschaft bestimmen weitgehend das Bild. Hinter der verträumten bäuerlichen Siedlung **Moiano** werden die Berghänge zunehmend steiler und schroffer, steinige kahle Flächen wechseln mit kleinen Mischwäldern. Immer wieder öffnen sich herrliche Ausblicke auf die Küstenlinie, erst im Gipfelbereich verdichtet sich der Wald. Ganz oben wird die Asphaltstraße holprig und löchrig, sie führt zur Bergstation der *Funivia* (→ S. 159) vorbei an einigen Ausflugsrestaurants und endet dann an der Einsiedelei **San Michele** auf 1278 m. Die kleine Bergkirche ist dem Erzengel Michael geweiht, der einer Legende zufolge hier Einkehr gehalten hat auf seinem Weg von Monte Sant'Angelo (Apulien) nach Mont-Saint-Michel (Normandie) – aber ein Wallfahrtsort ist nicht daraus geworden.

Insgesamt ist die Gegend ein lohnenswertes Wandergebiet mit vielen Kombinationsmöglichkeiten, aber die Wegmarkierungen lassen zu wünschen übrig.

• *Anfahrt/Verbindungen*: am besten mit dem Pkw; aber es verkehren auch SITA-Busse von Vico Equense auf den Monte Faito (Belvedere/Piazzale dei Capi).

• *Übernachten/Essen und Trinken*: Der Monte Faito hat schon bessere Zeiten erlebt, einst gab es hier oben das Grandhotel Monte Faito, heute ein verfallener Schandfleck neben der Bergstation der Funivia; Ausflugsrestaurants entlang der Bergstraße gibt es jedoch noch einige.

** **S. Angelo a Belvedere**, unser **Tip!** Modernes Berghotel und Ristorante in herrlicher Lage direkt am Belvedere, lauschige Terrasse mit Weinstock-Pergola, großer rustikaler Speiseraum mit Kamin, ausgezeichnete kampanische Hausmannskost, deftige Portionen. DZ L. 60.000; HP L. 70.000 pro Pers., geöffnet Apr.-Sept. Monte Faito, Piazzale dei Capi, Tel. 081/8793042.

▶ **Wanderung 1**, Vvon der *Piazzale dei Capi* (SITA-Bushaltestelle und Hotel S. Angelo a Belvedere) über die Funivia-Bergstation zur Einsiedelei *San Michele*: leichter Pfad durch Mischwald, stellenweise parallel zur Straße. Vorwiegend sanfte, kontinuierliche Steigung; man startet bei ca. 1.030 m auf der Piazzale und erreicht die Einsiedelei bei 1.278 m. Rotweiße Wegmarkierung (Nr. 36), ca. 2 Std. Gehzeit.

▶ **Wanderung 2**, von der Einsiedelei *San Michele* zum Gipfel des *Monte San Michele*: Ausgangspunkt dieser schönen Wanderung ist der Parkplatz unterhalb der Kirche an der Straße. Steiler Anstieg, teils Felspfad, vorbei an der Quelle *Sorgente Acqua Santa*; ringsum bizarre Felsformationen. Die Spitze des Monte San Michele, die sog. *Molare*, erreicht man bei Quota 1.444 m. Rotweiße Wegmarkierung (Nr. 50), Gehzeit ca. 1 Std.

▶ **Rückweg**: Wer mit dem Pkw unterwegs ist, sollte auf dem Weg zurück zur Küste einen Schlenker über die einsame Bergstraße machen, die die Ortschaften **Ticciano**, **Preazzano** und **Arola** verbindet. Dieser Abstecher führt in eine abgeschiedene, bäuerliche Bergwelt, die noch viel ländliche Idylle und Ruhe ausstrahlt; ein wirklich extremer Kontrast zur hektischen Küste.

## Südwestlich von Sorrent

An der Spitze der Halbinsel von Sorrent bäumen sich die Gebirgsausläufer der *Monti Lattari* noch einmal gewaltig auf, bevor sie ins Tyrrhenische Meer abtauchen; dabei setzt der *Monte San Costanzo* mit seinen fast 500 m einen wuchtigen landschaftlichen Akzent. Ausflüge um die zerklüftete Spitze der Halbinsel führen durch eine vegetationsreiche Landschaft, die nur an wenigen Stellen zugänglich ist. Wahre Entdeckungen sind die stillen Felsbuchten entlang der schroffen Steilküste, insbesondere die abgeschiedene Badebucht *Marina del Cantone* oder die äußerste Spitze der Halbinsel, die *Punta Campanella*, die man nur wandernd erreichen kann.

### Marina di Puolo/Baden

Erste vom Land aus zugängliche Bucht hinter Sorrent. Eine Stichstraße führt hinunter zur kleinen Fischersiedlung am geschwungenen Sandstrand. Hier herrscht eine gesunde Mischung aus Fischeralltag und Badebetrieb; nur an heißen Wochenenden verschieben sich die Proportionen etwas, aber sein freies Plätzchen am Strand findet man immer.

• *Verbindungen/Anfahrt:* SITA-Busse ab Sorrent; Bushaltestelle und Parkplatz kurz oberhalb der Bucht.

• *Übernachten/Essen und Trinken*: *** **Villa Anna**, schlichter Neubau im hinteren Teil der Bucht, freundliche, familiäre Atmosphäre, Hotelrestaurant, Parkplatz, DZ L. 100.-200.000, Frühstück L. 15.000 pro Pers. Marina di Puolo, Tel. 081/5339800.

*** **Baia di Puolo**, mehrstöckiges Strandhotel, am Ende der Bucht gelegen, einfache Ausstattung, beliebtes Strandrestaurant, leckere Fischküche. DZ L. 110.-200.000, HP L. 95.-150.000 pro Pers. Marina di Puolo, Tel. 081/5339799.

### Massa Lubrense

Größere Ortschaft oberhalb der Küste; ein landwirtschaftliches Zentrum mit ertragreichen Olivenhainen in der unmittelbaren Umgebung. An den terrassierten Berghängen reifen vor allem Zitrusfrüchte und Wein. Gleich am Ortseingang steht die verwitterte Pfarrkirche *San Cataldo* mit dem benachbarten ehemaligen Bischofspalast. Im Innern der barocken Ex-Kathedrale gibt es einen farbenprächtigen Majolikafußboden zu sehen. Ansonsten bietet die überschaubare Ortschaft nicht mehr und nicht weniger als sympathische Einblicke in die alltägliche Betriebsamkeit.

Tief unten liegt die Hafenbucht von Massa Lubrense, **Marina della Lobra**. Einige alte Fischerhäuser bilden den verträumten Ortskern; die Bucht wird weitgehend als Fischer- und Sporthafen genutzt, die Bademöglichkeiten sind eher dürftig. – Ein Ort, um die Seele ein wenig baumeln zu lassen.

*Punta Campanella – die Spitze der Sorrentiner Halbinsel*

• *Essen und Trinken*: **Taverna del Pescatore**, Fisch-Ristorante, direkt am Hafen, mit Panoramaterrasse, mal die hausgemachte Nudelspezialität *Scialatielli* probieren, z. B. *con vongole*. Der Koch und Besitzer hat lange in Deutschland gearbeitet und ist sehr gesellig. Marina della Lobra, Tel. 081/8789392.

• *Übernachten/Camping*: *** **Piccolo Paradiso**, Neubau, im oberen Ortsteil von Marina della Lobra, recht komfortabel, auch von Reisegruppen frequentiert, Hotelrestaurant. DZ L. 100.-150.000, Frühstück L. 10.000 pro Pers. Marina della Lobra, Tel. 081/8789240.

**** **Delfino**, ansprechender, luxuriöser Neubau, an der Straße nach Marciano, abgeschiedene, ruhige Lage, voller Blick auf Capri, Restaurant. DZ L. 250.-310.000 inkl. Frühstück. Tel. 081/8789261.

**Conca Azzurra**, größter Campingplatz der Umgebung, mit Hotelanlage, kurz vor Massa Lubrense. Das terrassierte Gelände erstreckt sich zwischen Küstenstraße und felsiger Uferzone, viel Grün, Strand, Swimmingpool, Sportangebot, Restaurant. DZ im Hotel L. 132.-200.000, Frühstück L. 10.000 pro Pers. Via Villazzano, Tel. 081/8789666.

## Wanderungen im Süden der Halbinsel von Sorrent

▶ **Von Termini zur Punta Campanella**: Termini ist eine kleine Ortschaft an der Küstenstraße, ca. 320 m über dem Meer; hier beginnt der herrliche Küstenwanderweg zur Spitze der Halbinsel. Wegweiser Punta Campanella beachten! Anfangs folgt man der schmalen Asphaltstraße durch den unteren Ortsteil; dann geht der Weg in einen uralten Naturpfad über; fast die ganze Strecke hat man das greifbar nahe Capri voll im Blick. Auf der Punta Campanella befand sich in der Antike der griechische Tempel der Göttin Athena. Neben den Ruinen eines spätmittelalterlichen Küstenwachturms ragt heute der Faro (Leuchtturm) auf. Ein steiler Pfad führt sogar bis ans Felsufer zu den Eingängen zweier sagenumwobener Grotten. Hin und zurück insgesamt ca. 3 Std. Gehzeit einkalkulieren. Eine **Variante** (ausgeschildert) des Wanderwegs führt hinunter zur Felsbucht **Cala di Mitigliano** (ab Termini ca. 1 Std. Gehzeit).

• *Verbindungen/Verpflegung*: SITA-Bushaltestelle in Termini an der Durchgangsstraße. Am Ausgangspunkt in Termini gibt es außerdem ein kleines Lebensmittelgeschäft für die Marschverpflegung!

**Von Nerano nach Marina di Ieranto**: Nerano (ca. 160 m ü. d. M.) ist eine bäuerliche Ortschaft im Bergschatten der Kapanhöhe des *Monte San Costanzo*. Einzige Sehenswürdigkeit ist die Dorfkirche mit der interessanten Kachelkuppel. Hier beginnt der phantastische Küstenwanderweg, Gehzeit hin und zurück ca. 2,5 Std. Etwas Wandererfahrung ist vonnöten, da es einige steile Wegabschnitte gibt. Zunächst führt ein Eselspfad von Nerano zur sog. *Villa Rosa*, leichte Steigung, links und rechts Olivenpflanzungen. Dann beginnt der steile Teil hinunter zur Bucht durch typische Macchia. Der Weg endet in der *Marina piccola di Ieranto*, einer winzigen Bucht mit alter Mole, weißem Kiesstrand und zahlreichen Grotteneingängen in Meereshöhe. Die alte Mole stammt noch aus der Zeit, als hier ein Steinbruch betrieben wurde. Verpflegung und Badesachen nicht vergessen, denn hier hält man es eine ganze Weile aus!

*Verbindungen*: SITA-Bushaltestelle in Nerano an der Piazza.

## Marina del Cantone/Baden

Zweifellos die schönste Badestelle an der Spitze der Sorrentiner Halbinsel, auch wenn Capri von hier aus nicht mehr zu sehen ist. Grober Kiesstrand, glasklares Wasser und ein faszinierendes Bergpanorama im Hintergrund. Die kleine Marina del Cantone hat keinen Ortscharakter, sondern besteht aus einer willkürlichen Ansammlung von Standrestaurants, Hotels, Bars und Bagni. An heißen Sommerwochenenden ist hier die Hölle los, doch an normalen Wochentagen findet man einen Ort zum Wohlfühlen vor. Auch für einen etwas längeren Aufenthalt bietet sich die einsam gelegene Marina-Bucht an, denn das Camping-, Hotel- und Restaurantangebot ist ausgezeichnet. Einziger Nachteil: Die Sonne verschwindet hinter der wuchtigen Kapanhöhe im Westen relativ früh – also nichts für späte Sonnenanbeter.

• *Anfahrt/Verbindungen*: Von Sorrent entweder die Küstenstraße über Massa Lubrense, Termini und Nerano oder quer über den Bergrücken nach Sant'Agata und weiter nach Nerano. Ab Nerano abenteuerliche Serpentinenstraße hinunter zur Marina; gebührenpflichtiger Großparkplatz. SITA-Busse von Sorrent nach Nerano und von dort mehrmals tägl. nach Marina del Cantone.

• *Übernachten/Camping/Essen und Trinken*: *** **Taverna del Capitano**, Strandhotel, geschmackvoll modernisiertes Fischerhaus, schönste Lage an der Marina, Hotelrestaurant mit guter Fischküche. DZ L. 70.-130.000, Frühstück L. 20.000 pro Pers. Marina del Cantone, Tel. 081/8081028.

** **Delle Sirene**, einfaches Strandhotel mit Restaurant, ebenfalls tolle Lage an der Marina. DZ L. 90.-120.000, Frühstück L. 10.000. Tel. 081/8081027.

*** **Residence**, moderne Hotelanlage am Großparkplatz, unmittelbare Strandnähe, nicht besonders ansprechend, aber allemal geeignet. DZ L. 120.000 inkl. Frühstück. Tel. 081/8081201.

**Maria Grazia**, unser **Tip!** Gemütliches Strandrestaurant, alteingesessen und beliebt, ausgezeichnete Meeresküche, schmackhaft und sättigend, spätestens hier sollte man die regionale Nudelspezialität *Scialatielli* mit Meeresfrüchten probieren, leicht gehobene Preise.

**Al Cantuccio**, einfache Holzhütte am Ende des Strands, freundlicher Familienbetrieb, solide, leckere Fischküche, akzeptable Preise.

**Mary's Beach**, Strandbar auf Stelzen und Bagno mit Liegestuhlvermietung, von sympathischen jungen Leuten geführt, Snacks

*Marina del Cantone – ein Plätzchen zum Wohlfühlen*

und Getränke, Surfer- und Tauchertips! Je nach Stimmung abends lange geöffnet.

**Camping Villaggio turistico Nettuno**, Hanggelände oberhalb der Marina, gemischter Baumbestand. Mitten auf dem Zeltplatz steht ein mittelalterlicher Küstenwachturm, auch Bungalowvermietung, Bar, Restaurant, Disco, Sportangebot und Tauchschule; geöffnet Apr.-Okt. Tel. 081/8081051 und Tel. 081/8087971.

▸ **Wanderung von Marina del Cantone nach Marina di Crapolla**: Steilküstenwanderung zur fjordartigen Nachbarbucht. Bei diesem anspruchsvollen Weg handelt es sich um eine Etappe des Höhenwanderwegs der *Monti Lattari* (rotweiße Kennzeichnung), hin und zurück ca. 4 Std. Gehzeit einkalkulieren. Anfangs leichter Uferweg um eine hervorspringende Felszunge zur *Marina di Recommone*. Von dort führt ein rauher Naturpfad auf den Kamm der Küstenberge ca. 310 m über dem Meeresspiegel. Anschließend herrlicher, leicht abschüssiger Weg durch eine unberührte Küstenlandschaft. Der Höhenweg führt ins Bergdorf *Torca*, vorher den Abzweig (Treppenweg) hinunter zur *Marina di Crapolla* nicht verpassen! Dieser uralte Treppenweg führt vorbei an den Ruinen eines Klosters (einzig die San-Pietro-Kapelle steht noch) und endet am Kiesstrand. Die fjordartige Crapolla-Bucht wird von zwei hohen Felswänden geformt; am Strand stehen einige steinerne Fischerbauten mit Tonnengewölbe.

**Tip**: Im Sommer wird die Marina di Crapolla von kleinen Ausflugsbooten angelaufen, u. a. auch von Marina di Cantone aus. Vor Ort Informationen einholen und evtl. Bootstour und Wanderung kombinieren.

**Scoglio Isca**: Die Marina del Cantone unmittelbar vorgelagerte Felsinsel Isca kaufte der neapolitanische Komödiendichter *Eduardo De Filippo* Mitte des 20. Jh., um sich dort ein Ferienhaus zu errichten. Angeblich wurde der großzügig geplante Bau niemals fertiggestellt. Die Insel ist allerdings immer noch in Familienbesitz und nicht zu besichtigen.

## Sant'Agata

Weitläufige, landwirtschaftlich geprägte Ortschaft am höchsten Punkt des Sorrentiner Bergrückens. Von hier überblickt man beide Küstengewässer, deshalb lautet der vollständige Name auch *Sant'Agata sui due Golfi*. Bescheiden-beschaulich breitet sich der lebendige Ortskern vor der schlichten Pfarrkirche aus, in der sich ein florentinischer Altar aus farbigem Marmor, Perlmutt und Halbedelsteinen befindet. Aber vor allem die frische Höhenluft ist es, die die Küstenbewohner an heißen Sonntagen nach Sant'Agata lockt. – Gourmets hingegen kommen zu jeder Jahreszeit, denn hier oben versteckt sich ein Feinschmeckerlokal der besonderen Art.

• *Übernachten/Essen und Trinken*: **Ristorante Don Alfonso**, modernisierter historischer Palazzo an der Kirchenpiazza, ausgewiesenes Feinschmeckerlokal, sehr vornehm, im Gastroführer "Relais & Chateaux" ausgezeichnet, kreative kampanisch-neapolitanische Küche, Verarbeitung eigener landwirtschaftlicher Erzeugnisse, erlesene Flaschenweine, und drei komfortable DZ, teuer; Tel. 081/8780026.

### Was haben Sie entdeckt?

Haben Sie ein versteckte Bucht entdeckt, eine gemütliche Trattoria, ein empfehlenswertes Quartier?

Wenn Sie Ergänzungen, Tips oder Aktualisierungen zu diesem Buch haben, schreiben Sie an:

*Michael Machatschek*

*Stichwort "Golf von Neapel"*

*c/o Michael Müller Verlag*

*Gerberei 19*

*91054 Erlangen*

*Atrani – im Kern beschaulich*

# Amalfitanische Küste
## (Costiera Amalfitana)

**Eine betörend schöne Küstenlandschaft mit dem aufregendsten Steilufer des gesamten italienischen Mittelmeeres. Ungezügelt stürzen sich die schroffen Gebirgsausläufer der Monti Lattari ins Meer und tauchen nahezu senkrecht ab. Insgesamt ca. 40 km extreme Steilküste, nur dort, wo Nischen im abweisenden Felsufer klaffen, entstanden Fischersiedlungen. Aus ihnen sind mittlerweile beliebte Ferienorte geworden, während die Bergdörfer noch in relativer Abgeschiedenheit vor sich hin dämmern. Seit weit über einem Jahrhundert ist die Costiera Amalfitana ein Reiseziel der Extraklasse mit den berühmtesten Ferienorten Süditaliens: Positano und Amalfi.**

Im Rücken des Golfo di Napoli, abgeschirmt von der hohen Gebirgskette der Monti Lattari, zieht sich die Costiera Amalfitana von *Positano* bis *Vietri sul Mare*. Eine ungestüme Küstenlandschaft mit einem unvergleichlichen Formen- und Farbenspiel – vom Meer aus betrachtet ein atemberaubender Anblick: azurblau bis smaragdgrün das Wasser, bizarr zerklüftet das Ufer, Klippen wie Felsnadeln, steil aufragende graue Kalksteinwände, sattgrüne Macchia, leuchtende Zitrusgärten an den weniger schroffen Berghängen, blühende Kakteen und kräftige Pinien. Dann die Küstenorte in tiefen Felsnischen und Buchten mit stufenförmig gestapelten Würfelhäusern und farbenfrohen Fassaden, darüber lugen vereinzelte Villen aus dem dichten Grün, eine geradezu artistische Hangbebauung. Und ganz oben in den Bergen stecken abgeschiedene Dörfer wie Adlerhorste.

Die Lebensader dieser Bilderbuchküste ist die legendäre **Amalfitana**, die abenteuerlichste Küstenstraße Italiens. Teils in den Fels gesprengt, windet sie sich auf halber Höhe um die schroffen Küstenhänge: kühne Viadukte, spitze Überhänge, extreme Kurven und unvermittelte Blicke aufs Meer – eine Herausforderung für jeden Fahrer; und nicht selten kommt es vor, daß sich zwei Reisebusse verkeilen und den Verkehr eine ganze Weile lahmlegen. Nur schade, daß es kaum Haltemöglichkeiten gibt, um die herrlichen Ausblicke, die die Amalfitana gewährt, auch genießen zu können. Seit ihrer Fertigstellung Mitte des 19. Jh. verbindet die Amalfitana die Küstenorte. Alles, was entlang der Strecke liegt, prosperiert seitdem, und die touristische Erschließung der Costiera ist durch die S 163 überhaupt erst möglich geworden.

Jenseits der pulsierenden Amalfitana tut sich hingegen eine völlig andere Welt auf. Insbesondere die Bergdörfer, die keine bequeme Straßenanbindung haben, vermitteln den Eindruck von zeitloser Rückständigkeit. Symptomatisch für den Unterschied zwischen Küsten- und Bergwelt sind die jahrhundertealten Treppenwege, auf denen man auch heute noch in eine unvermutete, bäuerliche Abgeschiedenheit vordringen kann: z. B. auf den "1.000 Stufen", die *Amalfi* mit dem Bergdorf *Pontone* verbinden.

Im vergangenen Jahrhundert entdeckten die sehnsüchtigen Reisenden aus dem Norden Europas auch die Costiera Amalfitana für sich. Begeistert schwärmten sie in ihren Heimatländern von dieser einzigartigen Traumküste, und lösten damit einen regelrechten Urlauberstrom aus, der bis heute anhält. *Richard Wagner*, um nur einen prominenten Italienliebhaber des 19. Jh. zu nennen, fand hier, genauer gesagt im romantischen Bergstädtchen *Ravello*, Klingsors Zaubergarten und konnte endlich seinen "Parsifal" beenden. Aber so kommod wie zu Wagners Zeiten, der Ravello mit der Karosse erreichte, reist man heute längst nicht mehr. Die touristische Erschließung fordert eben ihren Tribut, daß spürt man vor allem zur Hauptreisezeit, wenn sich endlose Blechkarawanen über die schmale Küstenstraße schieben und die malerische Costiera Amalfitana schier zum Platzen bringen. – Genießer und Costiera-Süchtige kommen deshalb bevorzugt in der Nachsaison oder gar in den milden Wintermonaten: Reisende nennt man hier nur die Wintergäste, während die Sommergäste lediglich Touristen sind.

## Anfahrt/Verbindungen/Unterwegs

• *Pkw*: Es gibt mehrere Zufahrtsmöglichkeiten zur Amalfitana, landschaftlich reizvoll sind vor allem die Paßstraßen über die Monti Lattari. Vorher **tanken**, denn an der Küstenstraße sind Zapfsäulen knapp.

**Schnellste Verbindung**: Autobahn A 3 Napoli–Salerno, Abfahrt "Vietri sul Mare". Hier beginnt die Amalfitana (S 163); allerdings zähfließender Verkehr in Vietri. **Alternativen**: Die A 3 schon in *Angri* verlassen und von dort auf der Landstraße über San Lorenzo nach Corbara. Ab *Corbara* herrliche Bergstraße um den Gipfel des Monte Cerreto (1.316 m), die Straße steigt auf ca. 700 m (Paß) an und führt über Ravello zur Amalfitana (zeitaufwendige, aber schöne

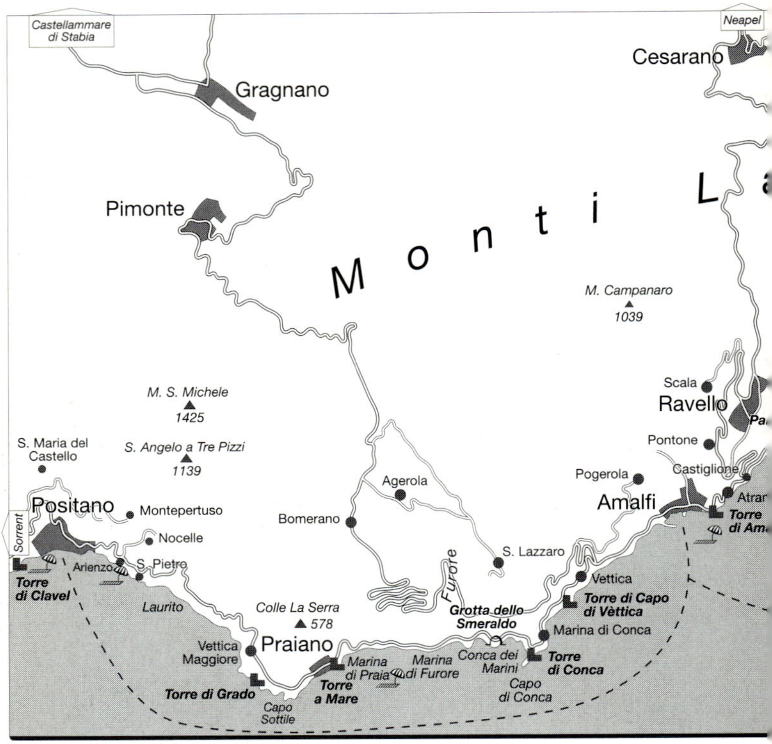


Strecke). Eine andere Strecke führt von Corbara zur weitläufigen Berggemeinde *Tramonti* und anschließend durch das Tal des Gebirgsbachs Torrente Regina nach Maiori.

**Die reizvollsten Paßstraßen**: Eine unvergeßliche Strecke führt von *Castellammare* über *Gragnano*, *Pimonte* und *Agerola* zur Amalfitana. Ein langer Tunnel durchstößt hinter Pimonte das Gebirgsmassiv der Monti Lattari; anschließend phantastische Serpentinenabfahrt durch das zerklüftete *Furore-Tal* zur Küste.

Besonders eindrucksvoll ist auch die Zufahrt von *Sorrent* über *Sant'Agata* nach Positano. Anfangs kurvenreiche Fahrt quer über den Sorrentiner Bergrücken. Hinter *Fontanelle/Colli di San Pietro* öffnet sich dann ein spektakuläres Küstenpanorama, daß es einem den Atem verschlägt – hier beginnt die Amalfitana. Bis Positano dann eine im wahrsten Sinne des Wortes aufregende Küstenstrecke mit extremen Kurven hoch über der Uferlinie – auch routinierte Fahrer sind hier gefordert, deshalb langsam und vorausschauend fahren.

Zur Hauptreisezeit dürfen Reisebusse die Amalfitana nur in Richtung Salerno befahren, das erhöht den Verkehrsfluß auf der stark belasteten Küstenstraße erheblich; aber Achtung, der öffentliche Busverkehr rollt in beide Richtungen! Die Linienbusse machen sich mit der Hupe bemerkbar, also an jeder unübersichtlichen Kurve die Ohren spitzen!

• _Bus_: effizienter **SITA-Busverkehr** an der Costiera mit Verbindungen ins Hinterland. Die blauen SITA-Busse steuern sämtliche Küstenorte an, zum Teil befinden sich die Haltestellen jedoch weit oberhalb des

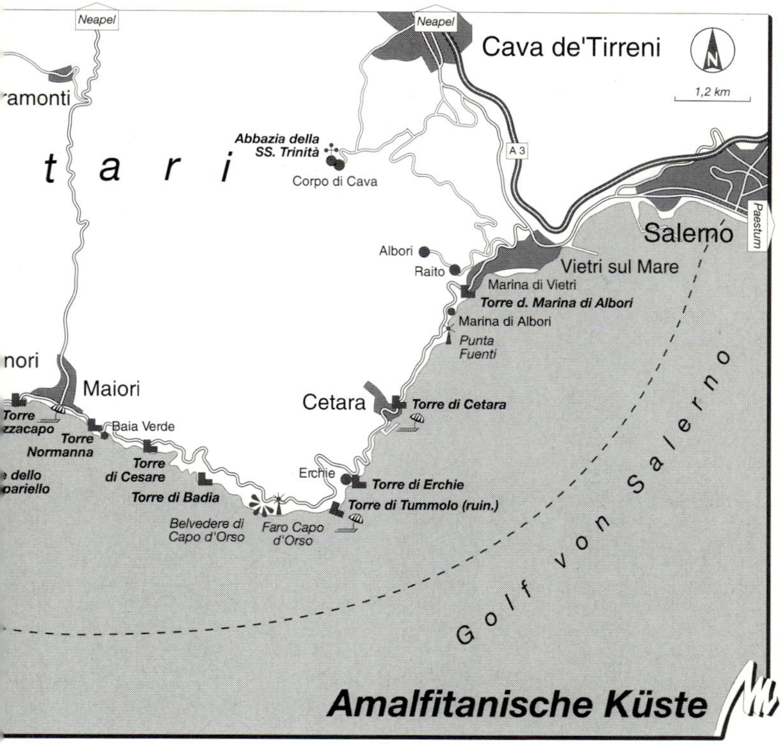


Ortskerns (so z. B. in Positano). **Tickets** gibt es in Bars, Läden und an einigen Hotelrezeptionen, zumeist in der Nähe der Haltestellen. Am besten deckt man sich gleich mit mehreren Fahrkarten ein (bis 10 km Entfernung reicht das L.-1.700-Ticket, darüber hinaus zahlt man L. 2.200). **Busbahnhöfe**: Die SITA-Endhaltestellen sind in Sorrent und Salerno, wichtigste Umsteigestelle ist Amalfi.

Busfahrten auf der Amalfitana erreichen durchaus den Erlebniswert von Karussellfahrten! Schwindelfrei? – Leute mit schwachen Nerven sollten auf jeden Fall die Fensterplätze mit Küstenblick meiden, denn die überraschenden Ausblicke in die Tiefe lassen so manches Herz in die Hose rutschen. Aber keine Angst, die hiesigen SITA-Busfahrer sind erprobte Lenkrad-Virtuosen. Gefahr droht nur vom Sitznachbarn, falls der sich übergeben muß!

• Bahn: **keine Verbindungen** entlang der Costiera Amalfitana. Ab Salerno bzw. Sorrent muß man auf SITA-Linienbusse umsteigen.

• Küstenfähre: Mit Abstand die genußvollste Fortbewegungsart an der Costiera Amalfitana. Die ganze Dramatik der Küstenlandschaft erschließt sich vom Schiff aus auf einen Blick. Doch die Pendelfähren haben ihren stolzen Preis, z. B. Positano–Amalfi L. 7.000 (Fahrtzeit ca. 30 Min.), Positano–Salerno L. 8.000 (Fahrtzeit ca. 1 Std.). Im Hochsommer häufige Verbindungen, Preisunterschiede zwischen den verschiedenen Reedereien gibt es nicht. Außer Amalfi, Positano und Salerno werden keine weiteren Küstenorte angelaufen; vor allem die Einheimischen beklagen sich seit Jahren lautstark darüber, daß keine Zwischenstopps in Minori, Maiori und Cetara eingelegt werden, obwohl dort geeignete Häfen zur Verfügung stehen.

Außerdem ganzjährig regelmäßiger Fährverkehr nach *Capri*, z. B. von Positano (Rückfahrkarte L. 16.000); nach *Sorrent* hingegen nur in den Sommermonaten.

## Übernachten

**Reisezeit**: Die Amalfitanische Küste ist ein Ganzjahresurlaubsgebiet, auch wenn längst nicht alle Hotelbetriebe im Winter geöffnet haben. Wer kann, sollte die hektischen Ferienmonate Juli und August meiden, denn dann ist hier alles belegt und die Urlaubermassen drängeln sich in den kleinen Küstenorten; außerdem sind die Preise im Hochsommer auf dem Höchststand. Genießer kommen im Frühjahr, Herbst oder gar in den milden Wintermonaten, wie es die Reisenden seit über einem Jahrhundert tun.

Das **Unterkunftsangebot** reicht von der traditionsreichen Klosterherberge bis zur einfachen Familienpension; außerdem findet man günstige *Affittacamere* (Privatzimmer) und preiswerte *Ostelli*. Das durchschnittliche Preisniveau entspricht ungefähr dem von Capri und Sorrento – ist also relativ hoch. Eine frühzeitige **Reservierung** ist auch in der Nebensaison absolut notwendig. **Campingplätze** gibt es an der gesamten Costiera aufgrund der extremen Steilheit so gut wie gar keine (einzig in Praiano); mehrere empfehlenswerte Campingplätze bietet allerdings die Sorrentiner Steilküste (siehe dort).

## Essen und Trinken

An der Amalfitanischen Küste wird in erster Linie typisch kampanisch gekocht; manche Hotelküchen haben sich allerdings den Gewohnheiten ihrer Gäste angepaßt und servieren auch internationale Gerichte. Zu den lokalen Spezialitäten zählen z. B. *Seppie/Calamari con patate* (Tintenfisch mit Kartoffeln) und *Coniglio alla conchese* (Kaninchen in Weißwein mit Limonenscheiben). Aber vor allem die hiesigen *Parmigiane* bzw. *Melanzane* (Gemüseaufläufe) schlagen alle Rekorde. Salatfreunde sollten nach den kleinen aromatischen *Cannellini a pinnolo* (Wildtomaten) fragen. Ausgezeichnet sind die Käsesorten wie *Mozzarella*, *Provola*, *Scamorza* aus den Dörfern der Monti Lattari (Milchberge), wo die Kühe, Schafe und Ziegen auf Bergwiesen weiden.

Aufgeschlossene Weintrinker werden von den Weinen aus *Ravello* begeistert sein, es gibt sie weiß, rot und rosé. Besonders interessant ist der frische und trockene Roséwein, der gut zu Gemüse- und Fischgerichten paßt.

## Baden

Costiera-Urlauber müssen trotz zerklüfteter Steilküste nicht auf das erfrischende Bad im Meer verzichten. Die Wasserqualität ist im allgemeinen tadellos; einzig nach starken Regenfällen im Hinterland schwemmen zahlreiche Gebirgsbäche Erde ins Meer. Bevor die Selbstreinigungskraft des Meers die Trübungen beseitigt hat, vergehen zumeist einige Tage.

Im Normalzustand schimmert das Küstengewässer in den Farben Azurblau und Smaragdgrün. Positano und Amalfi besitzen kiesige Stadtstrände mit den üblichen gebührenpflichtigen *Bagni*. Die längsten Sandstrände der Costiera findet man in Minori und Maiori. Der kleine Stadtstrand von Cetara ist auch ein beliebtes Surfrevier (siehe dort). Die schönste Badebucht hat – für meinen Geschmack – die winzige Marina di Praia. Und für Costiera-Kenner sicherlich eine traurige Nachricht: Der hübsche Kiesstrand von Marina di Conca ist durch einen Erdrutsch 1996 größtenteils zerstört worden.

## Wandern

Wanderer kommen an der Amalfitanischen Küste allemal auf ihre Kosten, aber bißchen Kondition ist vonnöten, denn auf allen Wegen müssen enorme Höhenunterschiede überwunden werden. Für viele Urlauber ist schon der steile Weg vom Hotel zur

Bushalte eine regelrechte Belastungsprobe. Wanderprofis hingegen wird es reizen, einige Etappen des **Höhenwegs der Monti Lattari (Alta via dei Lattari)** abzulaufen; dazu braucht man allerdings eine detaillierte und aktuelle Wanderkarte. Die beste **Wanderkarte** zum Gebiet erhält man vor Ort und zwar gratis im AAST-Informationsbüro von Amalfi: "Monti Lattari, Penisola Sorrentina e Costiera Amalfitana, Carta dei sentieri" (1:30.000), hrsg. vom Club alpino italiano, Sezioni Napoli e Cava dei Tirreni. Auf der großformatigen Faltkarte finden Sie den kompletten Höhenweg der Monti Lattari von Corpo di Cava bis zur Punta Campanella sowie sämtliche Verbindungswege zur Küste und zu den höchsten Gipfeln der Umgebung (Monte San Michele, Monte Cerreto, Monte Faito etc.). Einige **Küstenwanderungen** werden im folgenden etwas genauer beschrieben, z. B. der herrliche Weg von Positano über Montepertuso nach Nocelle.

### Einkaufen/Souvenirs

**Keramik**: Überall in den Küstenorten stößt man auf farbenprächtige Kunst- und Gebrauchskeramik mit phantasievollen Formen, Verzierungen und Motiven. Größtenteils stammt diese beliebte Souvenirware aus den traditionsreichen Keramikwerkstätten von Vietri sul Mare, wo sie seit Generationen hergestellt wird. Sogar ein Museum (in Raito) beschäftigt sich mit der Geschichte der örtlichen Keramikproduktion.

Ein weiteres Handwerk mit Tradition ist die Herstellung von **Büttenpapier** in Amalfi, wo einst Dutzende von Papiermühlen im *Valle dei Mulini* betrieben wurden. Auch in Amalfi bringt ein Museum Interessierten die Geschichte der örtlichen Papierproduktion näher.

### Inseln der Sirenen

Wer kennt sie nicht, die sagenumwobenen Sirenen, diese unwiderstehlichen Fabelwesen der griechischen Mythologie. In den Homerischen Schriften werden sie als jungfräuliche Schwestern und fischschwänzige Meeresdämonen beschrieben, die auf einer Insel des Thyrrenischen Meers lebten. Sie lockten die vorbeifahrenden Seeleute durch unwiderstehlich süßen Gesang an, um diese zu töten, denn sie selbst sollten den Tod finden, wenn auch nur ein Seefahrer ihrem Gesang widerstand. Der tapfere Odysseus war es schließlich, der an den Sirenen vorbeisegelte und ihrem tödlichen Treiben für immer ein Ende bereitete. Die Sirenen stürzten nach Odysseus' glücklicher Durchfahrt ins Meer und verwandelten sich in Felsinseln, und zwar in das kleine Archipel *Li Galli*, das in der Antike *Sirenuse* genannt wurde. – Sage hin, Legende her, geht man einmal ganz nüchtern davon aus, daß die Meerenge zwischen Capri und der Halbinsel von Sorrent den Helden des griechischen Altertums als schwierige Passage galt, wo zahlreiche Schiffe von den unberechenbaren Strömungen auf die Klippen getrieben wurden, scheinen die sagenhaften Sirenen wohl nichts anderes gewesen zu sein, als phantasievolle Verkörperungen von realen Naturgewalten.

## Felsinseln Li Galli

Diese mythischen Sirenen-Inseln, die der Amalfitanischen Küste weithin sichtbar vorgelagert sind, sind im Lauf der Zeit keineswegs unberührt geblieben. Die größte der drei Inseln namens **Gallo Lungo** avancierte sogar zur Künstlerkolonie. *Léonide Massine*, russischer Tänzer und Choreograph (1896–1979), baute sich hier eine Ferienvilla. Zu seinen prominenten Gästen gehörten auch *Igor Strawinsky* und *Picasso*. Später erwarb der russische Tänzer *Rudolf Nurejew* die Massine-Villa. Er starb jedoch, bevor er sie zu dem geplanten Tanzausbildungszentrum umbauen konnte.

# Positano

(ca. 4.000 Einwohner)

**Noch steht der Mund sperrangelweit offen angesichts der spektakulären Steilküste, da taucht plötzlich das mondäne Positano auf. Wie ein aufgeklappter Sonnenkollektor steckt der weltberühmte Ferienort des Jet-sets in einem tiefen Küsteneinschnitt. Nahezu vertikal stapeln sich die Würfelhäuser mit ihren markanten Arkadenbögen in die Höhe, die bunte Palette ihrer Fassaden leuchtet zwischen mediterranem Grün und kobaltblauer Uferlinie.**

Seit Anfang dieses Jahrhunderts kamen sie zahlreich, die Intellektuellen, Schriftsteller, Maler, Choreographen, Komponisten, Regisseure und Schauspieler. Alle waren sie fasziniert von der anmutigen Lage Positanos und beeindruckt von der herzlichen Gastfreundschaft der Einheimischen; auf deutscher Seite Bert Brecht ebenso wie Paul Klee. Der Berliner Maler Max Ihlenfeld wurde sogar seßhaft und nannte sich fortan Massimo Campigli. Wie nachhaltig die Anwesenheit einiger Künstlergruppen die Entwicklung Positanos beeinflußt hat, zeigt sich heute vor allem in den alljährlichen **Preisverleihungen**. Da gibt es den *Premio Leonide Massine* in Erinnerung an den russischen Choreographen Massine; weltweit die einzige Auszeichnung für die Genies der internationalen Tanzkunst. Der *Premio Vittorio De Sica* hingegen, mit dem Jahr für Jahr herausragende Regisseure und Schauspieler geehrt werden, drückt den ganzen Stolz auf die Filmszene aus, die sich in den 50er Jahren in Positano tummelte. Dann gibt es natürlich noch die Mode zu erwähnen. Anfangs waren es hochwertige geklöppelte Spitzen, und später setzte die hier kreierte Bademode Akzente. Positano, so heißt es, machte 1959 den **Bikini** in Italien salonfähig. Modebewußt ist der Urlaubsort bis heute jedenfalls geblieben – zumindest gibt es im strandnahen Zentrum unglaublich viele Modeboutiquen.

Trotz großer Beliebtheit sollte man aus Positano nicht mehr machen als es ist, nämlich ein Paradebeispiel für Tourismus in Reinkultur: Das Ortsbild ist makellos und puppenstubenhaft, die Gastgeber sind professionell freundlich, der Strand ist gepflegt und gebührenpflichtig, die Kulisse ist pittoresk, Hobbymaler halten die schönsten Ansichten unentwegt in Öl und Aquarell fest, und für störenden Hundekot gibt es sogar vorbildliche Entsorgungsbehälter – was will man mehr!

**Historisch** läßt sich dieses vielgepriesene Positano schlecht fassen, denn die Chroniken sind vage und widersprüchlich wie selten in Italien: Eine griechisch-römische Gründung scheint ausgeschlossen zu sein, obwohl im Bereich der Pfarrkirche *Santa Maria Assunta* Fundamente einer römischen Villa entdeckt worden sind. Etymologische Überlegungen bringen Positano

*Positano aus der Schlüssellochperspektive*

mit dem altrömischen Wort für freigelassene Sklaven, *Posidii*, in Verbindung – reine Spekulation. Auch für die Theorie einer Sarazenenniederlassung im 9. Jh. mangelt es an Beweisen. Hartnäckig hält sich auch die Legende, der Ort sei von Flüchtlingen aus Paestum gegründet worden, die von den Sarazenen vertrieben wurden. Nicht einmal sicher ist, ob Positano überhaupt zum Städtebund um die mittelalterliche Seerepublik Amalfi gehörte. Unter den Anjou (14. Jh.) soll es hier eine befestigte Kolonie für Strafgefangene gegeben haben. Daher die Küstenwachtürme? Zweifelhaft erscheint vor allem der angebliche Reichtum Positanos im 16. Jh., basierend auf Handelsverbindungen mit dem Vorderen Orient. Im späten 18. Jh., da sind sich die verschiedenen Chroniken wieder einig, begann Positano zu verelenden. – Eine Vergangenheit mit vielen Fragezeichen. Vielleicht handelte es sich ja schlichtweg um eine kleine Fischersiedlung, unbedeutend und abgeschieden, die erst mit dem Bau der amalfitanischen Küstenstraße in der Mitte des 19. Jh. erschlossen wurde. Wäre dann die unmittelbar anschließende touristische Entdeckung Positanos so etwas wie eine historische Geburtsstunde? Dieser Annahme macht der fein herausgeputzte Ferienort jedenfalls alle Ehre.

## *Information/Vorwahl*

- *Information*: **AAST-Informationsbüro**, zu Füßen der Kirchentreppe, in Strandnähe. Gut geführt, mehrsprachig, viel nützliches Informationsmaterial, Stadt- und Umgebungsplan, aktueller Terminplan der zahlreichen Feste und Veranstaltungen. Außerdem hilft das Büro bei der Privatzimmersuche vor Ort. 8-14 Uhr, in der HS auch nachmittags geöffnet; Tel. 089/875067.
- *Vorwahl*: Tel. 089 für Positano und die gesamte Amalfitanische Küste. Seit 1998 muß auch bei Ortsgesprächen die Vorwahl immer mitgewählt werden.

## Anfahrt/Verbindungen

**Pkw/Parken**: Die Anfahrt mit dem eigenen Fahrzeug endet auf den gebührenpflichtigen Parkdecks im oberen Ortsteil. Wer einen längeren Aufenthalt plant, sollte bei der (rechtzeitigen!) Hotelreservierung am besten auch schon einen Stellplatz reservieren, der sich dann zumeist in der Nähe des Hotels befindet. -Tagestouristen finden entlang der Ortsdurchgangsstraße einige gebührenpflichtige Parkplätze (pro Std. ca. L. 3.000).

**Bus**: häufige *SITA-Linienbusse* zwischen Sorrento und Salerno, Fahrpläne verteilt das Informationsbüro. Mehrere Haltestellen im oberen Ortsteil, nach unten ins Zentrum und zum Strand geht's dann über steile Treppenwege zu Fuß. Der orange *Stadtbus* verbindet alle Ortsteile miteinander auf einem Rundkurs, aber bis man den Streckenverlauf so richtig begriffen hat, hat man sich auch schon an das ständige Treppensteigen gewöhnt.

**Fähren**: regelmäßige Verbindungen nach Amalfi/Salerno und Capri. Die Tickets kauft man an der Anlegestelle, wo auch die genauen Abfahrtszeiten aushängen.

Auf dem Hauptstrand *Spiaggia grande* hat sich ein **Bootsverleih** etabliert, der auch **Ausflugsfahrten** entlang der Küste und zur Grotta dello Smeraldo anbietet.

## Feste und Veranstaltungen

**Premio Leonide Massine**, Tanzveranstaltungen und Preisverleihung, Anfang September.

**Defilé di Moda**, Modenschau, September.

**Piccolo Festival**, internationales Musikfest, Juli.

**Musica d'estate**, Konzerte, klassische Musik, August.

**Premio Vittorio De Sica**, Filmvorführungen und Preisverleihung, September.

**Sagra del Pesce**, stimmungsvolle Kirmes rund um den Fisch, Ende September.

## Übernachten

Große Auswahl an Luxusherbergen, Familienpensionen, Apartments und Privatzimmern. Unbedingt rechtzeitig reservieren, vor allem im Juli/August ist alles weit im voraus ausgebucht. Besonders die Familienpensionen mit angeschlossenem Restaurant bestehen gern auf Halbpension. Die zentral gelegenen Apartments mit Küche sind ideal für Familien mit Kleinkindern. Privatzimmer werden in der Regel nur für einen mehrtägigen Aufenthalt vergeben. Wenn Sie ohne Reservierung anreisen, wenden Sie sich am besten direkt an das AAST-Informationsbüro, dort ist bekannt, welche Hotels noch freie Zimmer haben; außerdem hilft es bei der Vermittlung von Privatzimmern und Apartmentwohnungen.

***** **San Pietro**, modernes Luxushotel, außerhalb an der Küstenstraße Richtung Amalfi, ruhige Panoramalage über der kleinen San-Pietro-Bucht. Luxus pur, stilvoll bis ins Detail, vornehmes Restaurant, etwas für unvergeßliche Flitterwochen. DZ L. 640.-1.150.000, Tel. 089/875455.

***** **Le Sirenuse**, ältestes Luxushotel im Zentrum, an der Durchgangsstraße Via C. Colombo gelegen. Garten, Swimmingpool, große Balkonzimmer, Restaurant. DZ L. 410.-750.000, Tel. 089/875066.

**** **Buca di Bacco**, seit Jahrzehnten eine regelrechte Institution, in den 50er Jahren der Prominententreff mit legendärem Nachtclub. Das alte Hauptgebäude am Stadtstrand ist mittlerweile um eine angrenzende Dependance erweitert worden, die meisten Zimmer haben Meeresblick, das Frühstück wird auf dem großen Balkon der Dependance serviert, das beliebte Hotelrestaurant liegt direkt über dem Strand. DZ L. 170.-255.000, Tel. 089/875699.

**** **Covo dei Saraceni**, komfortabler Hotelkomplex am Fähranleger, im Lauf der Zeit um mehrere Nebengebäude erweitert. Balkonzimmer mit Meeresblick, Swimmingpool auf dem Dachgeschoß, großes, vornehmes Restaurant mit gemütlicher Terrasse. DZ L. 250.-320.000, Tel. 089/875400.

**** **Palazzo Murat**, stilvoller Barockpalazzo mit prächtigem Innenhof an der unteren Haupttreppe zum Strand. Kunstvolle Stuckdekorationen und wertvolle Kachelfußböden, die Zimmer sind zum Teil antik möbliert, aber es gibt auch ein Nebengebäude mit modern eingerichteten Zimmer. Ohne Hotelrestaurant. DZ L. 230.-390.000; Via dei Mulini, Tel. 089/875177.

*** **Vittoria**, moderner weißer Palazzo in schöner Hanglage über dem Fornillo-Strand. Helle, schlichte Balkonzimmer, Garten, Restaurant. DZ L. 102.-160.000, Tel. 089/875049.

*** **Pupetto**, unser **Tip!** Einziges Strandhotel an der Spiaggia del Fornillo, sympathischer Familienbetrieb. Wer zurückgezogen logieren will, ist hier richtig. Einfache saubere Zimmer, große Speiseterrasse über dem Strand, ausgezeichnetes Restaurant. DZ L. 102.-160.000, Tel. 089/875087.

*** **Montemare**, gepflegte alte Villa an der Ortsdurchgangsstraße, familiäre Atmosphäre, geschmackvoll eingerichtet. Pensionsgäste speisen im benachbarten Ristorante Il Capitano. DZ L. 140.-190.000; Viale Pasitea 119, Tel. 089/875010.

** **Le Sirene**, außerhalb, an der Küstenstraße in Richtung Amalfi, tolle Lage in der kleinen Bucht von Laurito. Kleine Strandpension, absolut isoliert, nur im Sommer geöffnet, Bootsservice nach Positano. Nur 8 DZ, 1-2 Zusatzbetten auf Wunsch, Ristorante mit leckerer Fischküche. DZ L. 150.000, Tel. 089/875490.

* **Villa delle Palme**, kleine betagte Pension an der Durchgangsstraße, einfach und sauber, nette ältere Wirtsfamilie, mit Restaurant. DZ L. 110.-120.000; Viale Pasitea 134, Tel. 089/875162.

* **Maria Luisa** (Tel. 089/875023) und * **Casa Guadagno** (Tel. 089/875042), zwei einfache Pensionen mit Ristorante am Treppenweg Via Fornillo, Nähe Hotel Vittoria; DZ ca. L. 90.000.

**Villa Flavio Gioia**, stilvoller, frisch renovierter Palazzo an der zentralen Kirchenpiazza. Geschmackvoll und komfortabel eingerichtete Apartments mit Küche, ansonsten Service wie im Hotel (Reinigung etc.), nur teilweise Meeresblick, Lebensmittelgeschäft in unmittelbarer Nähe. Apartment pro Tag L. 150.-240.000; Piazza Flavio Gioia, Tel. 089/875222.

**La Tavolozza**, hübsch eingerichtete Privatzimmer (Kochgelegenheit) in einem gepflegten Haus an der Durchgangsstraße Via C. Colombo 10. DZ ca. L. 80.000, Tel. 089/875040.

**Villa Sofia**, Privatzimmer im Bergdorf Nocelle, absolut ländliche und abgeschiedene Lage (→ Wanderung 1, S. 288), etwas für Individualisten. DZ ca. L. 70.000, Tel. 089/811695.

## *Essen und Trinken*

Einige stimmungsvolle Fischrestaurants am Stadtstrand bilden das gastronomische Zentrum von Positano, und jeden Abend vollzieht sich hier dasselbe Ritual: Zunächst flaniert man ein wenig an der Uferpromenade, nippt irgendwo einen Aperitivo, trifft Freunde oder Urlaubsbekanntschaften, und dann nimmt man Platz zur ausgiebigen Mahlzeit – für die meisten ein abendfüllendes Programm. Die ordentlich gesalzenen Preise werden stillschweigend akzeptiert, Preisvergleiche sind gar verpönt. Wer Alternativen zum gastronomischen Brennpunkt an der Spiaggia grande sucht, wird nur begrenzt fündig.

**La Cambusa**, an der Strandpiazza Vespucci. Alteingesessen und sehr beliebt, seit über 40 Jahren ein Garant für ausgezeichnete Fischgerichte nach traditionellen Rezepten. Schlichter Speiseraum, Tische auch auf der Piazza, teuer; Tel. 089/875432.

**Chez Black**, an der Uferpromenade, ein regelrechter Touristenmagnet. Die Farbe Rot dominiert, freundliche Bedienung, große Speisekarte, appetitliche Fischvariationen, Pizza aus dem dekorativen Holzofen, recht teuer; Tel. 089/875036.

**Osteria O Caporale**, etwas am Rand der extrovertierten Ufergastronomie. Intimer Speisesaal mit Kerzenlicht, auch Tische an der zugigen Via Regina Giovanna. Vorwiegend Meeresküche, gehobene Preise; Tel 089/875374.

**Buca di Bacco**, Hotelrestaurant, über dem Strand. Authentische kampanische Küche, große Portionen, schnelle Bedienung, teuer, die Fensterplätze sind für Hotelgäste reserviert; Tel. 089/875699.

**Covo dei Saraceni**, Hotelrestaurant, lauschige Speiseterrasse über dem Fähranleger. Vornehm, beliebt bei Hochzeitsgesellschaften, leckere Reis- und Nudel-Primi, gehobene Preise; Tel. 089/875400.

**Lo Guarracino**, liegt abgeschieden am Felsuferweg zum Fornillo-Strand. Einfaches kleines Ristorante, eigentlich mehr Garküche als Restaurant. Ungetrübter Meeresblick, schmackhafte Fischküche, mal die Linguine mit *Riccio* (Seeigel) probieren. Auch Pizza, akzeptable Preise; Tel. 089/875794.

**Pupetto**, Hotelrestaurant, am Fornillo-Strand. Große Speiseterrasse über dem Strand, freundliche Bedienung, regionale Spezialitäten, leckere Primi mit Muscheln, offener Wein, das Preis-Qualitäts-Verhältnis stimmt; Tel. 089/875087.

**Da Vincenzo**, an der Ortsdurchgangsstraße (Viale Pasitea 178). Eine echte Alternative zu den Fischlokalen an der Uferpromenade, alteingesessene, leidenschaftliche Wirtsfamilie, schmackhafte Hausmannskost, appetitliche Meeresfrüchte-Antipasti. Preise o. k., Tel. 089/875128.

**Il Grottino Azzurro**, im oberen Ortsteil, Nähe Belvedere und Chiesa Nuova. Schnörkellose Hausmannskost, Nudelaufläufe, offener Wein, ehrliche Preise. Der Weg lohnt sich. Via Marconi 158, Tel. 089/875466.

**Il Ritrovo** und **La Tagliata**, im Bergdorf Montepertuso (→ Wanderung 1, S. 288), zwei beliebte Ausflugslokale. Mittagstisch, unverfälschte bäuerliche Küche, Zutaten aus eigenem Anbau, Kleintierhaltung. Hier gibt es z. B. die aromatischen Wildtomaten und den leckeren Bergkäse. *Il Ritrovo*, Piazza Cappella 77, Tel. 089/811336; *La Tagliata*, Via M. S. Cinque, Tel. 089/875872.

## Sehenswertes

**Pfarrkirche Santa Maria Assunta**: mit der bunten Majolikakuppel und dem stillen Vorplatz die Sehenswürdigkeit des Ortes. Einst zierte ein byzantinischer Mosaikfußboden die Kirche, von dem nur noch ein Stückchen übriggeblieben ist, das wie eine kostbare Reliquie hinter Glas geschützt wird. Wirklich stolz und anmutig erhebt sich die dunkelhäutige Madonna mit Kind über dem Hauptaltar, ein Tafelbild aus dem 13. Jh. Der Legende nach gab sie dem Ort seinen Namen: Als Beutegut der Sarazenen befahl die Madonna den muselmanischen Dieben auf der Seefahrt nach Neapel anzuhalten. "Posa, posa" (absetzen, absetzen), rief die energische Madonna, und die Sarazenen gehorchten. Interessant ist auch das mittelalterliche Marmorrelief über der Tür im benachbarten Glockenturm. Es zeigt ein Seeungeheuer, begleitet von einem Fischschwarm und einer jagenden Hyäne.

Wie groß Positano tatsächlich ist, das zeigt sich erst im **oberen Ortsteil**. Eine kurvige Durchgangsstraße zieht sich einige Kilometer lang durch das gesamte Hangviertel. Zwischen den ausladenden Straßenschleifen verlaufen immer wieder schmale Treppenwege und bilden ein regelrechtes Labyrinth. Die Läden, Restaurants und Pensionen sind hier einfacher, vielleicht sogar sympathischer als diejenigen in Strandnähe. Zu Fuß ist man eine ganze Weile unterwegs im oberen Ortsteil, bis man den höchsten Aussichtspunkt, das **Belvedere** von Positano erreicht. Bequem hingegen ist die Fahrt mit dem Stadtbus, der auf einem ca. 6 km langen Rundkurs alle Ortsteile miteinander verbindet und auch am Belvedere hält.

## Baden

**Spiaggia grande**: der Hauptstrand, feiner und grober Kies. Für amalfitanische Uferverhältnisse ein recht großer Strand. In der Hauptsaison komplett von den Bagni (Strandbädern) vereinnahmt, ein Liegestuhl mit Sonnenschirm kostet dann pro Tag ca. L. 20.000; gemütliche Strandbars.

**Spiaggia del Fornillo**: zweiter Stadtstrand, etwas weniger frequentiert. Von der Anlegestelle aus über einen schmalen Steiluferweg zu erreichen. Freie Liegeplätze auch in der Hauptsaison, einfache Strandbar.

Einige winzige Badebuchten verstecken sich im zerklüfteten Felsufer östlich von Positano, aber leider sind sie nicht alle von der Landseite aus zugänglich. Ein Tip ist die einsam gelegene **Spiaggia di Arienzo,** die man auch zu Fuß erreicht; Küstenstraße bis Località Arienza (ca. 1 km), dann steiler Treppenweg hinunter zum Kiesstrand mit Bagno und Bar.

### Wandern

**Wanderung 1 über Montepertuso nach Nocelle**: Gehzeit ca. 1,5 Std., zum Teil recht steile Wanderung auf Treppenwegen, Landstraße und ausgetretenen Eselspfaden. An der zentralen Via Cristoforo Colombo, Nähe Hotel Savoia, beginnt der Treppenweg nach Montepertuso. Kurz hinter der Überquerung der Durchgangsstraße Via Marconi verzweigt er sich, man nimmt den Treppenweg Strada Grado bis Montepertuso. Eine Landstraße führt dann in das kleine Bergdorf, wo es auch mehrere Einkehrmöglichkeiten gibt, z. B. das Ristorante La Tagliata (→ S. 286). Am Ende der Landstraße beginnt der gekennzeichnete Pfad nach Nocelle. Er führt durch ein tiefes Gebirgstal, eine herrliche Wanderung durch eine grüne Felslandschaft. Oberhalb erkennt man aus mehreren Perspektiven ein riesiges Loch in der Felswand, dabei handelt es sich um ein seltenes Naturphänomen, das es in dieser ausgeprägten Form weltweit angeblich nur dreimal gibt. Der Weg endet auf ca. 420 m im autofreien Nocelle. Entweder man geht die gleiche Strecke zurück oder nimmt den Treppenweg hinunter nach Arienzo, wo eine Badebucht (s. o.) Abkühlung verspricht.

**Wanderung 2 nach Santa Maria del Castello**: Gehzeit ca. 1,5 Std., Steigung auf Treppenwegen und Felspfaden. Ausgangspunkt ist das Belvedere von Positano, von dort kurzer Treppenweg zum Ortsteil Grado, dann gekennzeichneter Treppenweg nach Santa Maria del Castello, vorbei an der kleine Chiesa San Giuseppe. Bald hat man die letzten Bauernhäuser und Nutzgärten hinter sich gelassen und wandert auf einem Naturpfad; immer wieder phantastische Ausblicke zurück auf die Küstenlinie. Santa Maria selbst ist eine kleine Streusiedlung, die sich auf einer flachen Bergkuppe (685 m) um einen mittelalterlichen Festungskern gruppiert. Keine Bars und Lebensmittelläden im Ort, allerdings ein Brunnen; Verpflegung nicht vergessen! Gleicher Weg zurück oder mit detaillierter Karte (→ "Wandern", S. 280) über den Monte Gambera und Montepertuso nach Positano zurück.

## Praiano

Die weitläufige Gemeinde zieht sich um die zerklüftete Felszunge des *Capo Sottile*. An dieser Stelle ist die Amalfitanische Küste besonders schroff und unzugänglich; fjordartige Felseinschnitte graben sich tief in den Küstenhang, während die Bebauung in Stufen ansteigt. Bergdorf oder Küstenort? Beides, denn die Gemeinde Praiano setzt sich aus den miteinander verbundenen **Ortsteilen Vettica Maggiore, Praiano Alto** und **Marina di Praia** zusammen. Die Ortsgrenze zwischen Vettica und Praiano verläuft auf der Höhe des Straßentunnels, der die Felsspitze Capo Sottile an ihrem steilsten Punkt durchstößt.

Insgesamt bietet Praiano all denjenigen eine Standortalternative, die dem Rummel und nicht zuletzt auch den hohen Preisen der benachbarten Küstenperlen Positano und Amalfi ausweichen und sich dennoch mitten im Herzen der Costiera Amalfitana einnisten wollen.

• *Übernachten/Essen und Trinken/Nachtleben*: ** **Onda Verde**, unser **Tip** in Praiano, oberhalb der Badebucht Marina di Praia gelegen, hoteleigenes Parkdeck an der Küstenstraße, von dort Fahrstuhl zur Rezeption. Die Hotelanlage ist in den Steilhang gebaut und besteht aus einem Kerngebäude mit Restaurant sowie mehreren Nebenbauten, in denen die geräumigen Zimmer untergebracht sind (vorwiegend mit Meeresblick). DZ ca. L. 150.000 inkl. Frühstück. Es stehen auch Drei- und Vierbettzimmer zur Verfügung, gutes Hotelrestaurant mit tägl. wechselnden Gerichten, geöffnet März-Nov. Via Terramare 3, Tel. 089/874143, Internet: http://www.starnet.it/onda_verde.

**La Conchiglia**, einfache Pension, bescheidener weißer Flachbau in Marina di Praia. DZ ca. L. 80.000, ganzjährig geöffnet. Schräg gegenüber an der Felswand befindet sich das gleichnamige Ristorante, rustikaler Speiseraum und Terrasse, herzhafte Hausmannskost, Fisch und Fleisch vom Holzkohlegrill, auch Pizza, ehrliche Preise; Tel 089/874313.

**Il Pirata**, kleine Open-air-Trattoria und Bar, am Felsuferweg der Marina. Leckere *Cucina casareccia* (Hausmannskost), vorwiegend Meeresküche, kleine Preise, Tel. 089/874377.

**Camping La Tranquillità**, in Praiano Alto, **einziger Zeltplatz an der Costiera**, kleines Waldgrundstück, auch Bungalowvermietung, Ristorante und Bar; Tel. 089/874084.

**Disco Africana**, Mega-Disco am Ende des Uferwegs der Marina, bereits in den 70ern die beliebteste Diskothek der Costiera. Eine riesige Gerüstkonstruktion, in eine Meeresgrotte hineingebaut, schrille Lichteffekte, teuer. Zufahrt von der Küstenstraße; den Anwohnern ein Dorn im Auge.

• *Wandertip*: **von Vettica Maggiore auf den Colle la Serra (578 m)**, gekennzeichneter Naturpfad auf den Serra-Gipfel, Gehzeit ca. 2 Std., zurück ca. 1,5 Std. oder auf dem Gebirgsgrat weiter ins Bergdorf Nocelle (→ S. 288), und von Arienzo mit dem SITA-Bus zurück nach Praiano.

## Stadtteile und Sehenswertes

**Vettica Maggiore** klebt wie ein Straßendorf an der Amalfitana, ja es hängt geradezu am Tropf der vitalen Verkehrsader, die den Touristenstrom unentwegt durch diese faszinierende Küstenlandschaft lenkt. Knapp unterhalb der Küstenstraße erhebt sich die **Kuppelkirche San Gennaro** mit dem kachelverzierten Vorplatz – ein herrlicher Aussichtspunkt zum Verweilen.

**Praiano Alto** liegt oberhalb der Küstenstraße und versprüht noch viel ländliche Atmosphäre und dörfliche Geschlossenheit. Eine schmale Serpentinenstraße windet sich zwischen den parzellierten Gartenterrassen und Häusern bis auf eine Höhe von ca. 300 m. Den Ortskern bildet die **Chiesa di San Luca** aus dem 16. Jh. Der große Kirchenvorplatz hängt wie ein Balkon über dem Meer und bietet ein grandioses Panorama. Im Innern der Kirche gibt es einen farbenprächtigen Majolikafußboden zu sehen.

**Marina di Praia**: am östlichen Ortsausgang. Diese steilwandige Bucht mit den verstreuten Fischerhäusern liegt wie ein Trichter im ansonsten unzugänglichen Felsufer – ein beschaulicher Ort und eine idyllische Badestelle.

Vom Kiesstrand führt ein bequemer Felsuferweg um den weithin sichtbaren Küstenwachturm.

• *Ausflüge*: **Mini-Kreuzfahrten** werden von der örtlicher Hotellerie organisiert; ganztägiger Bootstrip von Marina di Praia über Positano nach Capri (mit Zwischenstopp in Marina Piccola) und zurück, L. 35.000 pro Pers. Buchungen nehmen alle Hotels in Praiano entgegen.

## Furore-Tal (Vallone di Furore)

Die tiefe Schlucht zwischen dem *Capo Sottile* und der *Conca dei Marini* wird von einem kühnen Viadukt überquert. Vom Meer durch schroffe Felswände abgeschirmt, öffnet sich ein schmales Tal mit winzigem Kiesstrand und einigen Fischerhäusern. Das sogenannte Tal des Zorns ist manchmal auch tatsächlich zornig, denn bei aufgewühltem Meer schäumt die Brandung hinein, und nach starken Regenfällen füllt ein Sturzbach die Schlucht; aber zumeist zeigt es sich trocken, friedlich und einladend. Vom Viadukt geht eine alte Steintreppe hinunter an den dunklen Strand, ein anschließender Pfad führt dann tief in die vegetationsreiche Schlucht hinein. Im Mittelalter, zur Zeit der amalfitanischen Republik, standen die berühmten Papiermühlen auch im Vallone di Furore; heute existieren allerdings nur noch wenige Museumsmühlen in Amalfi (→ S. 298).

• *Wandern*: Der Pfad **durch das Furore-Tal** ist begehbar und endet an der Serpentinenstraße zwischen Amalfi und der Ortschaft Furore auf ca. 320 m ü. d. M. Gehzeit ca. 2 Std., zurück ca. 1,5 Std.

## Grotta dello Smeraldo

**Die smaragdgrün leuchtende Meeresgrotte, die gerne mit der Blauen Grotte von Capri verglichen wird, ist mit Sicherheit eine der touristischen Attraktionen der Costiera Amalfitana.**

Die romantische Grotte befindet sich im Steilufer der **Conca dei Marini**, einer großen, muschelförmigen Felsbucht mit einem weit ins Meer laufenden Felsfinger, auf dem ein wuchtiger Küstenwachturm steht. Vom Parkplatz an der Küstenstraße führt ein abenteuerlicher Aufzug hinunter zum Grotteneingang, erst dort werden die Tickets verkauft (L. 5.000). In einem unförmigen Boot wird man über den Grottensee gerudert. Mario, einer der Grottenkapitäne, wird nicht müde, das Geheimnis der Smaragdgrotte zu lüften: 1932 wurde sie von einem einheimischen Fischer entdeckt, damals hatte sie nur eine unterseeische Öffnung, der heutige Eingang ist also künstlich angelegt worden. Die Wasseroberfläche schimmert wundersam smaragdgrün, ein irrealer Lichteffekt, der auf Tageslicht beruht, das durch einen ca. 15 m langen Felstunnel unter dem Meeresspiegel in die Grotte gelangt. Außerdem gibt es eine Reihe von Tropfsteinformationen zu bewundern, die zu phantasievollen Deutungen anregen. Künstlich (abgesehen vom Eingang) sind nur die Krippenfiguren auf dem Grund des flachen Grottensees, die alljährlich zur Weihnachtszeit von Fernsehkameras abgefilmt werden und suggestiv über die italienischen TV-Bildschirme flimmern.

*Anfahrt mit dem Boot*: An den Fähranlegern von Positano und Amalfi werden Bootstouren zur Grotta dello Smeraldo angeboten.

*Marina di Conca – ein Traumstrand nach einem Erdrutsch*

## Marina di Conca

**Fast unscheinbar liegt dieser alte Fischerort im Rücken der Muschelbucht Conca dei Marini; sicherlich die abgeschiedenste und anmutigste Küstensiedlung der gesamten Costiera Amalfitana.**

Waghalsig klettern die Häuser das felsige Steilufer hinunter; nur die *Via Marina*, ein schmaler Treppenweg, führt durch den friedlichen Ort und mündet auf dem kleinen Kiesstrand. An diesem Treppenweg befindet sich auch die märchenhafte Villa des Sektbarons *Chandon*, ein etwas verwittertes, graues Traumhaus über dem Meer, leicht zu erkennen an den himmelblau gestrichenen Fensterläden. Unten am Kiesstrand bietet sich jedoch ein Anblick der Verwüstung, denn 1996 zerstörte ein Erdrutsch einen Teil der Uferzone. Betroffen waren in erster Linie zwei Strandhäuser, die von den Felsbrocken nahezu verschüttet wurden. Noch ist der Strand für die Öffentlichkeit gesperrt, weil die notwendigen Aufräum- und Absicherungsarbeiten noch nicht beendet sind, aber die Fischer von Marina di Conca haben ihr Revier schon längst wieder in Besitz genommen. Gleich angrenzend – vom Erdrutsch völlig verschont geblieben – klebt das Luxushotel *Il Saraceno* wie eine uneinnehmbare Ritterburg am Felsufer.

• *Übernachten/Essen und Trinken*: **** **Belvedere**, oberhalb von Marina di Conca, an der Küstenstraße, moderne, komfortable Hotelanlage am Steilufer, der Pool hängt wie eine Badewanne über dem Meer, vornehmes Restaurant. DZ L. 160.-230.000, Frühstück L. 15.000. Via Smeraldo 19, Tel. 089/831282.

*** **Le Terrazze**, neben dem Belvedere, etwas betagt, aber insgesamt o. k., mit Hotelrestaurant. DZ L. 90.-150.000, Tel. 089/831290.

▸ **An der Küstenstraße nach Amalfi** verdichten sich die terrassierten Zitronenhaine zu einer regelrechten Zitrusplantage. Ganze Berghänge glänzen im Dunkelgrün der dichtbelaubten Pflanzen, die hier baumgroß werden können. Die intensiv bewirtschafteten Hangterrassen prägen das romantische Bild der Amalfitanischen Küste – wo die sprichwörtlichen Zitronen blühen. Der Duft der Blüten liegt förmlich in der Luft. Der hiesige Zitrusanbau ist jedoch nicht nur ein Balsam für die Sinne, sondern er hat auch eine enorme landwirtschaftliche Bedeutung weit vor dem Weinbau. Im Straßenverkauf werden die faustgroßen saftigen Früchte manchmal von Kleinbauern angeboten, aber der größte Teil der Ernte geht in die Produktion des köstlichen *Limoncello* (Zitronenlikör). Ohne Verkostung dieses aromatischen Likörs darf man die **amalfitanische Zitronenküste** nicht verlassen.

# Amalfi

(ca. 6.500 Einwohner)

**Der geographische Mittelpunkt und das pulsierende Herz der Costiera Amalfitana. Wie ein massiges Tortenstück steckt der weltberühmte Ferienort im Mündungstrichter eines tiefen Tals. Amalfi ist überraschend urban und wird von mehrstöckigen Palazzi mit rostroten Ziegeldächern geprägt.**

Weiß und hellgelb strahlen die Häuserfronten aufs offene Meer – vom kunterbunten Fassadencharme kleiner Fischersiedlungen nicht die geringste Spur. Amalfi ist eine stolze Küstenstadt, wenn auch in Miniatur. Hier neigt sich sogar die Küstenstraße bis zur Uferlinie. Die erhöhten Eckpunkte der Stadtansicht bilden zwei mittelalterliche Klosteranlagen, die schon vor Jahrzehnten zu Luxushotels umgebaut worden sind. Dazwischen verläuft eine breite Front herrschaftlicher Uferpalazzi. Alle meerseitigen Eingänge ins labyrinthische Zentrum streben auf die weite Dompiazza zu, wo sich die "orientalischste" Kathedrale Italiens erhebt. Landeinwärts drängt sich die Bebauung ins enge **Valle dei Mulini** (Mühlental) und verliert sich dort allmählich.

**Geschichte**: Ganz anders als der Golf von Neapel tauchte die Amalfitanische Küste erst nach dem Untergang des Römischen Reichs aus der Bedeutungslosigkeit auf und schwang sich im Mittelalter zu historischer Größe auf. Das politische Machtvakuum, das der Zusammenbruch des Imperiums (offizielles Ende 476) in Süditalien hinterließ, füllte zunächst das Byzantinische Reich aus, vom 6.–8. Jh. gehörte die Amalfitanische Küste zum byzantinischen Einflußgebiet, und zu dieser Zeit baute das noch unbedeutende Amalfi bereits erste Handelsbeziehungen mit dem islamischen Orient auf. Auch im 9. Jh., als die Schutzmacht Byzanz von den Langobarden zurückgedrängt wurde, konnte Amalfi seinen Orienthandel weiter ausbauen. Es entwickelte sich in der Folgezeit zu einer wohlhabenden Handelsmetropole im Tyrrhenischen Meer, die eine starke eigene Flotte unterhielt. Trotz der politischen Wirren des Mittelalters behauptete sich Amalfi und gründete 920 sogar eine **autonome Seerepublik** – die älteste Italiens! Zusammen mit den benachbarten Seehäfen Gaeta und Neapel bildete Amalfi bald darauf einen mächtigen Verbund kampanischer Seestädte – und zwar noch vor

*Durch und durch städtisch – Amalfi*

der Zeit der großen italienischen Seerepubliken Venedig, Pisa und Genua. Ab dem 11. Jh. wurden die Normannen der bestimmende Machtfaktor der Region, sie blieben bis ins späte 12. Jh. hinein die unangefochtenen Beherrscher Süditaliens. Aber der mächtige Seestädte-Verbund Amalfi, Neapel und Gaeta konnte seine Autonomie auch unter der Fremdherrschaft der Normannen weitgehend behaupten. Amalfi behielt seine Handelsrechte im Orient, prosperierte weiterhin und zählte Ende des 11. Jh. sogar über 50.000 Einwohner. Zur blühenden Republik Amalfi gehörten damals auch die benachbarten Küstenorte Atrani, Minori und Maiori sowie das höher gelegene Ravello, das ebenfalls einen eigenen Hafen besaß und seinerseits über 35.000 Bürger zählte. – In Anbetracht der heutigen Einwohnerzahlen (Amalfi ca. 6.500, Ravello ca. 2.500) kaum zu glaubende Ausmaße.

Mit ihren großen Handelsgaleeren brachten die amalfitanischen Kaufleute wertvolle Stoffe, Teppiche, Parfüm, Kaffee u. v. m. aus dem Orient nach Amalfi und trieben damit einen lukrativen Handel im nordwestlichen Mittelmeerraum. Als reiche Fernhandelsmacht gründete die junge Seerepublik in Jerusalem sogar einen Orden, den der Johanniter. Ganz der Seefahrt verpflichtet, unterhielt Amalfi eigene Schiffswerften (Arsenali) und revolutionierte das mittelalterliche Seerecht durch die erstmalige Niederschrift einer Seerechtsverordnung, der *Tavole Amalfitane*, die bis ins 16. Jh. gelten sollte. In Süditalien und im östlichen Mittelmeerraum zirkulierte die amalfitanische Währung *Tari* als gängiges Zahlungsmittel, eine Goldmünze, mit einem Malteserkreuz in der Mitte. Schon früh erhielt die wohlhabende Republik Amalfi, die wie Venedig von einem Dogen regiert wurde, ein prächtiges Stadtbild mit Bürgerhäusern, Adelspalästen und einer großartigen Kathedrale.

Obwohl politisch und wirtschaftlich eng verbunden, gab es zwischen den Mitgliedern der Republik Amalfi auch Konflikte. Vor allem Ravello rebellierte mehrmals – allerdings erfolglos – gegen Amalfis Vormachtstellung. Doch der eigentliche Feind kam von außen. Pisa entwickelte sich nämlich zur dominierenden Seerepublik im Tyrrhenischen Meer und zwang Amalfi samt Ravello im Kampf um die Handelshoheit im Mittelmeer systematisch nieder. Außerdem vernichtete ein fürchterliches Seebeben im frühen 14. Jh. einen Großteil des Hafens von Amalfi und dezimierte die Bevölkerung vermutlich um die Hälfte. Damit war der Höhenflug der ältesten Seerepublik Italiens jäh gestoppt worden, und die Amalfitanische Küste versank wieder zurück in die Bedeutungslosigkeit.

## Information/Vorwahl

• *Information*: **AAST-Informationsbüro**, an der Uferstraße, im Hof zwischen dem Rathaus und der kleinen Kirche San Benedetto; angrenzend die öffentliche Bedürfnisanstalt. Hotelliste, aber keine Hotelvermittlung! Hier erhält man die äußerst empfehlenswerte detaillierte Wanderkarte des *Club alpino italiano* (→ S. 281) gratis. Täglich (außer So) 8-14 Uhr, Tel. 089/871107.

Die private **Agenzia viaggi** gegenüber vom Fähranleger vermittelt Hotelzimmer gegen Gebühr.

• *Vorwahl*: Tel. 089 für Amalfi und die gesamte Amalfitanische Küste. Seit 1998 muß auch bei Ortsgesprächen die Vorwahl immer mitgewählt werden.

## Anfahrt/Verbindungen

**Pkw/Parken**: Das eigene Auto erweist sich in Amalfi als Hindernis. Selbst die Hotels der gehobenen Kategorie sind auf private Stellplatzvermieter angewiesen; Kostenpunkt L. 20.-30.000 pro Tag. Kurzparker finden an der Hafenpiazza gebührenpflichtige Parkplätze. In der HS wird außerdem in endlosen Schlangen an der Küstenstraße geparkt, wo man allerdings einen Strafzettel riskiert.

**Bus**: Amalfi ist der Knotenpunkt der SITA-Busse zwischen Salerno und Sorrent. Außerdem häufige Verbindungen (orange Linienbusse) nach Ravello und Scala (Einzelfahrt L. 1.500). Ticketverkauf und Fahrplanauskunft in der zentralen Tabacchi-Bar an der Hafenpiazza gegenüber vom Busparkplatz.

**Fähren**: regelmäßige Pendelfähren nach Salerno, Positano und Capri. Tickets und Fahrpläne in den Bretterbuden an der unteren Hafenmole. Außerdem **Ausflugsboote** zur Grotta dello Smeraldo.

## Feste und Veranstaltungen

**Festa Sant'Andrea**, stimmungsvolles Patronatsfest am 27. Juni.

**Sagra dei limoni**, Kirmes und heiteres Volksfest rund um die Zitrone, September.

**Regata storica delle antiche Repubbliche Marinare**, Regatta der vier historischen Seerepubliken, findet alle vier Jahre im Wechsel mit Venedig, Pisa und Genua statt. Erstmals wurde die aufwendige 4-Städte-Regatta 1955 ausgetragen, der nächste Termin in Amalfi ist der 1. Juni 2001. Die Ruderboote gleichen den venezianischen Gondeln und sind mit den jeweiligen Wappentieren der Städte verziert: Das geflügelte Pferd steht für Amalfi. Am Tag der Regatta findet auch ein farbenprächtiger Festzug mit historischen Kostümen statt sowie ein Gottesdienst. Die Ruderboote sind in den Arsenali (→ "Sehenswertes", S. 299) ausgestellt.

## Übernachten

Vielfältiges Angebot zwischen Luxus und ganz einfach. Entweder man logiert in einer luxuriösen Klosterherberge, einem familiären Stadthotel oder der preiswerten Pensione Proto.

**** **Cappuccini Covento**, ehemalige Klosteranlage mit teilweise erhaltenem Kreuzgang und intakter Klosterkirche, isolierte Panoramalage am westlichen Stadtrand, eine Oase der Ruhe. Die weitläufige Klosterherberge ist sehr geschmackvoll mit antikem Mobiliar ausgestattet, man schläft in komfortablen Mönchszellen, vornehmes Restaurant, gemütliche Panoramaterrasse, terrassierter Klostergarten, abenteuerlicher Aufzug an der Küstenstraße vor dem Westtunnel. Ganzjährig geöffnet, preislich sogar im Rahmen: DZ L. 150.-200.000. Via Annunziatella 46, Tel. 089/871877.

**** **Hotel Luna**, ehemalige Klosteranlage mit romantischem Kreuzgang, am östlichen Stadtrand neben dem Torre Saracena (Diskothek, gehört zum Hotel). Prominentenherberge, im Gästebuch stehen z. B. Richard Wagner und Ingrid Bergman. Luxuriös eingerichtet, gutes Hotelrestaurant, Frühstück wird im Kreuzgang serviert, Swimmingpool. DZ L. 230.-280.000; Via Pantaleone 33, Tel. 089/87002.

**** **Marina Riviera**, in einem stattlichen Uferpalazzo am östlichen Ortsausgang, Aufzug an der Straße. Modern und komfortabel eingerichtet, Zimmer mit Hafenblick, Frühstück wird auf dem Balkon serviert, kein Restaurant. DZ L. 180.-200.000; Via Pantaleone 19, Tel. 089/871104.

*** **Amalfi**, gepflegtes größeres Altstadthotel, etwas versteckt im engen Gassenlabyrinth gelegen. Komfortabel modernisiert, ganzjährig geöffnet, mit Restaurant, Dachterrasse und kleinem Zitrusgarten. DZ L. 80.-140.000; Via die Pastai 3, Tel. 089/872440.

*** **La Bussola**, großes Hotel am Sporthafen, schlichte Einrichtung, Zufahrt von der Hafenpiazza, hoteleigener Parkplatz, Restaurant. DZ L. 110.-220.00; Lungomare Cavalieri 16, Tel. 089/871533.

** **La Conchiglia**, kleines Strandhotel, am Westende der Hafenstraße neben dem Hotel Aurora. Sympathischer Familienbetrieb, gemütliche Zimmer mit Meeresblick, hoteleigener Strand, Restaurant mit ausgezeichneter Fischküche. DZ L. 127.-154.000; Piazzale Protontini, Tel. 089/871856.

** **Sole**, kleine gepflegte Altstadtpension, ruhige Randlage hinter dem Rathaus, Pkw-Zufahrt. Gutes Ristorante, ganzjährig geöffnet, DZ L. 60.-120.000; Largo della Zecca 2, Tel. 089/871147.

* **Pensione Proto**, mitten in der Altstadt, in der oberen Etage eines alten Stadthauses, geführt wie ein Ostello (Jugendherberge). Großer steriler Gemeinschaftsraum, sehr einfache, etwas abgewohnte Doppel- und Mehrbettzimmer mit und ohne Bad, DZ L. 60.000 ohne Frühstück. Proto-Gäste erhalten im Hafenrestaurant La Marinella Sconto (Ermäßigung), Menüpreis dann ca. L. 20.000. Salita dei Curiali 4, Hinweisschild an der Hauptgasse, Tel. 089/871003.

## Essen und Trinken

Das gastronomische Angebot ist ebenso vielfältig wie das Übernachtungsangebot, entlang der Altstadtgasse gibt es sowohl Feinschmeckerlokale als auch einfache Trattorie mit schnörkelloser Hausmannskost. Ein Tip für zwischendurch ist die **Pasticceria Panza** an der Dompiazza, hier wird seit 1830 die hohe Kunst der Feinbäckerei praktiziert. Stimmungsvolle Straßencafés findet man an der Dompiazza; sehr beliebt ist die **Bar Francese** mit dem wohl schönsten Blick auf die Domfassade.

**Da Gemma**, Altstadtrestaurant, ein **Tip** für gehobene Ansprüche, feinste regionale Spezialitäten, vorwiegend Fisch. Gemütlicher verwinkelter Speisesaal, lauschige Terrasse oberhalb der Altstadtgasse. Appetitliche Meeresfrüchte-Antipasti, verschiedene Primi mit leckeren Soßen, z. B. *Tubetti alla pescatrice*, eine ausgezeichnete Fischsuppe. Und zum Abschluß Auberginen in Schokolade (Melanzane dolce); gehobene Preise. Via Sasso 9, Tel. 089/871345; Mi Ruhetag.

**Da Zaccaria (Cantina del nostromo)**, an der Küstenstraße kurz vor Atrani. Maritim eingerichtet, Fischspezialitäten zu gehobenen Preisen, erlesene Weine. Via Colombo 9, Tel. 089/871807; Mo Ruhetag.

**Da Baracca**, unser **Tip** an der kleinen Piazza dei Dogi, einfache Veranda-Trattoria, Tische auch draußen. Freundlicher Familienbetrieb, hier essen auch die Einheimischen, mal die *Scialatielli* mit Meeresfrüchten probieren oder den Fischspieß bzw. die leckere Fischsuppe. Preislich o. k. Tel. 089/871285.

**San Giuseppe**, Trattoria und Pizzeria mitten in der verwinkelten Altstadt, etwas versteckt gelegen (Hinweisschilder). Rustikales Ambiente, einfache Cucina casalinga (Hausmannskost), leckere Pizza, moderate Preise. Via Ruggiero 4, Tel. 089/872640.

**La Perla**, Ristorante und Pizzeria, ebenfalls in einer Seitengasse. Heller Speiseraum, fein eingedeckt, aber der TV-Apparat läuft im Hintergrund, große Pizzaauswahl. Via dei Pastai 5, Tel. 089/871440, Di Ruhetag.

**La Taverna del Duca**, fast am Ende der Hauptgasse an der Piazza Santo Spirito. Volkstümliche Taverna, einige Tische auf der kleinen Brunnenpiazza, schmackhafte Primi, Pizza aus dem Holzofen. Der Weg lohnt sich, ehrliche Preise. Tel. 089/ 872755.

**Il Mulino**, Nähe Papiermuseum. Der absolute Preisbrecher, deftige Hausmannskost, Pizza. Via delle Cartiere, Tel. 089/872223.

**La Marinella**, großes beliebtes Fischrestaurant am Hafen, stimmungsvoll bis laut. Fisch und Meeresfrüchte in allen Variationen, akzeptables Preis-Qualitäts-Verhältnis. Lungomare Cavalieri, Tel. 089/871043.

## Sehenswertes

**Dom Sant'Andrea**: Von der Hafenpiazza mit dem *Gioia-Denkmal* gelangt man in wenigen Schritten auf die stimmungsvolle Dompiazza, wo eine monumentale Freitreppe hinauf zur Eingangsloggia der Kathedrale führt. Die orientalisch anmutende **Fassade** ist ein regelrechter Blickfang; seit der vollständigen Wiederherstellung im 19. Jh. erstrahlt sie im farbenprächtigen Glanz ihres ursprünglichen romanisch-arabischen Baustils.

Der Dombau erfolgte zur Blütezeit der Republik Amalfi im 11. Jh. Seine markanten Stilelemente erhielt der Dom beim Umbau im Jahr 1203. Kunstgeschichtlich besonders wertvoll ist das **Bronzeportal** mit den Reliefplatten, die im 11. Jh. in Byzanz gegossen wurden. Der seitlich aufragende **Glockenturm** hat noch einen original romanischen Unterbau und zeigt ebenso wie die Fassade eine prächtige Formen- und Farbenvielfalt im oberen Teil.

*Orientalischer Dom*

Im dreischiffigen **Innenraum** erschlagen einen fast die üppigen Barockverzierungen aus dem frühen 18. Jh. mit vergoldeter Holzdecke und zahlreichen Gemälden. Von der ursprünglichen Ausstattung sind nur noch einige (antike) Marmorsäulen und Mosaikverzierungen am Hauptaltar übriggeblieben. Eine Augenweide sind die farbigen Marmorverkleidungen der unteren Innenwände.

**Chiostro del Paradiso**: Der Eingang befindet sich am linken Ende der Loggia neben dem Glockenturm.

### Der Kompaß der christlichen Seefahrt

An der Hafenpiazza von Amalfi steht die Statue des berühmtesten Sohnes der Stadt. Dieser *Flavio Gioia* gilt als Erfinder des Kompasses. Stolz hält sein Standbild den revolutionären nautischen Magnetkompaß in der Hand. Doch diesen amalfitanischen Erfinder namens Gioia – was wörtlich übersetzt Freude heißt – hat es vermutlich gar nicht gegeben. Hier hat man höchstwahrscheinlich einer Legende ein Denkmal gesetzt.

Die Erfindung des Kompasses wird ganz unbestritten den Chinesen zugeschrieben, denen die magnetischen Eigenschaften des Eisens schon früh bekannt waren und die die Richtwirkung der Magnetnadel um 1100 entdeckten. Über fernöstliche Handelswege gelangte der Magnetkompaß dann in den islamischen Orient, wo ihn abendländische Seeleute erstmals kennenlernten. Wahrscheinlich handelte es sich um italienische Seefahrer aus Amalfi, die den Kompaß mit nach Europa brachten – aber erfunden haben sie ihn gewiß nicht.

Dieser anmutige Kreuzgang aus dem 13. Jh. scheint aus einem Märchen aus 1001 Nacht zu stammen. Blendend weiß leuchtet das gotische Arkadengefecht über den zierlichen Doppelsäulenreihen. Die Nischen der Gänge sind teilweise noch mit Fresken verziert. Der Chiostro ist ein Paradebeispiel architektonischer Harmonie und ein wirklich kontemplativer Ort. Das anschließende **Museo** enthält zahlreiche sakrale Kunstschätze, darunter viel bischöflicher Ornat und einige interessante Reliquiengefäße. Zu sehen sind außerdem Originalfragmente des *Pulpito* (Kanzel) aus dem 13./14. Jh. sowie Marmorreliefs und Fresken. Unterhalb dann die dem Kirchenheiligen Andreas geweihte, barockisierte **Krypta** mit den Reliquien des Märtyrers, die die Amalfitaner im 13. Jh. aus Konstantinopel (Byzanz) hierher brachten.

Öffnungszeiten: Chiostro mit Museo und Krypta tägl. 9-13 Uhr, L. 3.000.

**Altstadt**: An der Dompiazza mit der Brunnenstatue des Hl. Andreas beginnt die Hauptgasse *Via Genova/Via Capuano* durch die Altstadt. Anfangs eine gepflegte Geschäftsstraße mit Boutiquen, Souvenirläden und appetitlich dekorierten Lebensmittelgeschäften. Erstaunlich viele Treppenwege führen ins seitliche Wohngebiet, wo sich ein unvermutetes Labyrinth aus mittelalterlichen Gäßchen, Gängen, Nischen und Gewölben auftut. Weiß getünchte Tunnelgänge mit vereinzelten Läden, die abends raffiniert beleuchtet sind, verbreiten ein wenig arabische Suk-Atmosphäre. Hinter der kleinen *Piazza Santo Spirito* geht die belebte Hauptgasse abrupt in ein eher tristes Wohn- und Werkstättengebiet über. Unter dem Straßenasphalt rauscht der kanalisierte Gebirgsbach und signalisiert, daß wir uns bereits am Anfang des berühmten Mühlentals befinden.

**Valle dei Mulini (Tal der Mühlen)**: Im Mittelalter war Amalfi ein bedeutendes Zentrum der Papierherstellung, und in diesem Mühlental standen Dutzende mit Wasserkraft betriebene Papiermühlen. Heute produzieren hier nur noch zwei uralte *Cartiere* (Papiermühlen) in erster Linie Souvenirs, und ein kleines Museum, das in einer ehemaligen Mühle eingerichtet wurde, dokumentiert die Geschichte der örtlichen Papierherstellung

- **Cartiera von Antonio Cavaliere**: Auf die unscheinbare Manufaktur stößt man auf der linken Seite des Mühlentals in der Via Fiume. Ihr Besitzer gilt als regelrechtes Fossil in der traditionellen Herstellung handgeschöpften Büttenpapiers. Seit Jahrzehnten betreibt Antonio Cavaliere seine Papiermühle. Die Apparaturen und Arbeitsvorgänge sind noch authentisch mittelalterlich. Als Grundstoff verwendet er wie früher größtenteils Baumwollreste, heute jedoch mit Altpapier vermischt. Die Fertigstellung eines Büttenblatts dauert ca. 10 Tage, wobei die Trocknung die meiste Zeit beansprucht. Der greise Antonio verkauft u. a. kleine Klappkarten, in die Blätter und Gräser eingearbeitet sind, die im Gegenlicht durchschimmern. Eine wirklich einzigartige Gelegenheit, die traditionelle Büttenherstellung zu beschnuppern – in der vielleicht ältesten aktiven Papiermühle der Welt (unregelmäßige Öffnungszeiten).

- **Museo della carta**: Ein Stück weiter befindet sich das offizielle Papiermuseum, eingerichtet in den Räumlichkeiten einer mittelalterlichen Papiermühle. Zu sehen gibt es zahlreiche Fotografien und Gerätschaften sowie alte Drucke und Schriftstücke. Auf einigen Fotos erkennt man die Mühlenruinen des Valle dei Mulini – und auch Antonio Cavaliere in jüngeren Jahren. Im Untergeschoß findet dann die eigentliche Mühlenbesichtigung statt, wo die ganze mittelalterliche Mühlenmechanik samt Handwerkszeug bestaunt werden kann.

  *Öffnungszeiten*: tägl. (außer Mo und Fr) 9-13 Uhr, Eintritt L. 2.000; Via delle Cartiere.

### Papier-Geschichte

Bereits im Hochmittelalter wurden in Amalfi die ersten Papiermühlen errichtet. Das technische Wissen dazu brachten amalfitanische Kaufleute aus dem Vorderen Orient mit, wo die Herstellung von Büttenpapier aus Baumwollabfällen (Bambagia) längst bekannt war. *El-Marubig* hieß das arabische Papierhandelszentrum, wo sich Amalfi anfangs mit Papier und dann mit Rohstoffen zur Papierherstellung versorgte. Büttenpapier war damals eine relativ preisgünstige Alternative zum wertvollen Pergament und zum fast unbezahlbaren Papyrus. Im Lauf der Jahrhunderte etablierte sich im Valle dei Mulini sowie in den Gebirgstälern um Amalfi eine regelrechte Papierindustrie mit Dutzenden von Papiermühlen. Bis ins 19. Jh. hinein florierte der örtliche Industriezweig, und die weithin bekannten Markenzeichen bürgten für die erstklassige Qualität der Büttenblätter aus Amalfi. Erst die industrielle Massenherstellung führte zur Aufgabe der amalfitanischen Papiermühlen.

- Außer der Papiermühle von *Antonio Cavaliere* gibt es ganz am Ende der Via delle Cartiere noch die häufig erwähnte **Antica Cartiera Armatruda**, wo ebenfalls Büttenpapier im traditionellen Verfahren hergestellt wird. Touristen sind dort allerdings seit einiger Zeit nicht mehr erwünscht.

*Luxuriöses Kloster-Hotel in Amalfi*

**Antichi Arsenali**: Zurück am Hafen lohnt sich ein Blick in die alten Werfthallen der Seerepublik Amalfi. In diesen kathedralenartigen Gewölbehallen am Ufer wurden einst die Hochseegaleeren gezimmert. Die größten Ruderschiffe hatten damals 116 Ruderbänke und verfügten außerdem über zwei Masten mit Dreiecksegel. 1343 vernichtete ein fürchterliches Seebeben den Hafen und die Werften weitgehend. In den beiden übriggebliebenen Säulenhallen werden heute die Boote aufbewahrt, die bei der historischen 4-Städte-Regatta (→ "Feste und Veranstaltungen") zum Einsatz kommen. In den Arsenali finden außerdem wechselnde Ausstellungen statt (keine festen Öffnungszeiten).

**Stadt- und Schiffahrtsmuseum/Museo civico**: Dieses kleine Museum ist im Rathaus (Municipio) an der Uferstraße untergebracht und beherbergt u. a. eine Originalfassung der mittelalterlichen Seerechtsverordnung der Republik Amalfi. Bei diesen *Tavole Amalfitane* handelt es sich um den ersten schriftlich fixierten Seerechtskodex überhaupt. Das Gesetzbuch regelte u. a. Fragen zum Warenimport sowie die Arbeitsbedingungen der Seeleute. Außerdem gibt es noch *Tari* (amalfitanische Goldmünzen) und andere Raritäten aus der Zeit der glorreichen Republik zu sehen.

*Öffnungszeiten*: werktags 9-13 Uhr; Eintritt frei.

## Amalfi/Umgebung

In den beiden Bergdörfern **Pogerola** und **Pontone** oberhalb von Amalfi spürt man deutlich, daß die Küsten- und Bergwelt seit eh und je verschieden sind. Als an der Küste der Tourismus schon fast ein Jahrhundert lang florierte, herrschte in den kleinen bäuerlichen Bergdörfern noch die totale

*Weingarten bei Pogerola*

Abgeschiedenheit. Erst in den 50er Jahren des 20. Jh. erhielten Pogerola und Pontone Straßenanbindungen; bis dahin waren die Treppenwege nach Amalfi die einzigen Verbindungen zur Außenwelt. Ich habe dort oben ältere Leute angetroffen, die ihr halbes Leben lang die *1.000 Stufen* nach Amalfi mindestens einmal täglich auf und ab gelaufen sind, zurück ins Dorf meistens mit Lasten bepackt. Heute bieten diese mittelalterlichen Treppenwege Urlaubern die bequeme Gelegenheit, durch eine uralte Kulturlandschaft zu wandern, in der vor allem üppige Zitronenhaine das Auge erfreuen. Pogerola und Pontone erwecken auch heute noch den Eindruck zeitloser Rückständigkeit. – Orte, um die Seele ein wenig baumeln zu lassen.

• *Essen und Trinken*: **Trattoria Da Rispoli**, unmittelbar am Ende des Treppenwegs in Pogerola (→ "Wanderung nach Pogerola"). Sympathischer Familienbetrieb in der 3. Generation, schmackhafte *Cucina casareccia* (Hausmannskost). Küche durchgehend geöffnet, kühler Speiseraum und Terrasse mit Blick auf Ravello, ehrliche Preise. Pogerola, Via Riulo 3, Tel. 089/830080.

## Wandern

▸ **Wanderung durch das Valle dei Mulini zu den Ruderi delle Ferriere (Eisenhütten)**, hin und zurück ca. 2 Std. Gehzeit. Die Via delle Cartiere endet abrupt vor dem Gittertor eines Privatgrundstücks. Links davon beginnt nun der Wanderweg durch das enge Mühlental, vorbei an terrassierten Nutzgärten, verstreuten Bauernhäusern und den Ruinen der mittelalterlichen Papiermühlen. Das Rauschen des Gebirgsbachs begleitet die Wanderung durch das üppige Tal, wo auch seltene Farne gedeihen. Bald stößt man auf die Ruinen der mittelalterlichen Eisenhütten (Ruderi delle Ferriere), die noch im 18. Jh. in Betrieb waren. In der Umgebung befinden sich einige imposante Wasserfälle.

• *Verlängerung*: Eine ausgedehnte Wanderung durch das anschließende Naturschutzgebiet **Valle delle Ferriere** führt hinauf auf 1.005 m zur Festungsruine *Il Castello* und von dort weiter ins Bergdorf **Scala** (→ S. 309), wo Busse nach Amalfi zurückfahren. Für diese mehrstündige Wanderung unbedingt die detaillierte Wanderkarte im Informationsbüro von Amalfi besorgen.

▸ **Wanderung nach Pogerola**, Gehzeit knapp 1 Std., Beginn an der Via delle Cartiere. Zunächst geht man auf der links ansteigenden Asphaltstraße an den Carabinieri und dem Schulgebäude (Scuola) vorbei. Nach ca. 100 m endet die Straße, und es beginnt der bequeme Treppenweg aus dem Mittelalter. Stufe für Stufe steigt man durch kleine Nutzgärten. Später öffnet sich ein tiefer Küstenblick auf Amalfi; bergauf erkennt man Ravello in herrlicher Lage. Der Weg endet im friedlichen Zentrum von Pogerola (→ "Amalfi/Umgebung").

▶ **Wanderung nach Pontone**: Start rechts an der Via delle Cartiere/Ecke Salita dei Patroni. Ebenfalls ein romantischer Treppenweg in ein verschlafenes Bergdorf. An der Piazza von Pontone hat erst vor kurzem eine Pizzeria eröffnet - eine Sensation für die Dorfjugend. Gehzeit eine gemütliche Stunde.

## Atrani

(ca. 1.000 Einwohner)

**Ein kleines Juwel am steilwandigen Ausgang des Dragone-Tals mit der – ohne Übertreibung – anmutigsten Piazza der Costiera Amalfitana.**

Das wuchtige Viadukt schirmt den tiefliegenden Ortskern vom Meer ab, wo sich ein kleiner, nicht unbedingt badetauglicher Strand erstreckt. Atrani liegt so nah an Amalfi, daß die Ortsränder fest zusammengewachsen sind. Und mitten im verwinkelten Treppengassengewirr steckt die Bilderbuch-Piazzetta: formschön, lebendig und von leicht verwitterten Fassadenfronten geschützt. Hinter dieser beschaulichen *Piazza Umberto I.* staffelt sich die Ortschaft wagemutig das Tal hinauf, förmlich bedroht von einer mächtigen Steilwand. Gar nicht auszudenken, was passiert, wenn die seit Jahren eingerüstete Felswand, durch starke Regenfälle bröckeln würde. Schon immer, aber besonders seit der Schlammkatastrophe im kampanischen Hinterland (die sich 1998 ereignete – den meisten wahrscheinlich noch gut in Erinnerung) herrscht in Atrani ebenso wie in Amalfi wieder die Angst vor dem großen Regen (→ S. 24).

*Atranis Piazza*

• *Feste und Veranstaltungen*: In der 3. Augustwoche findet alljährlich die Fisch-Kirmes **Sagra del pesce azzurro** statt.

• *Übernachten/Essen und Trinken*: Gänzlich ohne Hotels präsentiert sich Atrani nicht gerade einladend; Traveller finden jedoch im Ostello A'Scalinatella ein ideales Quartier. Die örtliche Gastronomie bietet vor allem lokaltypische Fischgerichte.

**A'Scalinatella**, kleines *Ostello*, wie eine Jugendherberge geführt, aber Altersbeschränkungen gibt es nicht. Das Hauptgebäude liegt an der Piazza Umberto I., der Treppenaufgang befindet sich gleich hinter dem Bogentor der Kirche. Ganzjährig geöffnet, Kochmöglichkeit, Doppel- und Mehrbettzimer, Übernachtung ca. L. 30.000 pro Pers., es werden auch kleine Apartments vermietet. Piazza Umberto I. 12, Tel. 089/871492, Internet: www.amalficoast.it/hotel/scalinatella.

**La Risacca**, gemütliches Straßencafé und Weinstube, an der Piazza Umberto I., abends je nach Stimmung lange geöffnet. Wein, Bier, *Spremuta* (frischgepreßter Zitronensaft), Cocktails, Eis etc.

**La Piazzetta**, volkstümliche Trattoria, an der Piazza Umberto I. mitten im Geschehen. Deftige lokale Fischküche, z. B. *Seppie/Calamari con patate* (Tintenfisch mit Kartoffeln). Akzeptable Preise, Tel. 089/871930.

**Masaniello**, das Strandrestaurant von Atrani. *Cucina tipica marinara:* leckere Fischgerichte nach traditionellen Rezepten zubereitet; gutes Preis-Qualitäts-Verhältnis. Via Marinella 1, Tel. 089/871942; Mi Ruhetag.

**A Paranza**, alteingesessene Osteria, im hinteren Ortsteil. Lokale Spezialitäten zu vernünftigen Preisen, mal den Primo *Scialatielli alla Paranza* probieren. Offener Wein aus der Umgebung. Via Dragone 1, Tel. 089/871840; Di Ruhetag.

**Le Palme**, Ristorante und Pizzeria, ebenfalls im hinteren Ortsteil, stillt die Pizzalust. Lungomare Vollaro 7.

## Sehenswertes

Oberhalb der Küstenstraße verläuft ein Treppenweg im Zickzackkurs durch ein dichtes Wohngebiet von Amalfi nach Atrani. Insgesamt sechs Kirchen zählt das kleine Atrani. Die auffälligste ist die **Kollegiatskirche Santa Maria Maddalena** mit der Majolikakuppel und dem alles überragenden Gockenturm. Im Innern befindet sich ein schönes Gemälde des "Ungläubigen Thomas" von *Andrea Sabatini* aus Salerno (16. Jh.). Am interessantesten ist jedoch die **Chiesa San Salvatore** oberhalb der Piazza; ein Kirchenbau aus dem 10. Jh., der 1810 im neoklassizistischen Stil umgestaltet wurde. Das kunstgeschichtlich wertvolle Bronzeportal (11. Jh.) stammt aus Byzanz und ist dort nur zwei Jahrzehnte nach dem berühmten Portal der Kathedrale von Amalfi gegossen worden. Zur Zeit der mittelalterlichen Seerepublik wurden die Dogen von Amalfi in der Salvatorkirche gewählt und erhielten dort in einer feierlichen Zeremonie die Dogenmütze (Berretto ducale) überreicht. Außerdem diente sie den amalfitanischen Dogen als Grabkirche.

# Ravello

(ca. 2.500 Einwohner)

**Romantisches, mittelalterliches Bergstädtchen, auf einem schmalen Gebirgsausläufer etwa 350 m hoch oberhalb der Küstenlinie gelegen und umgeben von fruchtbaren Wein- und Zitrusgärten.**

Die vielleicht schönste Gesamtansicht ergibt sich vom gegenüberliegenden Bergdorf Scala. Das Zentrum der langgestreckten Ortschaft bildet die weitläufige Piazza Vescovado mit der schlichten Domfassade, die vom prunkvollen Innenraum der Basilika *San Pantaleone* noch nichts verrät. Das Ortsbild wird von den verstreuten, mittelalterlichen Adelspalästen beherrscht, die ein einzigartiges Ensemble maurisch geprägter Architektur bilden, das an die glorreiche Zeit des amalfitanischen Städtebundes erinnert.

*Belvedere der Villa Cimbrone*

**Geschichte**: Als Mitglied der mittelalterlichen Seerepublik Amalfi kam auch Ravello schon früh zu wirtschaftlicher Macht und überregionalem Ansehen. Bedingt durch die geschützte Höhenlage zogen vor allem reiche Adelsfamilien der amalfitanischen Republik in das Bergstädtchen, wo sie sich prächtige Paläste bauten. Und ganz im Gegensatz zur Küste gab es in Ravello auch genügend Platz für ausgedehnte Park- und Gartenanlagen. Das bevorzugte Wohngebiet des Adels war das sog. *Toro-Viertel* oberhalb der Dompiazza, entlang der heutigen Via San Giovanni del Toro. Die damals mächtigste Adelsfamilie waren die *Rufoli*, die auch den Dom finanzierten, und deren prunkvolle Villa der deutsche Historiker *Gregorovius* wegen des maurischen Baustils, der einst die ganze Stadt prägte, "kleine Alhambra" nannte. Den geschichtlichen Hintergrund dieser städtebaulichen Besonderheit bildet der mittelalterliche Orienthandel Ravellos, der auch zum fruchtbaren Kulturaustausch mit den Sarazenen (Arabern) führte. Und über die Rufoli schrieb einer ihrer Gäste, der große humanistische Dichter *Boccaccio* schon in seiner berühmten Novellensammlung "Decamerone", daß sie steinreich waren und ihre Villa den schönsten florentinischen Renaissancepalästen in nichts nachstand.

Im 12. und 13. Jh., auf dem Höhepunkt seiner Blütezeit, zählte Ravello sagenhafte 36.000 Einwohner, und die reichen Kaufmannsfamilien brachten allen Luxus hierher, den sie in ihren östlichen Handelsniederlassungen angehäuft hatten. Ähnlich wie Amalfi, das zu dieser Zeit den Aufbau einer einträglichen Papierindustrie betrieb, prosperierte Ravello am heimischen Monopol der Baumwollfärberei, das es vom neapolitanischen König *Karl von Anjou* erhalten hatte. Doch schon bald, im Zuge des Untergangs der amalfitanischen

Republik, verlor auch Ravello an Bedeutung. Die Adelsfamilien starben langsam aus, und die Stadt entvölkerte sich kontinuierlich.

**Die Stunde der Wiederentdeckung** fiel in die Zeit der Romantik. Der englische Maler *William Turner* war einer der ersten großen Romantiker, den es nach Ravello zog. Seine stimmungsvollen Landschaftsbilder von der amalfitanischen Küste lösten bei seinen Landsleuten eine leidenschaftliche Italiensehnsucht aus. Einige Jahrzehnte später stattete der schaffensmüde *Richard Wagner* seinen legendären Besuch in Ravello ab und schöpfte angesichts der Rufolo-Gärten neue Kräfte. Noch vor Wagner bewunderte *Ferdinand Gregorovius* das maurische Ravello und weckte die Neugier auf dieses vergessene Bergstädtchen mit Sätzen wie: "Ich könnte noch mancherlei Dinge von Ravello erzählen, zumal vom alten Dom, den Niccolo Ruffuli im elften Jahrhundert erbaute, wo eine seltsam mosaizierte Kanzel und alte Bronzetüren zu sehen sind, und in einer Ampolla das Blut des San Pantaleo so gut flüssig wird wie jenes des San Gennaro; aber es sei genug, denn man muß weder zu viel sehen noch zu viel erzählen".

## Information/Vorwahl

- *Information*: **AAST-Informationsbüro**, zentral an der Dompiazza Vescovado. Nützlicher Stadtplan mit Hotel- und Restaurantverzeichnis, aktuelle Fest- und Veranstaltungstermine. Vor- und nachmittags geöffnet, Tel. 089/857096.
- *Vorwahl*: Tel. 089 für Ravello und die gesamte Amalfitanische Küste. Seit 1998 muß auch bei Ortsgesprächen die Vorwahl immer mitgewählt werden.

## Verbindungen

**Busverbindung** ab Amalfi (orange Linienbusse, Einzelfahrt L. 1.500), Rückfahrt nach Amalfi über Scala. Der **Fußweg** von Amalfi/Atrani hinauf nach Ravello ist nicht ratsam, da man überwiegend auf der vielbefahrenen Zufahrtsstraße geht; empfehlenswert ist jedoch der Abstieg von Scala nach Amalfi (→ S. 309). Freie **Parkmöglichkeiten** entlang der Zufahrtsstraße, die sich vor dem Straßentunnel gabelt. Die Ortschaft Ravello ist weitgehend autofrei.

**Wanderungen** in die Umgebung beginnen Sie am besten ab Scala (→ S. 309); Busverbindung.

## Feste und Veranstaltungen

**Patronatsfest San Pantanleone** am 27. Juli, feierliche Messe mit Blutverflüssigungszeremonie.

**Festival musicale di Ravello**, Juni und Juli. Seit 1953 findet dieses Festival in der Villa Rufolo statt. Vom reinen Wagner-Festspiel hat es sich mittlerweile zum internationalen Festival für Kammermusik, Sinfoniekonzerte und Ballettaufführungen entwickelt. *Programm- und Kartenservice*: Ravello Concert Society, Tel. 089/858149, e-mail: info@rcs.amalficoast.it.

**Concerti di mezzanotte**, Mitternachtskonzerte im August in der Villa Rufolo.

**Jazz in Piazza**, August, Jazz auf der Dompiazza.

## Einkaufen/Souvenirs

In den Nebengassen der Dompiazza stecken zahlreiche Souvenirläden; vor allem entlang der Via San Francesco (Richtung Villa Cimbrone) herrscht ein regelrechter Belagerungszustand. Neben lokalen Keramikerzeugnissen findet man dort auch allerlei Antiquitäten und Kuriositäten. Der sympathischste Delikatessen- und Weinladen Ravellos befindet sich in der Via Roma: **Gusti e delizie.**

## Übernachten

Ravello ist ein idealer Standort für all diejenigen, die dem Rummel der Küstenorte entfliehen wollen. Wer Ruhe, Beschaulichkeit und eine friedliche Abendstimmung sucht, findet sie hier. Die örtlichen Luxusherbergen (mittelalterliche Adelspaläste) befriedigen auch höchste Ansprüche. Obwohl die Luxuskategorie in Ravello eindeutig den Ton angibt, geht es bei rechtzeitiger Reservierung auch viel preiswerter in alteingesessenen Pensionen und Privatquartieren.

***** **Palumbo**, im mittelalterlichen Palazzo Confalone. Das geschmackvoll restaurierte Gebäude steht unter Denkmalschutz, stilvoll bis ins Detail, nur 8 Zimmer, das Gästebuch liest sich wie ein internationales VIP-Verzeichnis. Viel Grün, vornehmes Restaurant auf Gourmetniveau. DZ L. 410.-610.000 inkl. Frühstück, Mittagsmenü (ohne Wein) L. 95.000. Via San Giovanni del Toro 28, Tel. 089/857244.

**** **Caruso Belvedere**, herrschaftlicher Palazzo aus dem 12. Jh., komfortabel bis luxuriös mit Antiquitäten ausgestattet, umfangreiche Gemäldesammlung, Garten, Spitzenrestaurant. DZ L. 150.-240.000 inkl. Frühstück. Via San Giovanni del Toro 52, Tel. 089/857111.

**** **Villa Cimbrone**, skurriler mittelalterlicher Palazzo im gleichnamigen Park, beliebte Künstler- und Prominentenherberge, kein Restaurant. DZ ca. L. 250.000 inkl. Frühstück; Tel. 089/857459.

*** **Bonadies**, Palazzo aus dem 13. Jh. mit schöner Arkadenfassade. Alteingesessener Familienbetrieb, frisch renoviert, beliebtes Ausflugsrestaurant, Terrasse und einige Zimmer mit Meeresblick. DZ ca. L. 140.000 inkl. Frühstück, in der Regel Pensionspflicht! Ganzjährig geöffnet; Brunnenpiazza Moresca, Tel. 089/857918.

*** **Parsival**, neben dem Hotel Bonadies, ehemalige Klosteranlage, bis auf den stillen Innenhof (mit Meeresblick) allerdings ziemlich steril modernisiert, aber recht komfortabel, lauschige Restaurant- und Frühstücksterrasse. DZ ca. L. 130.000 inkl. Frühstück. Via D'Anna 5, Tel. 089/857144.

** **Toro**, kleines Albergo im Zentrum schräg gegenüber vom Informationsbüro. Freundlicher Familienbetrieb, schlichte Zimmer, kleiner Garten, Restaurant. DZ ca. L. 100.000; Via R. Wagner 31, Tel. 089/857211.

**Anna Sullutrone**, gemütliche Privatzimmer im Ort, Nähe Brunnenpiazza Moresca. Nur für mehrere Tage, DZ ca. L. 80.000 inkl. Frühstück. Via Lacco 5, Tel. 089/857147. Günstige Gästezimmer auch im Restaurant **Da Salvatore** (→ "Essen und Trinken").

## Essen und Trinken

Wer in seinem Hotel nicht zur Halbpension verpflichtet worden ist, findet im Ort einige Trattorie und Ristoranti mit traditioneller lokaler Küche zu vernünftigen Preisen. Spätestens hier sollten Sie den vielgelobten trockenen Ravello-Wein versuchen, es gibt ihn rot, weiß und rosé. Von den Straßencafés an der weitläufigen Dompiazza sitzt man im **Caffè San Domingo** recht gemütlich; dort mal das hausgemachte Gelato, die leckeren Zitronensüßspeisen oder die Granita di limone probieren.

**Cumpa Cosimo**, alteingesessene Trattoria in der zentralen Via Roma. Ausgezeichnete lokale und regionale Spezialitäten, z. B. Fusilli mit frischen Wildtomaten, fritierte Sardellen, überbackener Büffelkäse, Fisch- und Fleischgerichte aus dem Backofen, offener Wein; ehrliche Preise. Via Roma 42, Tel. 089/857156, Mo Ruhetag.

**La Colonna**, ebenfalls in der Via Roma (Nr. 22), mittelalterliches Kellergewölbe. Lokaltypische Gerichte wie *Spaghetti al limone*, leckere Fisch-Secondi, auch Pizza; gutes Preis-Qualitäts-Verhältnis. Tel. 089/858302, Mi Ruhetag.

**Da Salvatore**, außerhalb des Zentrums, Nähe Tunnelausgang! Herrliche Panoramalage, gemütliche Speiseterrasse, schnörkellose Hausmannskost. Akzeptable Preise, auch Gästezimmer. Via della Repubblica 2, Tel. 089/857227.

## Sehenswertes

**Dom San Pantaleone**: Seit Beendigung der Restaurierungsarbeiten im Jahr 1975, bei denen auch die Barockausschmückung radikal entfernt worden war, zeigt sich die dreischiffige Basilika wieder in ihrem ursprünglichen romanischen Baustil. Begonnen wurde der Kirchenbau im Jahr 1086; der Campanile stammt hingegen aus dem 13. Jh. Kunstgeschichtlich besonders wertvoll ist das **Bronzeportal** im byzantinischen Stil (12. Jh.) mit den 54 Basrelief-Feldern, die die Leidensgeschichte Christi erzählen. Dieses in Bronze gegossene Kunstwerk von *Barisano da Trani* wurde im Gegensatz zum Domportal von Amalfi in Italien selbst hergestellt. Hinter diesem vielbestaunten Sesam-öffne-dich steigt der Kirchenfußboden zum Altarraum hin leicht an. Im Mittelschiff steht eine prachtvolle **Marmorkanzel** mit Mosaikverzierungen, die von sechs ebenfalls mosaikgeschmückten, gewundenen Säulen getragen wird, die wiederum auf sechs kleinen Löwenskulpturen ruhen. Diese großartige Kanzel mit der Adlerfigur am Lesepult stammt von *Niccolo da Foggia*, der sie 1272 im Auftrag der Adelsfamilie Rufoli schuf. Unter dem Kanzelkasten steht ein Triptychon unbekannten Alters, dessen Mittelbild eine anmutige schwarze Madonna zeigt. Schräg gegenüber befindet sich eine weitere Marmorkanzel im byzantinischen Stil (12. Jh.), deren farbenprächtige Mosaikverzierung das Jonas-Wunder darstellt: Jonas wird der Legende nach von einem großen Fisch verschlungen und nach drei Tagen wieder an Land entlassen. Die reichverzierte **Domkapelle**, in der die **Blutreliquie** des *Kirchenpatrons Pantaleone* aufbewahrt wird, betritt man links neben dem Hochaltar. Wie in der neapolitanischen Kathedrale San Gennaro so wird auch im Dom von Ravello das Blut des heiligen Märtyrers alljährlich am 27. Juli in einer feierlichen Zeremonie verflüssigt.

**Krypta/Museo del Duomo**: Vom rechten Seitenschiff führt eine Treppe hinunter in die Krytpa, wo das kleine Dommuseum eingerichtet worden ist. Es beherbergt zahlreiche interessante Ausstellungsstücke, darunter Urnenbehälter aus Marmor, verschiedene Reliquiengefäße, Marmorsarkophage, Skulpturen, Büsten, Bischofsornate sowie Fragmente einer Kanzel. Zum Kirchenschatz gehört auch eine besonders sinnliche Frauenbüste; dabei handelt es sich um ein Porträt der Adelsdame Sigilgaita Rufolo und nicht etwa um eine Heilige.

*Öffnungszeiten*: tägl. 9-13 Uhr und 15-19 Uhr, Eintritt L. 2.000.

**Villa Rufolo**: Von der Dompiazza erreicht man den etwas tiefer liegenden Palazzo der Rufoli, den mittelalterlichen Wohnsitz der einflußreichen Adelsfamilie. Am Eingang erhebt sich ein großer Wehrturm, der der weitläufigen Anlage Festungscharakter verleiht. Noch Mitte des 19. Jh. bot dieser vielbesuchte Ort einen Anblick der Verwüstung. Erst als der Brite Sir Neville Reid das verlassene Anwesen erwarb und vom Schutt befreien ließ, kam auch die geheimnisvolle Ausstrahlung dieses geschichtsträchtigen Orts wieder zum Vorschein. Wie ein märchenhafter Kalifenpalast muß dieser großzügige Gebäudekomplex einst ausgesehen haben. 300 Räume verteilten

*Wertvolle Marmorkanzel im Dom*

MUSEO

sich auf drei Stockwerke, und alles war von den Farben und Formen einer arabisch-maurisch geprägten Architektur durchdrungen. Himmlische Gärten, Innenhöfe und Bäder ergänzten den prunkvollen Bau, der noch heute eine Vorstellung vom unermeßlichen Reichtum der Erbauerfamilie vermittelt, die eng mit dem neapolitanischen Königshaus verbunden war.
Vor allem der zentrale, mehrstöckige Innenhof, der sogenannte **maurische Kreuzgang**, besitzt noch deutliche orientalische Stilelemente. Überall stößt man auf kunstvolle Architekturfragmente und antike Fundstücke, aber auch auf viel schmucklose mittelalterliche Bausubstanz.
Der anschließende **Terrassengarten** mit dem Säulengang und dem phantastischen Küstenblick läßt wiederum erahnen, was *Richard Wagner* am 26. Mai 1880 fühlte, als er die Rufolo-Gärten betrat und jubelte: "Klingsors Zaubergarten ist gefunden".

Öffnungszeiten: tägl. 9.30-13 Uhr und 15-19 Uhr, Eintritt L. 5.000. Im Sommer finden hier alljährlich die internationalen **Wagner-Konzerttage** statt (→ "Feste und Veranstaltungen", S. 304).

**Villa Cimbrone**: Zu diesem mittelalterlichen Palazzo am äußersten Ortsrand führt ein schöner beschilderter Spazierweg durch ein Wohn- und Parzellengebiet mit hohen Mauern vorbei an den beiden *Klosteranlagen San Francesco* (13. Jh.) und *Santa Chiara* (14. Jh.). Die eigenwillige Cimbrone-Villa, die sich ein englischer Dandy Anfang des 20. Jh. herrichten ließ, beherbergt heute ein luxuriöses Hotel. Zu besichtigen ist nur der Kreuzgang, der mit zahlreichen mittelalterlichen Architekturfragmenten und Fundstücken aus dem alten Ravello gespickt ist. An diesen eher enttäuschenden Kreuzgang schließt eine um so beeindruckendere, gepflegte **Parkanlage** mit uralten Bäumen, schattigen Laubengängen, kunstvollen Skulpturen, Grotten, Pavillons, Tempeln, Brunnen und lauschigen Sitzgelegenheiten an. Den Höhepunkt bildet das *Belvedere* (Fotos S. 303) mit den verwitterten Marmorbüsten auf der Balustrade, das wie ein Balkon über dem Abgrund schwebt. Eine faszinierendere Panoramaansicht der Amalfitanischen Küste dürfte es an keiner anderen Stelle dieser bizarren Steilküste geben.

Öffnungszeiten: tägl. von 9 Uhr bis 1 Std. vor Sonnenuntergang, Eintritt L. 6.000.

**Toro-Viertel**: oberhalb der Dompiazza, von dort über die Via R. Wagner zu erreichen. Dieses mittelalterliche Adelsviertel strotzt nur so von wuchtigen Palästen, die heute weitgehend in Luxusherbergen umgewandelt worden sind. Den imposanten Auftakt macht das *5-Sterne-Hotel Palumbo.* Ein Blick in diese mit kostbaren Kachelfußböden, antiken Säulen und gotischen Spitzbögen verzierte Nobelresidenz endet wohl für die meisten Ravello-Besucher an der Rezeption. Ein Stück weiter dann die romanische **Chiesa San Giovanni del Toro** aus dem 11. Jh.; mittlerweile säkularisiert und als Kongreßsaal genutzt. Als Gründungsdatum wird das Jahr 1065 angegeben, womit das einstige Gotteshaus des Toro-Adels älter wäre als der städtische Dom. Antike Säulen schmücken den Innenraum ebenso wie eine mosaikverzierte Marmorkanzel aus dem 12. Jh. Kunstgeschichtlich besonders wertvoll sind die Fresken aus dem 14. Jh., die sich in den Apsiden der Krypta sowie am Aufgang der Marmorkanzel befinden. (Die freundliche Rezeption des benachbarten Hotels Caruso hilft dabei, den Kirchen-Kustoden zu finden!).

Am Ende des Toro-Viertels stößt man auf die kleine *Brunnenpiazza Moresca*, und hinter dem Hotel Bonadies öffnet sich ein herrlicher Blick auf den tief unterhalb liegenden Küstenort Minori. Die anschließende Via Lacco führt durch ein eher bescheidenes Wohnviertel zum mittelalterlichen Wachturm *Torrione*.

**Chiesa Santa Maria a Gradillo**: unterhalb der Dompiazza, über die schmale Bummelgasse Via Roma zu erreichen. Diese romanische Kirche aus dem 12. Jh. mit dem formschönen, verzierten Campanile läßt den starken arabisch-maurischen Einfluß auf die städtische Sakralarchitektur noch am deutlichsten erkennen. In unmittelbarer Umgebung der Kirche einige Mauerreste der ehemaligen Stadtbefestigung.

## Scala

**Ruhiges, kleines Bergdorf mit großer Vergangenheit vis-à-vis von Ravello. Der Kirchenvorplatz mit dem angrenzenden Rathaus bildet gewissermaßen den Ortskern. Dörfliche Stille prägt nicht nur an Sonntagen die Atmosphäre.**

Als Mitglied der amalfitanischen Republik kam auch Scala früh zu Reichtum. An die mittelalterliche Blütezeit erinnert allerdings nur noch der romanische **Dom San Lorenzo** aus dem 12. Jh., dessen wuchtige Apsis man bereits von Ravello aus erkennt. Den Kirchenraum schmücken ein motivreicher Majolikafußboden (19. Jh.) und eine mosaikverzierte Marmorkanzel. In der hohen Krypta befindet sich ein kostbares Holzkruzifix aus dem 13. Jh.

• *Übernachten/Essen und Trinken*: ** **La Margherita** und ** **Villa Giuseppina**, einfache Pensionen (aber mit Pool) in Hanglage an der Durchgangsstraße. Familiäre Atmosphäre, DZ L. 80.-100.00 inkl. Frühstück. Die *Villa Giuseppina* ist ein beliebtes großes Ausflugsrestaurant mit deftiger Land- und Meeresküche. Beide gleiche Verwaltung: Torricella 31, Tel. 089/857219.

### Wandern/Umgebung

- **Wanderung von Scala nach Amalfi**, Gehzeit ca. 1 Std. Von Ravello aus am besten mit dem Bus nach Scala, die Haltestelle liegt an der Kirchenpiazza. Von dort geht es auf der Landstraße ins etwas höher gelegene Nachbardorf **Minuta**. Gleich am Ortsanfang von Minuta führt ein kurzer Treppenweg hinunter zur *Chiesa dell'Annunziata*. Unmittelbar neben der Kirche beginnt der steile Treppenweg nach **Pontone**, und von dort führen dann die romantischen *1.000 Stufen* nach Amalfi (→ S. 301).

- **Wanderung durch das Naturschutzgebiet Valle delle Ferriere**: Auch diese Wanderung führt von Scala nach Amalfi, ist aber mit ca. 3,5 Std. Gehzeit weitaus ausgedehnter. Zunächst auf Landstraße von Scala ins Bergdorf **Campidoglio**; von dort durch Kastanienwald zur *Punta della Castagna*. Dann quer durch das Ferriere-Tal zu den Ruinen der Eisenhütten (Ruderi delle Ferriere); anschließend durch das Mühlental (Valle dei Mulini) nach Amalfi. Diese Tour nur mit Wanderkarte und Ausrüstung unternehmen.

- **An der Küstenstraße** zwischen Atrani und Minori reihen sich traumhafte Grundstücke an der Steilküsten aneinander, alles Privatbesitz vom Feinsten, schmucke Villen verstecken sich in gepflegten Gärten. Zugang zum Meer gibt es nach **Castiglione**, dem mittelalterlichen Hafen von Ravello, erst wieder in Minori.

## Minori

(ca. 3.000 Einwohner)

**Der kleine Küstenort wird häufig mit dem gesichtslosen Nachbarort Maiori über einen Kamm geschoren. Unverständlich, denn Minori ist auf alle Fälle weitaus hübscher.**

Die wuchtige, weiße **Basilika Santa Trofimena** (19. Jh.) bildet den Ortsmittelpunkt. Alte Uferpalazzi, teils verwittert, teils restauriert, säumen die schattige Strandpromenade mit den hohen Dattelpalmen, davor erstreckt sich ein grauer Sand-Kies-Strand mit betonierter Mole.

• *Übernachten/Essen und Trinken*: * **Isabella**, zentral, im obersten Stockwerk eines verwitterten alten Uferpalazzo untergebracht. Große saubere Zimmer, nach hinten ruhig, nach vorne Uferblick, spartanisch eingerichtet, preiswert, ohne Restaurant; DZ L. 60.-80.000. Via Roma 34, wird von der Rezeption des Hotels Santa Lucia aus verwaltet!

*** **Santa Lucia**, die Ortsdurchgangsstraße ein Stück weiter hoch in Richtung Amalfi. Modern, komfortabel, freundlicher Familienbetrieb, Hotelstrand, Parkplätze, Restaurant mit gutem Ruf. DZ 100.-130.000 inkl. Frühstück; Via Nazionale 44, Tel. 089/877142.

**Altamarea**, an der Uferstraße, einfaches Ristorante, klimatisierter Speisesaal, geschützte Tische an der Straße, leckere Fischküche, auch Pizza, vernünftige Preise. Via Roma 80, Tel. 089/877576.

**Il Giardiniello**, westlicher Ortsrand, alteingesessene Trattoria, innen hell, lauschiger Zitrusgarten, freundliche Bedienung. Lokaltypische Fischküche, z. B. Laganelle (Bandnudeln) alla marinara oder Risotto mit Meeresfrüchten, auch Pizza, offener Wein; akzeptable Preise. Corso Vittorio Emanuele 17, Tel. 089/877050.

**Sehenswertes/Villa romana**: An der westlichen Ortseinfahrt befindet sich die Hauptattraktion von Minori, die Überreste einer römischen Villa aus dem 1. Jh. n. Chr. Das tiefliegende Ausgrabungsgelände (ca. 2.500 qm) wurde schon mehrfach von Überschwemmungen verwüstet, zuletzt 1954. Gleich hinter dem Eingang betritt man den Portikus (Säulenhof), wo auch ein kleines Schwimmbecken zu erkennen ist. Die freigelegten Räume mit den Tonnengewölben weisen noch einige interessante Fußboden- und Wanddekorationen auf. Recht gut erhalten ist das mosaik- und freskenverzierte Nymphäum in der Mitte der einst zweigeschossigen Villa romana. Im angrenzenden **Antiquarium** sind die wesentlichen antiken Fundstücke ausgestellt.

*Öffnungszeiten*: tägl. von 9 Uhr bis 1 Std. vor Sonnenuntergang, Eintritt frei.

## Maiori

Die flache Uferzone hat hier eine raumgreifende Bebauung zugelassen. In den 50er Jahren zerstörten die über die Ufer tretenden Schlamm- und Wassermassen des normalerweise friedlichen Gebirgsflusses Reginna die historischen Bauten von Maiori weitgehend. Die eilige Neuentstehung der Ortschaft (ca. 6.000 Einw.) erinnert ein wenig an den Charme des einstigen ostdeutschen Plattenbaus. Die tristen, mittelgroßen Bettenburgen bieten in der Nachsaison allerdings absolute Schnäppchenpreise. Die gepflasterte Uferpromenade ist sehr gepflegt: Platanen, Dattelpalmen und Strandkie-

*Küstenwachturm von Maiori*

fern spenden viel Schatten. Davor erstreckt sich der längste Sand-Kies-Strand der Amalfitanischen Küste, der in der Mitte jedoch vom kanalisierten Gebirgsfluß unterbrochen wird. Die wenigen Fischer von Maiori hat man ganz an den Ortsrand in ein Hafenbassin gesperrt – ein trauriger Anblick.
Oberhalb der Ortsausfahrt thront das wie eine wuchtige Spielzeugburg wirkende **Castello di San Nicola** (15. Jh.), das sich auf einer Gesamtfläche von 7.500 qm erstreckt.

▸ Der **Küstenabschnitt hinter Maiori** ist einer der extremsten der gesamten Costiera Amalfitana, ungezügelt stürzen sich die zerklüfteten Küstenhänge ins Meer. Dichte Macchia klammert sich an die schroffen Felswände. Ein Stück unberührbare Naturlandschaft, in die nur der Straßenbau eine Bresche geschlagen hat. Den schönsten Blick auf diese bizarre Steilküste hat man vom **Belvedere di Capo d'Orso**. Ein Stück weiter führt ein Felspfad von der Küstenstraße zum Leuchtturm des Kaps.

▸ **Erchie**: in einem tiefen
Küsteneinschnitt gelegen, dichte Zitrus- und Weinterrassen bedecken die steilen Hänge. Tourismus ist in Erchie ein Fremdwort, sogar der SITA-Bus passiert den Ort weit oberhalb. Der örtliche Badestrand wird vor allem an Wochenenden von Jugendlichen aus Salerno bevölkert. Einziger architektonischer Lichtblick ist der restaurierte Küstenwachturm.

*Fischfangflotte in Cetara*

## Cetara

(ca. 2.300 Einwohner)

**Sympathischer Küstenort mit überschaubaren Proportionen, wo die Einheimischen den Ton angeben. Touristen trifft man hier kaum an, und auch Hotels gibt es in der Ortschaft, die immer noch vom Fischfang lebt, keine.**

An der Durchgangsstraße mit Bushaltestelle wölbt sich das Dach der **Chiesa San Francesco**, erst viel tiefer breitet sich der schattige Kirchenvorplatz aus, auf dem die Alten von Cetara stundenlang gemütlich herumsitzen. Ein paar Schritte weiter unten ragt die wuchtige, barocke **Pfarrkirche San Pietro** auf. Am Ende der Hauptgasse erstreckt sich der kleine Kiesstrand, der mehr von Fischerbooten als von Badenden eingenommen wird. Im angrenzenden, großen Hafenbecken dümpelt die örtliche Hochseeflotte. Und tatsächlich ist der Thunfischfang auch heute noch ein einträglicher Erwerbszweig in Cetara. Vermutlich leitet sich sogar der Ortsname vom römisch-lateinischen Wort für Thunfischfang ("Cetaria") ab. Alljährlich im Sommer wird die jahrhundertealte Fischfangtradition mit der Thunfisch-Kirmes **Sagra del Tonno** gefeiert. Aber auch kleine Fische hat Cetara nie verschmäht, denn das örtliche Sardellenfest **Sagra delle Acciughe** hat ebenfalls eine lange Tradition. – Insgesamt ein liebenswerter Ort, den man nicht links liegen lassen sollte.

• *Information*: **Pro Loco**, örtliches Informationsbüro, an der Hauptgasse Via San Francesco 15, unregelmäßige Öffnungszeiten, Tel. 089/261474.

• *Sport*: **Fly Surf**, privater Surf-Club am Hafenstrand, Surfbrett-Vermietung. Wer bei leichter Brise mal wieder aufs Brett steigen will, kann es hier probieren. 1 Std. ca. L. 20.000.

• *Essen und Trinken*: **A Cianciola**, Ristorante an der kleinen Hafen-Piazzetta, gemütlicher Speisesaal in kühlem Gemäuer, Tische auch auf der Piazza, ausgezeichnete lokale Fischspezialitäten, mittleres Preisniveau. Piazzetta Cantone 13, Tel. 089/261828, Di Ruhetag.

**Al Convento**, volkstümliches Restaurant, im alten Konventsgebäude der San-Francesco-Kirche untergebracht. Riesiger Speisesaal im hohen Klostergewölbe, Tische auch im Freien, beliebt bei den Einheimischen, deftige Land- und Meeresküche, große Primi-Auswahl, kleine Preise. Piazza San Francesco, Tel. 089/261039.

## Vietri sul Mare

(ca. 10.000 Einwohner)

**End- bzw. Anfangspunkt der Costiera Amalfitana und quirliger Küstenvorort von Salerno. Nahezu die gesamte keramische Souvenirware, die in den amalfitanischen Urlaubsorten angeboten wird, stammt aus Vietri.**

Die örtliche Keramikproduktion ist nach wie vor ein wichtiger Wirtschaftszweig und prägt deutlich sichtbar das Stadtbild. Entlang der Durchgangsstraße sowie in den engen Gassen der Altstadt zieren phantasievolle und motivreiche Kachelbilder die Fassaden der Werkstätten, Geschäfte und Wohnhäuser. Wer ernsthafte Kaufabsichten hat, findet hier mit Sicherheit ein erschwingliches Stück Kunst- oder Gebrauchskeramik für zu Hause. Im benachbarten Bergdorf **Raito** ist das einschlägige Museum zur Geschichte der örtlichen Keramikproduktion untergebracht, wo man u. a. auch etwas über den spezifisch deutschen Einfluß auf die hiesige Keramikkunst des 20. Jh. erfährt.

Ganz anders als die erst spät erschlossene amalfitanische Küste war Vietri bereits in der Antike besiedelt. Etrusker sollen den Ort an der alten Handelsstraße nach Süden am Ausgang des *Cava-Tals* gegründet haben. Mit den Etruskern gelangte angeblich auch die Kunstfertigkeit der Tonbearbeitung nach Vietri – das in der Antike *Marcina* hieß. Doch etruskische Spuren sucht man in der modernen Keramikkunst vergebens, es dominiert bunte, dekorative Massenware.

• *Einkaufen/Souvenirs*: Eine große Auswahl an phantasievoller Kunst- und Gebrauchskeramik bietet u. a. die alteingesessene Werkstatt **Ceramiche Artistiche Pinto** am zentralen Corso Umberto I. 27.

• *Übernachten/Essen und Trinken*: ** **Hotel Vietri**, kleines komfortables Albergo, modernisierter Altbau, Nähe Sporthafen. Mit Hotelrestaurant, DZ L. 80.-110.00 inkl. Frühstück. Via Costabile 37, Tel. 089/210400.

*Keramik jeglicher Art gibt es in Vietri sul Mare*

**La Sosta**, beliebtes, volkstümliches Ristorante am Altstadtrand. Ehemalige Postkutschenstation, lokaltypische Fischküche, gutes Preis-Qualitäts-Verhältnis. Via Costiera 6, Tel. 089/211790, Mi Ruhetag.

**Sehenswertes/Museo della ceramica**: Dieses moderne Gewerbemuseum befindet sich im mittelalterlichen Turm der *Villa Guariglia* im benachbarten Bergdorf Raito. Es dokumentiert in erster Linie die örtliche Keramikherstellung des 17. und 19. Jh. Kennzeichnend für das 17. Jh. ist die Produktion sakraler Kunstkeramik in Form von Weihwassergefäßen, Votivkacheln etc. Im 19. Jh. verlagerte sich die Produktion auf dekorative Gebrauchskeramik sowie die Herstellung von Wand- und Bodenfliesen. Anfang des 20. Jh., als das hiesige Handwerk etwas stagnierte, ereignete sich die sogenannte deutsche Phase ("il periodo tedesco"). In den 20er Jahren ließen sich vor allem deutsche Kunsthandwerker in Vietri nieder und belebten die Keramikproduktion mit neuen Ideen. Dem Museum ist außerdem eine Keramikschule angeschlossen.

*Öffnungszeiten*: tägl. 9-13 Uhr und 15-20 Uhr, Eintritt frei.

## Abbazia della SS. Trinità di Cava (Corpo di Cava)

**Der wuchtige Klosterkomplex im bergigen Küstenhinterland entstand im 11. Jh. nach dem Vorbild der französischen Benediktinerabtei von Cluny an der Stelle einer mittelalterlichen Eremitenklause.**

Die **Klosterkirche** wurde im 18. Jh. vollständig erneuert. Hinter der Barockfassade öffnet sich ein dreischiffiger Innenraum mit sehenswerten Kuppelfresken, romanischer Marmorkanzel und gut erhaltenem Renaissanceportal (Sakristei). Im angrenzenden Kloster gelangt man zunächst in den **Kapitelsaal** mit schönem Majolikafußboden aus dem 18. Jh. und Wandfresken aus dem 17. Jh. Der anschließende kleine **Kreuzgang** stammt noch weitgehend aus dem 11. Jh. Kunsthistorisch besonders interessant ist die **Cappella del Crocifisso** mit einem Majolikafußboden aus dem 15. Jh. und einem Basrelief aus dem 14. Jh. Im prachtvollen Saal des **Klostermuseums** gibt es dann zahlreiche antike Säulen, Kapitelle und Sarkophage, spätmittelalterliche Skulpturen sowie wertvolle Gemälde des 16. und 17. Jh. zu sehen.

• *Anfahrt/Öffnungszeiten*: Der Klosterkomplex liegt in Corpo di Cava, ca. 4 km von Cava dei Tirreni entfernt, das eigene Fahrzeug ist für den Ausflug hierher unentbehrlich. Nur vormittags geöffnet, Führungen gegen Spende.

# Salerno

(ca. 150.000 Einwohner)

**Großstadt mit süditalienischem Temperament, die krasse architektonische Gegensätze vereint: Die uniforme Neustadt erstreckt sich an der kilometerlangen Uferpromenade, dahinter zieht sich die verwinkelte mittelalterliche Altstadt den Hügel hinauf, überragt vom prächtigen romanisch-normannischen Dom San Matteo und beherrscht vom wuchtigen Castello di Arechi.**

Als *Robert Guiscard*, der normannische Eroberer Süditaliens, in Salerno einzog und es zur neuen Hauptstadt seines süditalienischen Reiches er-

*Salerno*

klärte, erlebte die Stadt eine ganz besondere Blütezeit, die durch den vorbildlichen Dombau gekrönt wurde. Ebenfalls im Hochmittelalter entstand hier die erste medizinische Hochschule, deren guter Ruf sich in ganz Europa verbreitete. Ein ganz anderes Kapitel der Stadtgeschichte ereignete sich, als gegen Ende des Zweiten Weltkriegs die deutschen Besatzungstruppen gegen die anrückenden Alliierten kämpften, wobei die Stadt erheblichen Schaden erlitt. Größtes Ereignis der jüngsten Zeit ist der Aufstieg der salernitanischen Fußballmannschaft 1998 in die *Seria A* nach 50 Jahren Zweitklassigkeit – "Forza Salernitana!"

Touristisch bedeutend ist Salerno vor allem als Verkehrsknotenpunkt mit guten Straßen-, Zug-, Bus- und Fährverbindungen. Bezeichnend für die touristische Attraktivität Salernos hingegen ist folgende wahre Begebenheit: Eine 10köpfige französische Reisegruppe hatte ihren Kultururlaub am Golf von Neapel im Sommer '98 selbst organisiert und Salerno als Quartier gewählt. Eine sensationelle Standortentscheidung, die Salerno Ehre mache, raunte die Lokalpresse. Tag für Tag spulten die Franzosen, die mit einem eigenen Kleinbus angereist waren, ihr kompaktes Besichtigungsprogramm ab (Neapel, Costiera Amalfitana, Capri, Paestum etc.) – Aber Salerno selbst stand nicht auf dem Sightseeing-Plan, obwohl wenigstens der Dom der Stadt zum klassischen Pflichtprogramm für Golf-Touristen gehört.

• *Information*: städtisches **Informationsbüro** an der Bahnhofspiazza V. Veneto. Vor- und nachmittags geöffnet, Tel. 089/231432.

• *Vorwahl*: Tel. 089 für Salerno und die gesamte Amalfitanische Küste. Seit 1998 muß auch bei Ortsgesprächen die Vorwahl immer mitgewählt werden.

• *Anfahrt/Verbindungen*: **Pkw/Parken**: Die Autobahn (A 3) auf dem Weg zur Amalfitanischen Küste schon in Vietri verlassen; mit Ziel Paestum erst hinter Salerno in Battipaglia runter. Tagsüber sichere, gebührenpflichtige Parkplätze an der Uferpromenade; von dort sind es nur wenige Fußminuten in die verkehrsberuhigte Altstadt.

**Bahn**: Der Bahnhof liegt zentral an der Piazza Vittorio Veneto, Gepäckaufbewahrung, fast stündlich Züge von/nach Neapel. An der Bahnhofspiazza beginnt die breite Fußgängerzone in die Altstadt (Via Vittorio Emanuele).

**Busse**: Busbahnhof der *Fernbusse* (Linee extraurbane) an der Piazza della Concordia am Hafen. Dort SITA-Linienbusse mehrmals tägl. nach Amalfi und nach Paestum. Tickets gibt es in der Bar am Busbahnhof an der Ecke Piazza della Concordia/Piazza della Repubblica.

**Fähren**: Fähranleger an der hinteren Mole der Piazza della Concordia. Häufige Pendelfähren nach Amalfi und Positano, z. B. Schnellfähre Salerno Amalfi L. 8.000, Fahrtzeit ca. 45 Min. Direktfähre Salerno–Capri 2 x tägl. Ticketverkauf in den Bretterbuden der Reedereien am Anleger.

• *Übernachten/Essen und Trinken*: *** **Italia**, Bahnhofsnähe, in der Fußgängerzone. Modern, komfortabel, DZ L. 85.-130.000 inkl. Frühstück. Corso Vittorio Emanuele 84, Tel. 089/226653.

**Ostello Irno**, Jugendherberge, zentral, ca. 300 m vom Bahnhof. Neubau mit 100 Schlafplätzen, ganzjährig geöffnet, Check-in von 5-11 Uhr und von 15.30-24 Uhr. Übernachtung im Mehrbettzimmer L. 12.000 pro Pers., DZ L. 35.000, Frühstück L. 2.500. Via Luigi Guercio 112, Tel. 089/790251.

**Vecchia Salerno**, stimmungsvolle Altstadt-Trattoria, Domnähe, beliebt bei Einheimischen, gute kampanische Küche, akzeptable Preise. Via Arechi 3, Tel. 089/220508.

**Sehenswertes/Dom San Matteo**: Nach dem Vorbild der berühmten Klosterkirche von Montecassino von 1080–1085 unter dem Normannen *Robert Guiscard* als dreischiffige Säulenbasilika errichtet und von *Papst Gregor VII.* geweiht, der bald darauf in Salerno starb und im Dom beigesetzt wurde. Der wuchtige **Glockenturm** mit seinen arabisch-sarazenisch beeinflußten Verzierungen stammt aus dem 12. Jh. Der Fassade ist ein zweigeschossiges Atrium vorgesetzt, dessen Portikus aus antiken Säulen besteht, die angeblich aus Paestum stammen. Die **Bronzetür** des Mittelportals ist im Jahr 1099 in Byzanz gegossen worden. In den Pfeilern des Innenraums sind ebenfalls antike Säulen eingelassen. Romanisch-byzantinische Mosaiken schmücken die Wände und Fußböden. In der rechten der drei halbkreisförmigen Apsiden befindet sich die sogenannte **Kapelle der Kreuzzüge**, in der die normannischen Kreuzritter ihre Waffen segnen ließen. Die prachtvolle **Krypta** beherbergt die Reliquien des Hl. Matthäus, die 954 nach Salerno gebracht worden sind. Im angeschlossenen **Dommuseum** gibt es u. a. einen seltenen Altarvorsatz (12. Jh.) aus Elfenbein zu sehen, dessen 54 Basreliefs Geschichten aus dem Alten und dem Neuen Testament darstellen.

*Paestum – Ceres-Tempel*

# Abstecher an den Golf von Salerno: Paestum (Scavi Paestum)

**Ein atemberaubender Anblick, wenn die drei bestens erhaltenen dorischen Tempel plötzlich in majestätischer Größe aus dem flachen Küstenland ragen. Wie Skelette von Dinosauriern stehen die wuchtigen Sakralbauten mit ihren offenen Säulenreihen in den trockengelegten Sumpfwiesen der Piana del Sele.**

Zwar ist der Golf von Neapel voll und ganz vom Hauch der griechischen Antike durchdrungen, aber die eindrucksvollsten Überreste der Griechenkultur befinden sich weiter südlich auf dem archäologischen Ausgrabungsgelände von Paestum am südlichen Ende der breiten Mündungsebene des Flusses *Sele*. Der Abstecher vom Urlaubsgebiet aus lohnt sich für Interessierte aber unbedingt, denn das weltberühmte Paestum konserviert die imposantesten Tempelruinen des antiken Griechentums in Unteritalien. Es handelt sich um die Kernbauten des heiligen Bezirks einer griechischen Kolonie aus dem 7. Jh. v. Chr., die erst Mitte des 18. Jh. wiederentdeckt wurden. Seit der gründlichen Reinigung von 1998 strahlen die Säulentempel in einem goldgelben Farbton und wirken dadurch um so prächtiger. Vom Rest der Griechenstadt sind nur noch Fundamente erhalten geblieben und die ca. 4,5 km lange Stadtmauer mit einer durchschnittlichen Breite von 5 m, auf der wieder ein archäologischer Rundgang eingerichtet werden soll. Dem weitläufigen Ausgrabungsgelände ist außerdem ein Museumsneubau mit einzigartigen antiken Fundstücken angeschlossen. – Am Rande des Ausgrabungsgebiets erstreckt sich auch das moderne Paestum: nicht mehr

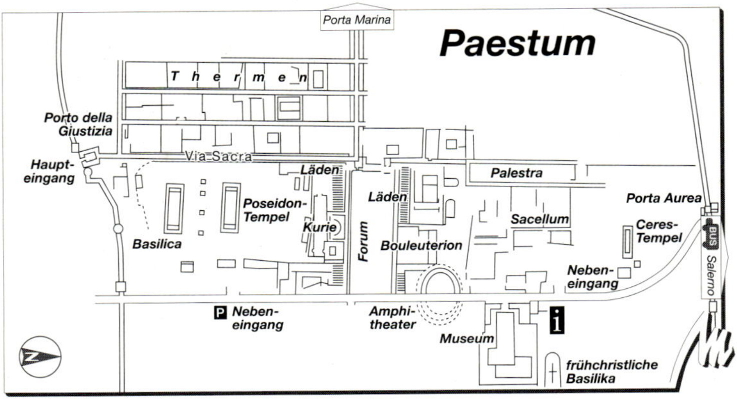


als ein Dorf, angereichert mit Souvenirshops, Restaurants, Bars und den üblichen Nutznießern einer gutbesuchten Touristenattraktion.
Es empfiehlt sich, zunächst das Museum zu besichtigen, da es die Ausgrabungen anschaulich im historischen Kontext darstellt; außerdem lassen sich die Fundorte einiger Ausstellungsstücke anschließend besser auf dem Gelände lokalisieren.

## Geschichte

Paestum hieß ursprünglich *Poseidonia* und wurde in der ersten Hälfte des 7. Jh. v. Chr. von griechischen Siedlern aus dem legendären Sybaris gegründet. Der griechische Chronist *Strabon* berichtet in seinen historischen Schriften von Sybariten, die ihre Mauern um eine Ortschaft errichteten, die nahe beim Meer gelegen war und deren ursprüngliche Bevölkerung sich bei der Ankunft der Griechen sofort ins Landesinnere flüchtete. Zu Ehren des Meeresgotts Poseidon (röm. Neptun) nannten sie ihre Stadt Poseidonia und errichteten ihm einen ca. 60 x 25 m großen Tempel. Dank des fruchtbaren Schwemmlands entwickelte sich die Griechenkolonie zu einem bedeutenden landwirtschaftlichem Zentrum mit eigenem Hafen. Um 400 v. Chr. eroberten Lukaner (aus der heutigen Basilikata) die Griechensiedlung, adaptierten das griechische Kulturgut jedoch weitgehend. 273 v. Chr. geriet die Kolonie unter römische Herrschaft und erhielt als Municipium den Namen Paestum. Mit dem Untergang des Römerreichs verarmte Paestum, und eine Malariaseuche dezimierte die Bevölkerung. Im frühen Mittelalter lebte hier eine kleine Christengemeinde, die den griechischen Ceres-Tempel in eine Kirche umwandelte, und später vermutlich eine frühchristliche Basilika – die heutige Pfarrkirche von Paestum – errichtete. Im 9. Jh. plünderten Sarazenen die Stadt und vertrieben die Bevölkerung in die Berge. In der Folgezeit verschwand Paestum buchstäblich im Sumpf, und selbst die Erinnerung an seine Lage ging verloren. (Einen besserer Schutz für die

Tempelbauten konnte es nicht geben.) Rein zufällig wurde beim Bau der Küstenstraße die antike Siedlung wiederentdeckt, und unter den Bourbonen begann die systematische Ausgrabung, die sich als einer der wichtigsten Beiträge zur Erforschung des Griechentums in Italien erwies.

• *Information*: **Informationsbüro**, in Museumsnähe, neben der sehenswerten frühchristlichen Basilika, mittags geschlossen.

• *Anfahrt/Verbindungen*: **Pkw/Parken**: Autobahn ab Neapel/Salerno (A 3) in Battipaglia verlassen und auf der S 18 weiter in Richtung Paestum/Agropoli. Gebührenpflichtige Großparkplätze am Ausgrabungsgelände.

**Bus**: Linie Salerno–Paestum–Agropoli, Fahrtzeit von Salerno ca. 1 Std., hin und zurück L. 10.000. Den Fahrer zur Sicherheit informieren, daß Sie in Paestum aussteigen wollen, und unbedingt erfragen, wann der letzte Bus zurückfährt. Von der Bushaltestelle ca. 300 m zum Museum und zum Ausgrabungsgelände.

• *Essen und Trinken*: **Nettuno**, lauschiges Garten-Ristorante, am Haupteingang der Ausgrabungsstätte, mit Barbetrieb. **Oasi**, Pizzeria in Museumsnähe, Tische im Freien. Selbstversorger können sich in dem kleinen **Lebensmittelgeschäft** an der Bushaltestelle mit Getränken, Panini (belegte Brötchen) etc. eindecken.

**Museo archeologico**: in einem Neubau, dessen Hauptraum selbst in Form eines Tempels konzipiert ist. Das Museum ist didaktisch vorbildlich eingerichtet mit vielen Schautafeln, Grafiken und faszinierenden Ausgrabungsfunden, darunter Grabbeigaben aus Ton und Bronze, bemalte Urnen, Münzen, Schmuck, Relief- und Grabplatten, Architekturfragmente. Neben den zahlreichen Fundstücken aus Paestum gibt es auch etruskische Kunst (Vasen etc.) zu sehen.

Einen Glanzpunkt der Ausstellung bilden die sogenannten **Metopen des Thesauros**, die auf dem Ausgrabungsfeld des Heiligtums der *Hera Argiva* (nördlich von Paestum an der Sele-Mündung) entdeckt wurden. Dabei handelt es sich um den vielleicht bedeutendsten Tempelfries der klassischen griechischen Kunst aus dem 6. Jh. v. Chr. Von den insgesamt 36 Metopen (Reliefplatten im dorisch-griechischen Gebälkfries eines Tempels) konnten immerhin 33 unversehrt geborgen werden. Einen großartigen Fund stellen auch die guterhaltenen Metopen des Hera-Argiva-Tempels selbst dar.

*Sprung ins Reich der Toten?*

Ebenfalls beeindruckend sind die großen Bronzevasen und bemalten Amphoren, die aus dem ominösen *Sacellum* von Paestum stammen, sowie die Statue einer sitzenden Gottheit aus dem Poseidon-Tempel.

Eine weitere Hauptattraktion ist das erst 1968 entdeckte **Grab des Tauchers** (5. Jh. v. Chr.) mit den einzigen vollständig erhaltenen griechischen Wandmalereien! Zentralstück der fünf anmutigen Grabfresken ist das Fresko des namengebenden Tauchers. Es stellt einen griechischen Jüngling dar, der in einem eleganten Bogen von einem Sprungbrett in die Tiefe springt: der Sprung ins Reich der Toten?!

*Öffnungszeiten*: tägl. 9-19 Uhr, Eintritt L.8.000.

**Besichtigung/Ausgrabungsgelände**: Am Haupteingang an der *Porta della Giustizia* beginnt auch die gepflasterte Hauptstraße von Paestum, die *Via Sacra*, die die Tempelbauten miteinander verbindet. Die beiden großen dorischen Tempel namens Basilica und Tempel des Poseidon stehen benachbart. Man muß sich die rohen, skelettartigen Baukörper mit einem Dach und farbenprächtigen Stuckverzierungen vorstellen, um einen Eindruck von ihrem ursprünglichen Aussehen zu bekommen.

Bei der sogenannten **Basilica** (ca. 54 x 25 m) handelt es sich um den ältesten Tempel von Paestum (Mitte 6. Jh. v. Chr., er war der *Göttin Hera* geweiht. Die Säulen (18 an der Längsfront) verjüngen sich stark nach oben und weisen eine erhebliche Bauchung auf – was von weitem den Eindruck einer perfekten Gradlinigkeit vermittelt. In der zentralen *Cella*, dem heiligen Hauptraum des Tempels, wurde die Schutzgöttin Hera in der Gestalt einer Statue angebetet.

Der benachbarte **Poseidon-Tempel** (ca. 60 x 24 m) ist einer der besterhaltenen dorischen Tempel überhaupt, sogar einige Giebelfelder (Metopen) im

Gebälk sind fast unversehrt. Die Säulen weisen noch Spuren ihrer einstigen Stuckdekoration auf. Der Tempel besaß zwei Altäre – aber welche Gottheit neben Poseidon hier noch verehrt wurde, ist nicht bekannt.

Das anschließende **Forums** (ca. 150 x 57 m) wurde zur Römerzeit angelegt, an der Stelle der ehemaligen griechischen **Agora**. Vom umlaufenden Portikus sind nur noch die Säulenfundamente zu erkennen; auch die Forumsbauten (Comitium, Thermen, Bouleuterion etc.) sind bis auf die Grundmauern zerstört. In unmittelbarer Nähe konnte die Hälfte des kleinen Amphitheaters freigelegt werden.

Das unterirdische **Sacellum** mit dem Ziegeldach gibt den Archäologen nach wie vor Rätsel auf, vermutlich diente es einem Fruchtbarkeitskult.

Am nördlichen Ende der Stadt steht der kleinste der drei Tempel, der sogenannte **Ceres-Tempel** (ca. 33 x 15 m); er war der Minerva bzw. Athena geweiht. Architektonisch ist er mit der Basilica verwandt und steht wie diese auf einem zweistufigen Unterbau. Der Altar befindet sich vor dem Tempel.

• *Öffnungszeiten*: tägl. von 9 Uhr bis 1 Std. vor Sonnenuntergang, Eintritt erneut L.8.000. Man ist auf dem weitläufigen Gelände der prallen Mittagshitze ziemlich schutzlos ausgesetzt. Leider darf der Innenbereich der drei Tempel seit der gründlichen Reinigung von 1998 nicht mehr betreten werden.

### Was haben Sie entdeckt?

Haben Sie ein versteckte Bucht entdeckt, eine gemütliche Trattoria, ein empfehlenswertes Quartier?

Wenn Sie Ergänzungen, Tips oder Aktualisierungen zu diesem Buch haben, schreiben Sie an:

*Michael Machatschek*

*Stichwort "Golf von Neapel"*

*c/o Michael Müller Verlag*

*Gerberei 19*

*91054 Erlangen*

# Etwas Italienisch

Mit ein paar Worten Italienisch kommt man erstaunlich weit – es ist nicht mal schwer, und die Italiener freuen sich auch über gutgemeinte Versuche. Oft genügen schon ein paar Floskeln, um an wichtige Informationen zu kommen. Der Übersichtlichkeit halber verzichten wir auf wohlgeformte Sätze und stellen die wichtigsten Ausdrücke nach dem Baukastensystem zusammen. Ein bißchen Mühe und guter Wille lohnen sich wirklich – besonders in abgelegeneren Gegenden, in denen die Italiener nicht auf den "Würstel con Craut"-Tourismus eingestellt sind.

## Aussprache

**Hier nur die Abweichungen von deutscher Aussprache**

**c**: vor e und i immer "tsch" wie in *rutschen*, *centro* (Zentrum) = tschentro, sonst "k" *cannelloni* = kannelloni.

**cc**: wie "c", nur betonter: *faccio* (ich mache) = fatscho; *boccone* (Imbiß) = bokkone.

**ch**: wie "k", *chiuso* (geschlossen) = kiuso.

**cch**: immer wie ein hartes "k", *spicchio* (Scheibe) = spickio.

**g**: vor e und i "dsch" wie *Django*, vor a,o,u als g wie in *gehen* gesprochen; wenn es trotz eines nachfolgenden dunklen Vokals als "dsch" gesprochen werden soll, wird ein i eingefügt, das nicht mitgesprochen wird, wie z.B. in *Giacomo* = Dschakomo.

**gh**: immer als "g" gesprochen.

**gi**: wie in *giorno* (Tag) = dschorno, immer weich gesprochen.

**gl**: wird zu einem Laut, der wie "lj" klingt, z.B. in *moglie* (Ehefrau) = mollje.

**gn**: ein Laut, der hinten in der Kehle produziert wird, z.B. in *bagno* (Bad), sprich: bannjo.

**h**: wird am Wortanfang nicht mitgesprochen, z.B. *hanno* (sie haben) = anno, und wird sonst nur als Hilfszeichen benutzt, um c und g vor den Konsonanten i und e hart auszusprechen.

**qu**: im Gegensatz zum Deutschen ist das u mitzusprechen, z.B. in *acqua* (Wasser) = akua oder *quando* (wann) = kuando.

**r**: etwas für Fortgeschrittene: Das r wird kräftig gerollt!

**rr**: wird noch kräftiger gerollt.

**sp** und **st**: gut norddeutsch immer als zwei Konsonanten sprechen, z.B. *specchio* (Spiegel) = s-peckio, *stella* (Stern) = s-tella

**v**: wie das deutsche "w".

**z**: immer weich sprechen wie *Sahne*, z.B. *zucchero* (Zucker) = suckero.

Die Betonung liegt meistens auf der vorletzten Silbe, oder sie wird durch einen Akzent angezeigt. Das bedeutet dann, daß der akzentuierte Vokal betont gesprochen wird und nicht, wie nach den gängigen Ausspracheregeln, unbetont bleibt oder gar verschluckt wird, z.B. *Lucía* = Lutschia und nicht Lutscha.

Der Plural läßt sich bei vielen Wörtern sehr einfach bilden; die meisten auf "a" endenden Wörter sind weiblich, die auf "o" oder "e" endenden männlich; bei den weiblichen wird der Plural mit "e" gebildet, bei den männlichen mit "i", also: *una ragazza* (ein Mädchen), *due ragazze* (zwei M.); *un ragazzo* (ein Junge), *due ragazzi* (zwei J.). Daneben exisiteren natürlich diverse Ausnahmen, die wir bei Bedarf im folgenden zusätzlich erwähnen.

## Elementares

| | |
|---|---|
| Frau... | *Signora* |
| Herr... | *Signor(e)* |
| Guten Tag, Morgen | *Buon giorno* |
| Guten Abend (ab nachmittags!) | *Buona sera* |
| Guten Abend/ gute Nacht (ab Einbruch der Dunkelheit) | *Buona notte* |
| Auf Wiedersehen | *Arrivederci* |
| Hallo/Tschüß | *Ciao* |
| Wie geht es Ihnen? | *Come sta?/ Come va?* |
| Wie geht es dir? | *Come stai?* |
| Danke, gut. | *Molto bene, grazie/ Benissimo, grazie* |
| Danke! | *Grazie/Mille grazie/ Grazie tanto* |
| Entschuldigen Sie | *(Mi) scusi* |
| Entschuldige | *Scusami/Scusa* |
| Entschuldigung, können Sie mir sagen...? | *Scusi, sa dirmi...?* |
| Entschuldigung, könnten Sie mich durchlassen/ mir erlauben.. (beliebt bei älteren Damen, die sich durch Supermärkte drängen, und aller Art eiliger Italiener; ist im Sinne von "ich erlaube mir..." zu gebrauchen) | *Permesso...* |
| ja | *si* |
| nein | *no* |
| Ich bedaure, tut mir leid | *Mi dispiace* |
| Macht nichts | *Non fa niente* |
| Bitte! | *Prego* (im Sinne von *gern geschehen*) |

| | |
|---|---|
| Bitte (als Einleitung zu einer Frage oder Bestellung) | *Per favore...* |
| Sprechen Sie Englisch/Deutsch/ Französisch? | *Parla inglese/ tedescso/ francese?* |
| Ich spreche kein Italienisch | *Non parlo italiano* |
| Ich verstehe nichts | *Non capisco niente* |
| Könnten Sie etwas langsamer sprechen? | *Puo parlare un po` lentamente?* |
| Ich suche nach... | *Cerco...* |
| okay, geht in Ordnung | *va bene* |
| Ich möchte/ Ich hätte gern | *Vorrei* (das "ei" wird ausgesprochen wie "ey") |
| Warte/ Warten Sie! | *Aspetta/ Aspetti!* |
| groß/klein | *grande/piccolo* |
| Es ist heiß | *Fa caldo* |
| Es ist kalt | *Fa freddo* |
| Geld | *i soldi* |
| Ich brauche... | *Ho bisogno ...* |
| Ich muß... | *Devo ...* |
| in Ordnung | *d'accordo* |
| Ist es möglich, daß ... | *È possibile ...* |
| mit/ohne | *con/senza* |
| offen/geschlossen | *aperto/chiuso* |
| Toilette | *gabinetto* |
| verboten | *vietato* |
| Was bedeutet das? | *Che cosa significa* (sprich sinjifika) |
| Wie heißt das? | *Come si chiama* |
| zahlen | *pagare* |

**Equivoco!**
Eine Art Allheilmittel: "Es liegt ein Mißverständnis vor". Wenn etwas schiefgelaufen ist, ist dies das Friedensangebot. Ein Versprechen wurde nicht eingehalten? – Nein, nur "è un equivoco"!

## Fragen

| | |
|---|---|
| **Gibt es/Haben Sie...?** | *C'è ...?* (*auszusprechen als tsche*) |
| **Was kostet das?** | *Quanto costa?* |
| **Gibt es (mehrere)** | *Ci sono?* |
| **Wann?** | *Quando?* |
| **Wo? Wo ist?** | *Dove?/ Dov'è?* |
| **Wie?/Wie bitte?** | *Come?* |
| **Wieviel?** | *Quanto?* |
| **Warum?** | *Perché?* |

## Smalltalk

**Ecco!**
Hat unendlich viele Bedeutungen. Es ist eine Bestärkung am Ende des Satzes: Also! Na bitte! Voilà... Zweifel sind dann ausgeschlossen.

| | |
|---|---|
| Ich heiße ... | *Mi chiamo ...* |
| Wie heißt du? | *Come ti chiami?* |
| Wie alt bist du? | *Quanti anni hai?* |
| Das ist aber schön hier | *Meraviglioso!/Che belloo!/Bellissimo!* |
| Von woher kommst du? | *Di dove sei tu?* |
| Ich bin aus München/Hamburg | *Sono di Monaco, Baviera/di Amburgo* |

## Orientierung

| | |
|---|---|
| Bis später | *A più tardi!* |
| Wo ist bitte...? | *Per favore, dov'è..?* |
| ... die Bushaltestelle | *...la fermata* |
| ... der Bahnhof | *...la stazione* |
| Stadtplan | *la pianta della città* |
| rechts | *a destra* |
| links | *a sinistra* |
| immer geradeaus | *sempre diritto* |
| Können Sie mir den Weg nach ... zeigen? | *Sa indicarmi la direzione per..?* |
| Ist es weit? | *È lontano?* |
| Nein, es ist nah | *No, è vicino* |

## Bus/Zug/Fähre

| | |
|---|---|
| Fahrkarte | *un biglietto* |
| Bus, in der Stadt | *il bus* |
| übers Land | *il pullman* |
| Zug | *il treno* |
| hin und zurück | *andata e ritorno* |
| Ein Ticket von X nach Y | *un biglietto da X a Y* |
| Wann fährt der nächste? | *Quando parte il prossimo?* |
| ... der letzte? | *...l'ultimo?* |
| Abfahrt | *partenza* |
| Ankunft | *arrivo* |
| Gleis | *binario* |
| Verspätung | *ritardo* |
| aussteigen | *scendere* |
| Ausgang | *uscita* |
| Eingang | *entrata* |
| Wochentag | *giorno feriale* |
| Feiertag | *giorno festivo* |
| Fähre | *traghetto* |
| Tragflügelboot | *aliscafo* |
| Deck-Platz | *posto ponte* |
| Schlafsessel | *poltrone* |
| Kabine | *cabina* |

## Auto/Motorrad

| | |
|---|---|
| Auto | *macchina* |
| Motorrad | *la moto* |
| Tankstelle | *distributore* |
| Volltanken | *il pieno, per favore* |
| Bleifrei | *benzina senza piombo* |
| Diesel | *gasolio* |
| Panne | *guasto* |
| Unfall | *un incidente* |
| Bremsen | *i freni* |
| Reifen | *le gomme* |
| Kupplung | *la frizione* |
| Lichtmaschine | *la dinamo* |
| Zündung | *l'accensione* |
| Vergaser | *il carburatore* |
| Mechaniker | *il meccanico* |
| Werkstatt | *l'officina* |
| funktioniert nicht | *non funziona* |

## Baden/Strandleben

| | |
|---|---|
| Meer | *il mare* |
| Strand | *la spiaggia* |
| Stein | *pietra* |
| Kies | *ghiaia* |
| schmutzig | *sporco* |
| sauber | *pulito/netto* |
| tief | *profondo* |
| ich gehe schwimmen | *faccio il bagno* |
| braungebrannt | *abbronzata (f)/ abbronzato (m)* |

**Stabilimenti balneari** oder **bagni**: Strandabschnitt mit Eintrittsgebühr und Verleih von Liegestühlen und Sonnenschirmen.

## Bank/Post/Telefon

| | |
|---|---|
| **Geldwechsel** | *il cambio* |
| **Wo ist eine Bank?** | *Dov'è una banca* |
| **Ich möchte wechseln** | *Vorrei cambiare* |
| **Ich möchte Reiseschecks einlösen** | *Vorrei cambiare dei traveller cheques* |
| **Wie ist der Wechselkurs** | *Qual'è il cambio?* |
| **DM** | *marchi tedeschi* |

| | |
|---|---|
| Postamt | *ufficio postale* |
| ein Telegramm aufgeben | *spedire un telegramma* |
| Postkarte | *cartolina* |
| Brief | *lettera* |
| Briefpapier | *carta di lettera* |
| Briefkasten | *la buca (delle lettere)* |
| Briefmarke(n) | *il francobollo/ i francobolli* |
| Wo ist das Telefon? | *Dov' è il telefono?* |
| Ferngespräch | *communicazione interurbana* |

## Camping/Hotel

**Haben Sie ein Einzel/Doppelzimmer?**
*C'è una camera singola/doppia?*

**Können Sie mir ein Zimmer zeigen?**
*Può mostrarme una camera?*

**Ich nehme es/wir nehmen es**
*La prendo/la prendiamo*

| | |
|---|---|
| Zelt | *tenda* |
| kleines Zelt | *canadese* |
| Schatten | *ombra* |
| Schlafsack | *sacco a pelo* |
| warme Duschen | *docce calde* |
| Gibt es warmes Wasser? | *C'è acqua calda?* |
| mit Dusche/Bad | *con doccia/ bagno* |
| ein ruhiges Zimmer | *una camera silenzios* |
| Wir haben reserviert | *Abbiamo prenotato* |
| Schlüssel | *la chiave* |
| Vollpension | *pensione (completa)* |
| Halbpension | *mezza pensione* |
| Frühstück | *prima colazione* |
| Hochsaison | *alta stagione* |
| Nebensaison | *bassa stagione* |
| Haben Sie nichts Billigeres? | *Non ha niente che costa di meno?* |

## Zahlen

| | |
|---|---|
| der erste | *il primo* |
| zweite | *il secondo* |
| dritte | *il terzo* |
| einmal | *una volta* |
| zweimal | *due volte* |
| halb | *mezzo* |
| ein Viertel | *un quarto di* |
| ein Paar | *un paio di* |
| einige | *alcuni* |

| | | | |
|---|---|---|---|
| 0 | *zero* | 19 | *diciannove* |
| 1 | *uno* | 20 | *venti* |
| 2 | *due* | 21 | *ventuno* |
| 3 | *tre* | 22 | *ventidue* |
| 4 | *quattro* | 30 | *trenta* |
| 5 | *cinque* | 40 | *quaranta* |
| 6 | *sei* | 50 | *cinquanta* |
| 7 | *sette* | 60 | *sessanta* |
| 8 | *otto* | 70 | *settanta* |
| 9 | *nove* | 80 | *ottanta* |
| 10 | *dieci* | 90 | *novanta* |
| 11 | *undici* | 100 | *cento* |
| 12 | *dodici* | 101 | *centuno* |
| 13 | *tredici* | 102 | *cento e due* |
| 14 | *quattordici* | 200 | *duecento* |
| 15 | *quindici* | 1.000 | *mille* |
| 16 | *sedici* | 2.000 | *duemila* |
| 17 | *diciasette* | 100.000 | *centomila* |
| 18 | *diciotto* | 1.000 000 | *un milione* |

## Maße & Gewichte

| | |
|---|---|
| Liter | *un litro* |
| halber Liter | *mezzo litro* |
| Viertelliter | *un quarto di un litro* |
| Gramm | *un grammo* |
| 100 Gramm | *un etto* |
| 200 Gramm | *due etti* |
| Kilo | *un chilo, due chili* (gesprochen wie im Deutschen) |

## Uhr & Kalender

### Uhrzeit

| | |
|---|---|
| Wie spät ist es? | *Che ore sono?* |
| mittags | *mezzogiorno* (für 12 Uhr gebräuchlich) |
| Mitternacht | *mezzanotte* |
| Viertel nach | *... e un quarto* |
| Viertel vor | *... meno un quarto* |
| halbe Stunde | *mezz'ora* |

### Tage/Monate/Jahreszeit

| | |
|---|---|
| ein Tag | *un giorno* |
| die Woche | *la settimana* |
| ein Monat | *un mese* |
| ein Jahr | *un'anno* |
| ein halbes Jahr | *mezz'anno* |
| Frühling | *primavera* |
| Sommer | *l'estate* |
| Herbst | *autunno* |
| Winter | *inverno* |

### Wochentage

| | |
|---|---|
| Montag | *lunedì* |
| Dienstag | *martedì* |
| Mittwoch | *mercoledì* |
| Donnerstag | *giovedì* |
| Freitag | *venerdì* |
| Samstag | *sabato* |
| Sonntag | *domenica* |

### Monate

| | |
|---|---|
| Januar | *gennaio* |
| Februar | *febbraio* |
| März | *marzo* |
| April | *aprile* |
| Mai | *maggio* |

| | |
|---|---|
| Juni | *giugno* (sprich dschunjo) |
| Juli | *luglio* (sprich luljo) |
| August | *agosto* (Feiertag des 15.8.: ferragosto) |
| September | *settembre* |
| Oktober | *ottobre* |
| November | *novembre* |
| Dezember | *dicembre* |

### Gestern, heute, morgen ...

| | |
|---|---|
| heute | *oggi* |
| morgen | *domani* |
| übermorgen | *dopodomani* |
| gestern | *ieri* |
| vorgestern | *l'altro ieri* |
| sofort | *subito* (dehnbarer Begriff) |
| später | *più tardi* |
| jetzt | *adesso* |
| der Morgen | *la mattina* |
| Mittagszeit | *l'ora di pranzo* |
| Nachmittag | *il pomeriggio* |
| der Abend | *la sera* |
| die Nacht | *la notte* |

# Einkaufen

| | |
|---|---|
| **Haben Sie** | *Ha...?* |
| **Ich hätte gern...** | *Vorrei...* |
| **etwas davon** | *un poco di questo* |
| **dieses hier** | *questo qua* |
| **dieses da, dort** | *questo là* |
| **Was kostet das?** | *Quanto costa questo?* |

## Geschäfte

| | |
|---|---|
| Apotheke | *farmacia* |
| Bäckerei | *panetteria* |
| Buchhandlung | *libreria* |
| Zeitungskiosk | *edicola* |
| Fischhandlung | *pescheria* |
| Laden, Geschäft | *negozio* |
| Metzgerei | *macelleria* |
| Reinigung (chemische) | *lavanderia/ lavasecco* |
| Reisebüro | *agenzia viaggi* |
| Touristeninformation | *informazioni turistici* |
| Schreibwarenladen | *cartoleria* |
| Supermarkt | *alimentari, supermercato* |

## Drogerie/Apotheke

| | |
|---|---|
| Seife | *il sapone* |
| Tampons | *i tamponi, i o.b.* (sprich ò-bè) |
| Binden | *assorbenti* |
| Waschmittel | *detersivo* |
| Shampoo | *lo shampoo* |
| Toilettenpapier | *carta igienica* |
| Zahnpasta | *pasta dentifricia* |
| Schmerztabletten | *qualcosa contro il dolore* |
| Kopfschmerzen | *mal di testa* |
| Abführmittel | *lassativo* |
| Sonnenmilch | *crema solare* |
| Pflaster | *cerotto* |

# Arzt/Krankenhaus

| | |
|---|---|
| **Ich brauche einen Arzt** | *Ho bisogno di un medico* |
| **Hilfe!** | *Aiuto!* |
| **Erste Hilfe** | *pronto soccorso* |

| | |
|---|---|
| Krankenhaus | *ospedale* |
| Schmerzen | *dolori* |
| Ich bin krank | *Sono malato* |
| Biß/Stich | *puntura* |
| Fieber | *la febbre* |
| Durchfall | *diarrea* |
| Erkältung | *raffreddore* |
| Halsschmerzen | *mal di collo* |
| Bauchweh | *mal di stomaco* |
| Zahnweh | *mal di denti* |
| Zahnarzt | *dentista* |
| verstaucht | *lussato* |

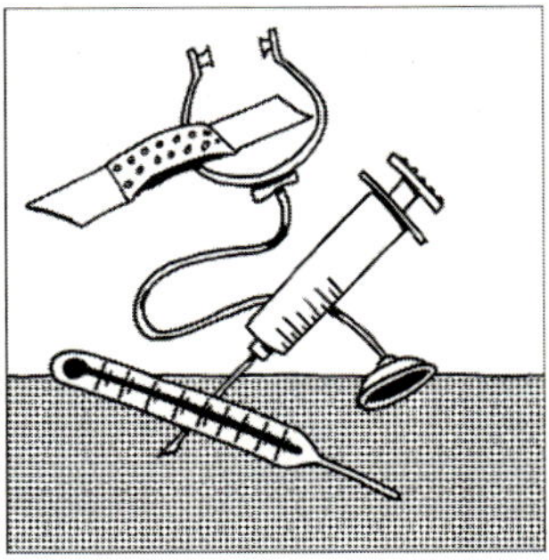

# Im Restaurant

**Haben Sie einen Tisch für x Personen?**
*C'è uno tavolo per x personi?*
**Die Speisekarte, bitte**
*Il menu/la lista, per favore*
**Was kostet das Tagesmenü?**
*Quanto costa il piatto del giorno?*
**Ich möchte gern zahlen**
*Il conto, per favore*

| | |
|---|---|
| Ich habe Hunger | *Ho fame* |
| Ich habe Durst | *Ho sete* |
| Gabel | *la forchetta* |
| Messer | *il coltello* |
| Löffel | *il cucchiaio* |
| Aschenbecher | *il portacenere* |
| Mittagessen | *il pranzo* |
| Abendessen | *la cena* |
| Eine Quittung, bitte | *Vorrei la ricevuta, per favore* |
| Es war sehr gut | *Era buonissimo* |
| Trinkgeld | *la mancia* |

(läßt man aber ohne große Erklärungen am Tisch liegen)

## Speisekarte

| | |
|---|---|
| Extra-Zahlung für Gedeck, Service und Brot | *coperto/pane e servizio* |
| Vorspeise | *antipasto* |
| erster Gang | *primo piatto* |
| zweiter Gang | *secondo piatto* |
| Beilagen zum zweiten Gang | *contorni* |
| Nachspeise Süßes (dolci), Obst (frutta) oder Käse (formaggio) | *postre* |

## Getränke

| | |
|---|---|
| Wasser | *acqua* |
| Mineralwasser | *acqua con gas* |
| Wein | *vino* |
| weiß | *bianco* |
| rosé | *rosato* |
| rot | *rosso* |
| Bier | *birra* |
| hell/dunkel | *chiara/scura* |
| vom Faß | *alla spina* |
| Saft | *succo di...* |
| Milch | *latte* |
| heiß | *caldo* |
| kalt | *freddo* |
| Kaffee | *un caffè* |

(das bedeutet espresso)

| | |
|---|---|
| Cappuccino | *un cappuccino* |

(mit aufgeschäumter Milch, niemals mit Sahne!)

| | |
|---|---|
| Milchkaffee | *un latte macciato* |
| Kalter Kaffee | *un caffè freddo* |

... ist was sehr Erfrischendes, wird im Glas mit Eiswürfeln serviert und schmeckt mit viel Zucker

| | |
|---|---|
| Tee | *un tè* |
| mit Zitrone | *con limone* |
| Cola | *una coca* |
| Milkshake | *frappè* |
| ein Glas | *un bicchiere di...* |
| eine Flasche | *una bottiglia* |

# Speiselexikon

## Alimentari/Diversi – Lebensmittel, Verschiedenes

| | |
|---|---|
| aceto | *Essig* |
| bombolone | *Pfannkuchen* |
| brodo | *Brühe* |
| burro | *Butter* |
| frittata | *Omlett* |
| gnocchi | *kleine Kartoffelklöße* |
| marmellata | *Marmelade* |
| minestra/zuppa | *Suppe* |
| minestrone | *Gemüsesuppe* |
| olio | *Öl* |
| olive | *Oliven* |
| Olivenöl | *olio di oliva* |
| pane | *Brot* |
| panino | *Brötchen (auch belegt zu kaufen)* |
| saccarina | *Süßstoff* |
| salame | *Salami* |
| salsiccia | *Frischwurst* |
| l'uovo/le uova | *Ei/Eier* |
| zabaione | *Wein-Eier-Creme* |
| zucchero | *Zucker* |

## Erbe – Gewürze

| | |
|---|---|
| aglio | *Knoblauch* |
| alloro | *Lorbeer* |
| basilico | *Basilikum* |
| capperi | *Kapern* |
| origano | *Oregano* |
| pepe | *Pfeffer* |
| peperoni | *Paprika* |
| prezzemolo | *Petersilie* |
| rosmarino | *Rosmarin* |
| sale | *Salz* |
| salvia | *Salbei* |
| senape | *Senf* |
| timo | *Thymian* |

## Preparazione – Zubereitung

| | |
|---|---|
| affumicato | *geräuchert* |
| ai ferri | *gegrillt* |
| al forno | *überbacken* |
| alla griglia | *ü. Holzkohlefeuer* |
| con panna | *mit Sahne* |
| alla pizzaiola | *Tomaten/Knobl.* |
| allo spiedo | *am Spieß* |
| al pomodoro | *mit Tomatensauce* |
| arrosto | *gebraten/geröstet* |
| bollito | *gekocht/gedünstet* |
| casalinga | *hausgemacht (nach Hausfrauenart)* |
| frutta cotta | *Kompott* |
| cotto | *gekocht* |
| duro | *hart/zäh* |
| fresco | *frisch* |
| fritto | *frittiert* |
| grasso | *fett* |
| in umido | *im Saft geschmort* |
| lesso | *gekocht/gedünstet* |
| morbido | *weich* |
| piccante | *scharf* |
| tenero | *zart* |

## Contorni – Beilagen

| | | | |
|---|---|---|---|
| asparago | *Spargel* | finocchio | *Fenchel* |
| barbabietole | *Rote Beete* | insalata | *allg. Salat* |
| bietola | *Mangold* | lattuga | *Kopfsalat* |
| broccoletti | *wilder Blumenkohl* | lenticchie | *Linsen* |
| carciofo | *Artischocke* | melanzane | *Auberginen* |
| carote | *Karotten* | patate | *Kartoffeln* |
| cavolfiore | *Blumenkohl* | piselli | *Erbsen* |
| cavolo | *Kohl* | polenta | *Maisbrei* |
| cetriolo | *Gurke* | pomodori | *Tomaten* |
| cicoria | *Chicoree* | riso | *Reis* |
| cipolla | *Zwiebel* | risotto | *Reis mit Zutaten* |
| fagiolini | *grüne Bohnen* | sedano | *Sellerie* |
| fagioli | *Bohnen* | spinaci | *Spinat* |
| funghi | *Pilze* | zucchini | *Zucchini* |

## Pasta – Nudeln

| | | | |
|---|---|---|---|
| cannelloni | *gefüllte Teigrollen* | penne | *Röhrennudeln* |
| farfalle | *Schleifchen* | tagliatelle | *Bandnudeln* |
| fettuccine | *Bandnudeln* | tortellini | *gefüllte Teigtaschen* |
| fiselli | *kleine Nudeln* | tortelloni | *große Tortellini* |
| lasagne | *Schicht-Nudeln* | vermicelli | *Fadennudeln ("Würmchen")* |
| maccheroni | *Makkaroni* | | |
| pasta | *allg. Nudeln* | | |

## Pesce e frutti di mare – Fisch & Meeresgetier

**Fisch** allgemein heißt *il pesce* (sprich pesche; nicht zu verwechseln mit le pesche, sprich peske, dem Plural von Pfirsich)

| | | | |
|---|---|---|---|
| aragosta | *Languste* | pesce spada | *Schwertfisch* |
| aringhe | *Heringe* | polpo | *Krake* |
| baccalà | *Stockfisch* | razza | *Rochen* |
| calamari | *Tintenfische* | salmone | *Lachs* |
| cozze | *Miesmuscheln* | sardine | *Sardinen* |
| dentice | *Zahnbrasse* | seppia/totano | *großer Tintenfisch* |
| gamberi | *Garnelen* | sgombro | *Makrele* |
| granchio | *Krebs* | sogliola | *Seezunge* |
| merluzzo | *Schellfisch* | tonno | *Thunfisch* |
| muggine | *Meeräsche* | triglia | *Barbe* |
| nasello | *Seehecht* | trota | *Forelle* |
| orata | *Goldbrasse* | vongole/peoci | *Muscheln* |
| ostriche | *Austern* | | |

## Carne – Fleisch

| | |
|---|---|
| agnello | *Lamm* |
| anatra | *Ente* |
| bistecca | *Beafsteak* |
| capretto | *Zicklein* |
| cervello | *Hirn* |
| cinghiale | *Wildschwein* |
| coniglio | *Kaninchen* |
| fagiano | *Fasan* |
| fegato | *Leber* |
| lepre | *Hase* |
| lingua | *Zunge* |
| lombatina | *Lendenstück* |
| maiale | *Schwein* |
| maialetto | *Ferkel* |
| manzo | *Rind* |
| pernice | *Rebhuhn* |
| piccione | *Taube* |
| pollo | *Huhn* |
| polpette | *Fleischklöße* |
| trippa | *Kutteln* |
| vitello | *Kalb* |

## Frutta – Obst

| | |
|---|---|
| albicocca | *Aprikose* |
| ananas | *Ananas* |
| arancia | *Orange* |
| banana | *Banane* |
| ciliegia | *Kirsche* |
| cocomero | *Wassermelone* |
| dattero | *Dattel* |
| fichi | *Feigen* |
| fichi d'india | *Kaktusfeigen* |
| fragole | *Erdbeeren* |
| lamponi | *Himbeeren* |
| limone | *Zitrone* |
| mandarino | *Mandarine* |
| mela | *Apfel* |
| melone | *Honigmelone* |
| more | *Brombeeren* |
| pera | *Birne* |
| pesca (Pl. le pesche, sprich peske) | *Pfirsich* |
| pompelmo | *Grapefruit* |
| uve | *Weintrauben* |

# Sach- und Personenregister

# Geographisches Register

## K/L



## M



## N

## O/P



## Q–S

## T



## V